高等院校国际经济与贸易系列教材

国际服务贸易

第2版 修订版

International Service Trade, 3e

陈宪　殷凤　编著

机械工业出版社
China Machine Press

图书在版编目（CIP）数据

国际服务贸易 / 陈宪，殷凤编著. —2版（修订本）. —北京：机械工业出版社，2020.9（2023.11重印）
（高等院校国际经济与贸易系列教材）

ISBN 978-7-111-66496-3

I. 国… II. ①陈… ②殷… III. 国际贸易－服务贸易－高等学校－教材 IV. F746.18

中国版本图书馆CIP数据核字（2020）第171767号

    本书从服务经济的基本范畴出发，着重介绍了国际服务贸易的概念与分类，国际服务贸易的基本理论、保护政策、规则协定，服务业外商直接投资与国际服务外包的基本概况。另外，还简要分析了国际服务贸易的政策体系与管理体制，以及国际服务贸易发展的概况、特点与趋势。本书在基本理论分析的基础上，也关注相应基本理论的经验研究，培养学生分析服务贸易的思维习惯、理论素养和研究能力。

    本书适合高等院校国际经济与贸易、国际金融和国际经济法等涉外经贸类专业的本科生与研究生作为教材使用，还可作为国际商务人员、法律界人士和涉外金融从业人员的参考读物。

出版发行：机械工业出版社（北京市西城区百万庄大街22号 邮政编码：100037）
责任编辑：施琳琳   责任校对：殷 虹
印　　刷：固安县铭成印刷有限公司   版　　次：2023年11月第3版第7次印刷
开　　本：185mm×260mm 1/16   印　　张：18.75
书　　号：ISBN 978-7-111-66496-3   定　　价：49.00元

客服电话：(010) 88361066　68326294

版权所有・侵权必究
封底无防伪标均为盗版

PREFACE 前言

　　伴随着世界产业结构升级和国际产业转移,服务贸易作为服务经济发展的标志之一,已经成为国际贸易和投资中越来越重要的组成部分。近年来,随着新一轮科技革命推动数字信息新技术的快速发展和广泛应用,全球服务贸易发展的动力、模式、主体等多个方面发生了诸多变化,它们既拓展了新空间,又成为全球贸易和世界经济增长的新动力,在全球价值链中的地位不断提升,对促进经济增长和全球价值链深化日益重要。同时,多边和双边自由贸易谈判、自由贸易区的建立、知识产权保护等降低了国际服务贸易壁垒。2005~2018年,全球服务贸易的增长速度超过了货物贸易,服务贸易占世界贸易总额的1/4,制造业服务化和服务外包化、数字化趋势深度重塑传统商业模式,为服务贸易创新发展提供了强大动力。2018年,我国服务业增加值占GDP的比重为52.2%,高于第二产业11.5个百分点,服务业对经济增长的贡献率接近60%,已成为国民经济第一大行业部门和经济增长的主要驱动力。自"十三五"以来,我国服务贸易平均增速高于全球,2018年服务贸易进出口额达到5.24万亿元,同比增长11.5%,连续5年位居世界第二,中国是服务贸易增长最快的经济体之一。1982~2018年,我国服务贸易进出口额占世界的比重由0.6%上升至6.9%,其中出口额占比由0.7%上升至4.6%,进口额占比由0.4%上升至9.4%。然而,我国并非服务贸易强国,服务贸易总体水平不高,质量、结构、效益还有待进一步优化。2018年,我国服务贸易逆差达2 916亿美元,居世界首位,占全球服务贸易逆差总额的41%。

　　加快促进服务贸易创新发展,扩大服务贸易规模,优化服务贸易结构,培育服务新业态,形成以服务贸易为重点的对外开放新格局,是我国深度融入经济全球化进程、提升全球价值链地位的重要途径,对促进我国经济高质量发展、实现结构转型升级具有重要的意义。自中国共产党第十八次全国代表大会以来,我国加快建立开放型经济新体制,深入推进服务业改革开放,为服务供应商提供了更多的市场准入机会,先后出台了促进服务贸易发展的一系列重要文件,逐步完善并推动服务贸易发展的政策体系。我国正由以货物贸易为重点的"一次开放",走向以服务贸易为重点的"二次开放"。2019年3月

5日,中华人民共和国第十三届全国人民代表大会第二次会议通过的《政府工作报告》,将"推动服务贸易创新发展"列为推动我国全方位对外开放,培育国际经济合作和竞争新优势的重要抓手。未来我国的服务贸易发展拥有广阔的潜在空间,将成为贸易和经济发展的新引擎,为世界经济增长注入新动能。

  本书从服务经济的基本范畴出发,论述了服务与服务贸易的概念、分类与统计方法,介绍了贸易品与非贸易品理论,以及可贸易性的决定因素;按照国际贸易理论的演进顺序,将国际服务贸易纳入国际贸易理论的研究框架,剖析了国际服务贸易的理论根源,讨论了传统贸易理论对国际服务贸易的适用性;在新贸易理论的分析框架内讨论了国际服务贸易问题;探讨了服务贸易自由化的福利效应;分析了自由贸易政策和保护贸易政策的理论基础,介绍了服务贸易壁垒的概念、分类与衡量方法,以及服务贸易保护政策的特征、效应与选择,分析了国际服务贸易政策的主要措施及实施特点;介绍了国际服务贸易多边体制的现状与发展趋势,详细阐述了《服务贸易总协定》(GATS)产生的背景、过程及其架构、特征,介绍了后续谈判及进展情况;梳理了欧盟、北美自由贸易区、亚太地区服务贸易规则的主要内容;阐释了《国际服务贸易协定》(TISA);总结了世界主要国家和地区服务贸易政策体系与管理体制的分类、特点及做法,分析了中国服务贸易政策体系与管理体制的现状与问题;梳理了服务业跨国投资、服务外包的相关概念及理论,分析了服务业跨国公司的投资动因、投资方式与溢出效应,总结了全球服务业外商直接投资与国际服务外包的现状与特点;阐述了世界服务贸易的发展概况、特点与趋势,并对主要经济体服务贸易的国际竞争力进行测度与比较,提出了中国服务贸易发展战略。

  本书既重视基本理论的介绍与分析,同时也关注相应理论的经验研究,还设有相应的案例专栏,使学生不仅能够了解并掌握服务贸易的基本理论,熟悉相关政策与协议,还能获知如何运用基本理论进行经验研究,从而逐步培养学生分析服务贸易的思维习惯、理论素养及研究能力。本书可作为高等院校本科生或研究生相关课程的教材、教辅,还可作为相关领域从业人员的参考读物。

CONTENTS 目 录

前　言

第 1 章　国际服务贸易的概念、分类与统计 ········· 1
- 教学目的 ··· 1
- 本章提要 ··· 1
- 1.1　服务与服务业 ····································· 1
- 1.2　国际服务贸易的概念 ···························· 9
- 1.3　国际服务贸易的特点 ·························· 15
- 1.4　国际服务贸易的分类 ·························· 17
- 1.5　国际服务贸易的统计 ·························· 24
- 课后思考题 ··· 31

第 2 章　国际服务贸易理论 ···························· 32
- 教学目的 ··· 32
- 本章提要 ··· 32
- 2.1　可贸易性与服务可贸易性 ···················· 32
- 2.2　比较优势理论与服务贸易 ···················· 34
- 2.3　规模报酬递增和不完全竞争条件下的服务贸易 ··· 43
- 2.4　服务贸易自由化的福利分析 ················· 56
- 课后思考题 ··· 66

第3章　国际服务贸易政策 ... 67

教学目的 ... 67
本章提要 ... 67
3.1　服务贸易政策的演变 ... 67
3.2　自由贸易政策 ... 68
3.3　服务贸易壁垒 ... 80
3.4　服务贸易保护程度的衡量 ... 91
3.5　服务贸易保护政策的效应分析 ... 94
3.6　服务贸易保护政策的比较与选择 ... 100
课后思考题 ... 104

第4章　国际服务贸易规则 ... 105

教学目的 ... 105
本章提要 ... 105
4.1　乌拉圭回合与服务贸易谈判 ... 105
4.2　《服务贸易总协定》的总体结构及主要内容 ... 107
4.3　《服务贸易总协定》的后续谈判 ... 125
4.4　服务贸易中的地区主义与区域性协议 ... 139
4.5　《国际服务贸易协定》 ... 181
课后思考题 ... 197

第5章　国际服务贸易政策体系与管理体制 ... 198

教学目的 ... 198
本章提要 ... 198
5.1　世界主要国家和地区的服务贸易政策体系与管理体制 ... 198
5.2　中国的服务贸易政策体系与管理体制 ... 210
课后思考题 ... 220

第 6 章　服务业外商直接投资与国际服务外包 ····· 221

教学目的 ····· 221
本章提要 ····· 221
  6.1　服务型跨国公司的投资动因 ····· 221
  6.2　制造业与服务业国际转移的特点分析和比较 ····· 228
  6.3　外商直接投资的溢出效应 ····· 230
  6.4　国际服务外包 ····· 238
  6.5　全球服务业外商直接投资与国际服务外包的现状和特点 ····· 252
课后思考题 ····· 258

第 7 章　国际服务贸易发展的概况、特点与趋势 ····· 259

教学目的 ····· 259
本章提要 ····· 259
  7.1　国际服务贸易发展的概况与特点 ····· 259
  7.2　主要经济体服务贸易国际竞争力的测度与比较 ····· 268
  7.3　中国发展服务贸易的意义与趋势 ····· 278
课后思考题 ····· 287

参考文献 ····· 288

第 1 章
国际服务贸易的概念、分类与统计

■ **教学目的**

- 掌握国际服务贸易的概念
- 熟悉国际服务贸易的分类
- 了解国际服务贸易的统计方法

■ **本章提要**

本章概括了国际服务贸易的基本概念、特点与分类,以及国际服务贸易的统计方法。

1.1 服务与服务业

1.1.1 服务概念的历史演变

经济学把满足人类欲望的物品分为"自由物品"(free goods)和"经济物品"(economic goods)。前者指人类无须通过努力就能自由取用的物品,如阳光、空气等,它的数量是无限的;后者指人类必须付出代价方可得到的物品,这种在人类社会生活中占有相当重要的地位且数量有限的经济物品有两种基本的存在形态:实物形态和非实物形态。实物形态的经济物品就是商品或货物(goods),非实物形态的经济物品则被称作服务(service),又被称为"劳务"。在经济社会中,服务与商品一样无处不在,对各种服务的需求在质和量上与对商品的需求并无二致。然而,与商品相异的是,对于什么是服务,至今尚没有一个大家普遍接受的定义。为了全面而又准确地把握服务这一概念,我们有必要回顾一下这一概念的历史演变。

法国古典经济学家萨伊最早定义了服务的内涵和外延。他在《政治经济学概论》一书中指出,无形产品(服务)同样是人类劳动的果实,是资本的产物。基于此,萨伊对无形产品(服务)进行了分类。

对服务经济理论做出重要贡献的另一位古典经济学家是巴斯夏。巴斯夏在其名著《和谐经济论》中写道:"这(劳务)是一种努力,对于甲来说,劳务是他付出的努力;对于乙来说,劳务则是需要和满足。""劳务必须含有转让的意思,因为劳务不被人接受也就不可能提供,而且劳务同样包含努力的意思,但不去判断价值同努力是否成比例。"○ 巴

○ 巴斯夏. 和谐经济论 [M]. 北京:中国社会科学出版社, 1995:76, 160.

斯夏还认为，服务也是资本，是物。劳动可以归纳为人们彼此提供服务。因此，交换也就是服务的交换。衡量服务有两个尺度：一是提供服务的人的努力和紧张程度；二是获得服务的人摆脱的努力和紧张程度。由此可见，巴斯夏比萨伊走得更远，他"合乎逻辑"地抹杀了商品和服务的界线。

上面两位古典经济学家对服务的解释，使人觉得如同雾里看花，不甚明了。这也许是因为当时的服务经济还十分落后，来源于不明朗、不成熟实践的理论自然是晦涩的、不成熟的，因此，也就有了进一步发展、深化的必要和可能，因为实践在向前发展。

在西方古典经济学逐步发展的过程中，马克思主义经济学也日趋成熟。服务经济理论是马克思主义经济学的重要组成部分。马克思是这样界定服务的：服务这个名词，一般地说，不过是指这种劳动所提供的特殊使用价值，就像其他一切商品也提供自己的特殊使用价值一样；但是，这种劳动的特殊使用价值在这里取得了"服务"这个特殊名称，是因为劳动不是作为物，而是作为活动提供服务的。㊀马克思的定义十分精辟。这个定义首先肯定了服务是使用价值，是劳动产品，是社会财富，可以投入市场进行交换；其次指出了服务同其他商品的差别只是形式上的，商品具有实物的形式，而服务则体现为一种活动形式。

第二次世界大战（以下简称"二战"）以后，特别是20世纪六七十年代以来，服务经济的迅猛发展，成为世界经济的一个突出现象。这引起了世人的极大关注。从事该领域理论研究的学者越来越多，对服务概念的理解也越来越多样化，但其中大多仍是描述性的定义。

先看一看两本著名的经济学工具书是怎样解释服务的。1972年出版的《企鹅经济学词典》对服务定义为：服务主要是不可捉摸的，往往在生产的同时就被消费的消费品或生产品。在《新帕尔格雷夫经济学大辞典》中，P. 佩蒂特指出：一种服务表示使用者的变形（在对个人服务的场合）或使用者的商品的变形（在服务涉及商品的场合）……所以享用服务并不含有任何可以转移的获得物，只是改变经济人或其商品的特征。

V. 富克斯最早对战后美国的服务经济进行了经典研究，他指出，服务就在生产的一刹那间消失，它是在消费者在场参与的情况下提供的，是不能运输、积累和储存的，并且缺少实质性。富克斯的定义实际上是一种"特征性"定义。

1980年，苏联经济学家M. B. 沙洛特科夫在其出版的《非生产领域经济学》一书中阐述道："劳务具有双重定义。第一，劳务可解释为作为活动所耗费的劳动的一种特殊使用价格。第二，如果劳动同收入相交换，劳务可理解为非生产性劳动的形式。"㊁沙洛特科夫的定义与马克思的定义如出一辙。

1986年，里德尔将服务定义为："在服务为服务接受者带来一种变化时，它是提供时间、地点和形态效用的经济活动。服务是靠生产者对接受者有所动而产生的；接受者提供一部分劳动；和（或）接受者与生产者在相互作用中产生服务。"㊂

现在被经济学家广泛采用的定义出自希尔发表于1977年的论著。他指出："一项服务生产活动是这样一种活动，即生产者的活动会改善其他一些经济单位的状况。这种改

㊀ 马克思，恩格斯. 马克思恩格斯全集 [M]. 北京：人民出版社，1979，26（1）：435.

㊁ 沙洛特科夫. 非生产领域经济学 [M]. 上海：上海译文出版社，1985.

㊂ RIDDLE D. Service-led Growth: the Role of the Service Sector in World Development [M]. New York: Praeger Publishers, 1986: 12.

善可以采取消费单位所拥有的一种商品或一些商品的物质变化形式，另外，改善也可以关系到某个人或一批人的肉体或精神状态。无论在哪一种情形下，服务生产的显著特点都是，生产者不是对其商品或本人增加价值，而是对其他某一经济单位的商品或个人增加价值。"可见，希尔是从服务生产入手来解释什么是服务的，他接着阐述道："服务应向某一经济单位提供，这一点是服务观念所固有的。它和商品生产形成鲜明的对照，在商品生产中，生产者也许没有谁将获得他正在制造的商品的想法。农民可以在同其最后的顾主完全隔绝的情形下种庄稼，教师却不能没有学生而从事教学。就服务来说，实际生产过程一定要直接触及某一进行消费的经济单位，以便提供一项服务。"希尔进一步解释道："不论提供的服务性质如何，贯穿一切种类服务生产的一个共同要素是，服务在其生产时一定要交付。这就成为它同商品生产的根本区别，在商品生产中没有这样的生产限制。另外，服务在其生产时一定要由消费者获得，这个事实意味着，服务是不能由生产者堆到存货中的。"⊖

《营销管理》的作者科特勒将服务定义为："一方能够向他方提供在本质上是无形的，不带来任何所有权的某种活动或利益。其生产也许受到物的产品的约束，或不受约束。"关于科特勒的定义需要注意的是：第一，无形或有形，只是形式，而不是本质；第二，所有权（或产权）明确界定是市场交易的基本前提。服务活动会带来所有权的转移，服务的一方是否愿意为被服务的一方提供服务是有条件的，并不是无条件的。如果服务的一方对服务不拥有所有权，服务的商品化、市场化就无从说起。

我国经济学者对服务也有不同的定义，这里就不再一一赘述。至此，我们需要对服务下一个简单而又明确的定义：服务是对其他经济单位的个人、商品或服务增加价值，并主要以活动形式表现的使用价值或效用。这里，对其他经济单位的个人、商品增加价值可能比较好理解，对其他经济单位的服务增加价值也不鲜见，保险服务与再保险服务即为一例。所以，这里不存在循环定义的情况。

1.1.2 服务的特征：服务与商品的感性差别

这一节主要讨论服务的感性特征，在第 2 章中我们还将从价值论的角度论述服务的内在特征。

对服务特征的把握与理解和对服务概念的解释一样，虽然说法不一，但大同小异，互为补充。

J. 拉斯麦尔认为服务有四个特征：服务的买卖双方之间的关系与产品使用的管制不确定，即在消费、使用服务时，卖方的参与是不可或缺的；生产和消费的相互作用，即生产和消费的同时性；服务不能用于库存；制定统一行为标准相当困难。W. 塞瑟等指出服务的四种特征为：无形性、易被破坏、异质性以及同时性。科特勒提出了不可分性。D. 考维尔还提出服务缺乏所有权。C. 拉沃洛克根据服务的瞬息即逝性强调服务的时间性，服务的主体与客体同处于服务过程。C. 哥伦卢斯更明确地指出了消费者的参与。

概括起来，服务主要有以下特征，这些特征与商品有显著的不同。

第一，服务一般是无形的。商品的空间形态是确定的、直接可视的、有形的；商品的生产、供应和消费伴随着它的空间形态而产生、转移和消失；人们通常还可以根据商品的空间形态直接判断它的价值或价格。服务的空间形态基本上是不固定的、不直接可

⊖ HILL T. On Goods and Services [J]. Review of Income and Wealth Series, 1977: 315-338.

视的、无形的。一方面，服务提供者通常无法向顾客介绍空间形态确定的服务样品；另一方面，服务消费者在购买服务之前，往往不能感知服务，在购买之后也只能觉察到服务的结果而不是服务本身。在服务的无形性特征上，有的人说得很绝对，认为服务一定具有无形性。其实，随着科学技术的发展，有些无形的服务变得"有形化"了。比如物化服务（embodied service），物化服务的概念是加拿大经济学家 H. 格鲁伯和 M. 沃克于 1989 年提出的。唱片、软盘作为服务的载体，本身的价值相对其提供的整个价值来说可以忽略不计，其价值主体是服务，这就是"无形"的"有形"化、"服务"的"物质"化。另外，服务还可以理解为物理学上所说的"场"的存在，在第 2 章中我们将讨论这一点。

第二，服务的生产和消费通常是同时发生的。商品一旦进入市场体系或流通过程便成为感性上独立的交易对象，生产过程在时间上和空间上同它分割开来。相反，服务要么同其提供来源不可分，要么同其消费者不可分。这种不可分性要求服务提供者或（和）服务购买者不能与服务在时间或（和）空间上分割开来。毫无疑问，买了电影票又想看电影的消费者，不会不去电影院；做手术的医生不可能远离他的患者。当然，在物化服务的情况下，服务的生产和消费可以不同时发生。

第三，服务是难以储存的。商品可以在被生产出来之后和进入消费之前这一段时间处于库存状态，而且这不一定会给商品所有者造成损失。而服务一旦被生产出来，一般不能被长久搁置，也就是不可能处于库存状态。如果服务不被使用，则既不会给购买者带来效用，也不会给提供者带来收益。列车、飞机、电影院里的空位不会产生服务收入；医院、商店、餐馆和银行等行业如果没有顾客光顾，就会带来巨大的经济损失。然而，随着科学技术的飞速发展，作为无形的服务，有时也是可以储存的。实际上，储存既包括空间上的储存，也包括时间上的储存，或者是时空两方面的储存。服务是否可以储存的问题，主要是指时间上的储存，也就是服务是购买时消费还是在购买以后某个时间消费。例如，购买保险就可以在一段时间内消费，这一服务的某些方面是在购买以后的整个有效期内消费的，比如购买后觉得比较放心，有了安全感。这一服务的另一些方面，可以在有效期内任何时候的某些情况下消费，比如要求得到赔偿。

第四，服务的异质性，即同一种服务的质量有差别。商品的消费效果和品质通常是均质的，同一品牌的家电或服装，只要不是假冒产品，其消费效果和品质基本上没有差异。而同一种服务的消费效果和品质往往存在显著差别，这种差别来自供求两方面：其一，服务提供者的技术水平和服务态度，往往因人、因时、因地而异，他们的服务随之产生差异；其二，服务消费者对服务也时常提出特殊要求。所以，同一种服务的一般与特殊的差异是经常存在的。统一的服务质量标准只能规定一般要求，难以确定特殊的、个别的需要。这样，服务质量就具有很大的弹性。服务质量的差异或者弹性，既为服务行业创造优质服务开辟了广阔的空间，也给劣质服务留下了活动的余地。因此，与能够执行统一标准的商品质量管理相比，服务质量的管理要困难得多，也灵活得多，正因为如此，往往导致了寻租等外部性的存在与蔓延。

把服务的异质性、无形性和不可分离性结合起来，我们还可以看到服务与商品的另一个感性差别，即购买商品所能得到的品质和效果是能够事先预期的，是相对确定的，而购买服务所能得到的品质和效果则是难以事先预期的。也就是说，与商品相比，服务具有较强的经验特征和信任特征。

1970 年，美国经济学家 F.尼尔森将产品品质区分为两大类，即寻找品质和经验品质。寻找品质是指顾客在购买之前就能够确认的产品属性（如颜色、款式、手感、硬度、气味等）及产品的价格，而经验品质则是指那些只有在购买之后或者在消费过程中才能体会到的产品属性，包括味道、耐用程度、满足程度等。1973 年达比和卡内两人又在这种商品品质二分法的基础上增加了信任品质，它是指那些顾客即使在购买和消费之后也很难做出评价的属性。例如阑尾炎患者即使在接受阑尾炎手术之后，由于通常不具备足够的医学知识（该病的专家患了该病除外），也很难判断这种手术是否必要或者施行是否得当。患者只能相信医生的诊断，认为这种手术确实为自己带来了所期望的治疗效果。显然，不同的商品表现出不同的品质特征。服装、家具、珠宝等有形产品，顾客在购买之前就可通过其颜色、款式、价格、手感、硬度等对其质量进行评判，因此具有较强的寻找特征；度假、餐饮等服务产品，其品质只有在顾客度完假和用过餐之后，或在度假和用餐过程中，才能感知到，因而经验特征较强；其他一些技术性、专业性较强的服务，如汽车修理、电器维修、医疗、法律咨询等，由于消费者常常缺乏足够的专业知识（这些方面的专家除外），即使在购买和消费之后也很难对其质量做出评价，从而表现出较强的信任特征。如图 1-1 所示，从有形产品到服务，再到专业性服务，商品的特征逐渐从寻找特征较强到经验特征较强再到信任特征较强过渡。随着这一过渡，消费者对商品的评价由易变难，同时，消费者在购买或消费时所承担的风险也逐步加大。这一变化的根本原因在于服务的异质性、无形性特征。

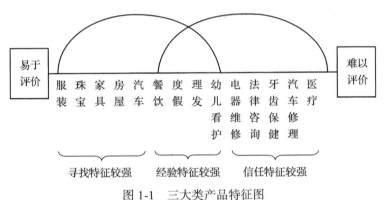

图 1-1　三大类产品特征图

尽管服务与商品在感性形态上存在着以上显著的差别，但两者之间并不是泾渭分明、毫无联系的。在现代市场经济体系中，服务与商品存在着一定的替代性和统一性。替代性表现在服务可以替代商品，如运输服务可以替代工农业生产者自备运输工具，餐馆服务可以替代消费者自己的炊事活动。反过来，商品也可以替代服务。统一性主要体现为两者非常基本的一致性，即人们对于服务与商品的需求都是通过货币购买来实现的。考虑到货币资产或金融资产的价值属性、商品与服务同货币资产交换的一致性，也许这为统一服务与商品提供了某种感性的经验基础。

1.1.3　服务工作与服务交付机构

服务概念混乱的一个重要原因在于，当人们简单地谈到服务时，事实上他们是在讨论服务工作、服务交付机构，甚至服务业的某些方面。服务工作与服务或服务活动不同，它指的是从事服务的职业或岗位。三大产业，乃至三大产业中几乎任何一个部门都有服务工作。制造业部门有管理、市场调研、销售、维修等服务工作。餐饮服务业既提供了准备和端送食物、洗刷、扫地与维护设备的工作，又雇用了经理和会计人员。所以，从服务工作的角度理解经济服务化，不仅仅是指服务业在国民经济中的比重逐渐增加，而且是指从事服务工作的人员及其创造的价值在国民经济中的比重逐渐增加，后者更能确切而全面地反映一个经济实体的经济服务化程度。

服务交付机构是指服务是通过什么样的机制或制度安排而被提供出来的。服务交付机构一般可以概括为四种类型：①家庭。②市场。③自愿组织（包括宗教组织、慈善组织等）。④政府。后两种机构提供的服务实际上是一种公共产品或准公共产品。近几十年来，公众对服务交付机制的选择发生了很大变化，一度由家庭或企业内部从事的服务已经商业化，改由市场提供，第3章将讨论这种"内在化"向"外在化"演变的趋势。另外，还有一点值得注意的是，曾经一直由自愿组织、市场和家庭提供的服务，现在有相当大的部分由政府提供了。从经济学角度考虑，经济的发展和人民生活水平的提高导致人们对公共产品需求的不断增加，大部分公共产品是服务产品。公共产品的非排他性、非竞争性特征，使其不可能由市场提供，而必须由政府提供并管理，政府提供的服务性公共产品相应就增加了。

1.1.4 服务业的概念：服务业与第三产业

至今，大家对服务还没有一个公认的定义，但就服务的内涵或其所包含的内容来说，人们并没有太大分歧。什么是服务业？服务业是生产或提供各种服务的经济部门或企业的集合，正如工业和农业是生产各种工农业产品的经济组织或企业的集合一样。

尽管对于产业级次的分类有克拉克大分类法、库兹涅茨分类法、澳新分类法、日本分类法、经合组织分类法、联合国标准产业分类法，以及中国自己的分类法等，但总的来看，不过是第一产业（农业）、第二产业（制造业）和第三产业（服务业）。

在对服务业进行分类之前，需要比较一下服务业与第三产业，以便更好地把握服务业的内涵。流行的观点是将服务业等同于第三产业，实际上服务业和第三产业这两个概念在划分的思想方法上是存在一些差别的。

首先，第三产业的界定采用的是剩余法。第三产业的概念是在20世纪30年代，由英国经济学家、新西兰奥塔哥大学教授A.费希尔在其所著的《安全与进步的冲突》一书中首先提出的。费希尔鉴于第一产业与第二产业无法将所有的经济活动包括在内，就把这两个产业以外的所有经济活动统称为第三产业。之后我们使用的第三产业概念基本上与此一样。本来学术界关于第一产业和第二产业涵盖的经济部门的范围就并没有统一的意见，比如建筑业的归属问题，所以，按剩余法界定的第三产业的范围通常是难以确定的，而服务业的界定以是否提供或生产各种类型的服务为标准。因此，与第三产业相比，根据产业产品即服务来确定服务业的范围是很明确的。

其次，产业划分思想的出发点是经济体系的供给分类，暗含着高阶层次产业的发展单向地依赖于低阶层次产业的产品，即第二产业依赖于第一产业提供的原料，第三产业又依赖于第二产业和第一产业的产品供应。相反，服务业同其他经济产业的区分是以经济系统的需求分类为思想基础的，这种观点强调服务业同其他经济产业的相互依赖关系，而不是单向依赖关系。概言之，第三产业的概念隐含着传统经济思想的逻辑，而服务业的概念则体现着现代经济思想的灵光。

最后，第三产业概念的经济结构含义主要是相对于国内经济而言的，而服务业概念的经济结构含义则面向国内和国际两个市场。

通过上述比较我们可以发现，在思想方法和理论逻辑上，服务业与第三产业并不是一回事，它们之间存在差异。

1.1.5 服务业的分类

分类需要有一定的标准，不同的标准有不同的分类方法。服务业的分类也不例外。

这里我们按照一般做法，先从一国在封闭和无政府经济职能状态下国民总收入的价值构成出发，通过演绎逐渐展开，来探讨服务业的各种分类。

对于一个舍弃了对外经济往来和政府经济职能的国民经济体来说，一段时期（1年）内的经济物品增量就是该经济体的国内生产总值（GDP）。若用 Y 代表国民总收入，则根据不同的经济分析背景，可以用以下三类经济变量之和来表示其量值与形式：

$$Y = W + R + L + P \tag{1-1}$$

$$Y = C + I \tag{1-2}$$

$$Y = G + S \tag{1-3}$$

式（1-1）是以经济中各生产要素所有者的要素服务报酬总和来计量国民总收入的：W 是劳动者提供劳动服务的工资报酬；R 是资本所有者提供资本服务的利息报酬；L 是土地（资源）所有者的土地服务报酬；P 是经营者阶层提供经营管理服务所得的利润报酬。

式（1-2）表示以国民总支出的方式表明这一时期国民总收入的运用：C 是各个要素或阶层的总消费支出；I 是各个要素或阶层的总投资支出，两者构成国民总支出。

式（1-3）表示这一时期国民收入总价值或经济体系产品总增量的感性形态：G 是有形的、可以储存的商品总价值；S 是无形的、难以储存的服务总价值。这两种形态的经济物品的价值之和构成了一定时期的国民总收入。

把以上价值流量关系与产品形态交易关系结合起来考虑，可以发现：商品和服务在国民总收入中的不同比重反映了一个经济体是属于商品市场主导型经济还是服务市场主导型经济。

一个经济体的总产品包括商品与服务两个部分，因此需要分析这个经济体中生产这些产品的产业分类。布朗宁和辛格尔曼于1975年根据联合国标准产业分类（SIC）的规则，将商品生产部门与服务生产部门加以分类（见表1-1）。

表 1-1 商品生产部门与服务生产部门的分类

商品生产部门		农业、制造业、建筑业、采矿业、石油与煤气业、公共事业、林业、渔业
服务生产部门	消费者服务业	招待与食品服务、私人服务、娱乐与消遣服务、杂项服务
	生产者服务业	企业管理服务、金融服务、保险与房地产
	分配服务业	运输与储存、交通与邮电、批发与零售

表 1-1 把建筑业和公共事业（主要是电力、供水和煤气）划归商品生产部门，而有关应用性统计分类则把它们作为服务生产部门。但就商品与服务的产品性质而言，布朗宁和辛格尔曼对其分类处理是妥当的，因为它们的产品是实物形态。

考虑到服务与服务业之间产品与产品生产的关系，这里暂且将上面产业中的商品生产部门搁置不论，这样就可以将作为服务业产品的"服务"在经济学的逻辑上加以分类。

一个省略政府职能的经济体系所提供的服务共有三类：①消费者服务，即消费者在市场上购买的服务。②生产者服务，即生产者在市场上购买的被企业用作商品与其他服务的进一步生产的中间服务，典型的生产者服务又被称为企业服务。③分配服务，即消费者和生产者为获得商品或供应商品而必须购买的服务。

从服务生产部门的产业分类角度看，消费者服务十分复杂，覆盖个人生活的各个方面，而鉴别消费者服务最有效的办法，是靠显而易见的来自个人和家庭的需求来源或支出方向。在某种意义上，消费者服务在服务生产活动的任何分类方法中都应占据中心地位，因为商品和服务的消费是所有经济活动的起点与终点，也是经济福利的根本反映。

生产者服务是围绕企业生产进行的，它包括经营管理、计算机应用、会计、广告和安保等，也包括一些相对独立的产业服务，如金融业、保险业、房地产业、法律和咨询业等。生产者服务的特征是被企业用作商品与其他服务的生产的投入。生产者服务的重要性在于它对劳动生产率和经济增长效率的影响。在现代经济中，科学技术对经济发展水平的提高起着关键的作用，它们在生产过程中被实际应用大都是通过生产者服务的投入来实现的。生产者服务业拥有日益增多的专家人才和科技精英，作为知识技术密集型服务的投入，这个过程推动生产向规模经济和更高的效率发展。所以，生产者服务在服务业中被认为最具有经济增长动力的性质。

分配服务是一种连带性或追加性的服务。这类服务的供给和需求都是由对商品的直接需求而派生出来的。按与有形商品供给的联系紧密程度划分，分配服务可以分为"锁住型分配服务"和"自由型分配服务"。锁住型分配服务是指不可能与商品生产的特定阶段相分离，只能作为商品生产过程或其延伸阶段的一部分，从而其价值或者成本完全附着于有形商品的价值，不成为独立的市场交易对象，如企业内商品库存的仓储、搬运、分配等。自由型分配服务在性质上同锁住型分配服务一样，同有形商品紧密联系，但这种服务可以外在化为独立的市场交易对象，比较典型的例子是运输业、仓储业、通信业等。

除了上述三种类型的服务之外，如果引进政府的经济职能，则还必须加上政府服务的类型。政府服务是免费提供的或对一般公众收取最低费用的服务。它主要由教育、保健、国防与一般行政构成，一般行政包括外交、司法和警察保护等。当然，政府服务除为了公共消费和私人消费外，还可以作为私人生产的投入。舒尔茨、贝克尔等经济学家认为，教育与保健支出是一种旨在保持或增加人力资本的投资形式，是对"人"这种生产要素的中间投入，是用于"人"这种生产者的生产者服务。政府服务或公共服务与民间服务产业的主要区别不是服务形式，而是服务提供的资金来源。比如教育，如果其经费来源由政府提供，而政府的资金又来自向国民征税和国有企业的收益，那这种教育就是政府服务的项目。相反，如果某所学校的经费来自民间，则这类教育被认为属于市场体系范畴。实际上，从经济学意义上讲，教育是一种兼有"公共产品"（政府服务）和"私人产品"（消费者服务或生产者服务）特征的"混合产品"，两者在其中的"权数"又因教育的不同阶段而有所区别。一般说来，公共产品（政府服务）在教育中的权数随教育程度的提高而降低。扫盲阶段的初等教育可以看成是公共产品（政府服务），社会和他人从中受益很大。所以各国几乎都实行了"义务教育"。大学阶段的高等教育基本上是一种"私人产品"（消费者服务或生产者服务），上大学的目的是自我投资，改善自身的生存条件，尽管社会和他人也会从中获益，但其"权数"相对来说很小。

上面主要是从经济用途及性质对服务业进行划分，如果从部门角度划分，世界贸易组织（World Trade Organization，WTO）在1995年列出的服务行业多达150个，这些服务行业被划分为12个部门，每个部门下有行业，每个行业再有子行业。

再看一下我国对服务业的分类情况。1994年，国家统计局在《中国统计年鉴》中首次细分行业统计公布我国在业职工人数等指标，其中对第三产业（服务业）做了两级分类，包括：农、林、牧、渔服务业，地质勘查、水利管理业，交通运输、仓储及邮电通信业（铁路、公路、管道、水运、航空、交通运输辅助业，其他交通运输业、仓储业，邮电通信业），批发零售和餐饮业（食品饮料烟草和家庭用品批发业、能源材料和机械电子设备批发业、其他批发业、零售业，商业经纪与代理、餐饮业），金融、保险业，房地产业（房地产开发与经营业、房地产管理业、房地产代理与经纪业），社会服务业（公共服务、居民服务、旅馆业、租赁服务业、旅游业、娱乐服务业、信息咨询服务业、计算机应用服务业、其他社会服务业），卫生、体育和社会福利业，教育、文化艺术和广播电影电视业（高等学校、普通中学、小学，广播、电影、电视业），科学研究和综合技术服务业（自然科学研究、社会科学研究、综合科学研究，气象、地震、测绘、技术监督、海洋环境、环境保护、技术推广和科技交流服务业，其他服务业），国家机关、政党机关和社会团体。1995年2月全国第三产业普查办公室编发了《中国首次第三产业普查资料摘要》，该摘要所划定的第三产业行业单位与上述国家统计局所公布的统计口径基本一致，它又做了三级分类，按三级分类的第三产业的行业单位有上百种。2003年5月国家统计局根据《国民经济行业分类》（GB/T4754—2002）颁布《三次产业划分规定》，三次产业划分范围如下：第一产业是指农、林、牧、渔业。第二产业是指采矿业，制造业，电力、燃气及水的生产和供应业，建筑业。第三产业是指除第一、二产业以外的其他行业。第三产业包括：交通运输、仓储和邮政业（铁路运输业、道路运输业、城市公共交通业、水上运输业、航空运输业、管道运输业、装卸搬运和其他运输服务业、仓储业、邮政业），信息传输、计算机服务和软件业（电信和其他信息传输服务业、计算机服务业、软件业），批发和零售业（批发业、零售业），住宿和餐饮业（住宿业、餐饮业），金融业（银行业、证券业、保险业、其他金融活动），房地产业，租赁和商务服务业（租赁业、商务服务业），科学研究、技术服务和地质勘查业（研究与试验发展、专业技术服务业、科技交流和推广服务业、地质勘查业），水利、环境和公共设施管理业（水利管理业、环境管理业、公共设施管理业），居民服务和其他服务业（居民服务业、其他服务业），教育，卫生、社会保障和社会福利业（卫生、社会保障业、社会福利业），文化、体育和娱乐业（新闻出版业、广播、电视、电影和音像业，文化艺术业，体育，娱乐业），公共管理和社会组织（中国共产党机关，国家机构，人民政协、民主党派，群众团体、社会团体和宗教组织，基层群众自治组织），国际组织。

1.2 国际服务贸易的概念

1.2.1 服务提供方式与国际服务贸易

希尔（1977）指出，服务的生产与消费同时进行，服务一旦生产出来就必须由消费者进行消费而不能被储藏。根据这一特性，巴格瓦蒂（Bhagwati，1984）及桑普森（Sampson）和斯内普（Snape，1985）相继对提供服务可能产生的影响进行了分析。由于服务生产和消费必须同时同地进行的特性，导致服务的可贸易度较低。他们将服务分为两类：一类为需要物理上接近的服务，另一类为不需要物理上接近的服务。在此基础上，巴格瓦蒂（1984）将服务贸易分为四类，前三类必须物理接近：①提供者移动、使用者不移动的服务贸易。②使用者移动、提供者不移动的服务贸易。③使用者和提供者都移动的服务贸易。④不需要三者移动的"远程"服务贸易。

桑普森和斯内普也将服务贸易分为四类：①生产要素和服务接受者不移动的服务贸易。②生产要素移动但服务接受者不移动的服务贸易。③服务接受者移动但生产要素不移动的服务贸易。④生产要素移动和服务接受者都移动的服务贸易。该类服务贸易将发生在第三国。其中，服务接受者既可以是人（如医疗服务），也可以是商品（如绘画作品或运输），还可以是资源（如犁地）。

Grubel（1987）则将服务贸易划分为两大类：第一类要求人、资本、公司或（货）物临时跨越国境。这一类又分为两种情况：①人或（货）物到国外接受服务。②人到国外提供服务、公司到国外提供纯资本和其他资本资产服务，或者是（货）物到国外提供服务，如运输等。第二类则为非要素服务，即当包含这类服务的货物的国际贸易发生时，该类服务贸易就会发生。

Nayyar（1988）将服务贸易定义为："一国居民与另一国居民之间就服务进行的国际交易，而不管该交易发生于何地。"他据此将服务贸易分为四类：①生产者移动到消费者处的服务贸易。②消费者移动到生产者处的服务贸易。③生产者或者消费者移动到对方所在地的服务贸易。④消费者和生产者都不移动的服务贸易。前三类服务贸易的发生都需要生产者和消费者的物理接近，这一点与服务的特性相符合。第四类服务贸易则无须物理接近，该类国际服务贸易与国际货物贸易相似。

Sapir 和 Winter（1994）将服务贸易分为四类，这四类国际服务交易分别为：①在一国不移动的使用者获得位于另一国也不移动的提供者所生产的服务。如金融服务和专业服务，其交易通过电信网络流动。②使用者从一国移动到另一国以实现服务。此类服务经常发生于旅游、教育、医疗、船舶修理和机场。③提供者从一国移动到另一国以实现服务。此类服务发生于不需要经常和紧密的相互接触的商业服务，如工程设计等。④一国服务提供者在另一国建立分支机构以实现服务。这是国际服务竞争最常见的方式，它包括销售者与使用者经常和紧密的相互接触。此类服务交易在大多数服务中居支配地位，包括会计、广告、银行、咨询和销售服务。在此基础上，Sapir 和 Winter 对四类服务贸易之间的关系及意义进行了进一步的分析。他们发现：①不同服务贸易类型之间的界限，特别是第一、三、四类服务贸易之间的界限是可以相互渗透的。如咨询服务，大部分的国外工作是由其当地机构提供的（第四类），但关键人员从母国公司前往当地提供特殊服务（第三类），而这（关键人员的旅行）也可能完全被电视会议或其他通信方式取代（第一类）。②不同类型贸易之间的边界正在发生移动。数据处理和通信的补充性创新已经优化了几种服务，如零售（电子商店）或银行（电子银行）服务的生产者和消费者之间物理接近的必要性。这已增强了服务的可贸易度，使部分第四类服务贸易向有利于第三类服务贸易的方向发展。③在第四类服务贸易中，对外直接投资在国际服务贸易中起关键作用。④典型的服务贸易壁垒包括对开业权（第四类）或关键人员移动（第三类）的限制。许多服务业也正在经历国际贸易和对外直接投资之间更多的相互作用。

Ghosh（1997）也对不同服务提供方式之间的关系进行了分析。他发现，如果没有有关人员到进口国去或没有在进口国建立某种形式的商业存在，或者是两者皆具的话，即使是"分离"或"远程"服务（不需提供者和消费者物理接近）的提供也经常不能完成。他还发现，尽管不同提供方式之间有时可以相互替代，如"分离"服务，但它们之间的关系在更多的情况下则表现为一种互补关系，如商业和专业服务的提供方式之间的联合使用已经出现了增多的趋势。

1.2.2 FTA 和 GATS 对服务贸易的定义

《美加自由贸易协定》是世界上第一个在国家间贸易协议上正式定义服务贸易的法律文件。自由贸易协定（Free Trade Agreement，FTA）将服务贸易定义为：服务贸易是指由代表其他缔约方的一个人，在其境内或进入一缔约方提供所指定的一项服务。

这里"指定的一项服务"包括：生产、分销、销售、营销及传递一项所指定的服务及其进行的采购活动；进入或使用国内的分销系统；以商业存在（并非一项投资）的形式为分销、营销、传递或促进一项指定的服务；遵照投资规定，任何为提供指定服务的投资，以及任何为提供指定服务的相关活动。

这里提供服务的"相关活动"包括：公司、分公司、代理机构、代表处和其他商业经营机构的组织、管理、保养和转让活动；各类财产的接受、使用、保护及转让，以及资金的借贷。

进入一缔约方提供服务包括过境提供服务。缔约方的"一个人"指法人或自然人。

这种对服务贸易说明性的、非规范性的定义，说明了服务贸易活动的复杂性。

《关税及贸易总协定》（General Agreement on Tariffs and Trade，GATT）下的乌拉圭回合多边贸易谈判的一个重要结果，是产生了《服务贸易总协定》（General Agreements on Trade in Services，GATS）。㊀ 根据服务贸易的提供方式，GATS 将服务贸易定义为：①从一缔约方境内向任何其他缔约方境内提供服务（即跨境交付，如通过电信、邮电或计算机网络等方式提供的视听、金融服务等）。②在一缔约方境内向任何其他缔约方的服务消费者提供服务（即境外消费，如旅游、留学等）。③一缔约方在其他缔约方境内通过提供服务的实体性介入而提供服务（即商业存在，包括投资设立合资、合作、独资企业或分支机构，如开设饭店、律师事务所等）。④一缔约方的自然人在其他任何缔约方境内提供服务（即自然人移动）。

GATS 中的"提供服务"包括任何部门的任何服务，但实施政府职能活动所需的服务提供除外，包括任何生产、分销、营销、销售和传递一项服务。

影响服务的措施包括：购买、支付或使用一项服务；与提供服务有关的准入和使用，包括分销、传递系统及公共电信传递网与服务；一缔约方的服务提供者在另一缔约方境内现场提供服务，包括商业存在。

服务提供者是指该缔约方提供服务的任何自然人或法人，服务消费者是指该缔约方接受或使用服务的任何自然人或法人。

第一类服务贸易是指"跨境交付"（cross-border supply），从一国境内向另一国境内的消费者提供服务。此种服务贸易的提供模式类似于传统意义上的货物贸易，即交付产

㊀ 《服务贸易总协定》于 1994 年 4 月 15 日通过，1995 年 1 月 1 日正式生效。《服务贸易总协定》是多边国际贸易体制下第一个有关服务贸易的框架性法律文件，是迄今为止服务贸易领域内第一个较系统的国际法律文件。

品时服务的提供者和消费者依然留在各自的领土上,分属于两个不同的国家,而没有跨越国境。跨境交付的媒介主要包括电话、传真、网络、其他计算机媒体的连接、电视等,还包括用邮件或信使方式发送文件、软盘和磁带,为支持货物贸易而产生的服务是跨境交付服务贸易的常例。它又可以分为被分离服务(separated services)贸易和被分离生产要素服务(disembodied services)贸易两种类型。

被分离服务贸易类型中的服务与货物一同在出口国生产,经过国际间的交易在进口国被消费。保险和金融服务就是国际间的交易可以通过通信手段进行的服务。在这些被分离服务中,可能有附加在货物上已被物化的出版物或软盘,因而就产生了区别服务与货物的困难。

被分离生产要素或称缺席要素(absent factor)服务贸易形式是A.迪尔道夫最早提出的。他指出,在提供服务时,并不需要所有要素都移动,可能有一种要素被称为"缺席要素",比如管理,位于母国不动,但可以通过信息通信技术提供服务,以强化海外生产要素。

第二类服务贸易"境外消费"(consumption abroad),是通过服务的消费者(购买者)的过境移动实现的,服务是在服务提供者实体存在的那个国家(地区)生产的。其他国家的消费者作为旅游者、留学生或患者等前往服务提供者境内进行服务消费。只有消费者的资产迁往或位于境外,他们才能获得这样的服务。常见的例子有旅游、教育、医疗服务等。

第三类服务贸易"商业存在"(commercial presence),主要涉及市场准入(market access)和外国直接投资(foreign direct investment,FDI),即在一缔约方内设立机构,并提供服务,取得收入,从而形成贸易。这里设立机构的服务人员,可以来自母国,也可以在东道国雇用;其服务对象可以是东道国的消费者,也可以是第三国的消费者。这样,似乎又与第二类服务贸易定义有交叉,不过第三类重点强调的是,通过自己的生产要素(人员、资金、服务工具)移动到消费者居住地提供服务而产生贸易,而第二类强调的是服务提供者通过广告、自我推销等形式"引导"消费者到自己所在地来,并购买(或消费)服务。第三类服务贸易形式常见的有在境外设立金融服务分支机构、律师事务所、会计师事务所、维修服务站等。

第四类服务贸易主要是缔约方的自然人(服务提供者)过境移动,在其他缔约方境内提供服务而形成贸易,这种形式常被称为"自然人移动"(movement of natural persons)。此种提供方式包含两层意义:一是外国的服务提供者作为独立的自然人个体前往服务消费者所在国提供服务,如服务提供者作为咨询顾问或健康工作者前往另一国境内提供服务;二是境外的个人可作为服务提供企业或机构的雇员前往另一国境内提供服务,如以咨询机构、医院或建筑机构雇员的身份前往提供服务。自然人移动与商业存在的共同点是:服务提供者到消费者所在国的领土内提供服务;不同点是:以自然人移动方式提供服务,服务提供者没有在消费者所在国的领土内设立商业机构或专业机构,(见图1-2)。

由四种提供方式的定义可知,各种提供方式有着不同的内在属性,与此同时,每个服务部门也有各自不同的特点。因此,并不是每一种提供方式都可以为各个服务部门所用,同样,也并非每个服务部门都可以采用全部四种提供方式。除"跨境交付"之外,服务贸易的其他三种提供方式所提供的服务均直接发生在提供者和消费者之间(不需要媒

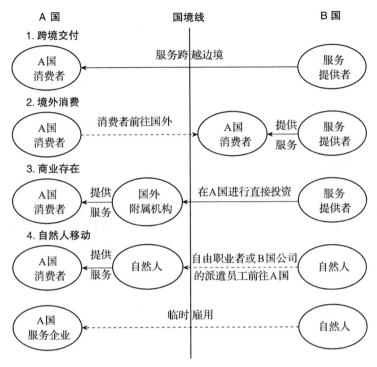

图 1-2 GATS 框架下的服务贸易分类

介)。可见,服务贸易四种提供方式的主要差异在于服务提供方和服务消费方地理空间的变换以及服务内容传递方式的差异。

对于服务贸易的定义,乌拉圭回合中期评审报告中曾指出,多边服务贸易法律框架中的定义,应包括服务过境移动、消费者过境移动和生产要素过境移动(主要指服务提供者过境移动)。它们一般要符合以下四个标准:服务和支付的过境移动性(cross-border movement of services and payments)、目的的具体性(specificity of purpose)、交易连续性(discreteness of transactions)和时间有限性(limited duration)。

【案例 1-1】 劳务输出品牌化,这个国家靠的是什么

菲律宾是世界劳务输出大国之一,海外劳务汇款是其国民经济的重要支柱。菲律宾在海外工作的合同劳务人员约有 240 万,占总人口的 2.4% 左右。此外还有数量更为庞大的菲律宾移民和定居者、非法工作或居留者,在海外工作的菲律宾总人数接近 1 000 万。

近千万人在海外工作,海外劳务人员汇款占 GDP 的 9%,可见劳务输出对菲律宾经济的意义不容小觑。

因此,这些人在菲律宾享有较高的社会地位,菲律宾政府将每年的 6 月 7 日定为海外劳工日。每逢圣诞节,总统会亲自率领相关部门官员,迎接回国探亲的海外劳工。

能够获得普遍认可和接受,菲律宾的海外劳务人员究竟有些什么优势呢?

菲律宾海外劳工输出情况

菲律宾向全球 190 多个国家和地区输出劳务人员。

根据菲律宾国家统计局 2016 年 5 月公布的数据,按性别分布,男性海外劳工约占 48.9%,女性约占 51.1%。

按年龄划分，25～29岁的菲律宾海外劳工比例最高，占25.8%；15～24岁的占比最低，约为7%。女性海外劳工的平均年龄比男性略低。

按工作的大洲来看，亚洲是菲律宾最大的海外劳工就业市场。有83.9%的菲律宾海外劳工在亚洲工作，7.1%在欧洲，6.1%在北美洲及南美洲，1.7%在大洋洲，1.1%在非洲。

按职业类别来看，菲律宾海外劳工主要分为以下几类：服务人员（包括家务管理员、看护等），约占海外劳工的37.8%；专家和各类技术人员，约占海外劳工的20%；制造业工人，约占海外劳工的15%；贸易人员，约占海外劳工的16%。

菲律宾海外劳工优势

（1）菲律宾海外劳工具备英语优势

英语是菲律宾的官方语言，菲律宾人从小就接受双语教育，90%的菲律宾人能讲英语。

流利的英语保证了菲律宾海外劳工日常工作和生活的交际与沟通，也为菲律宾海外劳工在海外谋职创造了条件。

（2）菲律宾海外劳工普遍接受过良好的教育

菲律宾教育在发展中国家是比较发达的。据世界银行的统计，在菲律宾海外劳务人员中接受过初等教育的占19.2%、接受过中等教育的占29.3%、接受过高等教育的占19%。

菲律宾女佣接受教育的程度更高，具有初等以上教育水平的人占将近95%，很多是大学毕业生，有的甚至是教师。良好的教育提高了菲律宾海外劳务人员的竞争力。

（3）菲律宾海外劳工适应性强

菲律宾海外劳工普遍性情温和、工作勤奋。菲律宾人经过几百年的西方殖民统治，生活习惯和思维方式较为西化，更容易适应西方社会生活环境。

（4）重视培训

在菲律宾，各类面向海外劳务人员的技术培训学校遍布全国，培训内容涉及各主要就业行业。

接受过严格培训、具有较高专业技术水平的菲律宾劳务人员在国际劳务市场上备受青睐，对其需求有增无减。重视培训是菲律宾海外劳务长盛不衰的根本所在。

1994年菲律宾成立了技术教育与技能开发署（TESDA），单独管理和规划职业技术教育发展，TESDA不仅制订全国技术教育和技能发展计划、审核菲律宾国内的技术培训学校资质，同时也提供技术培训课程。

根据统计，菲律宾接受职业技术教育的主要人群就是海外劳工。1994～2011年，菲律宾职业技术教育体系共培养毕业生1 618万人，其中海外劳工人数约达到1 313万人。

此外，近年来TESDA还专门上线了免费的网络培训课程，课程主要包括家政服务等门槛较低的内容，专门针对低收入的菲律宾人。

据TESDA在2014年的统计，大约有30万菲律宾人参与了网络培训课程，这其中不仅包括菲律宾国内准备出国工作的人，还包括已经在海外工作的菲律宾人。

（5）强化管理

菲律宾政府高度重视海外劳务就业问题，海外劳工管理部门牵头，移民、外交等部门予以配合，实行联动机制。

菲律宾总统每年在圣诞节前夕会前往机场迎接海外劳工，在涉及劳工重大权益问题上甚至亲自出面协调，副总统一般是总统的海外劳工就业问题首席顾问。

1982年菲律宾政府成立专门负责海外劳务的海外就业管理局，隶属菲律宾劳工部。

菲律宾总统杜特尔特在2017年4月表示，在未来数月内，政府将计划把海外就业管理局从劳工部剥离出来，升级为"海外劳工部"，专门负责菲律宾海外劳工管理和服务工作。

维护菲律宾海外劳工的合法权益是菲律宾驻外使领馆的重要职责之一，也是开设新馆的重要参考依据。在接收菲律宾海外劳工的主要国家和地区，菲律宾使领馆一般都下设海外劳工办公室。

此外，为了加强对海外劳务人员的管理，菲律宾政府还制定了一系列相关法律法规，包括《菲律宾劳工法》《海外劳工与海外菲人法》等。

资料来源：http://news.sina.com.cn/o/2017-08-05/doc-ifyiswpt5538284.shtml. ■

1.3 国际服务贸易的特点

与国际商品贸易相比较，国际服务贸易的特点可以归纳为以下几点。

1）贸易标的一般具有无形性。服务贸易的标的自然是服务，前面已对服务做了较为深入的探讨，这里不再重复。

2）交易过程与生产和消费过程的国际性。大多数国际服务贸易的交易过程是与服务的生产和消费过程分不开的，而且往往是同步进行的。也就是说，服务价值的形成和使用价值的创造过程，与服务价值的实现和使用价值的让渡过程，以及服务使用价值的消费过程往往是在同一时间和地点完成的。服务交易在整个服务再生产过程中具有决定性作用。服务交易与服务生产和消费的同步性要求服务交易必须具备不同于货物交易的条件，即要有两个主体（提供者与消费者）的实体接近。

3）贸易主体地位的多重性。服务的卖方往往就是服务生产者，并作为服务消费过程中的物质要素直接加入服务的消费过程；服务的买方则往往就是服务的消费者，并作为服务生产者的劳动对象直接参与服务产品的生产过程。

4）服务贸易市场具有高度垄断性。由于国际服务贸易在发达国家和发展中国家的发展严重不平衡，加上服务市场的开放涉及一些诸如跨国银行、通信工程、航空运输、教育、自然人跨国界移动等直接关系到输入国主权、安全、伦理道德等极其敏感的领域和问题，因此国际服务贸易市场的垄断性很强。这一方面表现在少数发达国家在国际服务贸易中的垄断优势上，另一方面表现为全球服务贸易壁垒森严，多种贸易障碍林立。据《关税及贸易总协定》统计，全球服务贸易壁垒多达2 000多种，大大超过商品贸易。应该看到，国际服务贸易市场的这种高垄断性，不可能在短期内消失，因为相对于商品贸易自由化而言，服务贸易自由化过程不仅起步晚，而且遇到的阻力更大。

5）贸易保护方式更具刚性和隐蔽性。由于服务贸易标的的特点，各国政府对本国服务业的保护常常无法采取关税壁垒的形式，而只能采取在市场准入方面予以限制或进入市场后不给予国民待遇等非关税壁垒的形式，这种保护常以国内立法的形式加以施行。国际服务贸易保护的发展态势也不同于国际商品贸易，各国对服务贸易的保护往往不是以地区性贸易保护和"奖出"式的进攻型保护为主，而是以行业性贸易保护和"限入"式的防御型保护为主。这种以国内立法形式实施的"限入"式非关税壁垒，使国际服务贸易受到的限制和障碍往往更具刚性和隐蔽性。相较而言，商品贸易遇到的壁垒主要是关税，关税表现为数量形式，具有较高透明度，通过相互减让的方式消除障碍相对来说容易得多。服务贸易中遇到的壁垒主要是国内法规，难以体现为数量形式，也往往缺乏透明度，而且调整国内立法的难度一般比调整关税的难度大。

6）服务贸易的惯例、约束具有相对的灵活性。GATS 是世界贸易组织处理服务贸易的多边原则和规则的框架性文件。它具有较大的灵活性。GATS 条款中规定的义务有一般性义务和具体承诺的义务两种。一般性义务适用于 GATS 缔约方所有服务部门，不论缔约方是否开放这些部门，都同样具有约束力。一般性义务包括最惠国待遇（GATS 中的最惠国待遇同时还允许各国根据各自部门的特殊情况申请对该原则的豁免和例外）、透明度、发展中国家更多参与等。具体承诺的义务是指必须经过双边或多边谈判达成协议之后才承担的义务，包括市场准入和国民待遇，且只适用于缔约方承诺开放的服务部门，不适用于不开放的服务部门。就市场准入而言，GATS 要求可以采取循序渐进、逐步自由化的办法，允许缔约方首先根据各自的国内政策目标和发展水平等实际情况递交初步承诺单，然后进行减让谈判，根据协议实行部门对部门的互惠减让，并不是一参加 GATS，就要立即开放全部服务市场。就国民待遇来说，GATS 的规定也不是硬性的，而是可协商的。GATS 允许缔约方根据自己的经济发展水平选择承担国民待遇义务，不仅可以决定在哪些部门或分部门实施国民待遇原则，也可以为国民待遇原则在本国实施列出一些条件和限制。总之，GATS 的约束是有一定弹性的，尤其是对发展中国家，不仅做出了一些保护和例外条款，还在国民待遇、最惠国待遇、透明度、市场准入以及对发展中国家服务业发展援助等方面赋予了一定的灵活性。

7）营销管理具有更大的难度和复杂性。国际服务营销管理无论是在国家的宏观管理方面还是在企业的微观经营方面，都比商品的营销管理具有更大的难度和复杂性。从宏观上讲，国家对服务进出口的管理，不仅仅是对服务自身的物的管理，还必须涉及对服务提供者和消费者的人的管理，涉及人员签证、劳工政策等一系列更为复杂的问题。某些服务贸易如金融、保险、通信、运输以及影视文化教育等，还直接关系到输入国的国家主权与安全、文化与价值观念、伦理道德等极其敏感的政治问题。另外，国家主要采取制定法规的办法，即不是通过商品检验、边防检查、海关报验等商品贸易管理中较为有效的办法对服务贸易进行调控和管理。法规管理往往存在时滞，因法律的制定与修订均需一定时间，往往会落后于形势。此外，法规管理的实际效果在相当程度上并不是取决于国家立法而是取决于各服务业企业的执法，因而容易出现宏观调控的实际效果与预期目标相背离的情况。在微观上，由于服务本身的固有特性，也使得企业营销管理过程中的不确定性因素增多，调控难度增大。这突出表现在对服务的质量控制和供需调节这两个企业营销管理中最为重要的问题上。例如，企业在经营商品时，通过对商品物理和化学性能的测试与鉴定，可以保证商品达到一定的质量标准，并通过采用先进的生产技术工艺实现标准化生产，做到不合格的产品不出售或不购买。即使产品出售或购买之后有问题，还可以通过退货、换货、修理等售后服务加以补救。但服务经营不能如此简单。如前所述，服务具有异质性，使得服务的质量标准具有不确定性。服务也难以通过保退保换等方式挽回质量问题造成的损失，从而增大了服务质量管理的难度。又如，企业在经营商品时，除了运用价格杠杆调节供需外，还可以通过商品时空转移的办法，如通过仓储活动使商品从一个时间存续到另一个时间，通过运输活动使商品从一个地点位移到另一个地点等办法，解决供需在时空上分布不平衡的问题，调节供需矛盾，实现供需平衡。服务经营则往往难以通过时空变换的办法调节供需矛盾，故而难以实现供需平衡。

8）服务贸易涉及法律的复杂性。商品贸易主要适用国内外的合同法、买卖法和国际货物销售公约等。国际服务贸易涉及的国内外法律及国际法要广泛得多、复杂得多。例如，技术贸易合同所涉及的法律，除了适用国内外的货物买卖法、合同法外，还要受各国及国际上有关知识产权保护的相关法律所管辖，比如还要受工业产权法、专利法、商标法、反垄断法、公平贸易法、高技术出口管制法等法律规范的约束。

需要指出的是，上述特点对各种类型服务贸易的适用程度是不同的。随着科学技术的进步和服务业的发展，传统服务特征发生了前面已提及的那些变化。这些变化一方面为服务业企业提供了新的机遇，使企业有可能放眼全球市场进行国际化经营；另一方面也给服务业企业带来了挑战，使企业面临更加激烈的国内外竞争。这不仅预示着服务业国际化的必然趋势，也预示着国际服务贸易发展的广阔前景。

1.4 国际服务贸易的分类

由于国际服务贸易的多样性和复杂性，目前尚未形成一个统一的分类标准。根据不同的标准，人们对服务贸易进行了诸多分类。

1）以部门为中心的服务贸易分类方法。根据世界贸易组织统计和信息系统局（SISD）的国际服务贸易分类表，国际服务贸易分为12大类143个服务项目，这个分类表基本上包括了服务业的主要范围：①商业服务，指在商业活动中涉及的服务交换活动，包括专业服务、计算机及其有关服务、研究与开发服务、房地产服务、无经纪人介入的租赁服务及其他的商业服务，如广告服务等。②通信服务，包括邮政服务、快件服务、电信服务、视听服务。③建筑及有关工程服务，包括建筑物的一般建筑工作、安装与装配工作、建筑物的完善与装饰工作等。④销售服务，包括代理机构的服务、批发贸易服务、零售服务、特约代理服务及其他销售服务。⑤教育服务，包括初等教育服务、中等教育服务、高等教育服务、成人教育服务及其他教育服务。⑥环境服务，包括污水处理服务、废物处理服务、卫生及其相关服务、其他的环境服务。⑦金融服务，包括保险及与保险有关的服务、银行及其他金融服务（保险除外）。⑧健康与社会服务，包括医院服务、其他人类健康服务、社会服务及其他健康与社会服务。⑨与旅游有关的服务，包括宾馆与饭店、旅行社及旅游经纪人服务社、导游服务等。⑩娱乐、文化与体育服务，包括娱乐服务，新闻机构的服务，图书馆、档案馆、博物馆及其他文化服务，体育及其他娱乐服务。⑪运输服务，包括海运服务、内河航运服务、空运服务、空间运输、铁路运输服务、公路运输服务、管道运输服务及所有运输方式的辅助性服务。⑫其他未包括的服务。

2）按照与商品贸易、直接投资的密切程度，可以将服务贸易划分成三类：①同国际货物贸易直接相关的传统国际服务贸易项目，如国际运输、国际维修和保养、国际金融服务（主要是贸易结算服务）、商品的批发和零售等。②同国际直接投资密切相关的要素转移性质的国际服务项目，如股票、债券等形式的证券投资收益，经营管理的利润收益，建筑和工程承包等劳务输出以及金融服务业的国际信贷等。③相对独立于货物贸易和直接投资的国际服务贸易项目，如国际旅游业提供的服务、世界信息网络服务、视听产品与知识产权服务等。

3）以"生产"为核心的划分方法。一些经济学家根据服务与生产过程之间的内在联系，将服务贸易分为生产前服务、生产服务和生产后服务。①生产前服务主要涉及市场调研和可行性研究等。这类服务在生产过程开始前完成，对生产规模及制造过程均有重要影响。②生产服务主要指在产品生产或制造过程中为生产过程的顺利进行提供的服务，如企业内部质量管理、软件开发、人力资源管理、生产过程之间的各种服务等。③生产后服务是联结生产者与消费者之间的服务，如广告、营销服务、包装与运输服务等。通过这种服务，企业与市场进行接触，便于研究产品是否适销、设计是否需要改进、包装是否满足消费者需求等。

4）以服务贸易中生产要素的密集程度进行划分。服务贸易可分为三类：①资本密集型服务贸易，包括空运、通信、工程建设服务等。②技术、知识密集型服务贸易，包括银行、金融、法律、会计、审计、信息服务等。③劳动密集型服务贸易，包括旅游、建筑、维修、消费服务等。

5）以"移动"为标准进行分类。按服务是否在提供者与使用者之间移动，将国际服务贸易分为4类：①分离式服务。它是指服务提供者与使用者在国与国之间不需要移动而实现的服务。②需要者所在地服务。它是指服务的提供者转移后产生的服务，一般要求服务的提供者需要与服务使用者在地理上毗邻、接近。③提供者所在地服务。它是指服务的提供者在本国国内为外籍居民和法人提供的服务，一般要求服务的消费者跨国界接受服务。④流动的服务。它是指服务的消费者和生产者相互移动所接受和提供的服务，服务的提供者进行对外直接投资，并利用分支机构向第三国的居民或企业提供服务。

6）以商品为标准进行分类。把服务视作商品，并按服务是否具有实物形态及与有形商品（货物）的关系情形，将服务贸易分为：①以商品形式存在的服务，这类服务以商品或实物形式体现。②对商品实物形态具有补充作用的服务，这类服务对商品价值的实现具有补充、辅助功能。③对商品实物形态具有替代功能的服务。这类服务伴随有形商品的移动，但又不是一般的商品贸易，不像商品贸易实现了商品所有权的转移，只是向服务消费者提供服务。④具有商品属性却与其他货物无关联的服务。这类服务具有商品属性，其销售并不需要其他货物补充才能实现。

7）按服务功能标准进行分类。将服务贸易分为：生产性服务或生产者服务、生活性服务或消费性服务和公共服务。①生产性服务是指为生产者而提供的服务，直接或间接为生产、经营或商务活动提供中间服务，可分为信息、金融、交通运输、物流、商业等。②生活性服务是指为消费者而提供的服务，可分为医疗保健、住宿、餐饮、文化娱乐、旅游、商品销售等。③公共服务是指面向全社会，满足公共消费需求，提高公共福利而提供的服务，可分为教育、医疗卫生、文化体育、社会保障和社会福利等。公共服务一般不列入国际服务贸易的范围。

下面我们再从实用性和理论性两个层次介绍国际服务贸易的两种主要分类：操作性统计分类和理论性逻辑分类。

1.4.1 国际服务贸易的操作性统计分类

国际服务贸易的统计分类是一种操作性分类，它是根据国际货币基金组织统一规定和使用的各国国际收支账户形式，如表1-2所示。国际服务贸易流量在各国的国际收支账户中占有重要位置，根据该项目所含内容，可以对国际服务贸易做统计性分类。其分类要点是将国际收支账户中的服务贸易流量分成两种类型：①同资本项目相关，即同国际间的资本流动或金融资产流动相关的国际服务贸易流量，被称作要素服务贸易（trade in factor services）流量。②只同经常项目相关，而同国际间资本流动或金融资产流动无直接关联的国际服务贸易流量，被称为非要素服务贸易（trade in non-factor services）流量（见图1-3）。

表1-2 国际收支账户（国际货币基金组织格式）

1. 经常项目（current account）
   1）货物（goods）
   2）服务（services）
   3）收益（incomes）
   4）经常性转移（current transfer）
2. 资本与金融项目（capital and financial account）
   1）资本项目（capital account）
   2）金融项目（financial account）
3. 误差和遗漏（errors and omissions）

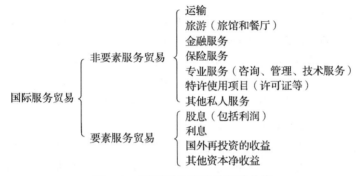

图1-3 国际服务贸易的统计分类

要素服务贸易的概念源于传统的生产力三要素理论。生产力三要素理论认为，经济上的所有财富都来源于劳动、资本和土地（资源）提供的服务（后来马歇尔在其名著《经济学原理》中又提到了企业家才能，他把生产要素扩展到4个）。劳动服务的报酬是工资，资本服务的报酬是利息及利润，而土地服务的报酬是地租。值得注意的是，第一，在国际服务贸易中，土地要素所提供的服务及报酬流量一般不予考虑，因为一般认为土地缺乏流动性，无法提供跨国服务。第二，劳动要素服务及其报酬同国际资本流动或金融资产流动只有间接关系而无直接关系，故劳动服务贸易不属于"要素服务贸易"。因此，要素服务贸易专指资本服务收益流量的跨国转移。在现代国际经济体系中，国际资本流动的基本形式是国际金融资产的跨国输出入，主要实现方式是国际投资和国际信贷。国际投资分为直接投资和间接投资。国际直接投资的收益流量包括：资本要素的报酬流量——利息或股息；经营管理技能的报酬流量——利润，它们作为要素服务收益被记入国际收支账户的服务贸易项目。国际间接投资，又叫国际证券（股票或债券）投资，它的主要目的是获取金融资产的利息或股息收益，也应被记入国际收支账户的服务贸易项目。国际信贷包括：民间国际信贷（商业信贷、银行信贷）、国际金融机构信贷以及政府间贷款三种。这些国际信贷的利息收益流量均作为金融资产的要素报酬被记入服务贸易项目。对非要素服务贸易的界分，采用的是类似第三产业的剩余法。国际收支账户统计的基本流量有两类：国际经济往来的金融资产方面即国际资本流动；国际经济往来的实际资产方面（商品、服务及单方面转移）即经常项目流动。国际资本流动所产生的净值，即利息、股息、利润等是记入国际服务贸易流量中的，因此，从统计角度看，非要素服务贸易项目＝国际服务贸易项目－要素服务贸易项目＝（经常项目－商品贸易项目－单方面转移项目）-要素服务贸易项目。

1.4.2 国际服务贸易的理论性逻辑分类

国际服务贸易的逻辑分类是一种理论性分类，它的出发点是国内经济中的商品与服务"两分法"，以及在"两分法"基础上的产业和服务业的亚产业分类。毫无疑问，国际贸易只存在于开放经济条件下，如果依然关注产品与要素的逻辑区别，关注产品与产业的逻辑区别，那么国际贸易的概念在经济学逻辑上是完全狭义的。按照不同标准，国际服务贸易的理论分类可以有多种方法，而目前最流行的分类则以服务贸易同货物的国际转移（由商品贸易或国际投资引起）的关联程度为标准。

1. 国际核心服务贸易

国际核心服务贸易同货物的国际投资和国际贸易无直接关联。在国际服务贸易市场上，这类服务本身是市场需求和市场供给的核心对象。

国际核心服务贸易按供给者与需求者的接触形式分为两种，即"远距离型"和"面对面型"。"远距离型"核心服务是指无须提供者和需求者的实际接触而跨国界交易的服务。由于这种服务可以像有形商品那样进行交易而无须人员的移动，因而被视作比较纯粹的国际服务贸易。"远距离型"核心服务得以传递，需通过一定的媒介体，比如国际通信、互联网等电信技术。"面对面型"核心服务则需要供给者与需求者的实际接触。这种实际接触方式，可以是供给者流向需求者，或者是需求者流向供给者，也可以是两者之间的双向流动。但无论是哪一种实际接触方式，通常都伴随着人员或生产要素的跨国界流动。

以服务的国内分类为依据，国际核心服务贸易可以划分为生产者服务贸易和消费者服务贸易，其中前者构成国际核心服务贸易的主体。

消费者服务进入国际贸易领域，在逻辑上是由于国内消费者服务业的供给（生产）能力的增长和国外对该国消费者服务需求的扩大，在实践上则是由于随着科技的发展、社会的进步，世界各国人民的交往日益频繁。各国人民对于外国消费者服务的需求，一方面取决于自己的收入水平，另一方面取决于服务的相对价格。

在科技革命的推动下，富有人力资本、知识资本和技术资本的国家，把经济信息、生产知识、技术诀窍和科学管理作为同他国进行交易的服务项目，涉及市场、交通、能源、金融、投资、通信、建筑、矿业、农业、经营等同生产有关的一切领域，使得生产者服务成为国际核心服务贸易的主体。生产者服务是作为其他商品和服务进一步生产的中间投入，是人力资本、知识资本和技术资本进入生产过程的桥梁。生产者服务贸易的扩大必然会全面提高世界各国的总生产力。生产者服务贸易形式主要有金融服务贸易、企业管理知识与技能服务贸易、国际咨询、国际技术贸易和国际人才交流与培训等。

2. 国际追加服务贸易

国际追加服务贸易同货物的国际贸易和国际投资有着密不可分的联系。国际追加服务贸易实际上是分配服务的国际化延伸，它本身并不向消费者提供直接的、独立的服务效用，而是作为货物核心效用的派生效用。所以，国际追加服务贸易市场的需求和供给都是属于派生的需求和供给。然而，在现代科技革命的推动下，这种追加服务却往往在很大程度上左右着消费者对所需核心效用的选择。这是因为，在当代以不完全竞争为主的国际市场上，基于差别产品的非价格竞争已经取代了传统的价格竞争而上升到首要地位。与此相适应，强调过程管理、技术服务投入，增加软件比重，借以改善生产函数的动态比较利益说，也开始在理论上补充过去那种基于自然禀赋不同的静态比较利益说而受到人们的重视。今天，各国企业都大力发展这类服务尤其是知识密集型追加服务，这类服务正被广泛地应用于商品生产的各个阶段。在上游阶段中，要求有先行追加服务投入，包括可行性研究、风险资本筹集、市场调研、产品构思和设计等项服务。在中游阶段中，一方面要求有与有形商品融为一体的追加服务，包括质量控制与检验、设备租赁、后期供给以及设备保养和维修等；另一方面又要求与有形商品生产平行的追加服务投入，包括财务会计、人员聘用和培训、情报和图书资料等软件的收集整理与应用、不动产管理、法律、保险、通信、卫生安全保障以及职工后勤供应等各项内容。在下游阶段中，要求的追加服务项目包括广告、运输、商品使用指导、退货索赔保证以及供应替换零件等一系列售后服务。上述追加服务，有些属于"锁住型"追加服务，即这类追加服务很难从某一特定生产阶段脱离，只能与一定比例的生产要素相结合，从而完全附着于商品价值体而并不形成一种独立的市场交易对象。另外一些则属于"自由型"追加服务，即这类追加服务虽与商品贸易有关，但可以外在化而成为独立的市场交易对象。以上三个阶段的"锁住型"和"自由型"的各项追加服务，通常都是互相依存而组合成为一个一体化过程的服务网络。各个厂商所提供的这些同类异质的追加服务及其组合网络，正是形成其产品差异和增值的主要源泉，也是厂商之间开展非价格竞争的一个决定性因素。

从国际商品贸易涉及的跨国货物流动看，最主要的国际追加服务项目仍是运输业（海运、空运、陆运）。随着国际贸易、运输方式的发展，国际货运代理已渗透到国际贸易的每一个领域，成为国际贸易中不可或缺的重要组成部分。国际货运代理的基本特点是受委托人的委托或授权，代办各种国际贸易、运输所需服务的业务，并收取一定报酬，或作为独立的经营人完成并组织货运、保管等业务，因而被认为是国际运输的组织者、设计者和国际贸易的桥梁。此外，作为国际运输服务体系的基本要素，原属于生产者服务的保险服务、银行服务及信息服务也日益渗入国际商品贸易，成为国际追加服务的一个组成部分。

上述国际核心服务和国际追加服务中没有提到政府服务，这主要是因为政府服务越过国界而形成贸易的范围和流量是有限的，这里就忽略不计了。

1.4.3 对国际服务贸易分类的评价

服务贸易统计分类和逻辑分类之间的差异，源于人们对于服务贸易的经验认识和理论认识的不同。这在某种程度上说明了对于服务贸易的概念、范围、内容及意义的认识，还存在着经验上、理论上以及政策取向与界定上的困难和模糊。

1. 对国际服务贸易统计分类的评价

国际服务贸易的操作性统计分类，是目前世界各国普遍接受的服务贸易分类方法。从便于一个国家（地区）比较准确、迅速地掌握其国际收支状况的角度看，这种分类的优点在经验上是显而易见的。与商品贸易不同，服务贸易的国际往来流量很难从实体形式上加以确定，只有通过价值流量的方式加以统计，才便于各国及国际组织操作。

第一，这种分类的国际服务贸易涵盖的内容是全面的。因为，以有形与无形的感性标准为界线，国际间所有可能的非实体的价值流量往来，在原则上都不会脱离国际服务贸易的界域。

第二，把国际资本流动所形成的各种收益（报酬）流量，归于"要素服务贸易"项下，一方面可以使各国国际收支账户的资本流动项目统计简单化；另一方面也使得国际服务贸易的投资收益统计不被国际投资流量和国际信贷流量的各种形式干扰，成为相对独立的价值统计流量。

第三，"要素服务贸易"和"非要素服务贸易"都是对未来开放的统计分类，只要国际间流动的"要素"定义明确，未来新的国际价值往来，或可因其作为要素价值的增值，被归于"要素服务贸易"项下，或可因其同要素流动无关，被归于"非要素服务贸易"项下。因此，统计分类在服务贸易概念的外延上是周延的。

然而，统计分类方法在经济学逻辑上被认为是不完备的。

首先，按照三要素理论，要素服务与非要素服务的划分是不尽合理的。统计分类只把国际间资本流动形成的收益流量（资本服务报酬流量）看作要素服务贸易流量，而把劳动服务、土地（资源）服务的报酬流量排斥在要素服务贸易之外。典型的劳动要素跨国服务项目是国际工程承包、劳务输出及航运维修服务等，劳动力要素通过向国外付出劳动而换回报酬，本应属于要素服务贸易项目，但在操作性分类中被列入非要素服务贸易的范围。这显然是理论与实践互相矛盾。至于土地（资源）要素，由于缺乏（国际）流动性，因此，在国际经济分析中一直是被遗忘的角落。但是，随着世界经济的一体化、全球化程度的不断加深，土地（资源）要素的流动性也开始增加，表现为土地要素的国际批租、开发区建设、保税区设立以及离岸金融市场形成等。作为土地（资源）要素服务的报酬——租金流量本应逻辑地被归于要素服务贸易的范围，但根据现行的国际收支账户体系和统计分类标准，这一项目由于同国际资本流动不存在直接关联，因此，不可能被划为要素服务贸易的范围。

其次，统计分类模糊了服务业产品（服务）的进出口（贸易）与服务业本身跨国投资以及生产要素的跨国流动（投资）的界线。理论上，服务贸易与商品贸易一样，其严格的界定只能是服务业产品的进出口，但是，由于服务自身的特点，其统计规范无法像商品贸易那样严格界定贸易与投资。

服务贸易操作性统计分类的理论逻辑不充分，具体项目笼统复杂，属人为划分，因此，在国际多边贸易谈判中，持不同政策立场的各国都能从中找出对自己有利的方面。就发达国家和发展中国家的立场差异而言，不同的观点主要表现为两个问题。第一，"要素服务"的重心是"资本服务"还是"劳动服务"？发达国家认为，既然要素服务的收益流量记入服务贸易，同这些收益相关的"国际投资"的各个方面也必须被包含到服务贸易中，这成为谈判的议题。发展中国家则认为，就"要素服务"而言，劳动力的跨国流动是最基本的要素流动，服务贸易谈判应把这方面的内容作为重点。显然，双方的不同立场是由于发达国家通常是资本输出国、发展中国家通常是劳动力输出国而造成的。第二，贸易与投资是否应当结为一体？当今的国际服务贸易很大部分是通过设在国外的子公司或（和）分公司进行的，所以，发达国家认为，服务贸易谈判不仅要覆盖服务的跨国界贸易，还应包括为贸易而进行的投资。但对发展中国家来说，发达国家的提议无疑是以服务业的自身优势，以"服务"投资于东道国市场，取得与东道国企业平等的"国民待遇"，利用东道国的信息服务为跨国公司（multi-national corporations，MNC）在服务业领域的发展打开方便之门，这是发展中国家难以接受的。因此，发展中国家坚持要求谈判只限于服务的跨国界贸易。总之，服务贸易的统计分类实际上为不同国家提供了一个操作上的模糊区间，各国都在服务贸易的多边谈判中充分利用这种模糊讨价还价，互相掣肘。

2. 对服务贸易逻辑分类的评价

服务贸易逻辑分类的优点主要有以下几个方面的内容。

第一，明确区分了服务贸易、服务业投资及一般投资收益往来的概念差别。逻辑分类的思想是，服务贸易同商品贸易一样，是各国服务业产品的国际交换，"服务"在一国出口中所占比例的大小，取决于该国国内产业结构和服务业产出的国际竞争比较优势。服务业的海外投资则指一国服务业跨出国门，它是产业的国际延伸，而非产品的国际交换，所以，逻辑分类对服务贸易和服务业投资的区分是明晰的。认识到服务贸易与服务业投资的概念区别，一般海外投资收益（报酬）的国际流动同服务贸易及服务业投资的区别就显而易见了。因此，逻辑分类的理论观点是符合经济学思想的。

第二，以一个封闭经济体系的产业结构模型作为国际服务贸易产品分类的逻辑起点，符合国际经济学理论分析的一般原则，因此比操作性统计分类要深刻得多。

第三，尽管具体的国际服务贸易进出口流量总是表现出综合流量的特点，即几乎不存在某种单一属性的服务贸易流量的进口和出口，但服务贸易的逻辑分类把这些流量的源头归结到国内服务业的部门分类上，因此，国际服务流量同国内服务流量在逻辑上能够协调一致，即国际分类同国内分类相协调。

第四，这种逻辑分类否定了那种认为服务贸易完全由商品贸易派生出来、服务贸易规模取决于商品贸易规模的观点。这是因为，这种分类方法将服务贸易分成核心服务贸易和追加服务贸易两种，只有后者才同商品贸易规模成正比，前者同商品贸易无关。而且，从历史上看，随着科学技术的发展，前者将日益成为服务贸易的主体。

然而，与操作性统计分类相比，逻辑分类的实际应用性较差。大多数有关服务贸易的研究和讨论，都不以理论性逻辑分类的概念和定义作为实际分析的工具。造成这一情况的原因很多，其中最主要的是：首先，作为逻辑分类的出发点，学术界对于一个封闭经济体系中的"服务"，在理论上尚未真正达成统一认识，关于服务的价值与价格问题的争论远未结束，因此与商品不同，服务作为服务业的产品，其供给和需求的规模并没有十分完备的理论诠释。其次，逻辑分类虽然使服务贸易的理论含义分明了，即严格区分了服务贸易、国际投资和国际要素流动收益等概念，但具有单纯贸易性质的服务贸易的范围变得十分狭窄，因而使其在国际经贸关系中的实际作用降低。另外，这种分类的服务贸易不能如实反映当代国际经贸关系的综合性特点，即随着国际生产关系的发展变化和科技革命的推动，资本流动和国际贸易的联系日益密切，我们一定要从逻辑上将贸易与投资加以区分，这原本在商品贸易中就已十分困难，更何况服务贸易的交易对象是消费与生产同时性的服务，所以在服务贸易发展的现阶段，将服务业跨国投资与服务贸易严格划分的实际意义非常有限。

1.5 国际服务贸易的统计

1.5.1 国际经济统计

服务贸易统计对于服务贸易的发展具有很重要的意义。由于服务产业本身复杂多样，定义起来比较困难，从而使服务贸易统计错综复杂。1993 年 9 月，国际货币基金组织决定修改已使用 16 年之久的《国际收支手册》，并要求所有成员方今后能够根据修改的内容，提供更详细的服务贸易报告书。

目前，在反映国家（地区）之间交易的国际经济统计中，主要有三种统计：①以记录跨境货物交易为特征的国际商品贸易统计。②以记录跨境服务交易为特征的跨境服务贸易统计。③与国际投资活动有关，具有非跨境交易特征的外国附属机构贸易（foreign affiliates trade，FAT）统计。三者互为补充，从不同角度记录了国际经济交易状况。

国际商品贸易是国家间最直接、最传统的经济联系方式，是跨越国境（关境）的商品流动，与之对应的商品贸易统计是跨境的商品流动的统计，它的重点是商品在国家间的流动，与谁是商品的所有者、谁是交易的受益人无关。

通常所说的服务贸易统计是与国际收支统计联系在一起的，即所谓跨境服务贸易统计。跨境服务贸易统计是指国际收支平衡表所记录的，经常项目下居民与非居民之间的服务交易，即跨境的服务流动的统计，具有服务跨境消费和跨境交易的特征。

随着经济全球化的发展，对外直接投资迅速增长，国家间经济联系的方式不再仅仅是具有跨国境特征的商品和服务进出口，还包括由于资本流动而导致的商品和服务的非跨境交易。FAT 统计反映了外国附属机构在东道国发生的全部商品和服务交易情况，包括与投资母国之间的交易、与所有东道国其他居民之间的交易，以及与其他第三国之间的交易，核心是其中的非跨境商品和服务交易（见图 1-4）。

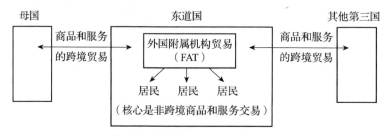

图 1-4　FAT 统计示意图

对任何一国来说，直接投资都是双向的，既有外国在本国的直接投资，也有本国在外国的直接投资。这种投资的双向流动反映在统计上，就形成了 FAT 的内向统计和外向统计。就报告国而言，记录外国附属机构在本国的交易情况的统计，被称为内向 FAT 统计；记录本国在国外投资形成的附属机构在投资东道国的交易情况的统计，被称为外向 FAT 统计。

FAT 统计有以下几个特点：第一，从统计范围看，FAT 统计实际上包括了外国附属机构的全部交易——跨境交易和非跨境交易，但核心是非跨境交易，即企业的国内销售。第二，从统计对象看，只有对方绝对控股并且绝对能够控制的企业，即外方投资比例在 50% 以上的企业才被列入 FAT 统计范围，这与直接投资统计的对象不同，后者以外资比例达到10%以上为标准，我国是25%。原因在于，FAT统计是投资基础之上的贸易统计，反映的不仅是投资状况，更主要的是贸易利益问题，只有外国投资者拥有并控制了该企业，才有可能决定贸易过程并获得贸易利益。第三，从统计内容看，FAT统计既包括投资的流量和存量，也包括企业经营状况和财务状况及对东道国经济的影响，但最主要的内容是企业的经营活动状况。这才是有别于传统直接投资统计的地方。因此，FAT统计反映的中心内容是：外国附属机构作为东道国的居民，与东道国其他居民之间进行的交易，即其在东道国进行的非跨境交易的情况，以及这种交易对东道国经济和市场产生的影响。第四，FAT统计在实践中的区别。按照WTO的要求，将外国附属机构的当地服务销售作为国际服务贸易的内容，所以，一般将对非跨境的服务销售进行FAT统计，作为广义国际服务贸易统计的内容，而对外国附属机构的当地商品销售进行的FAT统计，则被认为是外国直接投资统计的进一步深化，也是对商品贸易统计的有效补充。因此，当FAT统计被应用于国际贸易统计时，一般是用在广义国际服务贸易统计之中。第五，从作用来看，FAT统计弥补了国际商品贸易统计、跨境服务贸易统计和外国直接投资统计的不足，将外资企业的生产和服务提供对贸易流动的影响，以及由此产生的利益流动反映出来。假定三个国家，投资国A原来直接向第三国C出口商品或服务，现改为通过在东道国B投资进行生产和经营并对C出口，从而导致国际商品贸易流和跨境服务贸易流的流向发生变化。但在这种贸易流的背后，利益分配的格局未变，东道国在其中只是起了利益传递作用。投资及贸易利益最终仍是流向投资国A的。FAT统计反映了这种利益流动的真实情况，用图1-5表示如下。

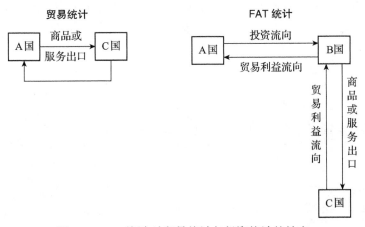

图1-5 FAT统计对贸易统计与投资统计的补充

广义的服务贸易统计必须将贸易统计与投资统计紧密结合起来，因为，对某些服务贸易而言，投资不再是补充手段，而是贸易的必要条件，所以，必须在记录投资活动的同时，对其经营活动和经营本质进行反映，这一点可以通过FAT统计来完成。当然，FAT统计在操作中会遇到一些难处，会给服务贸易统计带来麻烦。如何进行服务贸易统计成为各国十分棘手的问题。目前，服务贸易统计正处在逐步完善、规范的过程之中。

1.5.2 国际服务贸易统计基本框架

《国际服务贸易统计手册》（Manual on Statistics of International Trade in Services,

MSITS）是由联合国、欧盟、国际货币基金组织、经济合作与发展组织、联合国贸易和发展会议、世界贸易组织等六大国际组织于 2002 年共同编写的，它标志着国际公认的国际服务贸易统计基本框架的形成。自此，世界各国以该手册为基准，开展或加强服务贸易统计数据的采集并进行发布。美国、欧盟等发达国家已较为成功地开展了服务贸易统计。

MSITS 的国际服务贸易统计基本原则是，遵循《服务贸易总协定》关于国际服务贸易的定义，确定以下四种供应模式，即跨境提供、境外消费、商业存在和自然人移动或自然人存在作为服务贸易统计的内容（见表 1-3）。在具体操作上，以居民与非居民间的服务贸易（services transactions between residents and non-residents），即国际收支项下的服务贸易和通过外国分支机构实现的服务贸易（foreign affiliates trade in services，FATS）两条主线进行服务贸易统计。国际收支（BOP）统计遵循国际货币基金组织的《国际收支手册（第 5 版）》（BPM5），总结了经常账户、资本和金融账户的组成中某一经济体与世界其他经济体之间的交易。BPM5 下的国际收支统计，将居民与非居民间服务贸易（在经常账户内）的相关数据显示为 11 个条目。MSITS 建议按照更为详细的服务贸易分类体系——扩展的国际收支服务（extended balance of payments services，EBOPS）和按照贸易伙伴国编制的统计数据，并将居民与非居民之间的各类服务贸易按不同供应模式进行分配。MSITS 在外国分支机构服务贸易统计的新框架下，通过引入外国子公司服务供应的测量，扩展了国际服务贸易的统计概念。这个框架提供了一系列旨在描述外国子公司运营的指标，重点关注但不仅限于服务业。对于 FATS 统计分别进行内外向统计，其中本国境内外国附属机构提供的服务作为内向 FATS，本国在外国境内的附属机构提供的服务作为外向 FATS。而对于自然人移动统计，因其范围难以界定以及可行的统计指标有限，目前尚未成为国际服务贸易统计的主要组成部分。MSITS 包含了一个有关自然人移动的附录。

表 1-3　供应模式和统计领域之间的对应

供应模式	相关统计领域	不足
模式 1：跨境提供	BOP：商业服务（旅行和建筑业除外）	BOP 不允许模式 1 和模式 4 分离
模式 2：境外消费	BOP：旅行	● 旅行中也包含旅行者消费的货物，且并不被细分为服务的不同种类 ● 一些与这种供应模式相关的交易也包括在 BOP 另外的分类中
模式 3：商业存在	● FATS 统计 ● BOP：FDI 数据（补充信息） ● BOP：建筑服务	● 很少国家会产生 FATS 数据 ● FDI 统计涵盖大量子分类，不仅（主要）是被控制的公司 ● 没有区分模式 3 和模式 4
模式 4：自然人移动或自然人存在	BOP：商业服务（旅行除外）	BOP 不允许模式 1（模式 3 中的建筑业）和模式 4 分离

资料来源：World Bank. A Handbook of International Trade in Services [M]. Oxford: Oxford University Press, 2008, P.137.

下面列出的是扩展的国际收支服务分类（EBOPS）的组成部分。

运输包含了一方居民为另一方提供的所有运输服务，此服务涉及旅客运输、货物流动、带有工作人员运输载体的租金，以及相关的支持和辅助服务。另外，EBOPS 区分了 8 种不同方式的运输：海、空、陆路、铁路、内陆水道、管道以及其他支持和辅助服务。

旅游与其他大多数国际服务贸易不同，因为服务本身的消费者赋予了旅游与众不同的特性。因此，旅游并不涉及特定的产品，而是包括旅行者在海外所消费的货物和服务（包括住宿、食物、纪念品等）。考虑到居民的概念，只有在所访问国家停留 1 年以下的，才能算作旅行者。如果停留超过 1 年，他们将会被认为是该国的居民。这个方针并不适用于学生和在海外接受健康治疗的患者，即使他们停留时间超过 1 年，他们仍保有其原有经济体的居民身份。根据旅行的目的，旅游又被分为商务旅行和私人旅行。后一项可进一步被分为健康相关消费、教育相关消费，以及所有其他私人旅行消费。

通信服务可进一步被分为两个子组成部分：邮政快递服务和电信服务。

建筑服务包括由一家企业的员工在该企业所在领土之外，为建筑工程和安装所做的工作。建筑服务进一步被分为海外建筑和统计所在经济体内的建筑。

保险服务包括由本地保险公司向非居民提供的各种各样的保险，反之亦然。保险服务进一步被分为五个组成部分：人寿保险和养老金、货运保险、其他直接保险、再保险，以及保险的辅助服务。有关总保费和总索赔的信息，可能被用来作为估计服务费用的基础，被记录在备忘项目中。

金融服务包括由银行、股票交易所、保理公司、信用卡公司和其他公司提供的金融中介和辅助服务。

计算机信息服务被分为计算机服务（硬件、软件有关服务和数据处理服务）、新闻机构服务（提供新闻、照片和给媒体的特别文章等），以及其他信息提供服务（数据库服务和网络搜索入口）。

版税和许可费被分为特许权和相似权利，以及其他版税和许可费。前一项包含使用注册商标的特许经营权费和版税的国际支付及收取。其他版税和许可费涉及授权使用专利、版权的交易，以及通过制造原稿或原型的许可（例如手稿或计算机程序），交易工业生产方法的设计和使用。

个人、文化和娱乐服务包括视听和相关服务，以及其他个人、文化和娱乐服务。第一个组成部分包括动态图片、收音机、电视频道和音乐唱片相关的服务和费用。其他个人、文化和娱乐服务包括与博物馆、图书馆、档案馆、体育运动和娱乐活动有关的服务。EBOPS 通过两个独立的部分：教育服务和保健服务，提供了后一项的附加信息，这对于贸易谈判非常重要。

政府服务（别处不含）、所有政府和国际组织的交易不包括在其他 EBOPS 项目中。它可被分为使馆和领馆交易的服务，以及军队单位、代理和其他交易者交易的服务。注意，《服务贸易总协定》不包括政府机构活动中提供的服务。

记录 FATS 统计的准则与国际统计标准相一致。FATS 统计一般只涵盖被外国直接投资者控制的附属机构。出于统计的目的，FATS 统计的相关总体由拥有超过 50% 普通股或投票权的单个直接投资者的附属机构构成。因此，FATS 统计的总体是 FDI 领域的一个子集，包括了子公司和分支，但不包括合伙人。应当注意的是，FATS 统计反映的是附属机构的整体运营情况，而不是外国母公司拥有股权的那个部分。

FATS 变量可按以下两个主要分解归类：按国家以及按活动（行业）和按服务产品。

按国家分解变量时，需要强调的问题是，统计是基于内向 FATS，还是外向 FATS。

对于内向 FATS，问题在于将交易归于直接投资国还是最终投资国。MSITS 建议，拥有附属机构最终受益所有人的国家作为地理分解的主要基础。这类国家是指最终拥有或控制附属机构，得到拥有或控制附属机构主要利益的国家。例如，如果一家法国公司通过其在荷兰全资拥有的附属机构，间接地拥有一家俄罗斯的附属机构，那么在俄罗斯统计的内向 FATS 数据中，法国应当是拥有者国家。然而，考虑到有关直接拥有者（或"第一外国母公司"）的信息可以作为 FDI 数据的副产品，并便于和那些数据比较，MSITS 鼓励各国整理依据直接拥有者国家分解的数据。

对于外向 FATS 来说，有两个选择。变量可以归于附属机构所在地的国家（直接的东道国），或者，如果所有权通过在另一国直接拥有的附属机构实现，则可归于该附属机构所在地国家（最终的东道国）。MSITS 建议，变量所描述的是哪国附属机构的运营，就将它们归于哪国。这样处理确实与在直接投资者的商业存在发生的地方揭示附属机构所在地国家最为相关。例如，如果一家英国公司通过在百慕大群岛的一家控股公司，在美国拥有一家附属机构，那么在英国外向 FATS 统计中，附属机构应当被分类在美国而不是百慕大群岛。

按活动（行业）和按服务产品分解变量时，所有 FATS 变量都应当被分配给生产者的产业活动。MSITS 根据所有经济活动的《国际标准产业分类（修订版 3）》，为 FATS 变量提供了一个活动分类。这个分类被称为《国际标准产业分类》（ISIC）下外国分支机构的类别（ICFA），在 MSITS 中给出。

被记录在任何给定 ICFA 分类下的数据，应当被看作厂商主要活动的表征，而不是对活动本身的精确测量。给定厂商所归属的行业只反映了该厂商主要的活动。例如，计算机服务可能不只是由分类在计算机服务行业的厂商提供，还有可能由分类在计算机制造和计算机批发交易中的厂商提供。相似地（虽然在现实中较少），计算机服务厂商可能会将制造和批发贸易作为辅助活动。统计表明，"计算机服务"活动会误报活动的价值，既要通过排除由制造商和批发贸易商提供的计算机服务，还要包括计算机服务厂商提供的制造和批发贸易活动。

出于这个原因，再加上分类本身的不同，就天然地限制了根据 EBOPS 分类的居民/非居民贸易数据，以及根据 ICFA 分类的 FATS 变量数据的一致程度。尽管如此，两个分类主要成分之间的对应（在 MSITS 中提供）对于一些目的可能有用，特别是在那些厂商专门化程度高且不准备大力经营辅助活动的部门中。例如，如果法律服务只有法律公司提供，而且法律公司趋向于独自提供法律服务，那么"法律服务"活动下记录的收入，会与法律服务的收入保持紧密一致，正如它们被记录在产品分类下一样。

尽管 MSITS 推荐优先按照活动分解 FATS，但它也提倡国家按照服务生产和销售的种类，分解诸如收入、出口、进口等变量，将这一工作方向作为长期目标。基于产品的数据应当允许识别通过商业存在提供服务的特定种类。FATS 中任何可利用或可开发的产品细节，都应当按照能与 EBOPS 兼容的基础分解。如果无法达到这个程度的专属性，国家不妨将每个行业收入中的货物收入和服务收入分开，作为按照产品分解的第一步。

我国于 2007 年 11 月 21 日制定了《国际服务贸易统计制度》（商服贸发〔2007〕464 号），目前已建立起符合国际标准并覆盖 GATS 四种供应模式的服务贸易统计体系。该体系包括两个主要组成部分和一个次要组成部分，其中两个主要组成部分是：居民与非居民间的服务贸易统计（BOP 统计）和外国附属机构服务贸易统计（FATS 统计），一个次要组成部分是自然人移动统计。统计的范围已覆盖中国内地与部分其他国家以及中国港澳台地区之间发生的服务贸易；统计方法遵循 MSITS。同时，为结合中国的实际情况，中国的服务贸易统计细化了服务贸易的国别（地区）和省市分类，提供了交易性质、国别（地区）、省市等多维分组的国际收支项下服务贸易和外国附属机构服务贸易统计数据框架，从而满足了国际谈判与中国各级政府管理和决策的需要。

【案例 1-2】 出入境旅游贸易中的顺差与逆差

近年来，随着我国经济体量增长，境外游占民众出游的比重日趋增大。而境外游所带来的消费，也不容忽视。

2017 年 4 月 4 日，世界旅游组织发布的 2016 年《UNWTO 世界旅游晴雨表》显示，中国当年出境旅游支出为 2 610 亿美元，同时公布美国出境旅游支出为 1 220 亿美元。照此数据，我国旅游服务贸易为逆差。

然而，4 月 17 日，国家旅游局数据中心（以下简称"数据中心"）发布《2016 年我国继续保持最大旅游消费国地位和旅游服务贸易顺差》报告，澄清了中国出境旅游支出为 1 098 亿美元，并非 2 610 亿美元。按照数据中心的数据，我国旅游服务贸易为顺差。上述数据差异究竟如何作解？旅游贸易顺逆差又应如何看待？对此，旅游专家王兴斌向《新京报》记者阐述了上述疑问。

疑问 1：如何看待这两种数据

数据中心及时对这两种数据的由来和内涵做出解释，回应社会关切十分必要。

看上去，数据中心一方面认可世界旅游组织对中国（内地）出境旅游支出世界第一的排位，另一方面又不认可世界旅游组织对中国（内地）出境旅游支出 2 610 亿美元的数据，认为是 1 098 亿美元而不是 2 610 亿美元，但若承认世界旅游组织公布的美国出境旅游支出为 1 220 亿美元，中国就不是"最大旅游消费国"了，而是第二大旅游消费国。

事实上，世界旅游组织发布的 2 610 亿美元，这个数据来自中国国家外汇管理局公布的出境"旅行支出" 2 611 亿美元。数据中心提出，"旅行和旅游属于两个不同范畴的定义……旅行的统计范畴和核算范围远大于旅游"；并解释，"旅行支出" 2 611 亿美元中应扣除"出境停留时间超过 1 年的非旅客，而且包括长期留学、长期务工、长期医疗，甚至购房和金融投资等支出"。

不过，上述解释并不确切，国家外汇管理局在《国家外汇管理局国际收支报告》中已经指出，"对于'以旅行之名，行投资之实'的交易，也尽可能在可获得的数据范围内进行了还原处理，如境外购房和购买境外投资性保险产品"。可见 2 611 亿美元中已扣除"购房和金融投资等支出"。数据中心从 2 611 亿美元中扣除 1 513 亿美元，其合理性、准确性仍有待斟酌。

目前，测算旅游贸易中的收支数据十分复杂，旅游学界有不同看法，应该作为学

---

① 主要对应第一、二两种供应模式，也会涉及第三、四种供应模式。统计范围主要限于按照常住原则在中国居民与非居民之间发生的服务贸易活动。此部分内容基本对应于国际收支项下的服务往来项目，以服务贸易进口总额和出口总额为基本统计指标，然后进行单维和多维分组。

② 主要对应第三种供应模式。中国 FATS 统计的范围分为：中国境内持有股权 50% 以上的外商投资企业在中国境内的服务销售，即中国的内向 FATS；中国对外直接投资所形成的持有股权 50% 以上的企业在外国当地的销售，即中国的外向 FATS。

③ 2018 年已并入国家文化和旅游部。

术问题"百家争鸣",并通过讨论探索如何建立具有中国特点的出入境旅游统计体系。

疑问2:出入境顺逆差产生在哪里

其他国家的出入境旅游很简单,就是接待外国人旅游和本国人出国旅游,也就是国际旅游。我国出入境旅游则又包括国际出入境和与我国港澳台地区的出入境旅游两大部分。内地与港、澳、台之间的旅游又是出入境旅游市场的主体,往返游客约占4/5,占出入境旅游收支的1/2以上。因此,笔者主张对出入境旅游市场进行结构性分析,就能清楚看出顺差与逆差产生在哪里。

这里以数据中心公布的2016年数据为例简略说一下。

入境旅游1.38亿人次,其中入境外国人2 815万人次,外国人在华花费668亿美元。出境旅游13 513万人次,其中赴港澳台出境8 395万人次,内地居民出国旅游为5 118万人次,比入境外国游客多出2 303万人次。

虽然数据中心没有公布出国旅游支出,不能直接核算国际旅游收支,但就两者人数的巨大差别凭常识就可以判断是逆差而不可能是顺差。

香港来内地旅游的游客达8 106万人次,共花费305亿美元。内地赴香港旅游的游客达4 277.8万人次。由于香港旅游局尚未公布2016年内地赴港游客的花费数据,但2016年内地去香港的游客比2015年减少306万人次,下降了6.7%,据此笔者推测,2016年内地游客在香港消费较2015年(270亿美元)相应下降约6.7%,大约为253亿美元,由此推测内地顺差为52亿美元。

澳门赴内地旅游的游客达2 350万人次,其中过夜游客481万人次,共花费76亿美元。内地赴澳门旅游的游客达2 045万人次,过夜游客约900万人次。虽然澳门赴内地比内地赴澳门的游客多出305万人次,但过夜游客内地比澳门多出419万人次。按常识估算,内地应为逆差,但数目不大。

2016年台湾来大陆旅游的游客达573万人次、花费150亿美元。大陆赴台湾游客达351万人次。2015年台湾赴大陆旅游的游客达550万人次、花费147亿美元;大陆赴台湾游客达418万人次。据台湾陆委会数据,大陆游客在台湾花费2 300亿新台币(约合77亿美元),该年大陆顺差为70亿美元。2016年大陆赴台湾游客减少67万人次,台湾赴大陆游客增加23万人次。按常识判断,大陆顺差额应在80亿美元以上。事实上,在大陆与台湾之间的旅游服务贸易中,大陆一直是顺差。

由此可见,内地出入境旅游贸易顺差主要产生在内地与港台地区之间,而在外国游客入境旅游与中国游客出国旅游之间则是逆差。这是两种不同性质的贸易,前者是中华民族内部不同经济体之间的旅游贸易,后者是国际之间的旅游贸易。

疑问3:旅游贸易顺逆差重要吗

旅游贸易是国家服务贸易的一部分,更是国家对外贸易与对外关系的一部分,因此不能孤立看待旅游贸易顺逆差。出入境旅游除了经济功能外,还具有更重要的公共外交和人文交流的综合性功能,意义远大于外汇收支多少。出入境旅游工作的成绩不能单纯以外汇收入、贸易顺差衡量。作为一个旅游大国、人口大国和经济大国,没有必要过分介意旅游贸易是顺差还是逆差。

近10年来,出境旅游的强劲发展表明随着国力增强、国民出境旅游消费旺盛,有助于改善国家形象,也有助于缓解外贸顺差所带来的贸易摩擦,同时出境旅游的兴起必然会带动旅游企业走出去,拓展改革开放的深度与广度,加快与国际旅游业的融合,提升我国的旅游国际影响力。

半个世纪以来，日本、韩国和我国台湾地区都经历过旅游贸易由顺差转变为逆差的过程，这是经济发展、民众富裕的体现。我们应该以平常心看待出入境旅游贸易由顺差变为逆差，从长远看，随着全面小康社会的到来，出境旅游的规模会越来越大，旅游贸易逆差也会越来越大，因为我们是个人口大国。

况且，出入境旅游收支核算是一个复杂的技术，涉及旅客与游客的重合、旅行与旅游收支的联系与区分、出入境旅行与旅游人员的分类统计、服务贸易与商品贸易的区别、外汇结算途径等，需要旅游部门、出入境部门、外贸部门、外汇部门、统计部门与信息部门等多方面的沟通，也需要与世界旅游组织协作。旅游部门无法单独做好这项工作。

资料来源：王兴斌. 出入境旅游贸易中的顺差与逆差［N/OL］. 新京报［2017-05-02］. http://epaper.bjnews.com.cn/html/2017-05/02/content_680302.htm?div=0. ■

课后思考题

1. 服务的基本特征有哪些？
2. 简述 GATS 对服务贸易的定义。
3. 国际服务贸易的统计方法有哪些？

CHAPTER 2

第2章

国际服务贸易理论

■ 教学目的

- 了解传统比较优势理论对服务贸易的适用性
- 了解比较优势理论在现代国际服务贸易理论中的演化
- 熟悉生产区段和服务链理论
- 熟悉马库森理论和弗兰科斯理论
- 了解服务贸易自由化福利效应

■ 本章提要

本章探讨了比较优势理论在国际服务贸易领域中的适用性,介绍了巴格瓦蒂模型、迪尔多夫模型、伯格斯模型、萨格瑞模型、生产区段和服务链理论、马库森理论和弗兰科斯理论,讨论了服务贸易自由化的福利效应。

传统的国际贸易纯理论是建立在商品(货物、有形)贸易基础上的,因此,严格地说,服务贸易并未形成自己的理论体系。然而,服务贸易发展的实践呼唤着服务贸易理论的诞生。建立相对完整的服务贸易理论体系,存在两种选择:其一,依据国际服务贸易的实践和特点,借鉴相关学科领域的研究成果,发展出相对独立的服务贸易理论;其二,将传统的商品贸易理论加以延伸,扩展到服务贸易领域,用相应的逻辑和概念来阐述服务贸易,从而实现商品贸易理论和服务贸易理论的对接。从服务贸易理论的实际发展来看,理论界更多地倾向于第二种选择。这不仅是因为第一种选择存在着实际的困难,而且更重要的是,人们在做第一种选择,试图建立相对独立的服务贸易纯理论的时候,无法与传统的商品贸易理论彻底决裂,其结果是不由自主地又回到了第二种选择。

2.1 可贸易性与服务可贸易性

在传统国际经济学研究中,服务业或服务部门被视为不可贸易部门,这些部门生产(或提供)的服务被看作不可贸易的。然而,当代国际经济中一个引人注目的现象,就是服务贸易正以前所未有的速度蓬勃发展,服务可贸易性问题也成为经济学界关注的重点。

2.1.1 可贸易性

对于"可贸易性"(tradability)概念的理解,有广义和狭义之分。从广义上看,它是指可参与交易的程度,属于普遍意义上的市场交换范畴,包括国内贸易和国际贸易。在国际经济学文献中,"可贸易性"则是指可参与国际贸易的程度,属于国际贸易范畴,这是狭义的理解。

学术界对可贸易性问题的讨论大体分为三个阶段。第一阶段是 20 世纪 50 年代以前,此时基本沿用了古典经济学的假定,如约翰·穆勒和大卫·李嘉图等。他们认为,所有的最终产品是可贸易的,而生产要素如资本、劳动力和土地则是不可贸易的。第二阶段是 20 世纪 50 年代后期和 60 年代初期直到 80 年代末。在研究开放经济的宏观经济问题时,无论是可计算一般均衡理论模型(computable general equilibrium,CGE),还是非均衡理论模型,经济学家开始对非贸易品加以考虑。詹姆斯·米德(1956)、索尔特(1959)、斯旺(1960)、马克斯·科登(1960)等对建立和发展可贸易与不可贸易商品模型做出了贡献。另外,在开放经济条件下,采用可贸易－不可贸易模型分析的文献有:贝拉·巴拉萨(1964)、保罗·萨缪尔森(1964)、霍尔(Hoel,1981)、斯泰根(Steigum,1980)、内亚里(Neary,1980)、格罗斯曼等(Grossman et al.,1982)、约翰逊和劳夫格仑(Johansson and Lofgren,1980,1981)等的著作。第三阶段,即自 20 世纪 90 年代初期以来直到现在。这一阶段,国际经济学研究领域对可贸易性的关注更为深入,并开始考虑具体的细分产业部门的可贸易性。

2.1.2 服务可贸易性

服务是主要的非贸易品,在非贸易品总量中占有绝对比重。服务可贸易性(tradability of services)直接影响着服务贸易的广度和深度。巴格瓦蒂(1984)认为,关于服务不可贸易的观点,起源于服务生产与消费具有同时性的特点,这一特点必然要求服务的生产者与使用者互相作用和互相影响(即直接接触)。后来许多研究对服务不可贸易的观点提出了反驳。例如桑普森和斯内普(1985)指出,提供者和消费者的接触对于很多服务而言,并不是一个必然的要求。而且,很多时候,需要提供者和接受者接触的服务与那些没有这一要求的服务之间的区别并不是很重要。巴格瓦蒂(1984)还指出,由于技术的进步,一些服务在提供过程中提供者和接受者相分离的现象不断出现。赫希(Hirsch,1986)用"同时性因素"(simultaneity factor)说明了可贸易服务与不可贸易服务之间的区别,认为服务生产者与使用者共同作用期间发生的成本占交易总成本的比例越低,这类服务可贸易性就越大。密尔文(J. R. Melvin,1987)指出,赫希的界定仅适用于接触性服务,而其他很多服务的生产与消费在时间和空间上可以分离,如金融、保险服务、数据处理、法律服务等,所以服务贸易可以在要素层面或产品层面上进行。伯格斯(Burgess,1990)认为,尽管服务所具有的生产和消费必须同时发生的内在性质决定了其可贸易程度不如商品,但是通信技术的进步已使得很多服务的可贸易程度大大提高,而且贸易成本甚至要低于一般商品。

从已有文献来看,对"服务可贸易性"概念的界定,也有狭义和广义之分。其中,狭义的概念是专指古典意义上的国际贸易,它是在与传统商品贸易相比较的基础上形成的,认为服务可贸易性仅指"跨境交付"服务可贸易性,这类服务主要包括运输服务和信息密集型服务(包括数据库服务、软件服务、通信服务等);与此对应,广义的概念还涵盖了"境外消费""商业存在""自然人移动"三种贸易模式,主要对应于除信息密集型服务之外的其他服务种类。由于服务具有明显区别于商品的自身特点（如服务的无形性、异质性和难以储存性等），我们对服务可贸易性的理解应采用广义的概念。

服务可贸易性可理解为服务的一种属性特征，不同的服务种类具有不同的可贸易性，同时表现为不同的贸易形式。比如，旅游服务可贸易性很强，主要表现为境外消费贸易模式；电信服务可贸易性较强，主要与"跨境交付"贸易模式相对应；各类交互程度较高的专业服务（如会计、法律、教育、医疗服务等）可贸易性相对较弱，通常以"商业存在"贸易模式发生，等等。并且，服务可贸易性不是绝对固定不变的，而是在各种因素的综合作用下动态变化的。

从外延来看，服务可贸易性需要从三个方面来把握：①技术可行性。它是指从技术方面看中间服务和最终服务产品的可运输性。②经济可行性。它指在既定的生产成本条件下，潜在的服务交易得以实现的可能性。例如，有的服务产品尽管生产成本较低，但加上高昂的运输成本（经济因素），就变得不可贸易。③制度可行性。这与各国对服务贸易的国内规制及各国政治、法律、文化等体制因素有关。以上三个方面彼此联系、相互影响，共同决定了服务可贸易性。

虽然在理论上对服务可贸易性问题还有诸多争论，实践中服务可贸易程度也相对较低（2008年，世界服务贸易总额仅占全球服务业增加值的17.4%[○]），但在"服务是可贸易的，且随着技术进步，可贸易性将随之提高"观点方面，已基本达成共识。

主要有四个因素增强了服务可贸易性。第一，信息技术的迅猛发展不仅有效地消除了诸多服务的时空限制，使跨国界数据流动日益便捷和快速，降低了交易成本，强化了服务可贸易性，而且其本身也成为一种服务。第二，由于技术进步，一些以前包含于货物中的服务，变得能够与货物分离。技术进步也导致许多企业的生产组织方式和销售组织方式的改变，使服务出现了外部化趋势，即企业更倾向于利用外部技能和服务业的规模经济，发展与使用生产者服务。第三，20世纪70年代以来出现的起始于美国，后扩散至世界许多其他国家的放松或解除管制运动及服务贸易自由化进程的推进提高了服务可贸易性。伴随着经济全球化和一体化趋势，国际服务贸易也呈现出更强的开放性和外向性，世界服务贸易自由化趋势日益明朗，国内政府管制不断松动，服务贸易壁垒逐步消除，这也使服务可贸易性大为提高。第四，服务业跨国公司的发展也深刻影响了服务可贸易性。自20世纪90年代以来，全球外商直接投资总额的一半流向了服务业；在每年FDI新增流量中，服务业占2/3。服务业外商直接投资把全部或部分必要的生产要素转移到消费者所在地生产，有效克服了许多服务生产和消费必须同时发生的制约，成为增加服务可贸易性的最为重要的服务提供方式。

2.2 比较优势理论与服务贸易

2.2.1 传统比较优势理论对服务贸易的适用性之争

与全球服务贸易迅速发展的现状相比，服务贸易理论则显得相当滞后。在构建服务贸易理论体系方面，学术界主要沿两个方向推进：一是尝试建立独立于传统国际贸易理论的新的服务贸易理论；二是将既有的国际商品贸易理论扩展到服务贸易领域。第一个方向由

○ 根据 The World Bank, Key Development Data & Statistics 数据计算得出，服务贸易总额数据来自 WTO Statistics Database。

于服务贸易和商品贸易在产生原因、贸易模式等方面存在诸多共同之处,完全脱离商品贸易理论,构建独立的服务贸易理论体系是非常困难的,故而,沿该方向推进的经济学家又不得不返回到传统的商品贸易理论,以探寻服务贸易及贸易模式产生的原因和特征。沿袭第二个方向的经济学家则在传统的贸易理论的框架内探讨了服务贸易的成本、价格和交易方式及贸易的原因及模式,取得了较多收获。然而,从总体上来看,目前还远未建立一个能被理论界广泛接受的服务贸易理论体系。在围绕该目标做出的诸多探索中,有关传统的比较优势理论能否被运用于服务贸易的解说,形成了主要的争论与分歧点。

概括起来,理论界主要有三种观点。[一]

1. 比较优势理论不适用于服务贸易

R. 迪克和 H. 迪克（R. Dick and H. Dicke，1979）运用"显示性比较优势法"来验证知识密集型服务贸易的现实格局是否遵循比较优势原理。他们对 18 个经济合作与发展组织（Organization for Economic Co-operation and Development，OECD）国家的资料进行了跨部门回归分析,结果显示,没有证据表明比较优势在服务贸易模式的决定中发挥了作用。如果不考虑贸易扭曲,要素禀赋在服务贸易中没有重要的影响。

桑普森和斯内普（1985）认为,一些服务要求生产者和消费者直接接触,这就有可能出现生产者的跨国移动,而传统的赫克歇尔－俄林（H-O）理论的基本前提假定之一为"没有要素的国际移动",若不放弃该假定,H-O 理论就不足以解释服务贸易。他们认为,限制要素流动（或服务接受者）会阻止服务的国际流动、国际服务价格的均等化以及生产要素价格的均等化。

菲克特库迪（Feketekuty，1988）认为,同商品相比,服务有不同的特点。第一,国际服务贸易是提供劳动活动与货币的交换,而不是物与货币的交换;第二,国际服务贸易中服务的生产和消费大多是同时发生、同时结束的,提供的劳动活动一般不可储藏;第三,统计方式不同,国际服务贸易的统计显示在各国国际收支平衡表中,而商品贸易反映在各国海关进出口统计中。由于服务贸易相对于商品贸易的无形性,使得分析商品贸易的比较优势理论不足以用来分析服务贸易。

2. 比较优势理论适用于服务贸易

以国际经济学家理查德·库伯（Richard Kumpe，1988）[二]为代表的另一派坚持认为,作为一个简单的思想,比较优势说是普遍有效的……对传统比较优势说的依赖是基于一个简单的命题:每个团体都专注的共同利益正是自身效率更高的那项活动所带来的。这个命题总是有效的,试图解释各个团体所拥有的比较优势结构的不同理论确实存在,但其中一些甚至全部都是错误的。正如存在于商品生产中那样,比较优势也存在于服务业中。

萨皮尔和卢兹（Sapir and Lutz，1981）及萨皮尔（1982）进行了一系列著名的服务贸易的实证研究,其主要结论是:"物质资本丰裕的国家在运输服务部门有比较优势,而

[一] 陈宪,程大中. 国际服务贸易:原理·政策·产业 [M]. 上海:立信会计出版社,2000;程大中,陈宪. 服务贸易理论研究:现实基础、总体状况及初步设想 [J]. 上海经济研究,2000（12）;杨圣明,刘力. 服务贸易的兴起与发展 [J]. 经济学动态,1999（5）;申朴. 服务贸易中的动态比较优势研究 [M]. 上海:复旦大学出版社,2005.

[二] 陈宪,程大中. 国际服务贸易:原理·政策·产业 [M]. 上海:立信会计出版社,2000:90-91.

人力资本丰裕的国家在保险、专利等服务部门拥有比较优势";"传统贸易理论不仅适用于货物贸易,也适用于服务贸易,要素禀赋在货物贸易和服务贸易模式的决定上都具有重要作用"。拉尔(S. Lall,1986)通过对发展中国家的实证研究,也得出了相似的结论。欣德利和史密斯(Hindley and Smith,1984)认为,尽管和一般商品相比,服务具有显著的不同特征且值得细究,但是,比较优势原理所暗含的逻辑是非常强大的,足以超越服务与一般商品的差别。比较优势原理的标准理论为分析服务部门中的贸易和投资问题提供了一个有用的分析框架。不论进行理论分析还是经验分析,都没有必要过分严格地区分商品和服务。应用国际经济学的标准理论及模型分析服务贸易不存在什么困难,真正的困难来自服务贸易的测度和统计。罗伯特·斯特恩和霍克曼(Robert M. Stern and B. M. Hoekman,1987)认为,比较优势原理作为商品跨境贸易的基础,对于服务也是适用的,即便考虑到各种经济的或非经济的扭曲时也是如此。兰哈默(R. J. Langhammer,1989)通过对法国、德国、日本和美国4国服务贸易资料的实证分析,考察了发达国家和发展中国家之间的服务贸易关系,其主要结论是,发达国家和发展中国家之间的服务贸易模式与要素禀赋关系密切。这一结论也支持了比较优势理论适用于服务贸易的观点。

3. 利用比较优势理论等来解释服务贸易时,需对传统理论进行若干修正

持此种观点的经济学者肯定了国际贸易的基本原理对于服务贸易的适用性,同时也承认具体理论在解释服务贸易上的缺陷,主张在利用国际贸易理论来解释服务贸易时,需对传统理论进行若干修正。

2.2.2 比较优势理论在现代国际服务贸易理论中的演化

Kravis、Eston和Summers(1982)探讨服务价格国际差异时,得出低收入国家服务价格低于高收入国家的结论,若按照这一结论,低收入国家应该是服务贸易的出口者,但这与现实并不相符。克尔茨考斯基(Kierzkowski,1989)等人指出,在相对价格状况下,一个典型的穷国比富国的服务价格显得更低。联合国有关部门对34个国家的调查证明了这一点。在此基础上,克尔茨考斯基首先提出了一个标准的李嘉图式贸易理论假设,即不同国家贸易品的价格相同。尽管如此,各国生产这些贸易品的行业工资却因生产率的差别而不尽相同。由于各国贸易品行业的工资率决定非贸易品(主要是服务业)的工资率,而且服务行业的国际生产率差异较小,因此,穷国的低生产率贸易品行业的低工资,被运用于生产率相对于富国并不低的服务和其他非贸易品行业,结果导致了低收入国家或地区的服务和其他非贸易品的低价格。

巴格瓦蒂通过两要素一般均衡模型进一步阐述了克尔茨考斯基上述见解。在图2-1中,X和Y分别代表两种

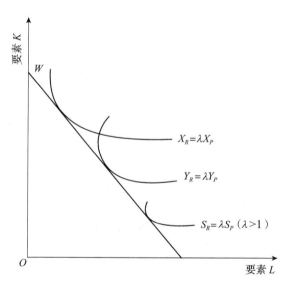

图2-1 巴格瓦蒂两要素一般均衡模型

贸易品，S代表非贸易品——服务，下标R和P分别表示富国和穷国。

假设生产中规模报酬不变，做一条与三条等产量曲线相切的工资-租金价格线W，它决定各种商品（包括服务）的价格。这样，在富国X_R能交换Y_R，并且两者都能交换S_R。

克尔茨考斯基认为，如果自由贸易使穷国贸易品价格与富国相等，而穷国贸易品部门生产率只相当于富国的$1/\lambda$，那么λX_P交换λY_P必然得出同样的价格比X/Y。但是，由于穷国服务部门的生产率与富国相等，所以，λX_P虽可以交换λY_P，但只能交换S_P。由于穷国与富国的贸易联系导致$S_R = \lambda S_P (\lambda > 1)$，所以出现了穷国的服务价格相对于富国而言较低的现象。

克尔茨考斯基的解释并不令人满意，其缺陷在于假定各国的非贸易品部门生产率相等，但相对于富国，穷国的贸易部门则在技术上处于劣势。巴格瓦蒂认识到这一点，于是他摒弃国家间贸易品和非贸易品（服务）部门的生产率差异，提出了另一种模型进行解释（见图2-2）。

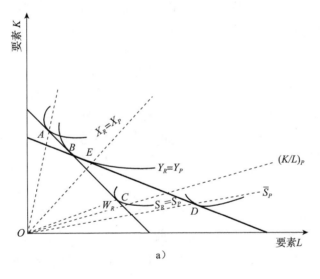

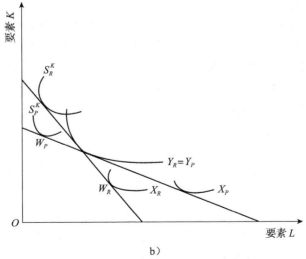

图2-2 服务价格国际差异模型

在图 2-2a 中，巴格瓦蒂假定富国和穷国的各个部门的生产函数相同，即假定不存在生产率差异，W_R 为富国工资 – 租金比率，暗示 X_R 可以交换 Y_R 或 S_R。但如果穷国具有同样的工资 – 租金比率，它们所有部门的总禀赋比 $(K/L)_P$ 必然在 AOC 范围之内，而 $(K/L)_P$ 不完全在 AOC 范围之内，故 W_R 不再可行。假设穷国的劳动力禀赋丰富，则其工资 – 租金比率 $W_P < W_R$，结果，在富国既定的价格 $X_R = Y_R$ 条件下，穷国不可能再生产 X，且 Y_P 现在不是交换 S_P 而是交换 $\overline{S}_P$。因为穷国的禀赋比 $(K/L)_P$ 在 EOD 范围之内，且 $\overline{S}_P > S_P$，所以穷国的服务价格比富国低。

巴格瓦蒂也承认，在他的模型中，穷国服务部门的劳动生产率比商品部门高，这似乎与现实情况相悖。导致这一矛盾的主因在于该模型所隐含的假设条件，即假定服务部门为劳动密集型的。事实上，高收入国家在许多部门的生产率比低收入国家高；并且随着技术进步和服务业的发展，现代服务业的核心和主体（尤其是生产者服务）大多是技术、人力资本和资本密集型部门。如果将技术作为无形资产归入资本，那么生产者服务的资本密集性将更加明显。因而，巴格瓦蒂对上述假定进行了修正，假定服务为技术和资本密集型部门，建立了一个服务价格国际差异模型，得出了高收入国家技术和资本密集型服务价格较低，而低收入国家劳动密集型服务价格较低的结论。

在图 2-2b 中，S^K 表示资本密集型服务。显然，在 $X_P = Y_P$ 条件下，由于 Y_P 可以交换 X_P，故富国不会再生产 X，而且由于 Y_P 不是交换 S_R^K，而是交换 S_P^K，且 $S_R^K > S_P^K$，所以富国的资本密集型服务价格较低。

归纳起来，图 2-2a 和图 2-2b 可以在相当程度上解释为什么发达国家在金融、工程咨询、信息处理等资本密集型服务上相对价格较低，而某些发展中国家在工程承包等劳动密集型服务上具有比较优势的现实。因此，图 2-2a 和图 2-2b 可以构成分析发达国家和发展中国家服务贸易比较优势的基本理论框架之一。

法尔维和格默尔（Falvey and Gemmell, 1991）在进行经验分析时发现，发达国家在资本和技术密集型的服务上相对价格较低，具有比较优势，而发展中国家在劳动密集型的服务上相对价格较低，具有比较优势。他们的结论说明各国由于不同要素禀赋导致的服务价格差异是服务贸易产生的坚实基础。这一结论实质上为服务价格的国际差异模型提供了进一步的经验证据。

迪尔多夫（A. Deardorf, 1984）提出，对于服务贸易是否完全遵从比较优势原理，很难给出一个确定性的答案。至少有三个特征可能会导致比较优势理论失灵：①一些服务的需求仅仅是货物贸易的派生需求，不存在贸易前价格。②许多服务涉及要素流动。③某些要素服务可以由国外提供。他通过分析指出，前两点不影响比较优势理论在服务贸易中的运用，但第三个特征会导致比较优势原则不成立。然后，他运用标准的 H-O 模型，通过改变其中的个别约束条件，率先成功地解释了国际服务贸易是如何遵循比较优势原则的。

第一种情况是服务贸易作为商品贸易的伴生物（by product）而出现，即贸易服务的贸易，诸如货物保险、贸易信贷、货物运输等服务的贸易。

迪尔多夫构建了一个包含 n 个国家、m 种商品和一种服务 s 的模型，运用显示性偏好弱定理、利润最大化原理和贸易平衡假设，重点考察完全竞争状态下的均衡，证明了比较优势原理对于贸易服务的贸易具有很好的解释力。

比较优势分析如表 2-1 所示。

表 2-1 商品和服务贸易互补情况下的比较优势分析[①]

三种情形	市场均衡描述	均衡状态下的利润最大化	贸易状况	比较与分析
封闭状态（无商品和服务贸易发生，用上角标 a 表示）	1.(P_x^a, P_s^a, x^a) 2.$s^a = 0$，因禁止贸易而无服务需求	对于所有可能的产出集合 (x, s)，有 $P_x^a x^a \geq P_x^a x + P_s^a s$	没有商品和服务贸易，即 $T = 0, V = 0$	比较这两种情况，可证明[②] $P_x^a T^f + P_s^a V^f \leq 0$ 表明，按闭关自守状态下的价格，出口商品和服务不如进口商品和服务，这说明商品和服务贸易与传统的比较优势说相符
自由贸易状态（商品和服务都实现自由贸易，用上角标 f 表示）	1.(P_x^d, P_s^w, x^f, s^f) 2.$P_x^w = P_x^d + P_s^w$	对于所有可能的 (x, s)，有 $P_x^d x^f + P_s^w s^f \geq P_x^d x + P_s^w s$	1. 服务的出口达到利润最大化，即对于所有可能的 T 和 U，有： $(P_x^w - P_x^d)T^f - P_s^w U^f \geq (P_x^w - P_x^d)T - P_s^w U$ 2. 贸易平衡方程： $P_x^w T^f + P_s^w V^f = 0$	
半封闭状态（只有商品可自由贸易，用上角标 h 表示）	(P_x^h, P_s^a, x^f, s^a)	对所有可能的 (x, s)，有 $P_x^h x^f + P_s^a s^a \geq P_x^h x + P_s^a s$	$V = 0$ $P_x^a T^h \leq 0$	互补性服务不可贸易不会影响传统的比较优势理论在服务贸易分析中的适用性

① P_x——商品的均衡价格，P_s——服务的均衡价格，x——商品的均衡产量，s——服务的均衡产量，T——商品净出口，V——服务净出口，U——本国服务消费量，上角标 d 表示国内，上角标 w 表示世界。
② 依据显示性偏好弱定理：若在某个预算下，x 显示性偏好于 y，则在任意预算下，y 绝不能显示性偏好于 x。

第二种情况是要素跨国流动形式（即 FDI）的服务贸易。不管是否包含服务贸易，要素跨国流动本身是完全服从比较优势原理的。因此，迪尔多夫认为，FDI 形式的服务贸易服从比较优势原理是不证自明的。

第三种情况被称为存在缺位要素（absent factor）的服务贸易，即服务的生产与服务接受者同处一地，至少同处一国，但服务生产所需的某些要素驻留在服务出口国内，不必亲临生产现场。缺位要素可以是服务出口者所掌握的管理能力、品牌名称或专有技术等。在这里，使用的模型类似于标准的 H-O 模型，包括两个国家、两种产品（其中一种是服务，且生产与消费必须同时进行）；两种要素：一为劳动，二为管理资源（在服务的生产中为缺位要素）。经数学证明，迪尔多夫提出，若服务产品是管理密集型的，则服务贸易模式完全符合比较优势原理，且与比较优势如何界定无关；若服务产品是劳动密集型的，则仅当我们在服务生产中使用的要素或者服务贸易中包含的要素两个层面上界定比较优势时，比较优势原理方在此类服务贸易中成立。若两国服务的生产技术存在差异，即偏离了标准 H-O 模型的假定时，一般意义上界定的比较优势原理在此类服务的贸易中是适用的，但若从要素层面去界定比较优势则不再成立。总而言之，很难找到一种恰当界定比较优势的方式，使得比较优势原理在上述三种类型的服务贸易中均适用。通过上述分析，迪尔多夫认为，比较优势原理应用于服务贸易时，在很多情况下，必须对比较优势本身的内涵重新进行设定，或者对服务贸易的构成进行澄清，方可使比较优势原理在解释服务贸易的贸易基础时具有说服力。但总的来说，这些问题仍属于概念层面的偏差，并不影响比较优势原理在服务贸易中的适用性。

1988 年塔克（K. Tucker）和森德伯格（Sundberg）指出，传统国际贸易理论适用于分析服务贸易，但也存在下述局限性：① H-O 模型及多数由此演变的模型主要是从供给角度分析国际贸易的,而当可贸易服务的生产函数与主要要素投入相结合时,任何国际服务贸易将依赖于需求因素而非生产成本。运输成本、消费者收入、服务种类和消费环境等因素都构成服务的贸易条件。②商品和服务在研发投入与广告效用上存在差别。研发投入和广告将加强服务贸易而非在它们生产中使用要素的需求市场特征。这样,某些服务流将偶然地具有与服务出口国的国内市场不同的需求特征和规模。③许多服务常作为中间投入(如金融、咨询、电信服务等)参与贸易与非贸易品的生产过程,因而会出现两个阶段的生产函数,先是服务生产函数,再是使用服务投入的商品(或服务)生产函数。这个两阶段的要素投入是异质的。④相对于商品而言,市场结构和国内管制环境对服务的生产与分配具有更为重要和直接的影响。他们认为,由于存在上述局限,传统的比较优势说无法圆满地解释服务贸易,并主张为克服上述缺陷,在运用国际贸易原理来分析服务贸易时,需要更多地关注相关的市场结构和需求特征。

密尔文(1989)详细分析了把生产者服务纳入标准 H-O 模型的问题,并以此来解释服务贸易的具体模式。结果表明,引入服务并不需要使用不同的分析框架,将比较优势在更为一般的意义上进行重新界定即可。具体地说,假设经济中有两种生产要素,分别是资本 K 和劳动 L、两种商品 X 和 Y,其中商品 X 是劳动密集型的,而商品 Y 是资本密集型的。A 国劳动要素相对比较充裕,B 国资本要素相对比较充裕。资本可作为生产者服务跨国流动,劳动则不可。比较优势由国内相对价格给出,则 A、B 两国由要素禀赋所决定的比较优势对比除了传统的 $(p_X/p_Y)_A < (p_X/p_Y)_B$,还包括 $(r/p_X)_A > (r/p_X)_B$ 和 $(r/p_Y)_A > (r/p_Y)_B$(r 为资本 K 的价格)。若商品中只有一种可贸易,同时资本服务可贸易,则两国之间涵盖服务贸易的贸易模式完全符合比较优势法则,即 A 国出口资本服务同时进口商品,B 国出口商品同时进口资本服务,具体的贸易模式取决于 X 和 Y 的可贸易性。当商品与资本服务均为可贸易时,贸易模式尽管更为复杂,但仍然遵从比较优势法则,即两国都是出口国内相对价格较低的商品或服务,进口国内相对价格较高的商品或服务。因此,比较优势原理在服务贸易中是成立的,可以很好地解释服务贸易的贸易基础。

伯格斯(1990)指出,国际贸易理论是可以用来解释服务贸易的。如果把标准的赫克歇尔-俄林-萨缪尔森(H-O-S)模型做简单修正,就可以得到解释服务贸易的一般模型,从中揭示不同国家服务提供技术的差别是如何形成比较优势和贸易模式的。

伯格斯模型假设:市场完全竞争;规模报酬不变;用资本 K 和劳动力 L 两种要素生产两种产品与一种服务。这样该经济的技术结构形式可描述为三个单位成本等于价格的方程:

$$\begin{cases} C^1(w, r, p_s) = p_1 & \text{(a)} \\ C^2(w, r, p_s) = p_2 & \text{(b)} \\ C^3(w, r) = p_s & \text{(c)} \end{cases}$$

其中,$C^i(\cdot)$ 表示生产一单位商品 i 的最小成本,C^3 表示生产 1 单位服务的最小成本,w 和 r 分别表示工资和租金,$p_i(i=1, 2)$ 是两种可贸易商品的价格,p_s 是服务价格。将(c)代入(a)和(b),得到使用两种最初投入生产两种最终产出的简单模型。因该模型与标准的 H-O 模型相同,故可认为,传统的 H-O 模型在一定程度上可以解释服务贸易。应当指出,服务部门的产出应作为中间投入参与最终产品的生产,而服务部门使用的全部要素同样可以用于产品生产部门。劳动与资本要素市场的均衡条件为:

$$Q_1 C_w^1(\cdot) + Q_2 C_w^2(\cdot) + Q_s C_w^3(\cdot) = L \qquad (d)$$

$$Q_1 C_r^1(\cdot) + Q_2 C_r^2(\cdot) + Q_s C_r^3(\cdot) = K \qquad (e)$$

其中，$Q_i(i = 1, 2, s)$ 表示两个生产部门和一个服务部门的产出水平。如果技术和政策壁垒阻碍国际服务贸易，服务的供给必须等于部门需求的总和，即

$$Q_1 C_{p_s}^1(\cdot) + Q_2 C_{p_s}^2(\cdot) = Q_s \qquad (f)$$

如果一国经济并没有集中生产一种产品，则（a）（b）（c）可单独决定相对于世界市场贸易品价格中任何组合的竞争要素价格和国内服务价格。商品价格决定要素价格，同时决定各部门对每种要素和服务单位成本的最低需求（除产出外，其他已知）。（d）（e）（f）构成一个含有三个未知数的三个线性方程的方程组，从中可解出唯一一组作为要素禀赋函数的部门产出。如果经济保持分散化，则要素存量的任何变化只会导致部门产出的变化，而不会影响要素价格和国内服务价格的变化。并且，如果技术相同的两国商品可自由贸易（服务不可贸易），即使无一种要素能在国际上流动，两国的要素价格和国内服务价格的差异也会缩小。如果没有运输成本的话，这种价格差异则会完全消失。因此，在服务存在于消费者的效用函数而不是存在于厂商的生产函数内的情况下，商品贸易壁垒的减少将降低市场参与者从事服务贸易的欲望。

按伯格斯模型，一个厂商是选择合约经营，还是选择自身进行服务，取决于服务的市场价格与要素价格孰高孰低。若前者较高，生产厂商就较少依赖服务部门，但用于服务的支出将因要素间替代程度的不同而升降。如果技术或政策壁垒阻碍服务贸易，提供服务的技术差别将成为一国商品比较优势的重要决定因素。当然，对此做完整的分析存在困难，但考虑到作为各部门中间投入的服务需求，若两个部门的要素密集程度与两种产品的要素密集程度相反，且各国只在服务技术上存在差别，那么具有服务技术优势的国家将获得相对昂贵的服务而不是相对低廉的服务。服务技术优势反映在较高的要素报酬上，这种较高投入成本的损失可能超过技术优势带来的收益，即使服务在技术先进国相对低廉，但它们也可能不会给相对密集使用服务的部门带来比较优势。事实上，较低廉的服务意味着服务密集部门相对于其他部门而言将会扩张规模，同时意味着那些大量使用服务部门中密集使用的要素的部门也将扩大规模。当然，这两种部门的扩张不尽相同。比如，如果服务部门只使用劳动一种要素，而技术符合里昂惕夫条件，即投入 – 产出系数不受投入价格的影响，那么无论哪种产品密集使用服务，服务部门的中性技术进步都将导致劳动密集型产品的增加和资本密集型产品的减少。如果技术符合柯布 – 道格拉斯函数，即各部门的要素分配与投入价格无关，则相对其他部门的产品，密集使用服务部门的产品将会增加。据此，伯格斯认为，即使服务部门的产品不可贸易，服务技术的国际扩散也会对收入分配和贸易条件产生影响。

萨格瑞（Sagri, 1989）认为国家之间存在技术差异，并且技术转移日益成为服务贸易的主要内容。在放松国家之间技术相同假定的基础上，将技术差异引入 H-O-S 理论框架中对服务贸易进行分析，在一定程度上克服了该理论假定技术要素无差别且相对不变所带来的局限性，使修正后的模型更加符合国际服务贸易的基本特征。另外，萨格瑞用最小二乘法分析了 1977 年世界上 44 个国家的相关数据，进一步证明了技术差异和熟练劳动是各国金融服务贸易比较优势的来源这一命题。

H-O-S 理论证明，在要素价格均等化、各国投入 – 产出模型相同的条件下，要素禀赋与贸易的关系可表达为：

$$T_j = A^{-1}(E_j - EW_j) \tag{2-1}$$

式中，T_j 表示 j 国商品净出口的 $n \times 1$ 个向量；A 表示 $n \times n$ 投入矩阵；E_j 表示 j 国要素禀赋的 $n \times 1$ 个向量，$E = \sum_j E_j$，$W_j = (Y_j - B_j)/Y$，Y_j 表示 j 国的 GNP，B_j 表示 j 国的商品贸易差额，$Y = \sum_j Y_j$。

萨格瑞将技术差异引进 H-O-S 模型，并进行修正，分析国际金融服务贸易比较优势的来源。假定存在国际服务贸易，将式（2-1）中的 T_j 和 B_j 分别调整为：T_j 表示 j 国商品和服务净出口的 $n \times 1$ 个向量，B_j 表示 j 国商品和服务的国际收支。这样式（2-1）就变为：

$$T_j = (A^{-1} - QW/Y)E_j + B_jQ/Y \tag{2-2}$$

式中，Q 表示世界商品和服务的生产数量，W 表示生产要素的世界价格。式（2-2）中右边第一项表示 j 国商品和服务贸易量的要素禀赋，假定 $N = A^{-1} - QW/Y$，则矩阵 N 既反映有关 A^{-1} 构成的生产函数，又反映与 QW/Y 相关的消费函数。第二项 B_jQ/Y 反映贸易收支平衡对贸易量的影响。若引入国际金融服务贸易，则式（2-2）可表示为：

$$FT_j = \sum_n b_n E_{nj} + b_{n+1} B_j \tag{2-3}$$

式中，b_n 是对应于金融服务的矩阵 N 的第 n 列，b_{n+1} 等于世界产出与世界收入的比率。在要素价格均等化条件下，b_n 在不同国家之间相等，但 b_{n+1} 不相等。尽管由式（2-3）可知一国商品与服务贸易收支状况与出口量有关，但在传统的 H-O 理论中假设贸易是均衡的，即 $B_j = 0$，故省略了该变量。

萨格瑞认为，国家之间的技术差异不仅存在，而且技术转移日益成为服务贸易的主要内容。如果放松国家之间技术相近的假设，那么可以认为技术差异将导致所有投入要素成比例的节约。为简便起见，只建立 $2 \times 2 \times 2$ 模型，且消费、产出和贸易的关系为：

$$T_j = Q_j - C_j, \quad j = 1, 2 \tag{2-4}$$

如果存在里昂惕夫生产技术和技术差异，那么对任何工资-租金比率，每种产品 K/L 比率在不同国家均保持不变，并且一国每种产品的投入-产出系数是另一国同类产品的投入-产出系数的倍数：

$$A(2) = A(1)D \tag{2-5}$$

式中，$A(j)$ 为 2×2 要素投入矩阵，$a_{fi}(j)$ 是 j 国生产单位产品 i 时要素 f 的消耗 $[i = (x, y); j = (1, 2); f = (K, L)]$。两国的净贸易量分别为：

$$T_1 = A^{-1}(1)E_1 - [A^{-1}(1)E_1 + D^{-1}A^{-1}(1)E_2]W_1 \tag{2-6}$$

$$T_2 = D^{-1}A^{-1}(1)E_2 - [A^{-1}(1)E_1 + D^{-1}A^{-1}(1)E_2]W_2 \tag{2-7}$$

国家 2 的资源禀赋可以调整到国家间只存在一种投入-产出矩阵状态，即表明可以通过与国家 1 的比较来表示国家 2 的单位资源要素。在含有 n 个国家的世界范围内，$A(j) = A(1)D(j)(j = 1, 2, \cdots, n)$，$D(j)$ 是与国家 1 比较，国家 j 技术差异的对角线矩阵；$D(1)$ 是单一矩阵，使 $A = A(1)$，国家 j 的净出口量为：

$$T_j = D^{-1}(j)A^{-1}E_j - \left[\sum_j D^{-1}(j)A^{-1}E_j\right]W_j \tag{2-8}$$

式（2-8）右边第一项是 j 国商品和服务的生产，第二项是该国商品和服务的消费。令：

$$M = I - \left[\sum_j D^{-1}(j)A^{-1}E_j\right]\frac{P}{Y} \tag{2-9}$$

这里 P 表示商品和服务的世界价格，这样式（2-8）可改写为：

$$T_j = MD^{-1}(j)A^{-1}E_j + \frac{B_j}{Y}\sum_j D^{-1}(j)A^{-1}E_j \qquad (2\text{-}10)$$

与传统的 H-O 模型式（2-2）相比可知，在式（2-10）中，等式右边第一项同样反映 j 国资源禀赋对贸易量的影响，第二项则反映国际收支不平衡的作用。

由上可以推出，如果用 j 国贸易向量中的第 h 个元素表示该国在金融服务领域的净贸易量，则有：

$$TF_j = m_{h1}\left[V_{11}\left(\frac{E_{1j}}{d_{11}(j)}\right) + V_{12}\left(\frac{E_{2j}}{d_{11}(j)}\right) + \cdots + V_{1n}\left(\frac{E_{nj}}{d_{11}(j)}\right)\right] + \cdots + m_{hn}\left[V_{n1}\left(\frac{E_{1j}}{d_{nn}(j)}\right)\right.$$
$$\left. + V_{n2}\left(\frac{E_{2j}}{d_{nn}(j)}\right) + \cdots + V_{nn}\left(\frac{E_{nj}}{d_{nn}(j)}\right)\right] + B_j\frac{Q}{Y} \qquad (2\text{-}11)$$

式中，m_{hi} 和 V_{hi} 分别为矩阵 $\boldsymbol{m}$ 和 A^{-1} 的第 h 列的第 i 个元素。假定国家 1 是技术最先进国家，$d_{ii}(j)$ 表示 j 国技术差异矩阵的第 i 个对角线量，并等于 j 国生产商品或服务 i 的投入－产出要素量与技术最先进国家同类生产要素和同种商品或服务的投入－产出系数之比。在实证分析中，可近似地用 R&D 支出与 GNP 比率的函数形式来表示一国的技术发展水平。然而，事实上难以获取各国不同部门的这一比率，因此需要增加约束条件，即假定各部门的技术差异是稳定的。令 $d_{ii}(j) = d(j)(i = 1,\ 2,\ \cdots,\ n)$，则式（2-11）可改写成：

$$TF_j = \sum_n G_n\left[E_{nj}/d(j)\right] + G_{n+1}B_j \qquad (2\text{-}12)$$

式中，$G_n = \sum_i m_{hi}V_{in}$，$G_{n+1} = \frac{Q}{Y}$。

将式（2-12）与传统的 H-O 模型式（2-3）进行比较，可以发现两式极为相似，其区别仅在于前者中的资源禀赋量需要根据各国技术发展阶段做适当调整。这一必要的调整反映了与技术最先进国相比，j 国单位资源的要素禀赋状况。式（2-12）中的资源禀赋变量的系数之所以比式（2-3）复杂，是因为将技术差异因素考虑在内了。

总的来说，目前国际学术界持第三种观点的较多，即认为服务贸易中同样存在着比较优势的合理内核，只是在利用国际贸易理论来解释服务贸易时，需对传统理论进行若干修正。

2.3 规模报酬递增和不完全竞争条件下的服务贸易

传统贸易理论有两个关键假设"完全竞争"和"规模报酬不变"，而现实经济中大量存在的是"不完全竞争"（主要是垄断竞争）和"规模经济"（即规模报酬递增），规模经济往往要求并导致一个不完全竞争的市场结构。正是在这两个全新的假设上产生了规模经济贸易理论。规模经济和与国际市场不完全竞争相联系的产品差异，可以更好地解释增长迅速的工业国之间和同产业之间的贸易，这种状况在服务贸易领域中表现得更为明显。然而，处于发展中的商品贸易规模经济和不完全竞争理论，也给服务贸易的分析带来一些困难。关于规模经济和不完全竞争条件下的服务贸易的代表性理论有琼斯（R. Jones）和克尔茨考斯基的生产区段和服务链理论、詹姆斯·R. 马库森（James R. Markusen）的理论和弗兰科斯（Francois）的理论。马库森和弗兰科斯分别从服务部门内部专业化和外部专业化角度，具体论证和充实了琼斯等人的理论。

2.3.1 生产区段和服务链理论

科技进步使服务生产成本趋于下降，服务价格变得越来越低廉，这一变化导致了服务生产的分散化、迂回性。将生产过程分散在不同地点，增加了生产方式的组合，从而导致对服务链更为强烈的需求。由此，国际服务链得到了更为频繁和大量的使用而成为生产过程不可缺少的组成部分。琼斯和克尔茨考斯基为此提出"生产区段和服务链"（production blocks and service links）理论，来探讨企业产出水平的提高、收益的增加和要素分工的益处，以及三者如何促使企业转向通过服务链联结各个分散生产区段的新型生产方式。一系列协调、管理、运输和金融服务组成服务链，当生产过程逐渐分散到由不同国家的生产区段合作生产时，对国际服务链的需求就会明显上升，从而诱发国际服务贸易。

1. 生产过程的分散化

图 2-3 描述了生产过程的分散化过程。图 2-3a 表示单一生产区段，服务投入的影响在这一阶段并不明显，仅仅参与生产区段的内部协调和联结厂商与消费者的营销活动。若假设某厂商位于生产区段内的技术隐含着规模报酬递增效应，且边际成本不变，则在图 2-4 中，线 aa' 表示总成本随生产规模的扩大而上升，其斜率为边际成本；截距 Oa 表示厂商和其他与生产区段有关的固定成本。

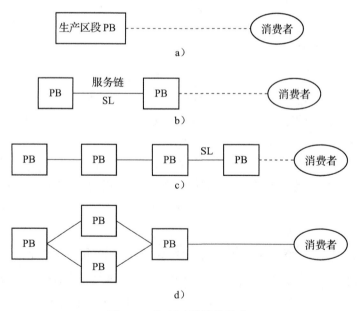

图 2-3　生产过程的分散化

随着生产扩张，社会分工与专业化程度日益加深，从而加速了生产区段的分离。图 2-3b 就反映了这一情况。假定生产过程的分散化改变了固定成本和变动成本之间的比例，而且在生产区段之间增加投入大量固定成本可以导致较低的边际成本，这就是图 2-4

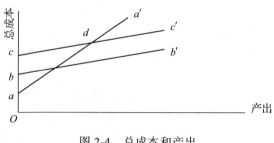

图 2-4　总成本和产出

中的线 bb' 反映的情形。在该阶段中，服务业起到了重要作用。图 2-3b 中的两个生产区段需要通过服务来协调和联结，这种协调和联结必然需要成本，比如运输服务成本。由于生产区段的分散导致总成本中增加了联结生产区段的服务链成本，所以新的成本－产出曲线应为线 cc'。在图 2-4 中，这些服务成本与生产规模基本无关，因为线 cc' 与线 bb' 平行。即使服务链成本随着生产水平的上升而增大，也只需将线 cc' 画得比线 bb' 稍陡峭一些即可。但是，含有服务链的边际成本应低于相对集中生产（线 aa'）的边际成本，否则，厂商将不愿意采用分散生产的方式。

如果生产区段与服务链重复图 2-4 的过程，生产区段与服务链数量将不断增加，最终演变成如图 2-5 所描述的情形。

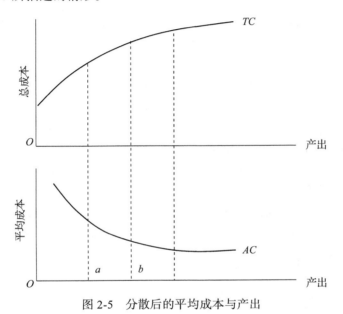

图 2-5　分散后的平均成本与产出

事实上，工业的发展使劳动分工和专业化不断加深，从而导致分散度的提高和生产者服务贸易的增加。图 2-3c 表示前一生产区段的产品可能作为下一生产区段的生产原料；图 2-3d 则显示了一种新组合，即各个生产区段的同时运行，每两个生产区段的产品在最后一个生产区段组装成最终产品。图 2-5 描述了上述分散化过程。

对于任何分散水平，生产区段内固定成本和边际成本的结合，即各生产区段通过各服务链对较大固定成本的联结，使得平均成本随着产量的增加而降低。而且，当一项新的分散技术导致更高的分散水平时，平均成本下降的速度将会更快。

图 2-6 说明随着生产的扩大，边际成本与产量的这种关系刺激厂商采用更分散的生产技术。若假定生产仍停留在由单一厂商完成的生产区段，且市场需求弹性小于无穷大，则厂商将增加生产直至 $MC = MR$。然而，一条既定的边际收益曲线可能与边际成本曲线相交于多个不同的点。需求增长足以使边际收益曲线移到 MR_1 处，位于 b 点的边际收益等于边际成本，但 b 点仅是局部利润最小点，因为增加或减少某个微小产量都将增加利润。a 点和 c 点更具竞争力。a 点的利润显然大于 c 点，这就是说，若产量从 a 点移到 c 点，那么较低水平的分散生产技术，将导致边际成本超过边际收益的边际损失；一旦采用更为分散的生产技术，从 b 点向 c 点方向的任何微小延伸，都将使边际成本低于边际收益。

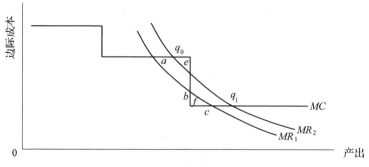

图 2-6　边际成本与产出

如果需求持续平稳增长，同时边际收益曲线外移至 MR_2 处，e 与 f 的面积恰好相等，厂商在 q_0 和 q_1 处生产没有差别。需求的平稳增加导致生产更为分散，使产量呈阶梯状上升。边际收益曲线或相应的需求曲线越富有弹性，产量的阶梯状就越明显。

科斯在《企业的性质》中强调，面对生产的低效率和市场交易的高成本，厂商可能会更愿意实行内部化经营或贸易。然而，生产过程复杂程度的提高使垂直专业化和新厂商的出现成为可能。这时，每个独立的新厂商可能代表着一个新的生产区段和服务链，位于生产链中最下游的生产最终产品的厂商可能完全依赖市场来提供所需的中间产品或服务。如果不止一个部门或一个部门内不止一个生产不同产品的厂商能够利用各个生产区段和服务链，那么子公司抽资脱离母公司的可能性就会大大增加。电信服务部门存在着固定成本高昂的自然垄断限制，新厂商需要在使用市场服务所带来的成本与直接投资该服务部门获得服务的成本之间进行权衡。许多新厂商往往选择前一种策略，即依靠市场获取电信服务。

2. 国际贸易中的服务链

假定在世界市场上交易的都是最终产品而非中间产品和服务，国内生产的商品集中反映其比较优势，人们重视由规模报酬递增导致的集中化生产，那么与闭关自守状态相比，允许最终产品自由贸易带来的专业化分工能够增加贸易国的福利。同时，生产过程数量的减少使得剩下的生产过程可以更大限度地分散生产。如果一国在某种商品上具有总体比较优势，但并非国内每个生产区段和服务链的成本都比较低，那么为了追求效率，厂商将在国内和国外分散生产。现实中生动的例子就是，世界汽车工业的发展推动着汽车零部件的国际贸易。

图 2-7 描述了外国服务链引入前后的成本变化，即在同一分散水平上由一条服务链联结的两个生产区段的比较优势结构。线 H 代表两个生产区段均在国内时的固定成本和可变成本，线 H' 增加了服务链成本。若国内和国外各有一个生产区段成本较低，则国内和国外组合生产之后的成本用 M' 表示。假定固定成本仍与 H 相同，但联结国内和国外生产区段的服务链成本大于两个区段均在国内时的成本，即 $ca > ba$，那么用于联结跨国生产区段的服务链成本将会把最优成本 – 产出曲线 beH' 即线 H' 折成 beM。也就是说，当产量大于 h 点为国内分散生产与跨国分散生产的临界点产量时，可以采用国内和国外联结的分散方式进行生产。

在上述模型中，生产区段位于不同地点，服务链可由一国以上的服务提供者提供。图 2-7 假定国内外生产区段的固定成本相同，实际上也可以不同。如果国外生产区段拥有成本优势，那么它不仅体现在可变成本上，也应体现在固定成本上。另外一个假定是联结跨国生产区段的服务链成本大于联结国内生产区段的成本,这也有例外情况。

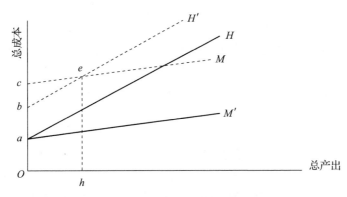

图 2-7 总成本和总产出:外国服务链的影响

以电信、运输和金融服务业为代表的现代服务技术的进步,已卓有成效地降低了国际服务链的相对成本,使得跨国生产所需的最小规模变得越来越小,即图 2-7 中的 h 点逐渐左移,或者说,服务成本的降低使图 2-4 中的线 cc' 下移,拐点 d 也随之沿着线 aa' 向左下方移动。这样就极大地刺激了各生产区段跨国生产的积极性。在各厂商积极利用国际服务链进行高效率分散生产的过程中,国际服务贸易,特别是生产者服务贸易就获得了大幅度增长。这一理论也揭示了在国际服务贸易中生产者服务贸易比重持续上升的根本原因。

3. 对"生产区段和服务链"理论的不同解释

(1) 李嘉图解释

从李嘉图理论框架出发,假设:①最初本国建立两个生产区段,其边际劳动投入系数用 a_{Li} 表示,国外生产区段的边际劳动投入系数为 a_{Li}^*。②两个生产区段的产品必须按 1:1 的比例组装成一单位最终产品。③生产区段内和国家之间的固定成本相同。④若不允许零件贸易,本国固定成本拥有生产该产品的总体比较优势,且 W 和 W^* 分别表示国内和国外工资率。根据比较优势原理可得出:

$$\frac{a_{L_1}^* + a_{L_2}^*}{a_{L_1} + a_{L_2}} > \frac{W}{W^*}$$

如果本国的比较优势在第一个生产区段,而外国则在第二个生产区段,这样李嘉图不等式为:

$$\frac{a_{L_1}^*}{a_{L_1}} > \frac{W}{W^*} > \frac{a_{L_2}^*}{a_{L_2}}$$

如果外国接管第二生产区段的生产,那么将降低边际成本并因此获益。如果实施这种生产的合理配置,那么就需要扩大生产规模,以使由此降低的可变成本小于利用国际服务链额外增加的成本。

(2) H-O 解释

李嘉图模式主要讨论不同国家、不同商品、不同生产区段相对劳动生产率变动的可能性。H-O 模型则考虑生产过程中使用要素之间的差别即不同生产区段的要素密集度不同。这里忽略了不同国家的服务链要求不同比例要素的可能性,即假设服务链由世界市场中成本最低的服务提供者提供。例如，某种商品生产由两个阶段组成，前一阶段相对于后一阶段资本更加密集。不同国家的要素禀赋不同，假定外国劳动力相对充裕，且即使实行自由贸易，部分生产过程要素价格也会出现差异。如果形成国际服务链，那么国外相对低廉的劳动和本国相对低廉的资本就构成了国际合作生产的基础。由于国际市场中存在不同的要素生产率，以及不同的要素价格和要素密集度，根据比较优势而在各生产区段之间进行的产业内服务贸易，将为那些随生产规模扩大而加大分散度的生产区段带来更多的收益。

上述分析仅从最终产品角度，即从每个国家仅出口最终产品的一体化生产过程，以及既定产品可以分散到不同国家制造的生产过程角度，讨论国际贸易中服务链的作用。如果每个生产区段只从事一种最终产品的生产，且每种最终产品只在一国完成生产，那么，根据比较优势原则，允许生产过程所需要的零件的自由贸易将因世界资源的重新配置而产生收益。然而，如果这种最终产品贸易反映一种相当大程度上的产业内贸易，或者如果生产区段主要用于支持完全不同的行业的生产，那么这种收益的潜力将更大。

（3）埃塞尔解释

埃塞尔认为，贸易国规模报酬递增体现在使各种生产要素与总产出相联系的线性生产函数中。这些生产函数能够被描述为固定成本与可变成本的组合关系。琼斯等人在分析生产区段内规模报酬递增效应时就是采用这种思路进行的。在他们看来，生产规模的扩大受到来自国内外需求增长的驱动，从而导致生产分散水平的提高。需指明的是，琼斯等人的生产区段与服务链理论阐述的服务规模经济理论与埃塞尔的结论大相径庭。在后者的模型中，厂商极力利用更为多样化的零件来扩大生产，因为其国际贸易规模报酬递增依赖于零件多样化程度，而前者模型出现的规模报酬递增依赖于产出规模和生产分散水平。正如传统比较优势带来更高效率的资源配置那样，生产区段国际分散的潜力通过服务链的联结而成为现实，并由此在一定程度的离散和分工水平上获取收益。总之，在琼斯等人的模型中，服务贸易或服务链在贸易中的主要作用是促进生产区段在国内和国外的分散化，由此形成的服务贸易收益应归于规模经济的范畴。

（4）弗农解释

弗农的产品生命周期理论认为，产品生命周期的早期阶段往往处于一国之内，以便利用本国一系列潜在要素和技能，因为在此阶段人们难以确定哪些资源或技能在产品制造中不可或缺。一旦这些不确定性得到解决，生产技术得以规范、简化，并且与国外资源相结合能够产生比较优势，那么该产品的生产就有可能转移至国外。

弗农注意到生产过程在国际上的重新布局，但没有考虑利用比较优势法则解释生产过程部分在国内、部分在国外的现象。琼斯等人的理论阐明，由服务链联结的独立生产区段的发展，即每个生产区段的国际分布取决于国际相对要素价格和相对劳动生产率的变化；产品的产出规模决定整个生产区段的分散水平。在这一过程中，服务技术传播与扩散的"生命周期"似乎也与生产区段的分散化相联系，服务贸易规模经济或边际成本递减效应在宏观上影响着生产区段的国际分布。

2.3.2 马库森理论

1. 理论概述

近年来，生产者服务在国际服务贸易中迅速增长。许多生产者服务既具有差异性，又具有知识密集性，即许多生产者服务部门都属于知识密集型行业，它们大多要求高额的初始投资，但投产后其边际生产成本将迅速下降。生产者服务的这种发展特征表明其具有较高的规模经济效益。

马库森以埃塞尔的研究为基础，发展了差异性中间要素贸易的模型。在埃塞尔模型中，两国都分别拥有一个竞争部门（Y）和需使用中间要素或服务进行生产的部门（X），后者具有规模报酬递增效应和生产互补性。结果表明，有两个原因使包含要素的贸易优于单纯的最终产品贸易。其一，由于价格与边际成本之间发生扭曲，当单纯的商品贸易不能确保帕累托改进时，允许生产要素自由贸易可使两国被扭曲部门的生产得以扩张，这一扩张已被作为当价格超过边际成本时贸易得益的充分条件。最终产品的自由贸易导致小国或技术落后国该生产部门的收缩，这一收缩则是构成丧失贸易得益的充分条件。其二，从世界角度分析，允许要素自由贸易也优于单纯的最终产品自由贸易。其根据在于，在最终产品生产中国内外专业要素之间的互补性和自由贸易带来的更高水平的社会分工。

马库森根据服务部门的柯布－道格拉斯生产函数和熟练劳动力生产的不变替代弹性生产函数，得出结论：生产企业和任何特定专业化服务的生产规模报酬不变，而服务业及其所提供的服务总量则呈规模报酬递增。马库森认为，服务部门产出虽处于竞争均衡状态，但并不是帕累托最优状态，因为它没有将规模效应考虑在内。他指出，服务贸易同样存在"先入者优势"，报酬递增规律会使率先进入服务业的厂商以较低成本扩展规模，阻止后来者提供同样的服务，结果必然会降低后来者的福利水平。同理，这一现象也使小国生产规模报酬递增的趋势萎缩，并遭受福利损失。因此，马库森的政策主张是适当的补贴，包括生产补贴和政府提供的公共收入，可使福利最大化。

马库森提出，在一个有两种商品 X 和 Y 的模型中，包含作为 X 生产排他性投入的 n 个生产者服务 $S_i (i = 1, 2, \cdots, n)$。$X$ 和 Y 都在规模报酬不变的条件下生产和在完全竞争市场上销售，而生产者服务投入在规模报酬递增的条件下生产和在垄断竞争市场上销售。假定两国在所有其他方面都相同，仅仅在绝对大小上存在差别，这时需要考虑两种情形：①X 和 Y 可贸易，而 S_i 不可贸易。②S_i 和 Y 可贸易，而 X 不可贸易。在情形①中，现代国际贸易理论预言，若两国情况完全相同，它们在 X 和 Y 的贸易自由化中将不会获得任何利益。若两国大小存在差异，则小国甚至可能在贸易中受损。这一结果可以通过比较封闭条件下的均衡与市场出清条件下的自由贸易均衡而获得。我们可以认为，自由贸易条件下 X 的国内生产得以扩张并构成获得贸易利益的充分条件。然而，若小国国内 X 的价格 P 与边际转换率之间发生扭曲，造成相对于大国的成本劣势，情况将发生变化。在情形②中，第一，由于允许两国共同承担与 S_i 的生产相联系的固定成本，它们都将从生产者服务中获益；第二，虽然 X 不能贸易，但由于有更多种类的 S_i，以比情形①更低的成本提供给每个国家，两国将因生产者服务贸易而使它们的生产可能性边界向外移动；第三，在一般情况下，两国都将从更加多样化的生产者服务中获益；第四，两国在情形②下通常都因得到较情形①更多样化的生产者服务而获益。

总之，规模报酬递增是资本密集型中间产品的生产和知识密集型生产者服务的生产的共性，而许多中间产品又呈现差异化或与国内要素互补的特征。在包含高度熟练劳动的生产者服务贸易中，相对于初始的固定成本，实际提供服务的边际成本很低，这是服务贸易具有的与 H-O 传统贸易不同的成本特征，而这一特征在相当大的程度上导致了专业化程度的提高和国际分工的发展。因此，马库森的主要结论是，生产者服务贸易优于单纯的最终产品贸易。

2. 模型分析

假定两国同时拥有一个竞争性行业 Y 和一个使用生产者服务作为中间投入的行业 X，后者的生产规模报酬递增。在一个拥有竞争性行业 Y 的两部门一般均衡模型中，假设某个具有规模报酬不变特征的竞争性产业生产商品 Y 需要劳动 L 和资本 K，则：

$$Y = G(L_y, K); \quad G_l > 0, \quad G_{ll} < 0 \tag{2-13}$$

为了简化，假设 X 由 S_1, S_2, …, S_n 无成本组合而成，S_j 代表生产者服务，X 行业中竞争厂商的生产函数为：

$$X_i = X_i(S_{i1}, S_{i2}, \cdots, S_{in}) \tag{2-14}$$

对于给定的 n，式（2-14）中对于 S_j 和 X_i 的生产规模报酬不变。假定每个 S_j 由单一厂商提供并仅仅需要投入劳动力。生产 S 与生产 X 相互独立。假设 S 的生产函数相同，且 S_j 都是对称的，在 X 的生产中均为不完全替代品，这样，X 行业的生产函数为：

$$X = \left(\sum S_j^{\beta}\right)^{\frac{1}{\beta}}, \quad 0 < \beta < 1 \tag{2-15}$$

S_j 的生产只需劳动，且只有固定成本和不变边际成本。若用 w 表示相对于 Y 的工资率，F 表示每单位劳动的固定成本，则以 Y 为基准计量单位，S_j 的生产成本为：

$$C_{S_j} = wS_j + wF \tag{2-16}$$

若 P 为相对于 Y 的 X 的价格，则对于一个既定的 P 和 w，可以由以下方程解得 X 行业的社会最佳配置，即对于 S_j、n，有：

$$\max \pi = P\left(\sum S_j^{\beta}\right)^{\frac{1}{\beta}} - \sum (wS_j + wF) \tag{2-17}$$

由于 S_j 的对称性，使每个 S_j 等量生产，故 $\sum S_j = nS_j$，其中，n 为内在变量。现分别对 S_j 和 n 求导，其一阶条件为：

$$\frac{\partial \pi}{\partial S_j} = \frac{P}{\beta}[n(S_j)^{\beta}]^{\alpha} \beta S_j^{\beta-1} - w = Pn^{\alpha} - w = 0, \quad \alpha \equiv \frac{1-\beta}{\beta} \tag{2-18}$$

$$\frac{\partial \pi}{\partial n} = \frac{P}{\beta}[n(S_j)^{\beta}]^{\alpha} S_j^{\beta-1} - (wS_j + wF) = \frac{P}{\beta}n^{\alpha}S_j - wS_j - wF = 0 \tag{2-19}$$

式（2-19）减去式（2-18），乘以 S_j 可得：

$$\left(\frac{1}{1-\beta}\right)Pn^{\alpha}S_j = wF \tag{2-20}$$

由式（2-18）知 $n^{\alpha} = \frac{w}{P}$，故完全竞争均衡为：

$$S_j = \left(\frac{\beta}{1-\beta}\right)F; \quad n = \left(\frac{w}{P}\right)^{\frac{\beta}{1-\beta}} \tag{2-21}$$

现在讨论垄断竞争均衡。假定每个 S_j 生产者面对的价格均为生产 X 时 S_j 的边际成本，用 r_i 表示（由于对称性，所有 S 生产者都相同），由式（2-18）可知：

$$r = \frac{P}{\beta}[n(S_j)^{\beta}]^{\alpha} \beta S_j^{\beta-1} = q\beta S_j^{\beta-1}, \quad q = \frac{P}{\beta}[n(S_j)^{\beta}]^{\alpha} \tag{2-22}$$

假设存在大量的 S 生产者，由此可能做出近似的竞争性假设。若每个 S 生产者都将

P 和 X 看作外生变量,则个别 S 生产者将把式(2-22)中的 q 看作固定的。对于 S_j,一个 S 生产者的利润最大化方程为:

$$\max \pi^* = (q\beta S_j^{\beta-1})S_j - wS_j - wF \tag{2-23}$$

S_j 的一阶条件为:

$$\frac{\partial \pi^*}{\partial S_j} = q\beta^2 S_j^{\beta-1} - w = 0 \tag{2-24}$$

由于 q 和 w 被作为外生变量,故二阶条件成立。S 生产者的自由进入导致该行业利润为零,所以:

$$q\beta S_j^\beta - wS_j - wF = 0 \tag{2-25}$$

将式(2-22)中的 q 分别代入式(2-24)和式(2-25),得:

$$P\beta n^\alpha - w = 0; \quad \left(\frac{P}{\beta}\right)n^\alpha \beta S_j - wS_j - wF = 0 \tag{2-26}$$

用 S_j 乘以式(2-26)中的前一个方程,然后合并该式中的两个方程,可求得垄断竞争均衡状态下的 S_j 和 n:

$$S_j = \left(\frac{\beta}{1-\beta}\right)F; \quad n = \left(\frac{w}{P\beta}\right)^{\frac{\beta}{1-\beta}} \tag{2-27}$$

比较式(2-27)的垄断竞争值与式(2-21)中的社会最优值,可以发现两种情况下的 S_j 值相同,但 X 行业随 n 的上升而扩大,S_j 的生产量在市场均衡时达到最优。前一个特征表明,由于 $X = n^{\frac{1}{\beta}}S(\beta < 1)$,故 X 具有规模报酬递增的特性。

2.3.3 弗兰科斯理论

与马库森强调的服务部门内部专业化(内部积聚)模型相反,弗兰科斯则强调服务在协调和联结各专业化中间生产过程中的(外部积聚)作用。

1. 模型分析

弗兰科斯构造的是一个具有报酬递增和垄断竞争特征的单部门模型。

假设生产方具有规模报酬递增效应。不同厂商使用劳动力 L 生产不同种类的差别产品 x。由于专业化,任何品种 x_j 的生产都具有报酬递增效应,而且均存在不同的生产技术。不同生产技术 v 在生产过程中具有不同专业化水平,$v(=1, 2, \cdots, n)$ 是专业化水平指数,也可看作生产被分成不同过程或阶段的数量。不同生产技术均被假定为以下形式:

$$x_j = \beta_v \prod_{i=1}^{v} D_{ij}^{\alpha_{iv}} \tag{2-28}$$

式中,$\beta_v = V^\delta (\delta > 1)$,$a_{iv} = 1/v$。$D_{ij}$ 表示在生产品种 j 的直接生产活动 i 中使用的劳动力。

在既定专业化水平上,直接劳动将由于模型假定的强对称性而被均等地配置于所有的生产活动中,这意味着厂商 j 对直接劳动的需求为:

$$D_j = \sum_{i=1}^{v} D_{ij} = v^{1-\delta}x_j \tag{2-29}$$

又知生产者服务在复杂生产过程中协调各种专业化生产部门,并由厂商雇用的劳动力完成这些间接生产活动。这里的生产者服务可由厂商内部供应,也可在市场上购买。

假定服务成本为生产过程复杂程度的增函数,并由 v 测度。为表达这种关系,假定对于每个劳动单位,服务成本为:

$$S_j = \gamma_0 v + \gamma_1 x_j \quad (2-30)$$

式中,S_j 表示厂商 j 在生产者服务活动中雇用的间接劳动的总量,参数 γ_0 表示厂商内部负责管理和协调额外专业活动的管理人员、工程师和其他技术人员所带来的间接成本。

可以从 x_j、v 和工资率 w 三个角度描述总成本函数。由于假定对直接和间接劳动的需求均依赖于规模和专业化水平,因此,可以根据专业化水平来组合间接劳动和直接劳动。于是生产函数为:

$$x_j = \min\left[\left(\frac{S_j - \gamma_0 v}{\gamma_1}\right), \left(\beta_v \prod_{i=1}^{v} D_{ij}^{\alpha_{iv}}\right)\right] \quad (2-31)$$

由此可得出直接与间接劳动成本之和的成本函数:

$$C(x_j) = (v^{1-\delta} x_j + \gamma_0 v + \gamma_1 x_j) w \quad (2-32)$$

上述生产函数的成本函数使生产者可以通过改变专业化水平以直接劳动替代间接劳动。对于一个既定的产出水平,因素 v 构成成本最小化生产者的可变选择。取 v 等于零时式(2-32)的偏导数,对 v 求解:

$$v = \left[\left(\frac{\delta - 1}{\gamma_0}\right) x_j\right]^{\frac{1}{\delta}} \quad (2-33)$$

由此可知,专业化水平是 x 的增函数,是间接成本参数 γ_0 的减函数。将式(2-33)代入式(2-32),得到最小成本函数 $C^*(x_j)$:

$$C^*(x_j) = \left[(\delta - 1)^{\frac{1}{\delta}} \gamma_0^{\frac{\delta-1}{\delta}} \left(\frac{\delta}{\delta - 1}\right) x_j^{\frac{1}{\delta}} + \gamma_1 x_j\right] w = f(x_j) w \quad (2-34)$$

此处,$f' > 0$,$f'' < 0$。假定所有厂商的生产都受上式成本函数制约,函数 $f(x_j)$ 显示厂商 j 雇用的劳动力数量。为了求得作为 x_j 函数的厂商对直接劳动的需求,将式(2-33)代入式(2-29):

$$D_j = \left(\frac{\delta - 1}{\gamma_0}\right)^{\frac{1-\delta}{\delta}} x_j^{\frac{1}{\delta}} \quad (2-35)$$

对直接劳动的需求随生产规模的扩大而上升,但增长幅度递减。将式(2-33)代入式(2-30)可求解对间接劳动的需求为:

$$S_j = \left[\gamma_0 \left(\frac{\delta - 1}{\gamma_0}\right)^{\frac{1}{\delta}} + \gamma_1 x_j^{\frac{\delta-1}{\delta}}\right] x_j^{\frac{1}{\delta}} \quad (2-36)$$

将式(2-35)与式(2-36)合并,得到厂商内部间接劳动对直接劳动之比为:

$$\left(\frac{S}{D}\right)_j = (\delta - 1) + \gamma_1 x_j^{\frac{\delta-1}{\delta}} \left(\frac{\delta - 1}{\gamma_0}\right)^{\frac{\delta}{\delta-1}} \quad (2-37)$$

上述比率可用图 2-8 中的曲线(S/D)表示。式(2-34)给出了就业与产出的另一种关系,式中 $f(x_j)$ 表示厂商产出水平为 x_j 时劳动力的雇用量,颠倒后得出就业劳动力函数 L_j,即图 2-8 中的 $x(L)$ 线。描述专业化水平的式(2-33)在图 2-8 中显示为曲线 $v(x)$。这些曲线决定了专业化水平,描述了生产者服务和直接劳动的相对重要性。当曲线 $x(L)$ 与曲线 $v(x)$ 的交点决定专业化水平时,曲线 $x(L)$ 与曲线(S/D)的交点决定间接劳动与直接劳动的相对比重。

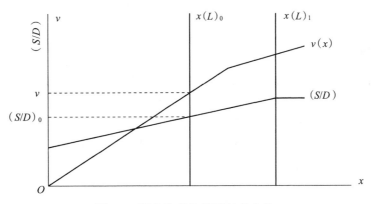

图 2-8 服务生产的规模与专业化

考虑规模变化的影响。生产规模扩张使 $x(L)$ 从 $x(L)_0$ 移至 $x(L)_1$。与此同时，专业化水平也得以提高，相对劳动而言，生产者服务的重要性也获得提高。至此，模型的生产方含有下述假设：生产者服务的相对重要性依赖于生产规模和生产专业化水平。

再看消费方，假设需求具有兰卡斯特（lancaster）型偏好，不同的消费者偏好不同品种的差别产品，而且强对称性影响偏好，这样，对不同品种的偏好可以用产品空间中的均匀密度（uniform density）分布来表示，从而得出对各个品种的总偏好。赫尔普曼和克鲁格曼证明，在强对称性和兰卡斯特型偏好下，对各种可获得品种的需求弹性将是可获得品种总量的函数。

消费者偏好那些差别产品中的理想品种，不同的消费者对于理想品种的认识不同。当得不到理想品种时，消费者将选择最接近理想品种的品种。为了定量分析不同品种的相似性，假定任何产品品种 x_j 均可表述为圆周边上的一个相关点，如图 2-9 所示。相关点之间的弧线距离表示不同品种的相似性。这样，点 t_1 与任意其他点 t 之间的距离可用函数 $d(t, t_1)$ 表示。

借助距离函数 $d(\cdot)$，可将产品品种转化为"理想品种当量"（ideal variety equivalents, IVE）。IVE 表示在其他品种数量一定的条件下需要多少理想品种才能给予消费者同样的满足感。对于理想品种为 $\hat{t}$ 的消费者，品种 t_i 的 $D(t_j)$ 单位理想品种当量 $\hat{D}(t_i)$ 假定为：

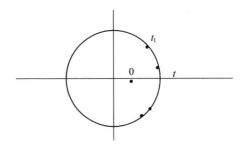

图 2-9 理想品种分析图示

$$\hat{D}(t_i) = D(t_i)/h[d(t_i, \hat{t})] \qquad (2-38)$$

式中，$h[d(\cdot)]$ 表示多少单位的理想品种等价于多少单位的任意其他品种。假定 $h(0)=1$，当 $d>0$ 时，$h'>0$，$h''>0$；当 $d=0$ 时，$h'=0$。从理想品种当量角度定义的效用 U 为：

$$U = \hat{D}(t_i) = D(t_i)/h[d(t_i, \hat{t})] \qquad (2-39)$$

当理想品种当量 $\hat{P}(t_i)$ 价格最低时，消费者将会用所有收入进行购买：

$$\hat{P}(t_i) = h[d(t_i, \hat{t})]P(t_i)，P(t_i) \text{ 为 } t_i \text{ 的实际价格}$$

假设偏好均匀地分布于产品空间中。在均衡状态下，受到偏好强对称性和生产成本的影响，可得品种将以同样价格被出售，而且在产品空间中被对称地确定下来。在此均衡中，对于所有品种，品种 j 的需求弹性 σ_j 相同，并构成可获得品种数量 n 的一个函数：

$$\sigma_j = \sigma(n), \quad \sigma' > 0 \tag{2-40}$$

2. 生产者服务与市场扩张

市场扩张是以劳动分工的发展为特征的，生产者服务在其中起了重要作用。市场的扩张导致规模的扩张、专业化水平的提升、产品品种的增加和产品价格的下降。由于专业化而出现的报酬递增依赖于服务部门的扩张。

在上述模型中，由于对称性，所有可得品种在均衡条件下具有同一价格和等量产量，故 x_j 的下标可省去。如果劳动价格假定为1，则由于报酬递增和自由进入，将只有一家厂商从事既定品种的生产。该厂商将依据以下条件制定垄断价格为：

$$P\left[1 - \frac{1}{\sigma(n)}\right] = f'(x) \tag{2-41}$$

此外，平均成本定价意味着各个品种的价格为：

$$P = \frac{f(x)}{x} \tag{2-42}$$

假定劳动力 L 充分就业，则：

$$L = \sum_{j=1}^{n} L_j = nf(x) \tag{2-43}$$

将式（2-33）、式（2-37）、式（2-41）、式（2-42）和式（2-43）联立起来，构成一个含有五个方程和五个未知数的体系，该体系的结论可用几何形式来表述。将零利润条件即式（2-42）与边际价格条件即式（2-41）合并，得到 n 与 x 之间的关系，即图2-10中的 ZZ 曲线。n 与 x 之间的另外一种关系由充分就业条件给出，即图2-10中的 FF 曲线。ZZ 曲线和 FF 曲线表示垄断竞争产业通用的均衡条件。式（2-33）和式（2-37）分别决定图2-10中的 $v(x)$ 和 (S/D) 曲线。这样，该方程组就决定了每个厂商的规模、可得产品品种的数量、劳动分工以及生产者服务和直接生产活动的相对就业份额。

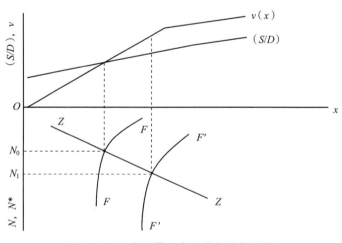

图2-10　生产规模、专业化与市场扩张

考虑到由于劳动力扩张导致的市场规模的扩大，当经济增长时，FF 曲线将移至 $F'F'$ 曲线处，而 ZZ、(S/D) 和 $v(x)$ 曲线却不受劳动力供给变化的影响。其结果是厂商数量从 N_0 增加到 N_1，每个厂商在就业与产出规模方面也得到相应扩张。这些扩张促使他们将生产活动转移至更具特色的生产区段。这种不断发展的劳动分工要求在生产者服务活动中雇用更多的劳动力，结果间接劳动力比重上升。

3. 服务贸易与专业化

随着生产者服务贸易的自由化，进口国服务厂商转而采用更高级的生产方式。然而，当厂商合并时，服务出口国留存下来的厂商随着自由化也可能转向更加专业化的生产方式。自由化还影响到最终产品的价格、规模和品种。

假设有两国——本国和外国，它们在技术、偏好，以及作为相应制造业部门投入的要素服务的生产和被使用的数量方面都相同，它们唯一的区别在于相对要素禀赋。本国和外国价值分别以小写和大写字母表示，即 $x = X$，$l = L$，式（2-41）变为：

$$P\left[1 - \frac{1}{\sigma_{(n^*)}}\right] = f'(x) \tag{2-44}$$

式中，$n^* = n + N$，充分就业条件变为：

$$1 + L = n^* f(x) \tag{2-45}$$

其他因素不变，当处于封闭状态时，各国生产由图 2-10 中的 FF 曲线决定。然而，由于引入贸易，封闭条件下的 FF 曲线将被 $F'F'$ 曲线取代，后者由式（2-45）决定。考虑到贸易中各种限制性约束，当市场一体化时，由于留存下来的厂商比贸易前的规模大，现存厂商必然存在合并现象。由于消费者可以同时选择本国和外国产品品种，因而当他们能够选择大量的可得品种时，厂商的总数实际上将会下降，即一体化导致 $(n + N)$ 的下降。由于留存下来的厂商比贸易前规模更大，因此，他们发现应用更高水平的社会分工于生产过程将有利可图。这意味着，厂商合并后，他们将提高专业化程度。为实现这种专业化，更多的劳动力将被配置于间接劳动活动中。这样，无论是在绝对数上还是在相对数上，服务部门的增长都超过直接生产活动的增长。贸易机会的增加导致市场规模的扩大，从而使生产者服务部门得以扩张，并提高专业化水平和人均收入水平。

又假设 $(S/L) < (s/l)$，L 代表非技术或非教育型劳动力，被称为直接劳动；函数 $S = H$，H 代表技术或教育型劳动力，被称为间接劳动。当两国在商品贸易上采取自由化政策，即在商品上自由贸易且可自由进入时，各国服务部门的价格一致。若服务部门价格不一致，则相对于高成本国家的厂商，低成本国家的对应厂商将能以低价格生产同样的产品且获得收益，这意味着自由进入使服务部门的价格相等，即 $x = X$。

令服务价格等于 1，由于 $p = P$ 和 $x = X$，这样就可以用图 2-11 来表述均衡条件。其中，Ov 和 OV 曲线的相对位置决定本国和外国的专业化水平。由于 $(S/L) < (s/l)$，在商品贸易均衡中，本国的生产专业化水平更高。在图 2-11 中，这些数值用 v_0 和 V_0 表示。由于自由进入使服务部门价格相等，故可确定本国与外国服务的相对价格。

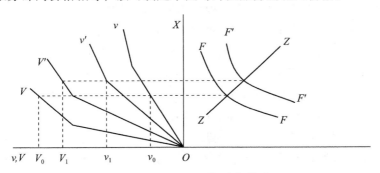

图 2-11 服务贸易与市场扩张

由于本国服务价格较低，故随着服务贸易的开展，本国将出口服务。利用 FF、ZZ 和 OV 曲线可以确定贸易自由化的影响。服务出口国的服务生产将扩大，导致市场规模的扩大，使图 2-11 中的 FF 曲线向 $F'F'$ 曲线方向移动，而 ZZ 曲线不动。(s/l) 与 (S/L) 比率的有效变化使 OV 曲线向 OV' 曲线方向移动，使 Ov 曲线向 Ov' 曲线方向移动。在服务进口国，OV 和 FF 曲线一前一后移动，使外国专业化水平获得提高，从 V_0 上升到 V_1。

当服务进口国应用专业化于生产过程而使专业化水平获得提高时，难以明确服务出口国将发生什么变化。受投入价格影响而使 OV 曲线右移时，表明专业化水平下降了。然而，这种影响可能被市场规模扩大的影响所超过。服务从非生产性部门出口到生产性部门，从而导致可得产品品种数量的增加和现存厂商生产规模的扩大，这意味着即使本国生产品种数量下降了，但留存下来的厂商规模比实行自由化前更大，它们应用更高水平的专业化技术于生产过程中。由此断定，应用专业化技术于生产过程中的最终变化依赖于 FF 曲线和 Ov 曲线的相对移动。

总之，弗兰科斯通过一个具有张伯伦垄断竞争特征的产品差异模型（一个部门、两个国家），讨论了生产者服务与由于专业化而实现的报酬递增之间的关系，以及生产者服务贸易对货物生产的影响。服务部门的专业化导致规模经济效应的出现，专业化应用于生产过程的程度依赖于每个厂商的生产规模，而生产规模又受到市场规模的限制。服务贸易自由化导致服务产品种类增多、生产规模扩大，使服务进口国向更专业化生产方向发展，服务出口国或向专业化，或向非专业化生产方向发展，并使与要素总收益相联系的制成品价格下降。随着本国厂商数量的减少，外国厂商数量逐渐增加，但留存下来的本国厂商的规模较贸易自由化前更大。

2.4 服务贸易自由化的福利分析

服务贸易自由化是在经济全球化的基础上发展起来的，是贸易自由化在服务领域的具体表现。由于服务本身的特殊性，服务贸易自由化具有很多与商品贸易自由化所不同的内容、特点和影响。基于商品贸易的传统国际贸易理论认为，自由贸易在理想状态下能够带来经济福利的增加。在服务贸易方面，经济学者在不同的分析框架下，对服务贸易的福利影响进行了较多考察。

2.4.1 文献综述

1. 理论研究

迪尔多夫（1985）在传统贸易理论视角下考察了货物和服务互补的情形，他的研究证明：如果外国禁止补充性服务贸易，本国可能根本无法出口货物。该研究表明，在一般均衡框架下，对货物和服务都实行贸易自由化是非常重要的。在完全竞争条件下，如果不对所有商品实行自由贸易，将不可能使世界的福利最大化。迪尔多夫（2001）还提出，随着生产布局的全球细分化（fragmentation），从服务贸易自由化，尤其是"贸易服务"贸易的自由化中获取收益的潜力也急剧增大。

斯特恩和霍克曼（1987）从比较优势原理出发论述了服务贸易自由化的收益。他们认为服务贸易参与国可以根据自身的比较优势通过服务贸易（包括与服务有关的要素流动）自由化获得实在的利益。服务贸易自由化的收益来自国内及国家间资源的更有效配置,以及可为消费者和企业所用的服务选择范围的扩大及其价格的下降。服务贸易收益的大小取决于是只降低独立服务贸易(即服务以最终产品形式直接进行贸易)的壁垒,而继续保持对服务要素流动的限制,还是针对两者都实行自由化。

伯格斯(1990)研究了同类问题。他提供了一个包括两种货物、一种生产者服务和两种主要投入品(资本和劳动)的模型。服务部门的产出作为两种制成品生产的中间投入品,服务部门使用的主要投入品与货物生产部门一样。伯格斯注意到:在技术相同的情况下,只有货物的自由贸易将降低要素和服务的价格,因此将减少实行服务贸易自由化的动力。然而,当提供服务的技术存在差别时,服务贸易壁垒将阻碍货物贸易。更为重要的是,在没有贸易扭曲的情况下,在一个由于要素禀赋差异而产生了比较优势的世界中,服务贸易自由化是最优选择。伯格斯在其建立的模型中加入了除劳动力和资本之外的另一个主要投入品——管理服务,因为他认为只有使用国际管理服务,其他服务的国际贸易才能实现。在此基础上,他评估了贸易壁垒对福利的影响,并再次证明对货物和服务都实行贸易自由化将导致福利的净收益。

琼斯和卢安(1990)在特定要素模型的基础上分析了两种形式的服务贸易的收益问题。他们认为,服务贸易可以以两种方式进行:一是服务生产要素的贸易;二是服务产品的贸易。前者指的是服务生产要素跨国流动,并与进口国国内要素相结合生产最终服务产品;后者则意味着服务以最终产品的形式直接进行贸易。他们详细分析了两种形式的服务贸易对经济福利和收入分配的效应。在其模型中,所有生产活动均按特定要素模型的框架进行,也即任一商品或服务的生产均需要一种特定要素和一种所有部门共用的投入要素;特定要素可以跨国界流动,共用要素则不可流动;所有非服务商品均可自由贸易且市场是竞争的;本国和外国生产商品与服务的技术是存在差异的。结果表明:①不管该国要素禀赋如何以及是否在服务方面拥有比较优势,两种服务贸易方式都能改善经济福利。②福利收益的大小取决于贸易方式的选择。③在服务方面拥有技术优势的国家将会专门从事服务的生产,而处于劣势的国家会专门从事制造品的生产。④福利收益不会在要素间平均分配,差距大小取决于贸易方式的选择。他们的研究还证明:不管一国服务要素禀赋优势及技术比较优势如何,要素层面和产品层面的服务贸易开放都将确定无疑地促进本国经济增长,改善本国的经济福利;若两国存在技术差异,则服务贸易获益程度还取决于贸易模式的选择。

马库森(1989)在新贸易理论的视角下,建立了一个包括 X、Y 两种货物的模型。马库森模型的主要结论是:相对于封闭状态,服务贸易自由化可以改善福利,且更趋近帕累托最优,但仅靠商品自由贸易无法完全实现自由贸易得益,而生产者服务的自由贸易可以使贸易双方均可获得比自给自足状态更大的收益。需要注意的是,此模型的关键是货物和服务之间的区别小于中间投入品与最终商品之间的区别。

在琼斯和克尔茨考斯基(1989)建立的模型中,货物和服务贸易可以是产业内贸易而不仅仅限于产业间贸易。其研究结论是:不管是产业间和/或产业内贸易,服务贸易自由化对保证生产在国际间的有效配置都至为关键。

与上述强调服务部门内部专业化的模型不同,在弗兰科斯(1990a,1990b)建立的单部门、垄断竞争条件下的模型中,生产者服务被用来将专业化的中间生产者联系起来以协调和控制生产过程。弗兰科斯(1990a)假定两国技术、禀赋和偏好相同,如果允许国际贸易发生,现有公司之间将会出现合并,剩下的公司将比被允许进行贸易前强大。

同时可供消费者选择的品种的数量也将增加。公司规模的扩大将促使它们采用更加专业化的生产方式，从而需要更多的生产者服务。因此，差别化货物贸易机会的增多将导致专业化程度增强、服务生产增长以及福利的提高。弗兰科斯（1990b）假定货物和服务需要不同类型的劳动（分别是技术和非技术劳动力），两个经济体禀赋不同。他开始假设只允许货物的自由贸易，而服务贸易将受到禁止性限制。在均衡条件下，货物价格将均等化，技术劳动力禀赋较好的那个国家的服务价格会较低。然后放宽假设，也允许服务贸易发生。技术劳动力禀赋较好的国家将出口服务以换取货物。服务贸易自由化将导致服务进口国所生产的各种品种的货物数量增加，规模扩大，因而移向更加专业化的生产方式；服务出口国将转向更多或更少的专业化的生产方式；使两国相对于全要素收入的制造品价格下降；随着本国厂商数量的减少，外国厂商数量逐渐增加，但留存下来的本国厂商的规模较贸易自由化前更大。因此，服务进口和出口国都将从生产者服务贸易自由化中获益。生产者服务贸易的自由化将影响把专业化生产方式应用到生产过程中的程度，以及与该专业化生产相关的收益的实现。

2. 经验研究

在经验研究方面，由于服务业和服务贸易统计体系的不完善，相关数据获取困难，因此理论界对于服务贸易领域的实证研究除了为数不多的回归分析，大都是利用一般均衡模型进行数据模拟检验。

Mattoo、Rathindran 和 Subrananian（2001）利用政策信息为两个重要服务部门（基础电信和金融服务）构建了贸易开放度指标，并将其用于经济增长率回归。结果表明，服务部门的贸易开放度对长期经济增长绩效具有显著影响，金融服务部门尤为明显。他们将服务贸易自由化与货物贸易自由化的福利效应分别就静态和动态情形进行了比较，结果如表 2-2 所示。

表 2-2 服务贸易自由化与货物贸易自由化的福利效应比较

	服务贸易自由化	货物贸易自由化
静态效应	降低价格，提高福利	降低价格，提高福利
动态效应	1. 要素流动中的技术或技能产生外溢，使国内要素的产量提高，从而提高国民生产总值 2. 通过提高专业化程度、人力资本存量、干中学能力、研发能力，提升服务产品的质量和生产效率	1. 没有技术外溢效应，除非是 FDI 自由化 2. 在一般均衡的框架下，自由化只有在带动其他领域扩大的情况下才能拉动经济内生增长

资料来源：MATTOO A, RATHINDRAN R, SUBRANANIAN A（2001）. Measuring Services Trade Liberalization and Its Impact on Economic Growth: An Illustration. World Bank's Research Program on Trade in Services. World Bank Working Paper.

如表 2-2 所示，服务贸易自由化和货物贸易自由化的静态效应是一样的，而在动态效应中，服务贸易自由化将促进技术变革与知识创新，扩大服务产品差异，提高服务产品质量，提高生产率。服务业广泛存在的正外溢性会导致更高的生产率增长。所以，服务贸易自由化的潜在动态福利收益比货物贸易自由化要大。

Robinson、Wang 和 Martin（2002）建立了一个包括 10 个区域、11 个部门的可计算一般均衡理论模型，对服务贸易自由化的影响和收益进行估算。他们通过对比世界不同国家和地区服务投入占各部门生产成本的比例，证明服务是现代经济中几乎所有生产活动的中间投入，且经济发展水平越高，表现越明显，发达国家生产成本中服务投入所占的比例普遍比较高。服务和其他生产部门之间的投入-产出关系是将服务贸易自由化所带来的收益转移至经济中其他部门的主要渠道之一。具体地说,服务贸易提高了进口国的全要素生产率,尤其是在那些对服务投入有更高需求的生产部门。他们还专门提到了贸易服务(批发、零售和运输服务等)的贸易对商品贸易的促进作用,这与迪尔多夫(2001)的观点不谋而合。他们还通过模拟试验的方式分析了服务贸易自由化的收益。结果表明,就全球而言,将服务贸易保护水平降低50%所带来的福利收益,即5倍于非服务部门同样程度的贸易自由化可能获取的收益。另外,服务进口所产生的技术外溢提高了进口国的全要素生产率并因此推动了其经济增长,这在发达国家中的表现更为显著。

综合已有研究,国际服务贸易和投资主要会通过资源配置效应、资本和结构效应、就业效应、市场规模效应、人力资本积累效应、制度创新效应、技术进步与溢出效应等途径影响东道国的福利水平。

总的来说,有关服务贸易自由化福利效应的实证研究结论还存在诸多争议,有的甚至相互矛盾,且对许多具体服务贸易领域尚未涉足。目前,理论界对于服务贸易实证研究中存在的巨大差异尚未给出令人信服的解释。

2.4.2 服务贸易自由化福利效应分析

福利效应分析是国际贸易纯理论的一项重要内容。基于商品贸易的传统国际贸易理论认为,自由贸易在理想状态下能够带来经济福利的增加。服务贸易自由化的福利影响要比商品贸易自由化来得复杂。

1. 基本模型分析

(1) 前提假定

①假设世界上有许多商品、要素、可贸易服务和国家,没有任何贸易或要素移动壁垒,市场完全竞争;②有关要素的移动都是暂时性的,不涉及国籍的变化;③若用 X、S 和 Q 分别表示商品、服务和既定要素禀赋的最大产出,则 i 国的生产可能性集合 (production possibility set) 为 $F_i = (X, S, Q)$;④假设该国的生产规模报酬不变,C 和 U 分别表示本国消费的商品和服务,K 表示本国产出中要素服务的使用量。若开放贸易,则每一类别净出口的贸易量(差额)为 $T = X - C$,$V = S - U$,$D = Q - K$;⑤假设 p^j、q^j 和 r^j ($j = a, f$) 分别表示封闭情形或自由贸易情形时 X、S 和 Q 的价格。

(2) 主要内容与基本结论

在封闭情形下,有:

$$p^a C^a = p^a X^a;\ q^a U^a = q^a S^a;\ r^a K^a = r^a Q \tag{2-46}$$

由于生产都是有效率的,对于既定的封闭价格 p^a、q^a 和 r^a,在封闭情形下,生产达到价值最大化,即对于每一个 $(X, S, Q) \in F$,$(Q = k^a)$,有:

$$p^a X^a + q^a S^a - r^a k^a \geq p^a X + q^a s - r^a k^a \tag{2-47}$$

所以,有:

$$p^f C^a + q^f U^a - r^f Q = p^f X^a + q^f S^a - r^f k^a \leq p^f C^f + q^f U^f - r^f Q \tag{2-48}$$

借助该结论与显示性偏好弱定理,可知:

$$p^a C^f + q^a U^f - r^a Q \geq p^a C^a + q^a U^a - r^a Q \tag{2-49}$$

所以:

$$p^a T^f + q^a V^f + r^a D^f \leq 0 \qquad (2\text{-}50)$$

这表明，如果没有贸易和要素移动壁垒，各国都倾向于出口封闭状态下相对价格最低的那种商品、服务产出和要素服务，因为这样可以实现潜在的贸易利益。服务贸易自由化进一步加强了服务专业化，有助于国民收入不断提高。即使一个国家在某些服务领域中不具有比较优势，从进一步加强生产活动的分散化方面看，自由化也会产生正面影响。上述模型只是从整体经济出发说明商品、服务和要素贸易均要实现自由化。模型虽没有对服务贸易单独讨论，但至少给予了这样的启示，即研究服务贸易利益有必要从商品、服务及要素移动的整体角度进行。

（3）服务贸易自由化的福利效应特点

这里以信息服务贸易为例，并将其与商品贸易相比较，探讨服务贸易自由化福利效应的基本特点。

假定 H-O 模型的基本假设条件都成立，有一点例外，即在信息贸易中，要素在国内可以自由流动、在国际间不能流动的假设不成立，因为作为信息服务贸易要素的信息，虽不存在物理性质上的跨国流动情形，但与事实上的跨国流动的影响是一样的。由此构造两个国家 A 和 B、两种产品 X 和 S 的信息贸易模型。A 国的现代信息产品 X 禀赋丰富，而现代信息服务禀赋 S 相对稀缺，B 国情况正好相反。若实现自由贸易，A 国向 B 国出口信息产品 X 以换取信息服务 S，B 国向 A 国出口信息服务 S 以支付进口的信息产品 X。假设信息服务和信息产品均不存在"二级市场"，即购买者就是最终消费者，不存在再次被潜在消费者分享或被消费者盗版而出现二手销售市场的可能，这样就符合 H-O 模型要求。在图 2-12 中，$T_A T'_A$ 和 $T_B T'_B$ 分别表示 A、B 两国的信息生产可能性曲线，A 国向 B 国出口信息产品 $Q_A A$，进口信息服务 AC；B 国则出口信息服务 $Q_B B$ 以进口 A 国信息产品 BC。当然，信息服务和信息产品的数量与价值并不是一一对应的。由于不存在"二级市场"，故 A 国贸易三角 $\triangle Q_A AC$ 与 B 国贸易三角 $\triangle Q_B BC$ 相等。C 点位于两国信息生产可能性曲线之外，信息自由贸易使两国福利都有所增加。

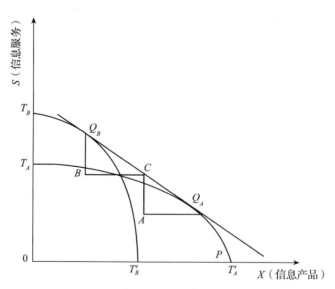

图 2-12　信息服务贸易自由化效应分析

由于信息商品生产成本与使用规模无关，信息厂商一旦生产出信息商品后就能够以非常低的边际成本销售高附加值的信息商品,从而为持续开拓信息市场提供了可能。因此,相对于生产或经销商品的厂商,信息厂商更重视信息市场特别是国际信息市场的开发。信息服务产品在被信息厂商销售的过程中形成了二级信息市场,这一特征特别有利于开拓国际市场,因为信息服务的跨国界流动既可以是有形的生产要素的物理移动,也可以是无形的非生产要素的非物理移动,前者如美国信息服务公司前往中国开设分支机构或合资办厂,后者如美国数据库公司在本土通过电信或国际互联网向中国公司提供信息服务,但其提供的信息服务规模与美国数据库公司的数据库生产成本无关。另外,信息服务提供者的生产成本与信息服务消费者的消费规模无关的特征,构成同等贸易条件下信息服务贸易福利收益大于商品贸易福利收益的基础。如果信息服务可以形成二级信息市场,那么 B 国信息生产可能性曲线将不会收缩,只会维持不变,即使 B 国部分信息要素实际上已流到 A 国。A 国生产可能性曲线将会像信息服务不形成二级市场的情形那样向外扩张。这样,B 国生产点基本维持不变,消费点则移至 C 点,A 国生产点将沿着雷布钦斯基线移动,消费点高于 C 点。

比较上述两种情形,可知在后一种情形中,A 国在不损失本国信息生产可能组合的情况下使 B 国信息生产可能组合发生变化,且两国福利均得到实际提高。由此得出的结论与推论如下:①在同等贸易条件下,贸易国从信息服务贸易中获得的福利大于或至少不小于从同等规模的商品贸易中获得的福利。由之导出的推论是,在同等规模的贸易中,贸易国在信息服务贸易中具有的比较优势所带来的竞争力高于或至少不低于在商品贸易中具有的比较优势所带来的竞争力。②在同等贸易条件下,信息服务贸易比商品贸易更能同时提高贸易双方的福利水平,但信息服务出口国从出口中获得的贸易收益高于从同等规模商品出口中获得的贸易收益,信息服务进口国从服务进口中获得的贸易收益则不低于从同等规模商品进口中获得的贸易收益。由之导出的推论为,当具有信息服务比较优势的贸易国与具有商品比较优势的贸易国发生贸易时,前者从贸易中获得的收益高于或至少不低于后者。如果贸易双方都开放本国市场,前者允许先进技术等信息服务自由出口和商品自由进口,后者允许信息服务自由进口和商品自由出口,那么,在同等贸易规模条件下,前者在信息服务贸易中获得的贸易顺差足以抵消商品贸易逆差,后者在商品贸易中的顺差则不足以弥补在信息服务贸易中的逆差,除非后者扩大商品贸易出口规模。

2. 服务贸易自由化的特例分析

(1) 生产者服务贸易自由化

这里以马库森理论为基础讨论生产者服务贸易自由化的福利效应。此处考虑仅存在商品自由贸易的情形。若用 C_y 和 C_x 分别表示 y 和 x 两种商品的消费量,P 表示价格,下标 g 和 a 分别表示商品自由贸易和封闭状况两种情形。根据一般的偏好标准,一国从贸易中得益的条件为:

$$C_{yg} + P_g C_{xg} \geqslant C_{ya} + P_g C_{xa} \tag{2-51}$$

在封闭情况下的市场出清方程和自由贸易的国际收支平衡方程分别为:

$$C_{ya} = Y_a, \quad C_{xa} = X_a \tag{2-52}$$

$$C_{yg} + P_g C_{xg} = Y_g + P_g X_g \tag{2-53}$$

将式(2-52)和式(2-53)代入式(2-51),得:

$$Y_g + P_g X_g \geqslant Y_a + P_g X_a \tag{2-54}$$

将式（2-54）两边同时减去以自由贸易价格计算的要素成本，假定 K 为 Y 部门的单位要素收益，则：

$$(Y_g - W_g L_{yg} - k_g K) + (P_g X_g - W_g L_{xg}) \geq (Y_a - W_g L_{ya} - k_g K) + (P_g X_a - W_g L_{xa}) \quad (2\text{-}55)$$

由于在市场均衡时，两个行业的利润为零，故式（2-55）左边等于零，右边第一项必为非正数，因为在封闭状态下，要素比例（K/L_{ya}）一定不是生产 Y_a 的最有效率的方式，考虑到 Y_a 的价格将是自由贸易时的价格，其利润一定为负，因此，如果 $L_{xa}/X_a \geq L_{xg}/X_g$，产生贸易利益的充分条件是：

$$P_g X_a - W_g L_{xa} = P_g - W_g(L_{xg}/X_a) \leq 0 \quad (2\text{-}56)$$

这一结果表明 $P_g - W_g(L_{xg}/X_g) = 0$，即为零利润条件。由于 X 只投入劳动，且 $X = n^{\frac{1}{\beta}} S$，$L_x/X$ 随 X 的上升而下降，当且仅当 $X_g \geq X_a$ 时，式（2-56）成立。所以，$X_g \geq X_a$ 是贸易利益为正的充分条件。

但这个充分条件被马库森和密尔文证明不一定成立，如图 2-13 所示。一个小国 h（本国）相对于大国 f（外国）处于成本劣势，因为存在价格 P 和边际转换率（marginal rate of transformation，MRT）的扭曲。两国在达到自由贸易均衡时分别在 Q^h、Q^f 处生产，在 C^h、C^f 处消费，这样，相对于闭关自守状态下的均衡 A^h 和 A^f，小国 h 的福利不但没有得到改善，反而恶化了。

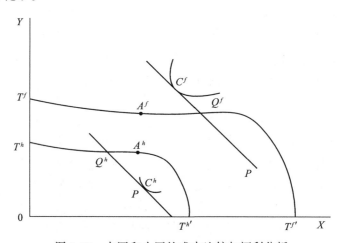

图 2-13　大国和小国的成本比较与福利分析

因此我们可以认为：①相对于封闭状态，服务贸易自由化可以改善福利，且更趋近帕累托最优，但仅靠商品自由贸易无法完全实现自由贸易得益。②从全球视角看，由于商品和要素价格均等化，投入呈规模报酬递增，世界通过服务要素贸易所获收入要高于纯商品贸易，服务自由贸易比商品自由贸易将获得更多的收益。或者说，某国要素贸易均衡下的要素总产量必然超过纯商品贸易均衡下的要素总产量，这样，全世界的消费状况在服务贸易均衡下比在商品贸易均衡下更好，但这并不意味着每个贸易国的福利都可以在服务贸易自由化中得以改善。这也说明，一方面，生产者服务贸易自由化可以给贸易国带来超过纯商品贸易自由化的收益；另一方面，生产者服务贸易自由化也可能会损害服务进口国的利益。下面将做进一步分析。

假设在商品贸易自由化之后，在服务贸易自由化之前，本国专门生产商品 1，外国专门生产商品 2，如图 2-14 所示。每个国家都拥有两个行业，即生产最终产品用于本国消费或出口的商品生产行业和满足本国商品生产行业需要的服务行业。A 点为商品自由贸易条件下的最初均衡点。假设本国用 Y_1^0 交换外国的 Y_2^0,最初两国都在 C 点消费。市场竞争和要素的自由移动使各国都采用最有效的生产技术,但贸易壁垒使服务价格无法相等。TT 曲线代表两国生产的最终产品的组合,即表明一国的服务可以被另一国厂商利用时的所有可能的生产组合。过 A 点的直线斜率表示外国生产商品 2 和本国生产商品 1 所使用的服务边际产品量之比。如果取消所有服务产品贸易壁垒,那么由于 TT 线上 A 点切线的斜率大于 UU 线上 A 点切线的斜率,故本国将出口服务直到新的贸易平衡点 B。本国商品 1 的生产将会收缩,因为一些基本生产要素直接或间接地流出商品 1 部门,进入服务部门,以满足服务出口。相反,外国商品 2 生产部门将会扩大,因为比其自身禀赋要多的基本要素被直接或间接地用于商品 2 的生产。这样,服务贸易自由化后,服务进口国的贸易条件将恶化。服务进口国出口商品价格的恶化是服务贸易自由化的成本之一。要判断服务进口国的福利是上升还是下降,应该把其商品相对价格的恶化与从国外获取更廉价的服务而产生的收益相比较。图 2-14 中从 A 点到 B 点的移动显示了服务贸易自由化引起世界性效率的提高,但不能保证贸易双方都能分享这一收益。服务进口国的福利因服务贸易自由化而恶化的情形,究其原因在于本国服务生产者以出口服务的边际产品替代本国服务的边际产品,B 点的斜率代表在新的均衡中出口服务边际产品与本国服务边际产品的比率。本国的禀赋点由 Y_1^0 移至 D 点后,本国通过出口服务放弃 $(Y_1^0 - Y_1')$ 单位的商品 1,换得 DY_1' 单位的商品 2。同时,通过进口服务,外国获取额外的 EY_2^0 单位的商品 2,这里,$EY_2^0 = (Y_2' - Y_2^0) - DY_1'$。这样,本国和外国的预算线分别穿过 D 点和 E 点,其斜率分别与 B 点商品价格比相等。结果,本国消费从 C 点上升到 H 点,福利得到改善;外国则从 C 点下降到 F 点,福利反而下降。由此可见,服务贸易自由化对于服务进口国来说未必是一件好事。另外,服务贸易不仅可以通过服务部门产出跨国流动的形式来实现,而且还可以通过服务部门技术交易或转让的形式来实现。但当本国具有服务技术优势并向外国免费转让技术时,外国仍可能会受到损害。

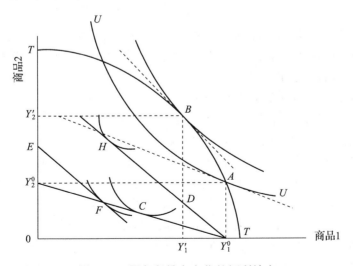

图 2-14 服务贸易自由化的福利效应

(2) 服务要素贸易自由化

在许多情况下,由于服务的生产与消费必须同时进行,所以服务产品往往是不可贸易的。如果假设服务要素可贸易，那么要素贸易自由化不一定要求在消费国开业，有时只需要国内外服务生产要素的相互配合。如果假定影响服务产品贸易的壁垒属于技术性壁垒，服务要素贸易壁垒属政策性壁垒，那么消除后者可以使各国服务要素报酬趋于一致并间接影响服务产品价格。由于服务产品价格由国内市场而非由国际市场的供求所决定，服务要素流入将增加国内市场供给，使服务产品价格下降，也可能使生产要素从商品部门流向服务业。如果没有要素跨国移动的障碍，服务要素自由贸易将导致商品部门生产要素的流入或流出。鉴于商品和服务要素可以是互补的，也可以是替代的，服务贸易自由化将因对商品生产要素的管制（如税收）而发生扭曲，即产生隐含的收益或成本，从而使东道国可能成为受益者，也可能成为受害者。

现假设一国经济存在两个部门——商品生产部门和服务生产部门；商品市场和服务市场都处于完全竞争状态；商品和服务生产规模报酬不变，均使用两种要素，即整个经济中具有固定供给总量的跨部门流动要素——劳动，以及每个部门所需要的特定生产要素——资本或技术。从短期看，后者的供给是固定的，但从长期看，若没有贸易壁垒，这种要素将可以跨国流动，从而其供给是可变的。生产技术分别用两个单位成本函数 $C^1(w, r_g)$ 和 $C^2(w, r_s)$ 表示，w、r_g 和 r_s 分别指工资率、商品和服务要素租金率；若 P_g 和 P_s 分别表示商品和服务价格，因市场处于完全竞争状态且没有扭曲，则：

$$C^1(w, r_g) = P_g \tag{2-57}$$

$$C^2(w, r_s) = P_s \tag{2-58}$$

假设当服务要素租金为 r_s^* 时，来自国外的服务生产要素的供给完全有弹性，但管制壁垒阻碍了服务要素贸易实现均衡。在没有税收和其他扭曲的情况下，一个小国若消除服务要素贸易管制壁垒，则其福利可以得到改善，并且 r_s 下降到 r_{s^*}。但是，由于假定税收使商品生产部门的私人成本与社会成本不等，为避免双重征税，投资母国通常对投资者给予税收减免，用 t^* 表示，t^* 的最大值为东道国的税率。实际上，一种次优方法是将东道国税率降至 t^* 以下，因为商品生产要素的实际社会成本是生产要素税后收入，即 $r_{g^*}(1-t^*)$。为使要素壁垒消除后服务要素的流入大于流出，必须有 $r_s > r_{s^*}$。然而，需要知道是谁能获得 $(r_s - r_{s^*})$ 的差额。如果东道国将开业权拍卖给最高竞价者，那么外国服务要素所有者将获得税前收益 r_s 和税后收益 $(1-t^*)r_s$，而它们在资源国最好的收益选择是 $(1-t^*)r_{s^*}$，在东道国获得开业权的价值等于 $(1-t^*)(r_s - r_{s^*})$，东道国可以获得税收收入 t^*r_s。所以，东道国允许一单位服务要素从国外流入的直接收益为 $t^*r_s + (1-t^*)(r_s - r_{s^*})$。如果东道国按照"先到先得"原则给予投资者开业权，那么它的直接收益只是 t^*r_s。

如果没有税收，w_0 为均衡工资率，本国服务产品市场最初在价格 P_0 和就业水平 L_0 处出清，此时服务部门的劳动边际产品价值就等于工资率，即 $P_0 MPL_s = w_0$。当服务要素流入后，若 P_0 不变，则边际产品价值曲线将会向左移动，如箭头①所示，服务业就业水平从 L_0 上升到 L_0'。但由于本国不可能全部占有外国服务要素的收入，也不可能要求它全部消费在服务产品上，所以服务产品出现供大于求的现象，价格将下降到 P_1。在新均衡点上，服务业产出肯定上升，但服务就业量可能上升，也可能下降。在图2-15中，服务部门就业水平上升，商品部门则下降，即服务要素的流入导致商品生产要素的流出。如果相对于商品生产来说，服务生产是劳动密集型的，那么除非对外国服务要素收入所征税赋高于商品要素收入而足以弥补要素密集度的差别，否则，本国福利将因自由化而遭受损失。

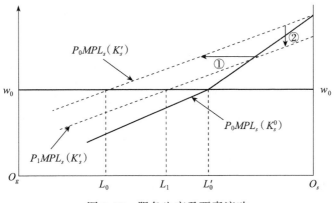

图 2-15 服务生产及要素流动

图 2-16 和图 2-17 有助于说明服务要素贸易自由化影响国民福利的各种因素。图 2-16 的左边表示零利润条件下 r_s 和 P 的关系，右边是服务产品的供给和需求曲线。在服务贸易自由化之前，东道国处于 A 和 A' 上。如果 r_{s*} 是国际服务要素价格，那么，开放服务业后，东道国服务要素价格将从 r_s^0 降至 r_{s*}，服务产品价格从 P_0 降至 P'，市场均衡点从 A 移至 B。同时，服务要素供给的增加使服务产品供给曲线向右平移并与需求曲线交于 B'。由于假定外国服务要素的收入没有被用于购买服务产品，所以图 2-16 中服务产品的需求量上升，但需求曲线保持不变；由此可见，消费者受益于服务价格下降，但国内服务要素所有者受到损失，阴影部分表示服务贸易自由化的净收益。值得注意的是，这一结论是在税收没被扭曲的情况下推导出的。当税率为 t^* 时，私人要素成本通常是社会成本的 $(1+t^*)$ 倍，而商品部门劳动工资则低于劳动的实际机会成本（w_{soc}）。在图 2-17 中，服务要素的流入使劳动边际产品价值曲线向左移动，如箭头①所示，但市场出清时价格下降又使新的劳动边际产品价值向下移动，如箭头②所示。如果净影响只是从商品生产部门抽取劳动力投入服务业，那么阴影部分就是服务贸易自由化的一个间接损失，它代表商品生产要素流出造成的税收损失。很明显，难以比较图 2-17 中的间接福利损失与图 2-16 中的净收益的大小。也就是说，无法获得一国经济结构的具体信息来确定服务贸易自由化是改善还是恶化了福利水平，因为源于比较优势的传统收益可能部分地或全部地被经济中各种扭曲造成的损失所抵消。

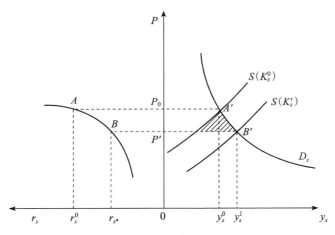

图 2-16 服务要素贸易自由化的福利效应

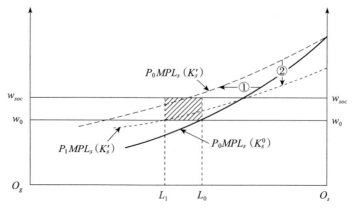

图 2-17 商品生产、服务生产与服务要素流动

课后思考题

1. 比较优势理论对国际服务贸易的适用性体现在哪些方面？
2. 比较优势理论在国际服务贸易领域中的局限性体现在哪些方面？
3. 规模经济和不完全竞争条件下的服务贸易的代表性理论有哪些？其主要观点是什么？

第 3 章

国际服务贸易政策

教学目的

- 了解国际服务贸易政策的导向、演变与影响
- 熟悉服务贸易壁垒的概念、种类和特点
- 了解量化服务贸易非关税壁垒以及随之产生的关税等值的方法
- 掌握衡量贸易政策保护程度的指标
- 了解服务贸易保护政策的效应

本章提要

本章分析了服务贸易的自由主义政策和保护主义政策的导向、演变与影响,介绍了保护贸易政策手段的种类、特征、衡量与选择。

在当今世界经济中,服务贸易的重要地位日益凸显。有鉴于此,世界各国都十分重视本国对外服务贸易政策的趋向,服务贸易政策已经成为各国对外经济政策的重要组成部分。同国际商品贸易一样,国际服务贸易领域也存在着自由主义和保护主义两种基本观点。这两种观点反映在政策层面上,就表现为自由贸易政策和保护贸易政策。实际情况是,出于各种经济和非经济因素的考虑,服务贸易既不可能出现古典式的纯粹自由贸易,也不可能出现传统的商品进口替代那样的保护贸易。有管理的自由服务贸易政策将成为各国政府的理想选择。必须强调的是,由于服务贸易的标的具有特殊性,所以服务贸易政策工具或手段主要是以非量化的法律、法规、协议、条约等形式出现的。

3.1 服务贸易政策的演变

不言而喻,国际贸易政策不会早于国际贸易,只会与之同时或稍晚一些产生。各国制定国际贸易政策的出发点是国际贸易对其政治、经济等方面的影响,以及各国对待国际贸易的态度。不同时期、不同国家的国际贸易政策往往是极不相同的。

早期的国际服务贸易规模较小,项目单一,并且在全部服务贸易收入中,运输服务和侨汇等相关的银行服务占 70% 以上。新的服务贸易内容,如电信、计算机软件,甚至是信息高速公路、多媒体技术、知识产权类服务及其他与现代生活相关的服务,只是在二战后才出现的,有些则是在 20 世纪 80 年代末 90 年代初刚刚兴起的。因此,在贸易

政策上，早期的服务贸易限制较少，再加上当时的世界政治经济体系主要由少数几个工业发达国家所操纵，所以，在全球范围内基本上采取的是服务贸易自由化政策。二战后的一个时期，西方国家为了恢复经济，从国外大量引进服务人员，并欢迎技术转让和金融服务入境，于是服务贸易进入了有组织的、商业利益导向的发展阶段。在这一阶段中，美国作为世界经济的"霸主"，通过"马歇尔计划"和"道奇计划"，分别对西欧和日本进行"援助"。伴随着货物输出，大量的资金和技术等服务也输往境外，并取得了巨额的服务收入。在该阶段中，发达国家总体上服务贸易壁垒较少，但发展中国家对服务贸易的发展表现得并不积极，相反却设置了重重障碍，限制境外服务的输入。

20世纪60年代以后，随着世界各国医治战争创伤的结束，经济迅速发展，大家普遍意识到服务外汇收入是一项不可忽视的外汇来源。同时，基于国家安全、领土完整、民族文化与信仰、社会稳定等政治、文化及军事目标，各国均对服务的输出与输入制定了各种政策和措施，其中不乏鼓励性质的，但更多的是限制性的，再加上传统的业已形成的限制性经营惯例，从而极大地限制了国际服务贸易的发展。

由于服务贸易项目繁杂，方式多样，因此，规范它的政策和法规也就层出不穷，加之各国基于本国的发展水平和具体情况，又实施不同的管理手段，所以更加重了它的复杂性。如果说服务贸易自由化更多地体现在一些鼓励性的措施与法规上的话，那么服务贸易的保护则一般是依靠一国政府的各种法规和行政管理措施等非关税壁垒来实施的，很难对其加以数量化的分析。由于在壁垒和"合法"保护之间存在着许多"灰色区域"，所以服务贸易自由化目标的实现比商品贸易要困难得多，其中充满着不确定性和主观随意性。

从国家角度来看，发达市场经济国家因其国内服务业竞争力较强，一般主张服务贸易自由化，要求发展中国家开放服务市场，以便它们具有优势的服务业进入发展中国家的服务市场。服务业比较落后和在某些服务部门不具备优势的发展中国家则不得不进行保护，对发达国家的服务业进入本国服务市场做出各种限制性规定。但有时为了引进外资和先进的服务，发展中国家不仅开放某些服务项目，还常常以税收减免等优惠，鼓励外国的服务业进入本国市场。

3.2 自由贸易政策

服务贸易自由化本应囊括所有服务贸易形式，但以美国为首的发达国家最为关心的，则是国际服务贸易中增长最快的领域——生产者服务贸易的自由化，如银行、保险、电信、咨询、会计、计算机软件和数据处理，以及其他专业性服务的贸易自由化。这种关心不仅反映在"乌拉圭回合"多边服务贸易谈判中，也体现在理论研究的重点上。可以这样说，各国专注于服务贸易自由化的领域或行业就是其认为具有较强竞争实力的领域或行业。在世界经济一体化的背景下，谁都不愿意将其比较劣势或较为虚弱的服务行业暴露于动荡不安的国际经济舞台上。所以，在国际服务贸易领域中就形成了这样的一种格局，即各国都对其强势服务部门实行自由化政策，对弱势服务部门则实施保护。由于各国服务业的发展水平不一，各国的政策偏好相左，所以很难找到一个"服务贸易自由化"的"交集"，使之同时满足于发达国家和发展中国家，于是一场旷日持久的有关服务贸易自由化的谈判就不可避免了。更为有趣的是，至今还没有人能够从理论上证明服务贸易自由化绝对是"双赢"的，这恐怕可以成为各国尤其是发展中国家强调保护国内市场重要性的理论依据之一。

3.2.1 服务贸易自由化的宏观影响

无论对发达国家还是对发展中国家,服务贸易都是一把双刃剑,它既可能危及国家安全和主权,也可能因为能够提高国家竞争力而又最终维护国家安全。前面已证明,服务贸易自由化给贸易国带来的福利收益大于同等条件下商品贸易自由化所带来的福利收益,然而,服务贸易自由化进程需与国家竞争力和商品贸易自由化发展相适应,否则,将导致国家福利损失。

1. 服务贸易自由化与国家安全

服务贸易自由化进程中一个最为敏感的问题就是国家安全问题。国家安全涉及五种基本的国家利益,即政治利益、经济利益、军事利益、外交利益和文化利益。服务贸易比商品贸易更多地涉及国家安全问题。

对于发达国家,服务贸易自由化主要从以下几方面影响国家安全:①可能削弱、动摇或威胁国家现有的技术领先优势,提高竞争对手的国家竞争实力。②可能潜在地威胁国家的战略利益,特别是潜在地威胁国家的长远军事利益,因为服务优势有助于国家在未来的信息战中取得军事上的比较优势或绝对优势。③可能造成高技术的扩散而给国家安全造成潜在威胁,因为服务贸易中包含大量的高技术要素或信息,一旦这些要素或信息扩散到其他国家或被恐怖组织掌握,则可能危及国家安全或民族利益。④可能危及本国所在的国际政治与经济联盟的长远利益。基于这些理由,发达国家或技术领先国家认为有必要长期保持其在国际市场中的技术领先地位,以此获得最大的国家政治、经济和外交利益,并期望通过限制先进技术等服务的出口长期保持对技术落后国的信息优势。于是,发达国家之间或内部就出台了各种限制服务出口的政策措施。

对于广大发展中国家,尽管它们迫切需要进口包含大量先进技术信息的现代服务,但又不能不考虑进口服务带来的各种可能危及国家安全的负面影响。印度学者·V.潘查姆斯基将服务贸易自由化对发展中国家的影响概括为9个方面:①使发展中国家丧失其对经济政策的自主选择权,发展中国家目前许多通行的管制是为了加强对国内服务部门的控制,发展服务业以使出口多样化。②将进一步加深发展中国家对发达国家的经济依赖,使其几乎丧失执行符合本国利益的国内政策的空间。③使发达国家金融机构凭借其在金融服务和国际货币发行领域中的优势,削弱发展中国家政府在金融货币管理领域中发挥积极的管理作用。④由于发展中国家与发达国家在商品与服务生产率上的差距日益扩大,服务贸易自由化将永远使发展中国家在服务领域中依赖发达国家,并使发展中国家服务业的国际化程度缩小。⑤发展中国家一旦放弃服务贸易的控制权,它们的新兴服务业如银行、保险、电信、航运和航空等将直接暴露于发达国家厂商的激烈竞争中。⑥作为最大服务进口者的发展中国家,服务贸易自由化短期内可能以两种方式影响其国际收支:首先,可能导致在国内市场上国内服务供应商被国外服务供应商所取代;其次,可能形成以进口服务替代国内服务使进口需求增加的局面。⑦可能从多方面影响国内就业。研究表明,低收入国家服务部门使用的劳动力超过发达国家服务部门使用劳动力的两倍,服务贸易自由化对发展中国家就业的影响要大大超过发达国家。⑧信息服务跨国流动不仅导致一种依赖,而且可能损害国家主权。信息服务贸易自由化产生的严重影响有两个:其一,信息服务业包括信息传输网、网络终端、计算机服务和信息基础设施等高度集中于发达国家,由于电信成本下降,许多发展中国家的公司将会发现,通过海外信息服务业拥有其自身的设计、计算和加工数据库将更为经济且方便,这种信息的大量外流造成国家信息资源严重损失;其二,信息服务贸易依赖性使发展中国家更易受外国的压制,因为那些对于发展中国家经济发展意义重大的核心信息资料,可能由于政治、经济或其他原因而受到外国政府的控制。⑨服务贸易自由化可能会损害发展中国家的国家利益和消费者利益。发展中国家对服务进行管制一是为了国家安全,保护文化价值和减少依赖程度,二是为了保护消费者利益。

概括起来,服务自由化主要从以下几个方面影响发展中国家的国家安全:①可能对其幼稚服务业,特别是国有或国家控制的企业,造成毁灭性打击,不利于保护本国民族服务业,影响本国就业,动摇国家经济独立性的基础。②由于要取消对外国投资的某些限制,从而对本国金融服务市场的稳定和安全构成潜在威胁,进而可能影响国家政权的稳定。③由于服务大量进口诱使外汇外流,不利于发展中国家实现国际收支平衡目标,从而可能弱化国家的总体经济目标。④可能影响本国电信服务市场的正常发展,这不仅可能弱化对国家政治、军事和经济机密的保护,而且可能侵犯国家主权。⑤可能威胁本国文化市场的安全,威胁本国民族文化的独特性和创造性,从而影响本国精神文化的正常发展。基于这些原因,发展中国家制定各种非关税壁垒限制外国服务的进口,以此实现本国经济发展目标,或抵御外国文化入侵,防止"服务帝国主义"。

然而,需要指出的,也是下面将要讨论的,以国家安全或其他理由对本国服务贸易进行出口控制或进口限制的保护政策,都将面临一定的保护成本。所以,无论是发达国家还是发展中国家都面临在国家利益、国家安全利益与服务贸易利益三者之间进行权衡或抉择的问题。在不同时期,三种利益的权重对于政府决策者来说可能不同,但国家利益应随着经济规模的扩大而不断增长,国家安全利益与服务贸易利益之间的利益分割线有可能是一条随时间而波动的曲线。

2. 服务贸易自由化与国家竞争力

由图3-1可知,国家安全利益与服务贸易利益之间的利益分割线是一条波动曲线,其原因在于服务贸易将给贸易国带来强有力的竞争力。前面的分析已经表明,服务贸易自由化将推动服务部门专业化的发展,而服务部门专业化一方面会产生规模经济效应,另一方面会导致服务部门技术标准化和服务综合化。这些均构成一国服务部门竞争力的基础。政府在权衡国家安全利益和服务贸易利益时将随时间而波动,有时可能更多地强调国家安全利益,有时则更多地考虑维护或提高竞争力。比如,军用信息技术往往领先于民用信息技术,一旦前者转化为后者,将会极大地推动工业、服务业,特别是服务贸易的发展,但当国家安全的要求特别强烈时,不仅会限制军民两用信息技术的出口,还会限制这种转化,最终可能损害国家经济竞争力。

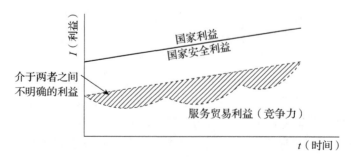

图3-1 国家利益、国家安全利益与服务贸易利益之间的关系

图 3-1 的形状是建立在服务贸易自由化可以提高竞争力的假设基础之上的，这种假设先后被 M. 波特等经济学家从不同角度给予理论分析和数据论证。获得低成本优势和寻求产品差异性是服务贸易自由化提高厂商乃至国家经济竞争力的基础。在此基础上，服务贸易给予厂商或国家竞争优势的基本要素可分解为六个：①服务技术（高技术）要素。服务贸易或依靠服务技术基础设施，或借助物理载体和其他高技术方式来实现，从而促使厂商及时采用各种最新信息技术以获取成本优势和产品差异，提高竞争力。②服务资源要素。高昂的初始投资产生的服务贸易对象如数据库、网络信息、软件、音像制品、专利技术、文艺作品或其他知识产权产品等，构成国家服务资源的基本要素之一。与自身开发服务资源相比，服务贸易使厂商能够获得相对低成本的服务资源从而取得竞争优势。③服务管理要素。现代服务产品多属于技术与管理密集型产品，服务贸易过程既是实施服务管理的过程，又是提高服务管理技术和质量的过程。服务贸易提高厂商的服务管理效率。④服务市场要素。服务贸易自由化为国内厂商提供了一条利用国际服务市场的可能途径，外国服务厂商进入国内市场将加剧国内服务市场竞争，导致服务价格下降和服务质量提高，从而给外向型厂商提供了低成本参与国际竞争的外部条件，提高了本国厂商的国际竞争力。这四种要素不仅给厂商带来竞争优势，而且也给政府带来管理效率，这无疑间接地提高了国家的竞争优势。⑤服务资本（投资）要素。前面已指出，服务贸易往往与对外直接投资活动紧密联系在一起。服务贸易带来外国直接投资，而外国资本的持续流入需要各种跨国服务来支持，这既是跨国公司产业内贸易的需要，也是市场全球化发展的需要。外国资本的持续流入将不断提高本国市场的开放度，而本国市场的开放度被认为是国家竞争力的指标之一。⑥服务产品要素。服务贸易内含的服务技术、资源、管理、市场和投资诸要素的有形或无形跨国流动，必然促进服务产品的生产和销售，从而促进国家产业升级和服务产业规模发展，提高国家整体竞争力。

总之，服务贸易自由化既与一些敏感性问题，如国家安全，特别是经济安全和文化安全密切相关，又对国家经济竞争力的提高发挥着越来越强烈和越来越广泛的影响。正因为如此，目前还没有一个国家愿意完全开放本国服务市场，也没有一个国家倾向于执行严格的服务进口替代政策。

【案例 3-1】 美国对外贸易政策与 WTO 规则的关系分析与启示

以 GATT/WTO 原则为核心的国际贸易规则越来越多地影响着各国贸易政策的制定。可以说，这个多边贸易政策的框架是由美国倡导发起的。本文试从分析美国对外贸易政策入手，探讨它对 WTO 规则的历史性影响，同时也研究在世界贸易体系建立之后，美国充分考虑到自身的经济利益，其贸易政策在同 WTO 保持一致的同时，也出现了同 WTO 规则的背离。

1. 美国对外贸易政策与 WTO 规则的一致

无论是在 GATT 的建立上，还是在 GATT 的前八轮多边贸易谈判的进行中，甚至是在没有获得成功的"千年回合"中，美国的影响力和推动力都发挥了巨大的作用。

（1）GATT 的建立

早期的美国对外贸易政策是为保护国内产业服务的，因而是以保护主义为特点的。1934 年是美国对外贸易政策发生改变的关键性一年。这一年,美国出台了《互惠贸易协定法》,它标志着自由贸易主义在美国政治中占据了统治地位,也是美国走向多边贸易体制的起点。该法案宣布通过互惠贸易协定减让关税,并提出了"无条件最惠国待遇"条款,规定美国政府与任一国签订的关税减让协定,均自动地适用于其他与美国订有互惠贸易协定的国家。而降低关税壁垒和无条件最惠国待遇日后成为《关税及贸易总协定》的基石。

二战后初期,美国为了称霸世界,积极策划在世界经济、政治领域中建立霸权地位,从国际金融、投资和贸易各方面进行对外扩张。为此,美国提出"贸易自由化"口号,首先倡议建立国际贸易组织(International Trade Organization,ITO),把它作为与国际货币基金组织、世界银行并重的,专门协调对外贸易政策和国际经济贸易关系的国际性组织。1946年2月,经美国提议召开的联合国经济及社会理事会开始筹建该组织,并于1947年4月在日内瓦举行的第二次筹备会议上通过了《国际贸易组织宪章》草案。在《国际贸易组织宪章》起草的同时,同样是在美国的提议下,1947年4~10月举行了由23个成员参加的关税减让谈判,达成了关税减让协议及制定了减让表,共涉及45 000项商品。为了尽快获得关税减让的好处,参加成员把这些协议与国际贸易宪章草案中有关贸易政策的部分加以合并,形成了《关税及贸易总协定》。

从GATT的建立过程中,我们不难看出美国所发挥的举足轻重的作用。

(2)GATT的八轮多边贸易谈判

GATT建立以来,从1947年到1979年先后进行了七轮多边贸易谈判,通过谈判促使缔约方的进口税率不断下降,也集中体现了美国当时在全球积极推行贸易自由化的政策思想。

20世纪70年代,美国的产业结构从资源密集型转向了资本和技术密集型,尤其是20世纪80年代以来,美国的服务业获得了迅速的发展。在GATT的前七轮谈判的影响下,不断扩大的货物贸易自由化给美国带来了巨大的竞争压力,美国迫切地需要将自由贸易的一般原则从货物贸易扩展到服务贸易领域。1986年9月总协定缔约方在乌拉圭埃斯特角城召开了部长级会议,决定发起第八轮多边贸易谈判,被称为"乌拉圭回合"。在谈判中,美国开始极力推行服务贸易自由化。在这样的背景下,作为乌拉圭回合谈判重要成果之一的《服务贸易总协定》应运而生。GATS首次确定了有关服务贸易规则和原则的多边法律框架,极大地推动了美国服务贸易更进一步的发展。1999年,美国的服务贸易进出口额均为世界第一。其中进口额为1 823亿美元,占世界服务贸易进口额的13.7%;出口额为2 517亿美元,占世界服务贸易出口额的18.8%,服务贸易顺差达649亿美元。

(3)失败的"千年回合"

WTO从成立的那天起,就酝酿着新一轮谈判的准备工作。在1998年于日内瓦举行的WTO第二届部长级会议上,各成员方开始就如何发动未来新一轮多边贸易谈判展开讨论。当时,美国由总统克林顿亲自督阵,向会议派出了包括10位部长级官员的近70人的大型代表团。克林顿发表了长篇演讲,为新一轮谈判提出框架,并为21世纪多边贸易体系的发展方向定下基调。美国希望借助西雅图会议在美国举行的天时地利因素,主导WTO的会议进程,增加对美国及其他发达国家有利的新议题,如贸易与劳工标准、贸易与环境、贸易与竞争政策、贸易与商业腐败等。1999年11月,西雅图会议召开,启动关于贸易自由化的新一轮谈判,被称为"千年回合"。美国力图把新议题的重点放在美国最具有优势的领域,希望将谈判重点放在农业和服务业上,特别是对其具有较大优势的基础电信和金融服务领域更为关注。此外,美国还对政府采购、知识产权、环境、电子商务和WTO的体制等问题表现出极大的兴趣,而对投资和竞争政策反应冷淡,甚至反对谈判竞争政策问题,只是希望WTO继续研究。虽然西雅图会议最终在抗议的声浪中黯然结束,计划中的新一轮谈判也以流产而告终,但"千年回合"反映了未来世界贸易的某些发展趋势,美国的建议更是表达了它要领导新一轮贸易谈判的意图。

2. 美国对外贸易政策与WTO规则的背离

美国贸易思想和政策在对以GATT/WTO原则为核心的国际贸易规则产生影响的同时,也固守其独有的特色,这些特色与WTO的贸易规则并不完全吻合。

在战后初期的一段时间里,美国在世界经济中占据主导地位,其商品在国际市场上具有很强的竞争力,当时它所需要的是用贸易自由化来打开他国市场的大门。可是,20世纪70年代,随着西欧和日本经济的恢复和迅速发展,以及新兴工业化国家和地区的崛起,美国所建立的以美元为核心的单极世界逐渐向美、欧、日三足鼎立的多极世界演变,美国在国内外市场上面临着日益激烈的竞争。1971年,美国终于在维持了80多年的贸易顺差之后出现逆差,受到进口打击的有关行业强烈要求美国政府采取保护措施,代表相应地区和产业利益的国会议员也不断向国会和美国政府施加压力。在这种情况下,美国政府虽然在政策指导思想上仍然强调战后一直奉行的贸易自由化政策,但在实际行动上则采取了对国内部分产业给予保护的措施。这期间通过的两个贸易法案,即1974年《贸易改革法》和1979年《贸易协定法》,为美国实行贸易保护奠定了法律基础。进入20世纪80年代,美国贸易逆差不断扩大,1981~1987年是美国贸易逆差的第一个迅速增长时期。在此期间,美国贸易逆差增长了582%。在这种严峻的形势下,美国颁布了1988年《综合贸易与竞争法》。

美国1974年《贸易改革法》、1979年《贸易协定法》以及1988年《综合贸易与竞争法》中的一些内容可以被看作贸易保护主义的回潮和局部的胜利。这主要体现在两个方面:首先是从全球多边主义转向了双边互惠主义,加强有针对性的双边贸易谈判,以解决贸易争端与冲突;同时寻求建立区域性贸易集团,来获取更大的贸易与经济利益。从《美加自由贸易协定》到北美自由贸易区以及正在酝酿之中的美洲自由贸易区,都证实了美国对外贸易政策的这一转变。其次是从倡导"自由贸易"转向所谓的"公平贸易",强调对等的互惠待遇,强化其贸易法的自我保护性和主动性。事实上,美国判断国际贸易是否公平的标准是看自身的竞争优势是否能够充分体现。在竞争优势能够充分体现的领域,"公平贸易"就等于"自由贸易";在实力不对称的领域,"公平贸易"则被作为保护主义的借口。

美国的这种与WTO规则不符的贸易政策集中体现在其国内立法中。

(1) 不公平贸易法

它主要包括反倾销和反补贴措施,下面仅以反倾销法进行说明。

GATT的第六条是世界上第一个国际性反倾销条款。其对倾销的定义是:将一国产品以低于正常价值的办法挤入另一国市场,并因此对该国领土内已经确立的某项产业造成严重损害或构成严重损害的威胁,或者对该国某一产业的兴建产生严重的阻碍,即构成倾销。进口国可以对倾销的商品征收数量不超过该产品倾销差额的反倾销税。然而,美国的反倾销法的定义与其并不一致,根据美国商业部的定义,当商品以低于公平价值(less-than-fair-value)被销售时,倾销就发生了。这里对公平价值的确定与GATT/WTO中的正常价值的确定有很大的出入,主要体现在两个方面。

首先,进口产品在美国国内的任何一个单一价格被认定为小于公平价值,就可以被判定为倾销,而作为参考的出口国的市场价格必须是平均价格。例如,出口国国内平均价格是95美元,产品在美国的价格为从90美元到100美元不等(平均价格为95美元)。依照美国法律,仍有一半(价格在95美元以下的)产品可以被认定为以低价在美国倾销。

其次,对非资本主义国家,尤其是中国等社会主义国家,美国认为该类国家的国内价格是不具有可比性的,应找第三国作为参考。例如,在对中国实行反倾销时,美国通常选择印度作为参考国。印度产品在特性、质量和成本上均不同于中国产品。这种替代国的做法无疑有利于美国任意使用它的反倾销技术。

(2) 201条款

201条款,即"保障条款"或"进口救济法案"。按照美国的201条款,如果国内行业受到由于进口增多而造成的实质性损害或威胁,可以要求国际贸易委员会实施补救性措施。国际贸易委员会负责确认进口增多是否造成了损害。如果委员会得出了肯定性的结论,就会向总统推荐实施紧急性的补救措施。美国总统决定是否实施补救性措施。201条款比美国通常使用的反倾销法、反补贴法在运用上更具有随意性,因为它不必顾及出口国方面,不用调查出口国的贸易活动是否公平正当。例如,在运用反倾销法时,美国需要证明出口国的产品国内价格高于对美的出口价格,而如果使用201条款,就没必要进行类似的调查,只要美国国内声明受到了损害,国际贸易委员会能够确认损害是由于进口增多造成的就可以了。这更加体现了美国对外贸易政策中的单边主义色彩。

2002年3月20日,美国限制钢铁进口的"201条款"正式启动。按其规定,美国将对钢材、长板等进口的主要钢铁品种实施为期3年的关税配额限制或加征高达8%～30%不等的关税。这是迄今为止美国对进口钢铁施加的最严重的一次贸易限制,也是对WTO贸易政策一次新的背离。

(3) 301条款

301条款正式成文于1974年《贸易改革法》。此后,该条款又历经1979年《贸易协定法》、1984年《贸易和关税法》、1988年《综合贸易与竞争法》以及1994年《WTO协定》正式生效前国会修正案所做的多次修改。因此,目前所谈及的"301条款",作为一个整体,实际上指的是经修改后的1988年《综合贸易与竞争法》第1301～1310节的全部内容。301条款包括一般301条款、特别301条款以及超级301条款,后两个部分是一般301条款的变种。301条款的核心内容是:如果美国贸易代表确信,美国依据任何贸易协定所应享有的权利遭到否定,或者外国的某项立法、政策或做法违反贸易协定并给美国商业造成了负担和限制,则美国代表必须采取行动,以实现美国依照贸易协定所应享有的权利,或消除上述立法、政策或做法的影响。就其核心而言,301条款下的措施完全是基于美国对外国有关贸易立法和做法的单方面评价,所采取的行动完全不考虑业已达成的双边或多边协定,严重地违反了WTO规则。虽然WTO规则的完善有利于遏制301条款的实施,如WTO的争端解决机制第23条"加强多边体制"明确禁止包括美国在内的成员方,就他方是否违反WTO下的各协定义务或者减损本方应享有的权益,寻求争端解决机制以外的确认或救济,但是,从目前的实践来看,美国无意放弃这一被证明是行之有效的武器，更不会因为WTO的规定而将此条款予以废弃。

3. 小结

总之，美国对外贸易政策在同WTO贸易规则保持一致的同时，又保留了自己的特点，产生了同WTO规则的背离。美国不仅在同WTO规则保持一致时获得经济利益，也在与WTO规则发生背离时获得了它期待的经济利益。例如，2002年5月13日，美国总统布什签署了农产品补贴法案，决定未来6年内将农产品补贴增加67%，对农产品的津贴增加金额多达1 900亿美元，远远超过了WTO规定的最高限额。美国原本就是全球最大的农产品出口国，再增加补贴，美国农产品的价格将进一步降低，从而使其他各国的农产品在国际市场上失去了竞争力。

从目前的发展态势来看，虽然美国最近连续出台了几项带有浓厚保护主义色彩的国际贸易政策，如钢铁限制措施和新农产品补贴法，固执地对WTO规则采取了背离的态度，但它们仍然没有从根本上改变美国对外贸易政策的总趋势。美国对外贸易政策的主导思想仍然是自由贸易，这是与WTO规则相一致的。从美国称霸全球的战略来看，单边主义和保护贸易不可能成为控制政府决策的主导思想。而且，单边主义的主张与国际经济合作日益扩大的客观趋势相背离，其极端利己性已引起其他国家的严重不满。在世界经济和市场日益全球化、各国经济相互依存日益加深的时代，美国经济已经完全与世界经济联结在一起，美国的贸易政策不可能完全"向后转"，回到孤立的轨道上去。所以，美国对外贸易政策对WTO规则的背离是暂时的，从长远来看，两者必将保持一致。

4. 思考与启示

（1）正确认识WTO

半个多世纪前，当GATT刚刚生效时，在23个缔约方中只有8个发展中国家，约占缔约方总数的1/3。随着多边贸易体制的不断加强，到1995年WTO成立时，已有52个发展中国家成为WTO首批成员，到WTO首届部长级会议召开时，发展中国家已达96家，占成员总数的4/5。因此，我们不应简单地把WTO看作发达国家的工具和"富人俱乐部"。从一定意义上来说，WTO是中性的，问题的关键在于发展中国家如何运用WTO规则为自己说话。事实上，20世纪50年代末60年代初，GATT就开始注意到发展中国家的利益及其与发达国家之间客观存在的经济发展差距。截至2008年年底，WTO已有135个成员，其中绝大部分是发展中国家，这是一股正在形成和壮大的力量。1999年年底WTO西雅图会议受挫，"千年回合"夭折再次证明，发展中国家已经成为一支不可忽视的力量。会议的失败也为富国敲响了警钟，在新一轮贸易谈判中必须充分考虑到发展中国家的利益。

（2）积极参与WTO

任何一个国家都在努力谋求本国在世界经济体系中的最大利益，在这一点上，美国恰恰给我们提供了一个榜样。没有人相信，在美国挥舞301大棒，要求对方单方面开放市场的时候，美国是出于利他的理由。历次多边谈判的历史表明，大多数发展中国家是出于担心自己处于更加不利的境况而被动参与谈判进程的。"被多边贸易体制裹挟着前行"应当是对发展中国家状态的一个较为准确的描述。因此，被动的政策选择显然不能等同于主动的政策导向，而且二者是否已经发生转化或者发生转化的条件更是需要深入考察的问题。包括中国在内的广大发展中国家，要学会像美国等发达国家那样在WTO体系中积极地参与并且表达自己的贸易主张。

（3）充分利用WTO

一方面，中国加入了WTO后，应在

接受和执行WTO规则与条约的同时，学会运用它们处理国际贸易纠纷。以倾销问题为例，据统计，1987~1997年，美国共发起了391项反倾销调查，并对269项最终裁决征收反倾销税，其中有45项反倾销调查和37项最终裁决征收反倾销税的案件是针对中国的。当时，中国尚未加入WTO，即使像美国这样的发达国家对我国实行了歧视性的政策，我们也不能要求WTO的仲裁机构采取措施。可是，现在我们已经成为WTO的一分子，对于美国在贸易实践中对我国采取的违反WTO规则的做法，应该坚决运用国际法规，维护自身利益。事实上，1995~2000年，WTO的争端解决机制已受理了200余件贸易争端，众多的发展中国家通过该途径有效地解决了贸易纠纷。

另一方面，中国也应该学会在复杂的贸易体系中运用更为隐蔽的或WTO原则所允许的手段来保护自己的利益。WTO在某种意义上并不是一个完善的体制，这也正是它仍然需要新一轮多边贸易谈判的原因。在国际贸易体制完善之前，不仅是美国，世界各国都必然会保持自己独特的政策特点。中国也不例外，作为一个极具特殊性的国家，在政策转轨期间，我们应进一步完善国内贸易立法。在立法中，我们既要尊重WTO的已有规则，又要善于保持自己的特色。

资料来源：谢皓，杜莉. 美国对外贸易政策与WTO规则的关系分析与启示［J］. 全国商情：经济理论研究，2014（8）：11-14. ■

【案例3-2】 金融服务贸易市场开放次序的经验

由于金融服务业是一国经济体系中最敏感、最易受冲击的部门，金融系统的风险可能迅速蔓延酿成整个经济系统的危机。发展中国家的金融服务业还处于基础地位，具有促进国家产业结构升级和关键产业发展、缩小地区差距甚至弥补国家预算赤字等支持功能，同时，发展中国家的金融业国际竞争力又普遍不足，属于幼稚产业。这些因素的综合作用致使许多国家对其金融服务贸易市场的开放慎之又慎。世界贸易组织《金融服务协议》的艰难签订和协议本身的许多例外条款、笼统性是这方面的最好反映。

1. 不成功的案例：智利和韩国

（1）智利金融服务贸易市场开放的案例分析

以1981~1982年的金融危机为界，可将智利的金融改革分为1974~1980年和1982~1999年两个重要的阶段。

早在1974年，智利就取消了利率与信用控制，着手进行国有银行的私有化改革。1976年，智利开始允许外资银行在国内建立分支机构，但其经营活动受到很大管制。与此同时，过境交付方式的金融服务贸易市场开放也开始实施，允许非金融企业获得国外的贸易信用。伴随着随后的资本账户部分自由化，允许银行获得国外的借款。

虽然在金融自由化改革前，智利也着手强化其审慎规制，但非常不充分，致使银企的正常信用关系被扭曲。由于紧缩货币政策导致的高利率使得企业债务延期，银行不良贷款增多。审慎规制的放松和广泛的政府担保预期助长了企业和银行在国内和国外的过度借款。这些因素与递增的宏观经济失衡、本币高估一起触发了智利金融危机。比较公认的看法是，不充分、虚弱的金融监管成为智利金融服务贸易市场改革失败的关键原因。危机后，智利在强化金融监管的调整后，继续深化其金融服务贸易市场开放的改革。

（2）韩国金融服务贸易市场开放的案例分析

韩国的金融业自由化改革始自20世纪80年代，实质性的发展时期在1990～1997年。1998年的亚洲金融危机后，韩国加速了其金融业自由化的改革进程。

金融危机前，韩国没有明确的过境交付金融服务贸易市场开放政策，其过境交付金融服务贸易的开放仅仅是资本账户自由化行动的一个副产品。

20世纪90年代初期，韩国推行资本账户自由化的主要政策立场是鼓励资本进入，限制资本流出。为此，在渐进、部分的资本账户自由化改革下，仅仅允许企业和金融机构的过境交付金融服务贸易，而不允许个体居民的过境交付金融服务贸易，而且相比之下，银行在与外国客户交易方面享有更大的自由。1991年，允许企业和金融机构在海外发行证券；1995年，允许企业进行海外借款。整个20世纪90年代，与贸易相关的短期融资相对自由，对进口的延期付款和出口的预付款几乎没有什么限制。

为了吸引外资，韩国于1991年取消了对外资银行较高资本要求的限制，允许大量外国银行进入本国市场；1992年，伴随着股票市场的部分开放，开始允许外国证券公司进入韩国市场，但仅被允许建立分公司；与此同时，1993年通过了旨在放松利率管制、取消信用限额要求的5年金融自由化规划；1996年，为了履行OECD成员方的义务，承诺将逐步取消对来自OECD国家证券投资和金融业中直接投资的壁垒。

韩国部分的和渐进的金融自由化改革使得政府继续对金融体系实施明显的控制，但这也推迟了政府对金融业中存在的结构虚弱和市场扭曲等问题的解决。同时，审慎监管改革严重滞后，透明度和市场纪律甚为虚弱，使得金融监管政策未能保证对自由化引起挑战的及时处理。对银行海外借款的放松和对个体居民过境交付金融服务贸易的限制使得通过银行的海外借款急剧增多。外债的规模过大加上由于金融服务贸易市场开放改革缓慢而导致的金融体系虚弱，最终使得韩国没有逃过弥漫亚洲的金融危机。亚洲金融危机后，韩国加快了包括金融服务贸易市场开放在内的整个金融改革进程，以强化其金融体系。

2. 成功的案例：肯尼亚和葡萄牙

（1）肯尼亚金融服务贸易市场开放的案例分析

肯尼亚是非洲地区最大、最活跃的金融市场。其金融业的改革始自20世纪80年代后期，一直到20世纪90年代后期。政府在积极推行金融恢复计划时，保持了强有力的审慎规制和存款保护体系，使得其利率和信用控制的自由化改革进展顺利。同时，肯尼亚保持了其金融业自由化与1991～1995年外汇市场、资本流动自由化相协调的步骤，使得其金融改革非常成功。

早在殖民地时代，国内金融业自由化改革之前，肯尼亚就存在着一定的过境交付和对外金融服务贸易。独立之后，肯尼亚仍保证了外国银行对本国已有市场的占有。但是，金融自由化改革之前，金融抑制严重地影响了外国银行的经营活动。利率和信用控制自由化、资本流动自由化改革大大激发了外国金融机构积极为当地提供金融服务的兴趣，新建的外国和本国金融机构都在增多，市场竞争加强；反过来，这些外国金融机构又为肯尼亚的金融恢复计划贡献很大。有例证表明，由于外资银行在获取母国市场资金方面的优势，不仅使得它们平安度过了20世纪80年代肯尼亚的金融危机，而且对肯尼亚迅速从危机中恢复起来发挥了重要作用。

（2）葡萄牙金融服务贸易市场开放的案例分析

葡萄牙在1983~1993年成功地实施了金融自由化改革。首先，20世纪80年代的宏观经济失衡现象为金融业自由化改革提供了良好的契机，银行体系被逐步地对内、对外开放，银行提供服务的范围也被逐步加宽。1986年，在葡萄牙加入欧盟组织后，资本移动和过境交付金融服务贸易也逐步对外开放。到20世纪90年代早期，资本控制被完全取消，过境交付金融服务贸易市场开放改革也获得了成功。与此同时，对内金融自由化改革也在同步进行。一方面，葡萄牙逐渐放松了对银行业和货币体系的管制，国有银行被私有化；另一方面，它也加强了对银行的风险管理。

葡萄牙金融服务贸易市场开放的主要特征，一是改革实施在国家成为欧盟组织成员之时，这使得改革的政治经济压力减弱的同时，其他欧盟成员方的改革过程也为葡萄牙改革次序、步骤的选择，特别是审慎规制的强化提供了宝贵的经验。二是资本账户和过境交付金融服务贸易的开放发生在国内市场竞争机制已经形成之后。

通过以上案例可以得出，金融服务贸易市场开放改革应根据不同的提供方式区别对待。一般来说，过境交付金融服务贸易的市场开放改革应与资本账户自由化的改革进程同步；商业存在金融服务贸易市场开放应与利率和信用管制的放松同步。审慎规制的强化是金融服务贸易市场开放改革成功的关键保障。金融服务贸易市场开放可加快市场竞争和制度创新机制的形成，进而缓解金融体系的结构虚弱问题。根据本国现状，选择符合本国实际的金融服务贸易市场开放路子非常重要。

资料来源：郭根龙，冯宗宪. 金融服务贸易市场开放次序的经验及一般逻辑［J］. 经济与管理研究，2004（3）：36-39. ∎

3.2.2 发达国家服务贸易自由化的政策取向

发达国家对发展中国家开放本国服务市场的条件是以服务换商品，即发展中国家以开放本国服务市场为交换条件要求发达国家开放其商品市场，而对于同等发达国家或地区，则需要相互开放本国服务市场，这就是所谓的"服务贸易补偿论"。另外，发达国家还以维护国家安全和竞争优势为借口，强调有必要对本国服务出口采取管制政策。需要指出的是，发达国家强迫其他国家开放服务市场，以及限制本国涉及敏感性问题的服务出口，都是以它们自身的利益为出发点。对此发展中国家必须采取相应的对策。

3.2.3 发展中国家服务贸易自由化的政策取向

很明显，我们不能简单地得出结论，服务贸易自由化是否符合发展中国家的利益。然而，在服务贸易自由化大趋势下，发展中国家能否从中获利，在很大程度取决于自身的政策取向。

发展中国家为保护国家经济安全和文化遗产，甚至为捍卫国家主权，对外国服务进出口采取种种限制乃至完全禁止的政策是可以理解的。在现阶段完全开放本国服务市场，特别是金融服务市场，对于发展中国家是不现实的自由化理想，至少对于本国经济安全来说是危险的，特别是对那些经济规模较小的发展中国家。然而，如果完全封闭本国服务市场，这既难以有效做到，又会带来一些保护成本。因此，发展中国家既难以选择传统的保护战略，特别是像工业那样选择传统的进口替代战略，又不能选择一步到位的完全自由化战略，于是混合型、逐步自由化的服务贸易发展战略就成为发展中国家的备选方案。发展中国家在服务贸易自由化进程中，应注意两点：一是开放的基本步骤和顺序；二是每个基本步骤和顺序中涉及哪些服务部门或服务领域，它们对于开放服务市场的影响如何。按照这样的思路，发展中国家开放本国服务市场可以按照以下五个步骤进行。

1. 逐步放松国内服务市场的管制

对于大多数发展中国家来说，放松对本国服务市场的管制是服务贸易自由化的首要步骤。在该阶段中，发展中国家面临的主要问题是，如何在放松管制与允许外国服务企业进入之间做出选择以提高本国福利。对于发展中国家来说，服务贸易自由化是一个渐进的过程，不可操之过急。那些推进本国服务市场特别是金融服务市场自由化步伐过快的国家，如泰国等，正在接受现代服务市场开放过度所带来的重大金融挑战。本国经济容量较小，经济增长放慢，服务市场开放度超越商品贸易和服务贸易自由化进程，成为导致 1997 年下半年东南亚金融危机的部分内因。东南亚金融危机从一个侧面说明，保持本国服务市场的适度开放，特别是与商品贸易和服务的开放度相互适应，对于那些期望借助服务贸易提高经济竞争力的发展中国家来说，不仅重要，而且必要。

2. 逐步开放本国商品贸易市场，降低商品关税水平

开放本国商品贸易市场是开放服务市场的充要条件，或者说，只有先在本国商品贸易上逐步实现自由化，方能谈得上服务贸易自由化问题，至少服务贸易自由化步伐不能快于商品贸易自由化进程。原因在于，前面的理论分析已经表明，如果本国商品贸易被关税扭曲的话，允许本国服务贸易自由化将比在闭关自守情形下的损失更大，小国的损失比大国更大。现代信息服务贸易是服务贸易的核心领域。现代信息服务贸易自由化更应当与现代信息产品贸易自由化相互适应。目前，发达国家已大幅度削减其在信息产品上的关税水平，部分新兴工业化国家和地区也对信息产品贸易采取了低关税政策，为这些国家和地区推行信息服务贸易自由化做好了准备。然而，大多数发展中国家在信息产品上的关税水平依然较高，如果要求这些发展中国家也像发达国家或部分新兴工业化国家和地区那样开放本国信息服务市场，其结果对发展中国家来说将是灾难性的，至少本国因此而获得的福利收益不会比不这样做更好。这都说明，发展中国家甚至多数新兴工业化国家和地区在服务贸易自由化方面还要走很长的路。事实上，纵使是发达国家，也会由于它们在服务产品领域竞争力的差异而对服务贸易自由化表现出不同的态度。

3. 逐步开放服务产品市场，减少服务产品领域非关税壁垒

理论研究表明，一国开放服务产品市场与开放服务要素市场的顺序将会给国家带来不同的福利影响，不同顺序的政策选择带来的收益又会因不同的环境限制而有所不同。在服务贸易领域，由于服务对国家安全的重要性，将之放在商品市场的开放之后是合适的和稳健的政策选择。目前，发达国家也没有完全对外国服务提供者开放本国服务产品市场，在下面一节中我们还要讨论这一问题。由此看来，多数发展中国家距离开放本国服务市场所要求具备的条件和环境依然十分遥远。

4. 逐步开放服务要素市场，减少有形服务贸易的关税和非关税壁垒

服务要素主要包括技术、资本和管理等。一旦发展中国家开放本国服务要素市场，就离实现服务贸易自由化的目标不远了，开放服务要素市场意味着国内服务竞争力的增强。事实上，目前即使发达国家也没有完全开放本国服务要素市场，限制劳动力跨国提供服务的措施依然大量存在，特别是在欧盟成员方中。逐步减少或拆除服务产品即服务载体贸易上的关税和非关税壁垒，是发展中国家服务贸易自由化进程中的一项重要内容。

5. 服务贸易自由化

实现服务贸易完全自由化在理论上是可行的，对于世界福利是最优的，但在现实中难以实现，至少难以被多数国家接受。现实中的服务贸易自由化必然是有约束的服务贸易自由化，即存在一定的政府干预和管制。

服务贸易自由化需要逐步进行，发展中国家在此进程中享有较大的政策操作空间。只要这些政策措施得当，发展中国家在服务贸易自由化中获取的收益就有可能超过损失。

综上所述，只有提高经济竞争力，才能从根本上维护国家安全，特别是经济安全，而只有维护基本的国家经济安全，才可能谈得上提高经济竞争力。发达国家采取提高竞争力的放松出口管制政策，发展中国家采取放宽进口限制的渐进自由化政策，构成世界服务贸易自由化进程的第一步。出于国家安全和竞争力考虑，服务贸易既不可能出现古典式的纯粹自由贸易，也不可能出现像传统的工业进口替代那样的保护贸易，有管理的服务自由贸易最有可能成为各国发展的预定目标，但这也需要经历一个漫长的过程。

【案例 3-3】 浅谈澳大利亚服务贸易自由化对中国的启示

扫码阅读
案例 3-3

【案例 3-4】 俄罗斯金融自由化进程：改革、危机与启示

扫码阅读
案例 3-4

3.3 服务贸易壁垒

3.3.1 服务贸易壁垒的概念和特点

提供国际服务贸易自由化框架的《服务贸易总协定》并未明确定义服务贸易壁垒，只在第 1 款和第 3 款中提到"各成员影响服务贸易的措施"，包括"中央、地区或地方政府和主管机关所采取的措施"，或"由中央、地区或地方主管机关授权行使权利的非政府机构采取的措施"。霍克曼（1994）据此把服务贸易壁垒定义为"一成员实施的影响来

源于其他成员服务消费的措施"。由于服务有别于商品的特殊性，最为主要的是服务的生产与消费同时发生，服务贸易的实现也远比商品贸易复杂；其中，通过外国直接投资以商业存在形式实现的服务贸易地位特殊。Hardin 和 Holmes（1997）因此特别关注了 FDI 壁垒，把它定义为"……任何扭曲有关在哪里和以何种方式投资的决策的政府政策措施……诸如外国投资水平限制之类的政策，或要求通过代价高昂又费时的审查程序以使当局相信 FDI 是个符合国家利益的项目"。事实上，限制服务贸易的不仅包括上述"人为"壁垒，更多地包括自然壁垒（如运输、通信和信息技术，文化、语言等（Hoekman，1994））；不仅涉及公共政策，还涉及私人的反竞争手段（OECD，2000）。

所谓服务贸易壁垒，一般是指一国政府对外国服务生产者或提供者的服务提供或销售所设置的有障碍作用的政策措施，即凡直接或间接地使外国服务生产者或提供者增加生产或销售成本的政策措施，都有可能被外国服务厂商认为属于贸易壁垒。服务贸易壁垒当然也包括出口限制。

人们通常认为，在现实经济中，服务贸易壁垒存在的原因至少有以下三个。

其一，微观经济学根源，即政府实施干预的主要依据在于自然垄断、信息不对称和经济外部性。

其二，政府出于本国经济独立性的考虑。在一国之中，许多服务业部门，如交通运输、通信、电力、金融等属于一国经济的关键部门。一旦这些部门为外国控制，一国经济的独立性就会受到极大威胁，甚至会导致所谓的"依附经济"的产生。一旦形成这种局面，一国经济及对外贸易的发展，对其本国人民的福利来说，就是十分有限的，甚至是有害的，从而出现所谓的"贫困化的经济增长"或"没有经济发展的经济增长"。

其三，政治、文化上的考虑。这是服务贸易保护主义不同于商品贸易保护主义的一个十分重要的方面。教育、新闻、娱乐、影视、音像制品等服务部门，虽非一国国民经济命脉，但属于意识形态领域。任何国家的政府都希望保持本国在政治、文化上的独立性，反对外国文化的大量入侵，因此要对这些部门进行保护。

服务贸易壁垒以增加国外服务生产者的成本达到限制贸易扩大的目的。这种壁垒可以是通过对进口的服务征收歧视性的关税形式，也可以是通过法规的形式使国外的服务生产者增加不必要的费用。譬如，对想要出国旅行的人征收人头税，这实际上是增加了旅游服务进口的成本。再如，国内的相关法规仅仅对在本国开展业务的外国保险公司要求配备所有领域的保险专家，但又不允许该公司承担所有这些领域的业务，这种做法明显地增加了该公司的负担并带有一定的歧视性。

服务贸易壁垒还可以采取与商品贸易中的数量限制相同的形式，来控制外国公司提供的服务数量，甚至干脆禁止外国公司提供某些领域的服务。例如，加拿大对在加拿大开业的外国银行的存款和贷款数额有严格的上限控制，而韩国要求在韩国的外国公司禁止提供或承担有关人寿保险、火灾保险和汽车保险等服务业务。

但是，并不是一切限制服务进口的法规都是服务贸易壁垒。比如，一国政府对本国生产者和外国生产者采取不同的规章制度，进行区别管理来实现其某些国内经济目标，达到限制服务进入的目的。举例来讲，政府为了保护保险服务的购买者而对保险公司的财务状况进行必要的定期审计，而对于在外国注册的保险公司的财务很难开展有效的审计，所以政府便规定在外国注册的保险公司，必须在当地银行有一定数额的存款来加以管理。在这种情况下，政府对外国和本国的企业采取不同的规章，但其目的不是歧视，而是为了达到国内政治经济目标所必须做的，所以这种措施尽管限制了服务进入，仍不应被视为服务贸易壁垒。相反，在某些情况下，对外国和本国厂商采取相同的法规，但具有高度的歧视性，这种措施反而应该被视为服务贸易壁垒。例如，外汇管制对本国服务提供者和外国服务提供者表面上都一样适用，可是事实上都足以阻止外国服务提供者进入本国市场。再如，德国曾提出对于外国在其境内设立的金融机构的总经理要求有很深的德文造诣，显然这样的要求对于德国金融机构中的德籍总经理来讲是不成问题的，但是对于外国的金融机构中的外籍总经理来讲那就是个大问题了。

限制外国公司的经营业务范围是另一种服务贸易壁垒。例如，很多国家规定外国服务提供者不能开展某些服务业务，或者如果打算开展某些服务业务时，要具备比本国企业高得多的条件才行。服务贸易壁垒也与对外国服务公司的开业和营业限制经常联系在一起，有些贸易专家认为，对外国公司投资的当地厂家在销售服务时的一些限制，通常应该被视为投资壁垒，而不是服务贸易壁垒。事实上，投资壁垒自然而然地会对商业存在形式的服务产生限制作用。因为贸易和投资一般是密不可分的，所以投资壁垒经常在一定程度上也会是服务贸易壁垒。

政府对信息、人员、资本以及携带信息的商品的移动所实施的限制措施其实也是一种服务贸易壁垒，因为它限制了服务在国际国内的自由移动。例如，对资本、货币自由移动的限制就阻碍了国际银行、保险服务贸易的开展，对信息移动的限制则阻碍了信息处理服务和信息使用服务的国际贸易，而对人员移动的限制则阻碍了旅游服务、教育和专业性服务的发展以及国际贸易。这几个方面的限制都会对国际服务贸易产生巨大的阻碍作用。

有别于有形的货物贸易，服务贸易标的的无形性、不可储存性、生产与消费的同步性等特点，决定了服务贸易壁垒主要有以下几方面的特点：①以国内政策为主。②较多对"人"（自然人、法人及其他经济组织）的资格与活动的限制。③由国内各个不同部门掌握制定，庞杂繁复，缺乏统一协调。④更具刚性和隐蔽性，选择性和保护力强，并与投资壁垒、政府管制联系更为密切，政策保护的目标也更为广泛。⑤除了商业贸易的利益外，还强调将国家的安全与主权利益等作为政策目标。

希尔（1977）指出服务贸易存在着"亲近负担"。因为服务的流动性与不可储存性，其交换需要生产者和消费者的亲近，即服务提供者必须与消费者同在一处，这样就会存在一个服务的运输成本，也就是所谓的"亲近负担"。

OECD（2000）指出了服务的一些特性，例如无形性，普遍实行制度干预，要求生产者与消费者接近等，这些特性决定了服务贸易的限制大多表现为非关税壁垒，典型的是市场准入限制，即限制外国服务和服务提供者进入本国市场。

Brain和Aditya（2008）认为服务业普遍存在非关税壁垒，服务贸易自由化的过程相当复杂。非关税壁垒普遍存在的一个主要原因是服务行业的市场不完善。服务行业的许多贸易壁垒是有法律意图的国内政策带来的副作用。

Dee和Hanslow（2000）指出："它们通常是法规性壁垒，而不是明确的税收。它们不一定歧视外国人，事实上，市场准入壁垒常常是为保护在位企业免遭任何新的进入设置的，不管进入的是本国企业还是外国企业。而且服务贸易壁垒不只影响服务企业的产出，一类特别重要的服务贸易壁垒——对服务企业FDI的限制，还影响基本要素的使用。"

芬德利（Findlay，2001）提到服务贸易不同于货物贸易的性质决定了服务贸易壁垒表现形式不同于传统货物贸易壁垒，其无形性使得各国主要是通过制定有关市场准入或竞争的限制性法规，以及签订双边或区域保护协定来保护服务贸易；服务贸易缺乏"独立性"使得各国许多非贸易性国内措施也会严重阻碍服务贸易。

3.3.2 服务贸易壁垒的分类

有关服务贸易壁垒分类的讨论有许多，下面介绍几种分类。

GATS 将服务贸易壁垒大体分为两类：限制企业在一个部门建立和运营的市场准入壁垒；对国民待遇加以限制，阻碍外国企业在一个部门建立和运营。前者一般是非歧视的，后者则是歧视的。市场准入壁垒在电信部门很明显，国民待遇限制则在金融服务领域很明显。

根据 GATS 定义的四种服务贸易供应模式，1995 年特比尔科克（M. J. Trebilcock）和豪斯（R. Howse）把服务贸易壁垒分为四类：①直接明显的歧视性壁垒，即直接针对服务业的明显的贸易壁垒，如电视广播中对国内内容的管制、外国人建立和拥有金融机构的限制。②间接但明显的歧视性壁垒，指不是专门针对服务业但明显歧视外国人或要素在国际间流动的贸易壁垒，如对移民以工作为目的的暂时入境的限制，向国外付款和支付的限制等。③直接但明显的中性的贸易壁垒，即对国内外单位和个人都限制的服务业管制，如电路和电信的管制。④间接但明显中性的壁垒，指并非针对服务业，也并非针对外国人的壁垒，如国内标准、职业服务的许可证、文凭或凭证规定。

霍克曼和布拉加（Braga）（1997）将服务贸易壁垒的主要形式分为以下几类：第一类是基于数量的限制，比如引入配额或其他形式的数量限制。这些限制更偏向于加给服务提供者而不是服务本身，比如当地含量要求或双边领空协议。最极端的例子就是完全禁止引入服务。

第二类是加在服务价格上的限制。对于一些部门，政府会指派监管人员对价格进行控制。当能够判别公司所属国时，政府普遍采用这种约束方法作为贸易壁垒。虽然大部分服务贸易壁垒都是非关税方法，但是有时候有些国家也会采取一些关税方法。一些征收费用的方法会表现出关税的特点，比如游客入境签证费和歧视性的飞机着陆费。

第三类限制更多地涉及政府的参与。不管是国内还是国外的工人，必须从指定的机构取得执照或证书才有权提供服务。如果政府支持国内服务人员，就会对外国工人提出歧视性的限制条件。这种类型的限制在医疗服务部门中尤其常见，也经常被应用于法律和金融服务部门。在政府采购方面，法规往往是歧视外国公司的，政府采购常以有利的价格甚至完全禁止的方式照顾本国服务及商品提供者。

第四类壁垒就是限制服务进口商进入分销网络。如果服务提供者依赖于当地分销网络消化他们的产品，对他们任何形式的歧视都会大大削弱他们的竞争力。这种壁垒在运输和通信服务部门中最突出。

这种分类按具体表现形式把服务贸易壁垒分为：①配额、当地含量和完全禁止。②基于价格的手段，如签证费、出入境税、歧视性的飞机着陆费和港口税等。③从业标准、许可和政府采购。④分销网络使用上的歧视等。虽然该分类很有说服力，但有一定的局限性。他们所考虑的壁垒是将服务进口商和国内供应商不公平对待的歧视性壁垒。芬德利和沃伦（Warren）（2001）指出了非歧视性壁垒的重要性，比如同等对待国内和国外服务供应商的壁垒。这种壁垒需要在比较跨国服务贸易时加以注意。

R. 鲍德文将主要贸易壁垒分为 12 种，美国经济学家 S. 本茨将其中的 11 种分成两大类别应用于服务业。第一类是投资/所有权问题，包括以下几种：①限制利润、服务费和版税汇回母国。②限制外国分支机构的股权全部或部分由当地人持有或控制，这基本上等同于完全禁止外国公司进入当地市场。③劳工的限制，如要求雇用当地劳工，专业人员须经认证以及取得签证和工作许可证等。④歧视性税收，如额外地对外国公司收入、利润或版税征收不平等税赋等。⑤对知识产权、商标、版权和技术转移等信息贸易活动缺乏足够的保护。第二类是贸易/投资问题，包括以下几种：①政府补贴当地企业并协助它们参与当地或第三国市场的竞争。②政府控制的机构频繁地执行一些非营利性目标，以限制外国生产者的竞争优势。③烦琐的或歧视性许可证规定、收费或税赋。④对外国企业某些必要的进口物质征收过高的关税，或直接进行数量限制，甚至禁止进口。⑤不按国际标准和惯例生产服务。⑥限制性或歧视性政府采购规定。

上述服务贸易壁垒的分类较为零散，不便于进行理论分析。于是人们选择了一种比较合适的分类方法，即把服务交易模式与影响服务提供和消费的壁垒结合起来进行分类，从而将服务贸易壁垒划分为产品移动、资本移动、人员移动、信息移动和开业权壁垒五种形式。

（1）产品移动壁垒

产品移动壁垒包括数量限制、当地成分或本地要求、补贴、政府采购、歧视性的技术标准和税收制度，以及落后的知识产权保护体系等。①数量限制，如不允许外国航空公司利用本国航空公司的预订系统，或给予一定的服务进口配额。②当地成分，如服务厂商被要求在当地购买设备，使用当地的销售网或只能租赁而不能全部购买等；本地要求，如德国、加拿大和瑞士等国禁止在东道国以外处理的数据在国内使用。③补贴，即国家通过直接拨款或税收优惠等手段，对本国的某些服务行业进行补贴，扶植其发展，增强其国际竞争力。不论是在发达国家还是发展中的大多数国家，补贴措施都被广泛地运用在运输、通信、供水、供电、技术推广、医疗卫生、教育、广播等基础和公共事业部门，其首要目的多为实现国内社会经济发展的目标，以及国民生活福利水平的提高。但是，补贴在客观上可以形成对外国服务业的歧视，能有效地阻止外国竞争者进入本国。④政府采购，如规定公共领域的服务只能向本国厂商购买，或政府以亏本出售方式对市场进行垄断，从而直接或间接地排斥外国竞争者。⑤歧视性的技术标准和税收制度，如对外国服务厂商使用设备的型号、大小和各类专业证书等的限制，对外来经济组织或个人所提供的服务或购买的服务征收过高或额外的税费，外国服务厂商可能比国内厂商要缴纳更多的交易附加税、经营所得税和使用设备（如机场）的附加税。这实质上与货物的进出口税相同，只是国内税费比起关税远缺乏透明度和统一性，并多由不同的服务行业行政主管部门制定，税率不稳定，地区差别大，可预见度低。因此税收歧视对服务贸易的预期利益能否实现影响较大，成为一种较有力的服务贸易壁垒而被广泛运用。例如，规定对外国在本国设立的银行及其他金融保险机构征收较高的税率；又如，在外国服务提供者获准进入和使用本国的公共电信传送网及其服务时，通过征收较高的税费加以限制调整。⑥落后的知识产权保护体系，如缺乏保护知识产权的法规或保护知识产权不力，都可能有效地阻碍外国服务厂商的进入，因为知识产权既是服务贸易的条件，也构成服务贸易的内容和形式。美国政府估计，每年外国盗版影视片使美娱乐业出口损失约 10 亿美元，大约 80% 的影片不能从影剧院的票房收入中收回成本，即使加上出口，仍有大约 60% 不能收回成本。

（2）资本移动壁垒

资本移动壁垒的主要形式有外汇管制、浮动汇率和投资收益汇出的限制等。外汇管制主要是指政府对外汇在本国境内的持有、流通和兑换，以及外汇的出入境所采取的各种控制措施。外汇管制将影响到除外汇收入贸易外的几乎所有外向型经济领域，不利的汇率将严重削弱服务竞争优势，它不仅会增加厂商的经营成本，限制外国服务业在本国的业务量与获利张力，而且会削弱消费者的购买力。对投资者投资收益汇回母国的限制，如限制外国服务厂商将利润、版税、管理费汇回母国，或限制外国资本抽调回国，或限制汇回利润的额度等措施，也在相当程度上限制了服务贸易的发展。这类措施大量存在于建筑业、计算机服务业和娱乐业中。

（3）人员移动壁垒

作为生产要素的劳动力的跨国移动是服务贸易的主要途径之一，也自然构成各国政府限制服务提供者进入本国或进入本国后从事经营的主要手段之一。种种移民限制和出入境所需的烦琐手续，以及由此造成的长时间等待等，都构成人员移动的壁垒形式。在一些专业服务如管理咨询服务中，能否有效地提供高质量的服务通常取决于能否雇用到技术熟练的人员。比如，在美国与加拿大之间存在工作许可证制度，某家美国公司在加拿大的分公司需要维修设备，技术人员就在1公里之外的美国境内，但他们不能进入加拿大境内开展维修业务，该分公司需要从更远的地方，或用更多的等待时间雇用加拿大维修人员来工作。又如，印度尼西亚通过大幅度提高机场启程税的方式，限制为购物而前往新加坡的本国居民数量。

（4）信息移动壁垒

由于信息传递模式涉及国家主权、垄断经营和国家公用电信网、私人秘密等敏感性问题，因此各国普遍存在各种限制，如技术标准、网络进入、价格与设备的供应、数据处理及复制、储存、使用和传送、补贴、税收与外汇控制以及政府产业控制政策等限制或歧视性措施。这些措施还不只阻碍信息服务贸易的发展，一国公共电信传输网及其服务（如数据交换、视频通信等）在何种程度上对外开放，即允许外国服务者进入使用，甚至再售或分享，很大程度上决定了外国的金融、保险、商贸等基于电信传递技术进行国际信息交流的服务业进入该国的可能性，故其同时制约着其他服务贸易的进行。

（5）开业权壁垒

开业权壁垒又称生产者创业壁垒。据调查，2/3以上的美国服务业厂商都认为开业权限制是其开展服务贸易的最主要壁垒。在与被调查厂商保持贸易关系的29个国家中都有这类壁垒，涉及从禁止服务进入的法令到东道国对本地成分的规定等。例如，许多国家禁止外国银行及其他金融保险机构在本国设立分支机构，有的虽允许建立分支机构，但要求其必须与母行中断业务上的直接联系。1985年以前澳大利亚禁止外国银行设立分支机构，1985年后首次允许外资银行进入，但仅从众多申请机构中选择了16家银行，其选择标准是互惠性考虑和公司对金融制度的潜在贡献。加拿大规定外国银行在国内开业银行中的数量不得超过预定比例等。一般地，即使外国厂商能够在东道国开设分支机构，其人员构成也受到诸多限制。除移民限制外，政府有多种办法限制外国服务厂商自由选择雇员，如通过就业法规定本地劳工比例或职位等。美国民权法、马来西亚定额制度、欧洲就业许可证制度、巴西本地雇员比例法令等，都具有这类性质。有些国家还规定专业人员开业必须接受当地教育或培训。对在外国注册或取得的医生、律师执业资格的歧视也较普遍，因而限制了外国医生、律师等在本国开业。此外，许多国家不允许国外经营者在本国开办旅行社、广告公司、零售和批发商业网点等服务经营实体。

值得注意的是，随着服务贸易自由化的逐步推进，以开业权限制等为表现形式的绝对进入壁垒正面临越来越大的国际压力，对经营的限制成为国际服务贸易的一种重要的壁垒形式。经营限制是通过对外国服务实体在本国的活动权限进行规定，以限制其经营范围、经营方式等，甚至干预其具体的经营决策。例如，对外资金融保险机构，禁止其经营某些业务；对外国银行，限制其只能在低储蓄率的地区开业，或通过信用额度限制、储备金要求、资本控制等手段进行调控以确保国内货币政策的顺利执行，以及本国国际收支的安全和国内资本市场的健康发育；对外国咨询公司，要求其必须与本国相应的机构合作经营业务；等等。对具体经营权限的限制则既体现了适度的对外开放，又往往能有的放矢地削弱外国服务经营者在本国的竞争力和获利能力。并且，这还是一种"可调性"较强的壁垒，各种经营限制的内容及限制的程度、方式等均可依照本国社会经济及产业发展的要求和国际服务贸易自由化推进的要求而不断做出相应的变化及调整。

Hardin 和 Holmes（1997）在讨论影响 FDI（模式 3：商业存在）的贸易壁垒时，将 FDI 壁垒定义为"……影响投资地点和方式的政府政策及措施""……可以按壁垒对投资的哪方面影响最大将其分类：建立、所有、控股以及运作"。他们还提供了其他一些最常用的 FDI 壁垒的信息，这些壁垒在亚太经合组织经济体中尤为常见。共同点包括：对国外投资者造成不同程度负担的注册申请或审查程序；有关外国所有权比重的限制，尤其是在私有化方面；通常以国家利益为标准，广泛使用逐案裁决；广泛地使用所有权和控制权方面的限制（例如对董事会成员的限制），尤其是在电信、广播和银行业中；在服务业投入控制方面相对较少地使用绩效要求。

表 3-1 为联合国贸发会议确定的 FDI 壁垒的主要类别。

表 3-1 联合国贸发会议确定的 FDI 壁垒

市场准入限制	• 特定部门禁止国外投资 • 数量限制（如一些部门 25% 的外国所有权限制） • 审查和许可（有时包含国家利益或经济净收益检验） • 外国企业合法存在形式的限制 • 最低资本要求 • 连续投资的条件 • 选址的条件 • 进入税
所有权和控股权限制	• 必须与国内投资者合资 • 限制的外国董事会成员数量 • 政府指定董事会成员 • 特定决策需要政府许可 • 外国股东权利限制 • 在特定时间（如 15 年）内将一些所有权强制转移给当地
运营限制	• 绩效要求（如出口要求） • 本地限制 • 劳动力、资本、原材料的进口限制 • 运营许可或执照 • 版税的最高限制 • 资本和利润返回国内的限制

资料来源：联合国贸发会议（1996）。

如果按照乌拉圭回合谈判采纳的方案，服务贸易壁垒又可分为两大类：影响市场准入的措施和影响国民待遇的措施。虽存在某些无法归入以上两大类的其他措施，如知识产权等，但人们认为现在应集中探讨市场准入和国民待遇问题。市场准入措施是指那些限制或禁止外国企业进入国内市场，从而抑制市场竞争的措施。国民待遇措施是指有利于本国企业但歧视外国企业的措施，包括两大类：一类为国内生产者提供成本优势，如政府补贴当地生产者；另一类是增加外国生产者进入本国市场的成本，以加剧其竞争劣势，如拒绝外国航空公司使用本国航班订票系统或收取高昂的使用费。将贸易壁垒以影响市场准入和国民待遇为原则进行划分，也是较为有效的分类方法。原因在于：首先，它便于对贸易自由化进行理论分析。现有国际贸易理论一般从外国厂商的市场准入和直接投资环境两大角度，分析贸易自由化的影响；其次，它便于分析影响服务贸易自由化的政策手段。

表 3-2 和表 3-3 列出了常见的服务贸易壁垒种类及内容，从中可以知其概貌。

表 3-2 国际服务贸易壁垒简表

服务部门 壁垒形式	运输 空运	运输 水运	电信	数据处理	银行	保险	工程建筑	广告	影视	会计	法律	软件	旅馆
数量/质量限制	√					√		√	√	√			
补贴	√		√	√	√								
政府采购	√	√	√										
技术标准	√		√										
进口许可			√	√									
海关估价			√	√	√						√		
货币控制及交易限制			√	√	√	√	√						
特殊就业条件							√			√	√		
开业权限制					√	√	√						
歧视性税收					√	√							
股权限制					√	√	√			√			

注："√"表示该项壁垒存在于该行业中。
资料来源：戴超平. 国际服务贸易概论[M]. 北京：中国金融出版社，1997.

表 3-3 世界主要服务业贸易壁垒内容概要

1. 航空业	航空业主要涉及国家垄断和补贴问题，世界各国政府一般都给本国航空公司提供优惠待遇，例如，把空运的货源和航线保留给国内航空公司，为本国飞机提供机构的优先使用权，要求国内用户接受本国航空公司的服务，对国内航空公司给予税收优惠；目前，国际航空服务贸易都是通过对等原则的双边协议进行的
2. 广告业	对外来广告企业要求本国参股权及政府在广告业的竞争中偏袒本国企业是普遍现象，如外国广告企业设立电视台经营电视广告是受严格限制的；另外，即使这种限制对国内企业一视同仁，但限制的目的也不是保护制造业，而是排斥外国电视广播
3. 银行与保险	主要涉及开业权和国民待遇问题，对于开业权，许多国家禁止外国银行在本国设立任何形式的机构，有些国家虽允许设立分支机构，但这样的分支机构必须与母行中断业务上的直接联系，对外国银行的非民待遇还表现在仅提供低储蓄地区（开业）、高税收率和限制财产经营范围，对于外国保险公司，一般还要求绝对控股权，以及禁止经营某些保险业务
4. 工程建筑	主要涉及开业权、移民限制和国民待遇问题，此类服务业是发展中国家的优势所在，对此，一些发达国家都不愿提供开业权；美国在开业权上就有较多的限制，日、美、西欧都坚持不放宽移民限制；几乎所有的国家都禁止外国公司承建某些工程，而且在工程招标中偏袒本国公司

(续)

5. 咨询服务业	许多国家对设在本国的外国咨询机构都要求参与权，如印度要求外国咨询公司必须与本国相应的机构合作经营业务，而且咨询程序上的不透明也阻碍了外国机构的活动
6. 教育服务	教育服务与思想意识的传播关系密切，移民限制和歧视外国文凭是国际交流教育服务的主要障碍
7. 医疗服务	主要问题是歧视外国医生的开业资格和对外国医疗设备的进口设立技术障碍
8. 电信和信息	常遇到国家垄断和控制，另外还有知识产权保护、幼稚工业保护、技术标准和不公平税收等问题
9. 影视服务业	许多国家对本国影视直接拨款或通过税收优惠进行补贴，而对外国影视则通过要求参与权、版权保护、进口的国家垄断、限制播放等加以抵制
10. 零售商业	主要涉及各国国内零售规则的透明度不够、不动产所有权、外国雇员的移民限制、利润汇返等
11. 旅游业	与航空客运关系密切，诸如出入境限制、外汇管制、旅游设施所有权、开办旅行社和旅游购物等，都存在贸易壁垒问题
12. 海运业	主要涉及国家特许经营与垄断、为本国海运公司保留货源、倾销性运价等问题

资料来源：江林，王玉平. 关贸总协定法律体系运用指南[M]. 上海：华东师范大学出版社，1993.

3.3.3 服务贸易壁垒的衡量

专业人士很早就已经开始从量的方面对非关税壁垒（NTB）的影响进行测量。Anderson 和 Wincoop（2004）调查并批评了有关模型化和量化贸易成本的文献。Ferrantino（2006）对讨论量化货物贸易非关税壁垒的文献做了详细的回顾。

量化服务贸易非关税壁垒以及随之产生的关税等值有三种最常用的方法：频度指数法、价格方法和数量方法。这些方法对于货物贸易和服务贸易都适用，但目前为止大部分文献都在讨论前者。

服务壁垒频度指数度量服务贸易限制的数量与程度，其本质就是将国内现有的服务贸易壁垒罗列出来，作为考察一个国家政策立场的工具，对于这些壁垒的实施情况可以从该国的 GATS 承诺时间表中得到。

霍克曼（1995）是最早一批构建频度指数的学者。用该指数计算关税等值的方法是，给这个部门中保护主义最强的国家指定一个关税等值作为基准。其他国家的关税等值就是它们（承诺）的覆盖率与该基准的比值。具体方法如下所述。

首先，使用"三类加权法"（three-category weighting method）将 GATS 承诺表涉及的每个服务部门的每种提供模式的市场准入或国民待遇承诺加以数量化。①如果一成员方没有提出任何警告而做出承诺，或者对于特定模式由于缺乏技术可行性而不做承诺（而如果其他模式是不加限制的，比如建筑及相关工程服务的跨境提供），则赋予的权数为1。②如果一成员方保留特定限制而做出承诺，则赋予的权数为0.5。如果除水平承诺中的内容外不做承诺，也被赋予0.5的权数。这通常针对关于自然人移动承诺的情形，在该种情况下的移民限制继续适用。③如果一成员方没有做出任何承诺，则赋予的权数为0。霍克曼将这些权重称为开放/限制因子（openness/binding factors）。按照霍克曼的计算，GATS 分类表中总共有155个服务部门和分部门、4种提供模式，这样对于每个经济体来说，其市场准入和国民待遇方面的总承诺数为 $155 \times 4 \times 2 = 1\,240$，即每个方面为620个。

其次，有了上述权重或因子，霍克曼计算出三种部门覆盖指数（sectoral coverage

indicators）或称为霍克曼指数、频率指数或比率（frequency indices or ratios）。第一种指数为一国在其 GATS 列表中做出的承诺数除以部门总数 620。这类似于货物贸易领域中用来衡量非关税壁垒（NTB）的频率比率（frequency ratio），即等于受到 NTB 影响的产品数除以产品总数。第二种指数被霍克曼称为"平均覆盖"（average coverage），即等于所列部门/模式数比例，再以开放/限制因子进行加权。这类似于用来衡量受 NTB 影响的进口值的进口覆盖比率（import coverage ratio），即等于受到 NTB 影响的产品进口值除以该类产品的总进口。第三种指数为"无限制"承诺在一国总承诺或 155 个部门中所占的比重。

霍克曼使用该指数近似地反映不同国家和不同服务部门的服务贸易市场准入壁垒的相对限制程度。比如，如果一国在其 620 个部门/模式中做出了 10% 的承诺，那么采用第一种霍克曼指数则可以得到 0.9 的限制度（restrictiveness score），即意味着有 90% 的部门/模式是不开放的。另外，霍克曼还使用覆盖指数，就每个服务部门设立一套关税等值标准（benchmark tariff equivalents），来反映相应部门在市场准入方面的受限程度。基准关税等值的范围位于最高的 200% 到最低的 20%~50%，最高的表示相应服务部门的市场准入是被禁止的，比如内河运输、空运、邮政服务、声讯服务和寿险等，最低的则意味着相应服务部门的市场准入是受到较少限制的。据此，求得每个国家和部门的基准关税等值，再乘以频率比率。比如，假定邮政服务的基准关税等值为 200%，反映市场准入承诺的频率比率为 50%，则该部门的关税等值就为 100%。

这种方法有较大的局限性，最主要的就是对保护主义最强的成员方的关税等值的估计有一定的主观性和武断性。另外，相同的服务贸易壁垒对不同国家不同部门的影响也不同（Whalley，2004），而且指数是基于 GATS 的分类而不是基于实际政策。

尽管有这些不足，霍克曼（1995）的估测方法还是被学者和研究人员广泛使用。有些学者想出了别的方法来改进频度指数以更好地反映实际壁垒，如 Hardin 和 Holmes（1997）。他们指出，霍克曼的计算方法存在一些缺陷，可能产生误导或偏差，因为他假定如果没有在承诺表中做出"肯定承诺"（positive commitments），那么将被视为存在限制，但事实可能未必如此。而且，不同的限制被赋予同一权重，没有根据其经济效应而加以区分。最后，他仅仅考虑了市场准入限制。Hardin 和 Holmes 试图改进霍克曼的方法，他们的目标是建立针对 FDI 限制的指数（an index of FDI restrictions），而且该指数可以转换成关税等值或税收等值（tax equivalent）。他们确认 5 种类型的外国投资壁垒，即对所有企业的外国股权限制、对现存及非新建企业的外国股权限制（但不包括绿地投资）、政府审查与许可、控制与管理限制、投入与运营限制，并通过确定不同权重来反映不同壁垒的限制程度。比如，一项完全排除外国企业进入的政策被赋予的权重要高于允许外国股权以多于 50%、少于 100% 比重进入的政策的权重（见表 3-4）。

表 3-4　外国直接投资限制度指数的组成

限制种类	权重
对所有企业的外国股权限制	
禁止外国股权	1.000
允许少于 50% 的外国股权	0.500
允许多于 50%、少于 100% 的外国股权	0.250
对现存、非新建企业的外国股权限制	
禁止外国股权	0.500

（续）

限制种类	权重
允许少于 50% 的外国股权	0.250
允许多于 50%、少于 100% 的外国股权	0.125
政府审查与许可	
投资者需要证明存在经济净收益	0.100
若无悖于国家利益则通过	0.075
通告（事前或事后）	0.050
控制与管理限制	
所有企业	0.200
现存、非新建企业	0.100
投入与运营限制	
所有企业	0.200
现存、非新建企业	0.100

资料来源：World Bank. A Handbook of International Trade in Services [M]. Oxford: Oxford University Press, 2008, P.188.

澳大利亚生产率委员会（APC）研究小组的有关部门改进了霍克曼指数，构建了新的频率衡量法——"贸易限制指数"（trade restrictiveness indices）。他们的主要改进方法是扩大资料来源；采用更具体的加权/评分系统；分别给只针对外国服务提供者的限制（外国指数）和针对所有在国内的服务提供者的限制（国内指数）计算分值。外国指数（a foreign index）用来衡量所有阻止外国企业进入本国市场并进行经营的限制措施，包括歧视性的和非歧视性的限制措施；本国指数（a domestic index）用来衡量所有针对本国企业的限制措施，一般仅包括非歧视性限制措施（对于大多数服务，针对本国企业的限制措施是没有差别的）。"外国指数"与"本国指数"之间的差异可以衡量对外国企业的歧视程度。数据方面也有改进，大部分数据都是基于调查得到的，用这些数据衡量实际贸易壁垒（而不是基于 GATS 承诺），能够更好地区别不同类型的壁垒，并开发更为准确的度量系统。

OECD 收集了一些其成员方生产市场规制（PMR）的数据（Nicoletti 等，2000）。根据这些规制对市场的扭曲效应对其进行分类和加权，得出测算每个国家规制负担的方法。

价格方法或基于价格的衡量法（price-based measures）是根据国内外的价格差异（或称为"价格楔子"，price wedge）来衡量服务贸易非关税壁垒的。如果关于价格的数据很充分的话，那么就可以直接比较进口品的国内价格（P）和国际价格（P*），找出引起国内外价格差异的原因。该种方法隐含的基本理论是：如果市场不存在进入壁垒的话，那么这样的市场将是竞争性的，市场价格将趋近于企业的长期边际成本。但如果存在壁垒的话，价格与边际成本之间就会出现差异。由于低成本的提供者被排除在市场之外或者由于被保护企业不是以最低成本来运营的，那么成本本身将提高，这时的价格也将高于没有市场壁垒时的价格。

Whilst Deardorff 和斯特恩（1997）等用计量的方法估计了非关税壁垒对国际国内价格差异的影响。

弗兰科斯和霍克曼（1999）采用了另一种价格方法，该方法的基本思路是基于对微观企业总经营毛利［=（总销售收入－总平均成本）÷总平均成本］的分析，有关数据取自上市公司的财务报表。这些营业毛利显示了不同行业的相对获利性，从而显示了可能存在的进入壁垒的相对大小。霍克曼（2000）指出，该方法有两大分析视角：其一，比较贸易相对自由化的基准国与所考察的样本国在平均毛利（average margins）上的差异，以此衡量服务贸易壁垒的大小；其二，比较制造业与服务业在平均毛利上的差异，将制造业作为基准，以此衡量服务贸易壁垒的大小。

还有很多价格方法在服务贸易上的应用都是由澳大利亚生产率委员会（APC）研究小组完成的。APC 提出的经济计量方法的基本程序是：①确定被研究行业的国内价格的替代变量（proxy）。②构建模型，列出影响服务价格的变量，其中一个变量是由前面介绍过的"贸易限制指数"衡量的贸易壁垒。③设定回归模型并进行估计。④用估计的系数和"贸易限制指数"来计算每个经济体"价格楔子"的大小。

Chen 和 Schembri（2002）用一个关于价格的决定因素的模型总结了 APC 度量价格冲击的方法。模型中的一个解释变量是对部门中非关税壁垒的测度（基于改良后的频度指数），其回归系数也可以用来计算关税等值。

Whalley（2004）指出了价格方法的几个局限。首先，价格和成本的差异也会反映不同国家管理公司行为的政策差别（很多 APC 研究已经考虑到了这一点）。其次，价格差异也可能是因为不同国家产品质量差别引起的，而不仅仅是政策区别。

估计非关税壁垒的数量方法即比较实际贸易水平和潜在（或基准）贸易水平。最常用的数量方法是重力模型方法，该方法通过分析某国（地区）及其贸易伙伴的物理和经济特征来预测其潜在贸易水平。如弗兰科斯和霍克曼（1999）使用重力模型研究美国与其主要贸易伙伴之间的双边服务贸易，将中国香港地区和新加坡看作自由贸易的基准经济体。自变量为贸易伙伴之间的距离、人均收入、GDP 和一个西半球虚拟变量。实际进口量与预测进口量之间的差异（残差）反映贸易壁垒的大小，并相对于基准经济体进行标准化，还可以通过假定需求弹性为 -4，而将数量衡量转换成关税等值（tariff equivalents）。

沃伦（2001）用一个计量经济模型对 136 个经济体电信服务（固定服务和移动服务）的消费估计了贸易与投资壁垒的数量影响。模型中的自变量有人均收入、网络质量、等待列表、家庭密度、人口密度和贸易与投资壁垒，其中贸易与投资壁垒是用沃伦（2001a）构造的频度工具量度的。把现有壁垒效应数量估计值与假设的需求价格弹性相结合，计算出价格差形式的关税等值。

但使用这种方法有一些困难。数据的缺乏导致对服务的原始研究严重受限。正如芬德利和沃伦（2000）指出的，研究更倾向于使用国内服务消费数据而不是国家间服务贸易数据。虽然近年来数据的质量有了显著的提升，但相对于货物贸易来说，服务贸易数据还很缺乏。

基于数量模型的关税等值计算也存在问题。Whalley（2004）指出将实际和预测的贸易水平之差全部考虑进来会夸大非关税壁垒的作用，还有些其他的要素也会导致二者的差异（任何壁垒都会产生关税等值）。

3.4 服务贸易保护程度的衡量

贸易政策保护程度的衡量，就是对一项或一揽子政策的水平、影响及有效性的数量评估。完善的保护政策衡量指标应具备四个特征：①可比性，即在一定时期和一定政策范围内，衡量指标在国家之间或商品之间可进行比较。②可解释性，即衡量指标表达的含义应简单明了。③准确性，即衡量指标应相当准确，不会引起异议。④可操作性或可重复性，即衡量指标不仅可以被不同国家的人操作，而且易于操作和重复检验。目前，衡量贸易政策保护程度的指标主要有三种：名义保护率、有效保护率和生产者补贴等值。

3.4.1 名义保护率

名义保护率（nominal rate of protection，NRP）是衡量贸易保护程度最普遍使用的指标。它通过测算世界市场价格与国内市场价格之间的差额，衡量保护政策的影响。世界银行将名义保护率定义为：由于保护引起的国内市场价格超过国际市场价格的部分与国际市场价格的百分比。它用公式表示为：

$$NRP = \frac{国内市场价格 - 国际市场价格}{国际市场价格} \times 100\% \tag{3-1}$$

如果一个国家对某种商品仅仅采取边境管制措施，那么名义保护率的测度方法在评估贸易政策对产出水平的影响方面是有效的。在仅使用关税的情况下，可用名义保护率衡量有关商品的关税等值。然而，并不是所有的政策效果都可以通过价格差异来测度。在服务贸易领域，由于各国服务价格的差异往往不仅仅是由关税壁垒引起的，还与要素禀赋、技术差异、规模经济和不完全竞争等因素密切相关。服务贸易大多难以使用关税手段进行保护，这就限制了 NRP 在衡量服务贸易保护程度方面的作用。

3.4.2 有效保护率

"有效保护"的概念最初是由澳大利亚经济学家 M. 科登和加拿大经济学家 H. 约翰逊提出来的。他们将有效保护定义为包括一国工业的投入品进口与最终品进口两者在内的整个工业结构的保护程度。假如这一结构性保护的结果为正，那么其关税保护是有效的；反之，则是无效的。由此可见，一国的关税政策是否有效，不仅要看其最终产品受保护的程度，而且还要看受保护的那个产业的进口中间产品是否也受到了一定的保护，从而使得该产业的实际保护为正。这也就说明了，许多政策不仅影响产出价格，而且还影响投入价格。有效的关税保护取决于一个产业所面对的实际关税，而实际关税则是由中间产品即投入与最终品即产出的关税共同来决定的。有效保护率（effective rate of protection，ERP）就是用来衡量投入和产出政策对价值增值的共同影响的指标，用公式表示为：

$$ERP = \frac{国内加工增值 - 国外加工增值}{国外加工增值} \times 100\% \tag{3-2}$$

或：

$$ERP = \frac{最终品名义保护率 - \frac{中间品价格}{最终品价格} \times 中间品名义保护率}{1 - \frac{中间品价格}{最终品价格}} \times 100\% \tag{3-3}$$

由上式可以看出，计算服务贸易的有效保护率，需要获取有关服务业的投入－产出系数等信息资料，这些详细的信息资料往往难以获得。另外，有效保护率并没有反映导致产出扭曲的所有政策的效果，所以影响生产要素价格的因素可能在价值增值中没有得到反映，因而没有被包括在有效保护率的计算中，这其中包含在衡量商品贸易领域保护程度中，广泛采用的国内资源成本（domestic resource costs，DRC）的计算。国内资源成本常以国内生产一单位商品的资源成本（以资源的社会机会成本衡量）与以外部价格衡量的该商品的增加值之间的比例来表示。国内资源成本分析就是试图找出那些一国具有真正比较优势的商品，它可以用来衡量一国保护某一产业的代价以及由其他扭曲（包括市场失灵和政府干预等）造成的福利损失。但计算国内资源成本，需要大量的与要素市场政策和要素产出系数有关的技术信息，这在服务贸易领域中是不可行的，也是不现实的。

3.4.3 生产者补贴等值

生产者补贴等值（producer subsidy equivalent，PSE）或生产者补贴等值系数（PSE coefficient）方法最早被经济合作与发展组织用于对其成员农业政策和农产品贸易所做的分析报告中。随着这一衡量方法在许多国家的运用过程中被改进，尤其是在乌拉圭回合多边贸易谈判中被政治决策者广泛接受之后，这一指标正在日益受到重视，并不断完善。生产者补贴等值是用来测算关税和非关税壁垒，以及其他与分析相关的政策变量的保护程度的一种衡量指标。它可以被用来对政府各种政策包括支持、税收和补贴等的总体效应进行评估。通常可用两种方法获得生产者补贴等值：一种是通过观察政府政策的预期效果；另一种是通过观察政策措施引起的国内外价格的变动。

在图 3-2 中，世界价格 P_w 低于国内供给曲线 S 与需求曲线 D 的交点，故而将从价格更低的世界市场上进口服务。关税的实施使国内价格上升至 P_t，使服务进口减少（$Q_d^w - Q_d^t$）。关税使国内生产者增加的福利用 P_tP_wab 表示。由于生产者补贴等值的衡量是建立在现有关税水平的生产与消费基础上的，因而不能准确地测度生产者福利水平。生产者补贴等值的关税影响体现在关税产品（$P_t - P_w$）和生产数量 Q 两个方面。同样，消费者因关税而导致的福利损失由 P_tP_wdc 表示，消费者补贴等值（consumer subsidy equivalent，CSE）表现在关税产品（$P_t - P_w$）的负数和现有关税水平下的消费量 Q 两个方面。由此可分别得出作为生产价值比率的生产者补贴等值（PSE）和作为消费价值比率的消费者补贴等值（CSE）为：

$$PSE = \frac{(P_t - P_w)Q_s^t}{P_t Q_s^t} = \frac{P_t - P_w}{P_t} \tag{3-4}$$

$$CSE = \frac{(P_w - P_t)Q_d^t}{P_t Q_d^t} = \frac{P_w - P_t}{P_t} \tag{3-5}$$

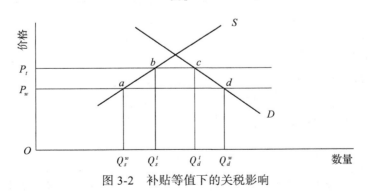

图 3-2　补贴等值下的关税影响

可用类似办法导出出口配额这种非关税壁垒的保护效果，如图 3-3 所示，世界价格 P_w 低于国内供需曲线的交点，故进口量为（$Q_d^w - Q_s^w$）。若外国厂商的竞争受到出口配额的限制，比如一国政府为本国船队保留一定数量的货物运输份额，则将有效减少本国航运服务的进口量。这样，国内市场将拉动国内供给曲线移动，其结果是国内市场价格上升至 P_q，国内航运服务的生产将提高到 Q_s^q，消费将下降到 Q_d^q，国内生产者因市场保护份额而增加了福利，由 P_qP_wab 表示。名义保护系数（nominal protection coefficient，NPC）则为国内价格与世界价格的比率，即 $NPC = \dfrac{\text{国内价格}}{\text{世界价格}}$。

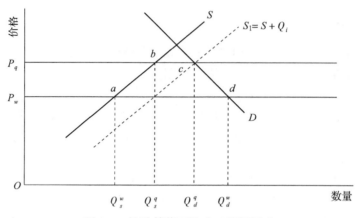

图 3-3　补贴等值下的出口配额影响

与非关税壁垒效果分析的一般结论相同，政府希望为国内服务厂商保留市场份额从而对其提供有效保护，以替代作为竞争者的外国厂商，但这样做将提高服务的国内价格。对于消费者，配额的福利损失在图 3-3 中由 P_qP_wdc 表示，等于国内价格与世界价格之差的负数乘以国内消费数量。

生产者补贴等值方法是通过比较国内价格与国外价格的差异来考察一揽子政策的净效果，考虑贸易政策的总体影响，而不仅仅考察单个政策的效果，它测算的是政府政策给予生产者的价值转移量或政府政策对生产者收益的贡献。在不同的时期，不同的国家甚至不同的领域，生产者补贴等值是不同的。

3.5　服务贸易保护政策的效应分析

服务贸易保护政策由关税和非关税措施构成，本节将从这两个方面分析服务贸易保护政策的效应。

3.5.1　关税效应分析

服务贸易的关税效应具有其特殊性，这种特殊性主要表现在：在考虑服务市场本身的关税效应的同时，还要考虑与之相联系的商品贸易市场的关税效应。只要商品贸易被关税扭曲，推行服务贸易自由化将对一国福利造成损失。

1. 关税的一般效应：与商品贸易的比较

这里将分别讨论 H 国为小国和大国的两种情形。图 3-4 为世界总资本和总劳动在两国间进行分配的埃奇沃斯方框图。K_h 和 L_h 分别表示 H 国以 Q_x 为原点的资本和劳动禀赋。H 国的 K 禀赋相对丰裕，且 Y 为 K 要素相对密集型商品。在图 3-5 中，T_hT_h' 和 T_fT_f' 分别为 H 国和 F 国的生产可能性曲线。商品自由贸易时两国分别在 C_h 和 C_f 点消费。当 F 国具有同样的贸易三角时，H 国在 C_h 点消费是因为出口 Q_hB 的 Y，进口 BC_h 的 X。由于假定消费相似，包含在两国消费向量中的 K 和 I 要素必须位于图 3-4 中对角线 Q_xQ_y 上，且各国生产价值必须等于消费价值，故包含于产品中的要素价值等于包含于消费中的要素价值。这样，经过正点且以均衡要素价格比率为斜率的直线，将给出在对角线上 C 点处包含要素的两国消费。R_K 和 R_L 分别代表资本收益和劳动力收益。在图 3-4 中，K_y 和 K_x 分别表示产业 Y 和 X 的资本-劳动力比率，它们分别对应于图 3-5 中在 Q_h 和 Q_f 点上的均衡生产。通过画出与 K_y 平行的 EL 线以及与 K_x 平行的 LC 线，就可确定包含于商品贸易中的生产要素：EL 线和 LC 线分别给出图 3-5 中生产 Q_hB 和 BC_h 所需的要素。所以，图 3-4 中的要素流动三角 ELC 决定了图 3-5 中包含在商品贸易三角中的要素流动。

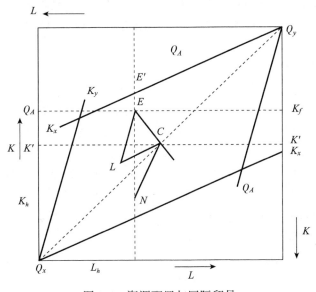

图 3-4　资源配置与国际贸易

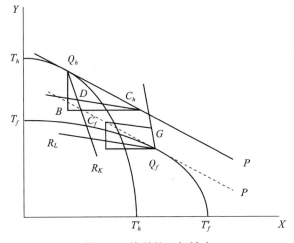

图 3-5　关税的一般效应

（1）假定 H 国为小国

首先分析 X 为可贸易商品情况下的关税效应。如果 H 国实行自由贸易，它在国内将部分 K 要素服务提供给外国人，以获得商品 X 的某些收益。当对 X 征收关税时，K 所有

者获得 X 的数量将减少，而且与提供这种服务给外国生产者之前相比，他们的可得利润相对减少了，于是重新对要素服务进行配置，并将其撤回至国内，使国内的 K 比以前更充裕，P_X/P_Y 和 W/r 的值都变大了。由此可得出：若进口商品使用密集型不变要素，则在服务贸易中关税将产生一般的商品价格效应。接下来讨论 Y 为可贸易商品的情况。提供资本服务给外国厂商的，本国将获得一定单位的 Y 商品的收益。当对 Y 征关税时，国内 K 的所有者发现，在国外获取要素服务的价格下降了，因而将更多的要素服务配置回本国，增加了 K 的供给，P_X/P_Y 和 W/r 值上升。因此，如果进口商品使用密集型可变要素服务，那么关税将使进口的相对价格降低。上述两种情况表明，当资本为可变要素时，无论进口何种商品，关税都将使劳动密集型商品的价格提高。另外，关税还影响国内要素的收支。无论对 X 还是对 Y 征收关税，K 的收益都将下降，而不变要素 L 的收益将上升，即劳动力都将得益于关税。在贸易自由化的情况下，无论进口哪种商品，可变要素资本所有者的境况都会改善。

（2）假定 H 国为大国

如果贸易条件不变，关税将减小图 3-5 中 H 国的贸易三角，而且相对于进口价格，K 的国内价格将上升，从而使国内消费者福利有所增加，并有可能超过自由贸易时的水平，这样一般存在最优关税率。根据勒纳对称性原理，对资本服务出口征税与对进口品征税的影响一样。当进口要素服务时，关税则起到对汇回的服务收入征税的作用。这就说明：第一，对外国人获取的资本服务收入征收比国内资本服务收入更高税额的行为，都是变相地征收关税，服务贸易自由化要求减少这种额外税收；第二，如果与服务出口国进行关税战，那么，拥有大量服务进口商的国家可能会对来源于外国的收入保留差别税。这也就是说，国内税收制度可以在一定程度上发挥贸易政策的作用。在交换一种商品以获取一种要素服务的模型中，关税等于对进口商品征收的消费税加上对资本服务征收的国内要素收入税。很明显，要素收入税对贸易流有重要影响。

2. 关税的道德风险效应：格罗斯曼－豪恩模型

关税的积极一面是保护了国内幼稚服务业，使之尽快发展，积聚优势，与外国竞争者相抗衡；它的消极一面则是约束了国内消费者自由选择服务厂商，受到保护的国内服务厂商形成了一种惰性，必然会凭借私人信息的隐蔽性提供低成本、低质量的服务，或者缺乏创新动力，躺在保护伞下睡大觉。

格罗斯曼和豪恩通过一个完全竞争的局部均衡模型，分析关税和信息不对称导致的信息壁垒，对服务部门产生道德风险行为的影响。假设一经济竞争过程分两个阶段，只销售和消费一种经验商品。在第一阶段中，国内服务消费者必须在国内和国外服务厂商之间进行选择。第一阶段开始时，消费者了解现有厂商销售的外国服务产品的质量水平，但是，如果国内服务产品的质量高于某个最低临界质量水平，国内消费者就难以区分出哪个是国内服务产品。这样，本国的市场进入者将不会提供低于这个最低临界质量水平的服务产品。本国厂商提供高质量服务产品的动机与其成本相联系，低成本厂商试图提供高质量服务，以此提高服务声誉从而实现长期利润最大化。相反，高成本厂商可使其在第一阶段中的利润最大化，因为它们有动机选择提供低质量的服务和向消费者提供不满意的服务。这类厂商属于低信誉厂商，其信息一旦被消费者识破，它们在第二阶段的市场上将处于不利地位。然而，需要指出的是，在第一阶段中，国内服务厂商的服务质量一般不被消费者所了解。这样，在服务市场上就会出现阿克洛夫"次品市场"（lemons market）模型中讨论的逆向选择（adverse selection）结果，即低质量服务驱逐高质量服务，使服务质量与价格的关系被扭曲。

格罗斯曼－豪恩模型进一步讨论了四种情形下关税的福利效应。①没有私人投资时暂时性关税保护的情形。由于在第一阶段中关税不能甄别国内高质量与低质量服务厂商，因此关税保护将降低国内服务市场的福利。另外，关税保护不仅难以避免服务厂商的道德风险问题，而且还会诱使服务厂商采取道德风险行动，因为关税不能对服务厂商提供高质量的服务给以刺激。相反，它加剧了服务厂商的逆向选择。也就是说，虽然关税保护改善了国内服务厂商进入市场的条件，但不能校正由信息不完全导致的各种贸易扭曲。由于关税在第一阶段中提高的价格对国内服务厂商产生了同等收益，但这种收益与它们选择提供的服务质量无关，所以关税不能激励服务厂商提高服务质量，相反却刺激了服务厂商采取道德风险行动。这是国内受关税保护厂商出现道德风险行为的内在基础。②没有私人投资时永久性关税保护的情形。永久性保护可能提高国内福利，因为在第二阶段中，关税只给名誉好的厂商带来收益，这样可以有效地减少国内受保护厂商的道德风险行为，但不一定能减少逆向选择。在较低的均衡价格即低质量水平条件下，第二阶段的关税保护将促使更多的厂商进入服务市场，但所有新进入者都缺乏应有的效率。因此，即使新进入者都像声誉好的厂商那样经营，国内市场的服务质量也将因它们的进入而下降。③有私人投资时暂时性关税保护的情形。与各种质量信号并存的暂时性关税保护可能导致更差的福利收益，因为像第一种情形那样，关税保护与纠正因逆向选择和道德风险而出现的市场失灵之间没有内在联系。另外，暂时性关税保护增加了服务厂商提供服务质量信号的社会成本，额外的服务投资成本抵消了包含在关税中的补贴效应，因此，进入市场的国内厂商数量与没有政府干预时相同。④有私人投资时永久性关税保护的情形。在局部均衡条件下，当政府实施永久性关税保护政策时，国内服务市场的福利可能更糟，因为这种政策导致对服务业的投资过剩，并刺激其他低效率厂商进入服务市场。

总之，如果国内厂商不能有效地对其服务质量发出信号，那么暂时性的关税保护难以对国内厂商提高服务质量产生刺激，由这种关税引发的边际进入（marginal entry）将减少消费者剩余。如果厂商能够对其高质量服务发出信号，永久性关税保护同样降低国内福利，因为对信号的投资提高了额外资本投资水平。

3.5.2 非关税效应分析

前面已提及，非关税壁垒种类繁多，花样翻新，但它们产生的总体效应则基本相仿。这里主要讨论政府管制、补贴、配额和许可证制度四种最为常见的服务贸易非关税壁垒。

1. 政府管制

以保险市场政府管制为例进行讨论。在图 3-6 中，假定该服务市场是受政府保护的保险市场，P_c 代表政府管制的保险费率，P_E 为均衡保险费率，I_c 代表保险服务销售量，I_E 为保险政策的均衡数量，保险公司的租金为 $(W+X)$，三角形 Y 为福利损失。这表明，不同政策对国家福利的影响来自它对保险市场各种因素的影响。如果允许外国保险公司进入并分享一定的市场份额 I_cI_c，而且政府通过对保险费率的管制继续对保险市场进行保护，那么（$Y+X$）将是该国总的福利损失，其中，X 为外国保险公司所获。由此可见，当既允许外国服务厂商进入，又对本国服务价格进行管制时，国家福利可能变得更差。如果政府放松对国内保险服务市场的控制，允许更多的竞争厂商进入，那么保险公司在管制条件下获得的租金将流入购买者即投保人手中，增加竞争将获得更多的福利收益 Y。此外，在竞争性保险市场上，国内保险公司将萌发向外国同行学习的强烈动力和愿望，从而使国内保险公司不断提高技术水平，进行制度创新和管理创新。这些将使国内总供给曲线 S（国内外供给之和）移到 S'，此时的国家福利为（$Y+Z+$ 部分 Z'），显然大于没有外国厂商进入时国内管制的福利收益 Y。这就说明，政府管制虽保护了国内服务市场，但因抑制竞争而导致了福利损失。

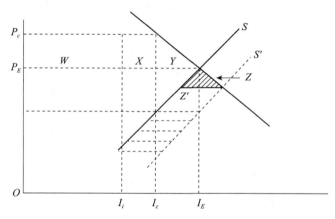

图 3-6　保险市场管制政策选择的福利效应

2. 补贴

借助于生产者补贴等值可较好地评估政府补贴的效果。在服务贸易领域，生产者补贴等值可定义为政府的各种政策转移给服务提供者的总价值与服务总价值之比，服务总价值等于服务的市场价值加上政府的直接支付：

$$PSE = \frac{政府政策转移的总价值}{服务的总价值} \times 100\% = \frac{Q \times (P_d - P_w \times X) + D + I}{Q \times P_d + D} \times 100\% \quad (3\text{-}6)$$

式中，Q 是服务供给量，P_d 是以国内货币表示的服务价格，P_w 是以世界货币表示的服务价格，X 是汇率换算系数，D 是政府的直接支付，I 是政府通过补贴投入、市场支持、汇率扭曲等方式给予服务提供者的间接转移。

PSE 的大小取决于上述若干变量。政府政策的变化可改变 PSE 的大小；政府政策不变，只要世界市场参考价格、汇率和服务供给量任何一个变量改变了，PSE 值就会改变。一个国家可通过将政府间接转移变成直接支付来降低 PSE 值，也可通过将直接支付变成间接转移来提高 PSE 值。当 $I > Q \times (P_w \times X)$ 时，即当政府间接转移价值超过以自由贸易价格计算的国内服务生产价值时，PSE 就会大于 100%，因为根据式（3-6），PSE 可变成下列形式：

$$PSE = \frac{(Q \times P_d + D) + (I - Q \times P_w \times X)}{Q \times P_d + D} \times 100\% = \left[1 + \frac{I - Q \times (P_w \times X)}{Q \times P_d + D}\right] \times 100\%$$

$$(3\text{-}7)$$

所以，只要 $I > Q \times (P_w \times X)$，则 $PSE > 100\%$。

3. 配额

在服务贸易领域，配额这种非关税壁垒往往出现在政府制定的各种劳动力限制措施中，它与签证、居留权、工作许可（营业执照）制度、劳工标准和个人汇款等限制措施，共同构成影响劳动力移动的主要政策手段。

当一国劳动力禀赋稀缺，国内市场出现进口劳动力需求时，为保护本国劳动力市场，政府通常使用配额有限制地进口劳动力资源。美国和瑞士都是劳动力禀赋相对稀缺的国家，但它们都成功地借助移民制度进口劳动力以满足国内需求。特别是瑞士的临时性移民制度，严格建立在综合考虑职业、居留期和就业地的劳动力进口配额基础上。这里主要讨论瑞士政府临时性劳务进口配额措施及其所产生的效应。

瑞士政府的临时性劳务进口配额，由瑞士联邦政府和地方政府共同管理，联邦政府每年确定不同类别的临时性移民的配额总量，然后由联邦政府和地方政府支配。配额的发放遵循一定的程序。只有当瑞士雇主不能在本国市场上雇用到合适的劳动力时，政府才会给予其外国劳动力的进口配额，条件是在此之前雇主必须向政府提出进口劳动力配额的申请，并证明他们已经因为在国内市场上寻找合适的雇员而付出了各种努力，空缺职位已上报劳工部门，而劳工部门又不能在短期内为其寻找国内劳动者填补空缺职位，或者在国内劳动市场上可雇用的劳动力在一定时期内不可能具备工作岗位要求的职业素质或训练。配额一般给四类临时入境的劳工以工作许可权：年度许可（或 B 类许可）、短期许可、季节性工作许可（或 A 类许可）和越境许可。年度许可一般给予那些在国家或地方重要工程或厂商中工作的高级专家、被在瑞士的外国大学或研究机构临时聘用的外国专家；接受雇主培训的跨国公司的经理或高级专家；参加技术合作项目专业培训的发展中国家的国民；为了培训或学徒实习而在瑞士受雇的欧盟或欧洲自由贸易协定成员方的年轻国民。1991年瑞士共发放了 1.7 万个年度许可配额，其中 0.5 万个名额由联邦政府支配，余下的由 26 个地方政府分配。短期许可一般给予那些进入期限最高为 12 个月且符合下述条件的申请者：短期职业或学术培训人员、设备工人、建筑队、在教育机构或科研机构受聘的高级专家、宗教使团人员等。地方政府可向外国发放 6 个月的短期工作许可证和 18 个月的短期许可证，但后者必须是在外国接受过教育且期望进一步提高技能的交流保健职员，或是得到瑞士政府资助、在瑞士接受教育的中东欧国家的国民。季节性许可一般给予每年受季节影响明显，或一年中出现 1～2 次明显雇用高潮的产业部门的劳工。地方政府的劳动力市场部门确定每个厂商的季节持续时间（最长不超过 9 个月），且季节性许可只能给予欧盟和欧洲自由贸易区成员方的国民。联邦政府可以给予被地方建筑公司雇用的工人（公司总部人员除外）、国家项目聘请的工人或可能解决地方劳动市场区域不平衡问题的工人以季节性许可配额。越境许可只发放给那些在瑞士边境地区工作且每天返回其住所的外国国民，后者只有在瑞士边境外居住超过 6 个月才有资格获此许可。越境许可证有效期 1 年，每年更换 1 次。1991 年 9 月，瑞士共发放了 182 641 个越境许可配额。

瑞士政府还根据本国经济增长情况调整劳动力需求，大约每两年定期调整一次配额及其分配比例。不同种类的短期签证与配额体系使瑞士政府在没有大量永久性移民的前提下，成功地借助进口劳动力满足了国内需求。

在美国，传统上主张吸引大批永久性移民，但也建立起了一套临时性移民制度。这套制度建立在对本国劳动力市场的计量、透明的遴选规则，以及申请人的职业与本国该行业劳动市场的状况之上。1990年修订的移民法引入配额来限制超过本国劳动力市场需求的职业人士的年进入量。20世纪90年代初，每年大约有60万新的临时性外国职员被允许进入美国，这还不包括已获准临时进入的外国学生（其中许多人有权在美国工作）和持有长期签证的临时进入职员的配偶和子女、每年250万短期商务旅行者，以及每日来往的过境劳工（尤其是墨西哥劳工）。这些临时性劳工的流入，不仅在一定程度上缓解了美国劳动市场的压力，而且给美国经济带来了许多长远利益。

4. 许可证制度

在国际服务贸易中，许可证制度多出现在生产者服务或专业服务领域，如通信、金融、运输、建筑工程、教育、医疗、会计、法律、咨询、数据处理和专业技术服务等部门中。

服务贸易中的许可证制度与商品贸易中的许可证制度一样，是构成各国限制其他国家服务提供者进入本国市场的常见的非关税壁垒之一。然而，服务贸易中的许可证制度的含义比商品贸易中的许可证制度更加多样和复杂，其中的一个原因是，到目前，人们依然没能对服务贸易许可证制度的范围达成共识。在国际服务贸易中，尽管有关开业权或建立权是否属于许可证制度范围的问题仍在争论之中，但从实际效果看，开业权或建立权与许可证制度的效果大致相同。就金融服务贸易来说，开业权或建立权是目前许可证制度下或类似规则下最重要的贸易制度安排，如东道国对外国金融机构提出创建代表或代办处、代理人、分支机构和附属机构的开业权限制等措施。由此可见，在劳动力流动与投资活动中的开业权，几乎发挥着与商品贸易中许可证相同的作用和影响。例如，在欧盟内部两大地区性集团之间、欧洲经济区成员方内部在开业权上享有国民待遇，人员可自由流动。在欧洲协议国家中，某些部门（如银行业）10年内在开业权上不能享有国民待遇。

3.6 服务贸易保护政策的比较与选择

3.6.1 关税、补贴和配额

在商品贸易领域，关税、出口补贴和进口配额的区别是这样的：关税能给政府带来收入，出口补贴却要增加政府的支出。另外，从时间角度看，每一届政府的任期都是有限的，因此它们总是更乐意选择可以增加即期政府收益的关税政策，把只能在将来才会有收益的出口补贴政策置于其政策篮子的最底层。关税一般优于进口配额。如果一国要使用进口配额政策，那么为了减少这一保护政策的经济扭曲程度，就应当坚定不移地实施进口许可证的拍卖制度，以防止寻租行为的发生。

在服务贸易领域，情况有些不同。从服务进口国角度看，作为一种扩大进口竞争产业产出规模的手段，对服务业产出的补贴一般优于关税。因为，一般认为，在服务领域中为本国厂商提供成本优势的政策将优于外国厂商面对成本劣势的政策。关于关税与配额的关系，尽管评估各种数量限制措施非常困难，但我们依然可以找出决定其社会成本的两个主要变量，即租金目标和受影响产业的竞争态势。如果国内厂商获取配额租金，且所有受影响的市场完全竞争，那么关税与配额在静态与效率意义上相同。如果配额租金流向外国厂商，那么与关税相比，配额在进口竞争产业中其成本则是十分高昂的。

从上面的分析，可以得出结论：从经济成本角度衡量，如果定义 $X > Y$，则 X 的成本小于 Y，那么使进口竞争产业的产出规模扩大的政策选择次序应该是：

$$对产出的补贴 > 关税 \geq 配额$$

这里，关税效应等于配额效应时，需要具备相同的约束条件，但要达到这样的约束条件，配额的成本可能比关税高得多。

3.6.2 进口限制、开业障碍和管制

1. 进口限制（restrictions on imports）

目前尚难找到限制服务贸易的典型案例，但在实际经济中存在着大量这样的事实。可以认为，如果政策目标是使本国进口竞争产业的规模大于没有实施任何政策时的规模，那么最低成本的方法就是给国内服务生产者以补贴。美国政府对本国服务供应商提供的各种行业性补贴或政策性补贴，使其服务厂商具备强大的成本竞争优势，这足以说明补贴可以很好地达到限制服务进口的目的。可以想象得出，由于部门利益，与执行对本国厂商直接补贴的政策相比，许多财政部门更加愿意看到政府执行对外国厂商和本国消费者征税的政策，然而这又不利于本国总体福利的提高，因为前已述及，在征税与补贴之间，选择后者更有利于本国服务厂商的竞争。

2. 开业障碍（impediment to establishment）

开业权常常涉及政治上的敏感问题，但从经济角度看，它是一种简单的服务销售的进口选择方式。通过开业实体，服务生产者将服务进口问题转变为服务销售问题。如果要达到支持本国进口竞争产业的政策目标，最优方式则是对这些产业进行补贴，次优方式是对在当地开业或通过贸易提供服务的外国服务提供者征税。妨碍外国服务提供者竞争效率的措施（这类措施往往不会给政府带来财政收益）与商品贸易领域不同，对开业权的禁令和数量限制，无论是从经济效益角度还是从财政收益角度，都将难以长期维持下去。

3. 管制（regulation）

政府管制能够使国内服务消费者获得公平的经济利益，或在一定程度上保护消费者利益免受国内服务厂商低质量服务的侵害。理论和实践都表明，这种原本为了保护本国服务消费者（即改善了消费者的逆向选择境况），限制本国服务提供者道德风险的措施，客观上对外国服务提供者的竞争起到了抑制作用。因此，政府必须明确，选择管制目标不仅要基于服务消费者的利益，而且要基于服务提供者的利益。

在上述三者之间，使进口竞争产业产出规模扩大的政策选择顺序是：

$$管制 > 进口限制 \geq 开业权$$

当开业权的选择采取"先来先得"或投标原则来确定时，进口限制与开业权的成本几乎一样，而当开业权以政府行政指令形式确定时，开业权成本大于进口限制。

综上所述，各种保护政策交织在一起形成了一个政策选择菜单。在现实经济中，选

择和执行何种保护政策并非轻而易举之事。这要求权衡各种保护政策的成本与收益。一般地，选择对本国服务产业进行补贴以提高其成本优势的措施，可能比抑制外国竞争者以削弱其成本优势的政策更有利于本国服务厂商的竞争。在服务贸易日益成为国际竞争新领域和新焦点的时代，采取直接补贴与各种适时的管制措施相结合的服务贸易保护政策体系，可能成为各国政府的理性选择。

【案例 3-5】 美式和欧式跨区域贸易协定服务贸易监管措施比较研究及我国对策

扫码阅读
案例 3-5

【案例 3-6】 WTO "电子支付服务措施案"及其对中国金融服务业的影响分析

扫码阅读
案例 3-6

【案例 3-7】 文化贸易壁垒与影视服务贸易保护

近些年来，服务贸易在国际贸易中的比重不断扩大。服务贸易的发展除了依靠科技进步以增强自身服务可贸易性以外，更重要的是依靠全球范围内贸易自由化程度的大幅提高。服务贸易自由化的发展经历了放松贸易管制到区域贸易自由化，再到全球贸易自由化的过程。发达国家，尤其是美国在这其中起到了非常大的推动作用，而发展中国家则经历了从抵制到逐步参与的过程。对于涉及电影、电视剧等视听产品的文化产业方面，WTO 在倡导贸易自由化的同时，也在保护各国文化产业方面有所考虑。

1. 文化贸易壁垒保护本土影视服务贸易吗

国际上有关影视服务贸易规则的制定是一个漫长而充满争议的过程，影视服务贸易究竟是应该被视作普通类型的服务贸易被纳入《服务贸易总协定》中，接受其与 WTO 基本原则的规制，还是应该遵循"文化例外"原则，视作特殊商品给予其特殊保护？在这个问题上，美国和欧盟成为两边对立观点的主要代表。

自 1947 年制定的《关税及贸易总协定》，影视服务贸易被允许给予进口限额管理的特殊待遇之后，各国对于电影、电视剧等试听服务的进口限制便逐渐增多，其中欧盟占了主要部分。

在倡导"文化多样性"观点的支持下，欧盟坚决认为应将电影、电视剧等视听产品与其他普通商品进行区别对待，也就是"影视产品在进入市场的过程中，不能像其他鞋帽等普通商品一样可以随意自由地进入"。这样就将影视服务贸易划归在贸易自由化原则所涉及的范畴之外了。

而美国则基于影视服务贸易在其经济发展中所占的重要地位以及针对欧洲各国建立的以保护其影视产业免受好莱坞冲击的影视同盟等原因，在以"贸易保护主义"批判欧洲影视节目配额制和一系列区域互惠制度的同时，坚持影视产品应等同其他普通商品的观点，希望能够用贸易自由化原则打破欧洲的影视服务贸易壁垒，以进入欧洲电影市场。

法国戛纳电影节主席吉尔斯·雅各布曾提出这样一个观点："美国输出的不仅仅是它的电影，它输出的实际上是美国的整个生活方式。"基于此，面对当前电影市场中好莱坞文化的强势入侵，各国纷纷希望能够通过设置文化贸易壁垒以为本国国产电影提供一个缓冲和喘息的空间。

然而，强势文化的入侵却往往是以本国经济实力的强势表现作为基础的，因此，在面对他国所设置的文化贸易壁垒时，强势文化在文化贸易中往往呈现出壁垒的低弹性，即因为本国经济实力的强势表现，所以其文化出口在面对他国设置的文化贸易壁垒时，表现出了极强的渗透性，实际上所受到的贸易量影响其实很少，在和弱势国家进行文化贸易时几乎呈现倾销的态势。

因此，从现实角度分析，面对强势文化的入侵，以设置文化贸易壁垒的方式能否从根本上保护本国文化主权还有待考量。

在世界贸易组织所制定的《服务贸易总协定》中，有相应的条款是关于文化产品或服务（其中主要是电影、电视剧等视听产品）的部分，如《服务贸易总协定》第四条有关电影的特殊规定以及与贸易有关的知识产权协议（TRIPS）。该类条款究竟是出于对各国国内文化安全的考虑还是推动世界范围内的贸易自由化，其侧重点各有不同，其中某些例外、豁免条款利于前者，而世界贸易组织中的某些普遍性原则，如最惠国待遇、国民待遇、市场准入等则利于各国之间文化产业的自由流通和相互竞争。

总而言之，随着世界范围内贸易自由化进程的不断推进，保护性文化贸易所占的比重将会越来越小，在一个以全球贸易自由化为背景的大环境下，一味强调文化安全，设置文化贸易壁垒以阻碍贸易自由的国家在国际贸易中将面临越来越大的压力。

文化贸易壁垒的实际效应

基于各国对保护"文化主权"的重视以及对类似"美国电影输出的是整个美国的生活方式"等观点的认同，导致除美国之外的世界上大多数国家都对影视服务贸易中的文化贸易壁垒持支持态度。

该类主张的成立是以"文化产品自由流通必将导致价值观念趋同"这一命题为前提的，但命题中文化产品自由流通与价值观念趋同这二者之间的必然性仍需要进一步论证。

在文化贸易中，各国主张设置文化贸易壁垒，实行保护性文化贸易政策的考虑其实是建立在这样一个前提之上，即过于频繁地接触外来文化商品或服务，比如电影、电视剧等视听产品将必然导致国民对于该类商品或服务上所承载的外国价值观念的趋同，即各国谈之色变的文化侵略。

但该前提存在一个缺乏根据的主观推断，即将国内民众看成是完全被动的信息接收者，只要接触外来文化产品则必将受到其中所包含的文化理念的影响，从而削弱对本国文化的认同感。

实际上，在面对不同于本国文化的外来文化刺激时，每个人的反应会因其教育背景、生活经历等因素的影响而不同。因此，单纯地将文化产品自由流通和价值观念趋同画上等号显然是不明智的。

2. 文化贸易壁垒在保护各国文化安全方面所起到的实际效应究竟如何

以我国为例，我国对于开放电影产业经历了一个从保守到开放的过程。一开始我国一直持有较为务实而谨慎的态度。2000年在中国入世所进行的最后阶段的谈判过程中，我国就文化产品以及服务市场准入等方面都进行了相应的承诺，而我们所承诺的方面涉及了很多领域，其中就包括书报刊、音像制品、电影等领域。

其中有关电影的内容就有"在不损害我国电影管理法规这一条件下，自加入的时候起，我国将允许以分账形式进口电影用于影院放映，并且这一类的进口数量每年至少要有20部""自加入时起，将允许外国服务者建设电影院，同时也允许其改造电影院，但是外置不能超过49%"，等等。

但是，从2012年2月中美双方就解决WTO电影相关问题的谅解备忘录达成协议来看，我国在对待电影产业开放问题上的态度有了一个积极的转变。"中国每年所进口的美国大片会增加到14部，其电影类型主要以IMAX和3D为主，而美国电影票房分账比例则从以往的13%上升到25%。根据协议，每年美国分账大片的引进数量从20部提升至34部。"

在全球影视服务贸易自由化的大环境下，在2012年中国电影分账大片压力持续增加的同时，我国2012年依然取得了全国总票房170.73亿元的成绩，同比增长30.18%，其中国产电影票房82.73亿元，占全部票房总额的48.46%。可见，影视服务贸易领域中文化贸易壁垒的逐渐减少所带来的除了挑战，还有更为广阔的市场前景和发展机遇。

发达国家在发展过程中，主要会依靠其强大的文化产业竞争力，提出自由贸易这一理念，以此来拓展自身文化市场。在以往贸易自由谈判过程中，一些发达国家以及发展中国家会通过各种措施来构建出属于自己的文化贸易壁垒，以此来反对国外发达国家文化产品的侵入。

但是，这种文化贸易壁垒效果是有限的。除了实际效果不明显之外，文化贸易壁垒还存在着一定的理论困境，引进外国影视产品是否就必然导致国民价值观趋同这一论断还有待论证。因此，与其不断构筑各种文化贸易壁垒以防范外来文化的入侵，不如适应全球影视服务贸易自由化的浪潮，在提升自身影视产品质量的同时，争取以此为契机，不断提升本国文化的核心竞争力，以更好地在全球文化贸易自由化的背景下获益。

资料来源：李梦然. 文化贸易壁垒与影视服务贸易保护[J]. 中国外资，2017（1）：70-71. ∎

课后思考题

1. 发达国家和发展中国家服务贸易自由化的政策取向有哪些不同？
2. 请简述服务贸易壁垒的概念、种类和特点。
3. 量化服务贸易非关税壁垒以及随之产生的关税等值的三种主要方法是什么？
4. 衡量贸易政策保护程度的指标有哪些？

第4章

国际服务贸易规则

教学目的

- 了解乌拉圭回合服务贸易谈判
- 熟悉《服务贸易总协定》的总体结构及主要内容
- 追踪《服务贸易总协定》的后续谈判
- 了解欧盟、北美自由贸易区、亚太地区的服务贸易规则
- 了解《国际服务贸易协定》(TISA)

本章提要

本章梳理了乌拉圭回合服务贸易谈判的历程,介绍了《服务贸易总协定》的总体结构及主要内容、多哈回合关于服务贸易的谈判及进展情况,以及欧盟、北美自由贸易区、亚太地区服务贸易规则的主要内容,阐述了《国际服务贸易协定》(TISA)。

4.1 乌拉圭回合与服务贸易谈判

二战以后,随着《关税及贸易总协定》关税减让谈判的不断深入,货物贸易自由化程度持续提高。但是,服务贸易自由化直到乌拉圭回合谈判之前仍然是一片空白。1986年开始的《关税及贸易总协定》第八轮谈判——乌拉圭回合,首次将服务贸易列为三大新议题之一,并展开谈判,目标是为服务贸易自由化,制定各缔约方普遍遵守的国际服务贸易规则。然而,由于服务贸易涉及面广,情况复杂,各国的要求殊异,所以谈判并非一帆风顺。

4.1.1 乌拉圭回合服务贸易谈判的三个阶段

乌拉圭回合服务贸易谈判大体经历了三个阶段。

第一阶段是1986年10月27日~1988年11月。该阶段的谈判重点涉及服务贸易的定义、范围、与服务贸易有关的国际规则或协议等问题。这一阶段各方分歧很大,发展中国家要求对国际服务贸易做比较狭窄的定义,即"居民与非居民进行的跨国境的服务购销活动"。这个定义将跨国公司内部交易和诸如金融、保险、咨询、法律服务等不必跨越国境的交易排除在外。美国等发达国家则坚持较为广泛的定义,将所有涉及不同国民

或国土的服务活动纳入国际服务贸易范畴。欧共体提出的折中意见主张不预先确定谈判范围，而是根据谈判需要对国际服务贸易采取不同定义。多边谈判基本上采纳了欧共体的意见。

第二阶段是 1988 年 12 月～1990 年 6 月。1988 年 12 月在加拿大的蒙特利尔举行了中期评审会谈，会谈中，为加速谈判，各国在一定程度上摆脱了对服务贸易定义的纠缠，而将谈判重点集中在透明度、逐步自由化、国民待遇、最惠国待遇、市场准入、发展中国家的更多参与、例外和保障条款，以及国内规章等原则在服务部门的运用方面。1989 年 4 月，服务贸易工作组举行会议，决定开始对电信和建筑部门进行审查，然后又审查运输、旅游、金融和专业服务部门，这样就进入了"部门测试"过程。与此同时，各国代表同意采纳一套服务贸易的准则，以消除服务贸易谈判中的诸多障碍。各国分别提出自己的方案，阐述了自己的立场和观点。1990 年 5 月，中国、印度、喀麦隆、埃及、肯尼亚、尼日利亚和坦桑尼亚七个亚非国家向服务贸易谈判组联合提交了"服务贸易多边框架原则与规则"提案，对最惠国待遇、透明度、发展中国家的更多参与等一般义务与市场准入、国民待遇等特定义务做了区分。后来 GATS 文本结构采纳了"亚非提案"的主张，并承认成员方发展水平的差异，对发展中国家做出了很多保留和例外，这在很大程度上反映了发展中国家的利益和要求。

第三阶段是 1990 年 7～12 月。1990 年 7 月服务贸易谈判组举行高级官员会议，各方代表对于国民待遇、最惠国待遇等原则在服务贸易领域的适用性已达成共识，但在各国开放和不开放服务部门的列举方式上，出现了"肯定列表"和"否定列表"之争。美国、加拿大等发达国家提出"否定列表"方式，要求各国将目前无法实施自由化原则的部门清单列在框架协议的附录中作为保留，部门清单一经列出，便不能再增加，要承诺在一定期限内逐步减少不予开放的部门。发展中国家则提出"肯定列表"方式，即各国列出能够开放的部门清单，之后可随时增加开放的部门数量。这对于服务业相对落后的国家来说较为灵活。因为服务贸易范围广泛且不断扩大，发展中国家难以预先将本国不能开放的部门全部列举出来，如果采用"否定列表"方式将会带来难以预料的后果。后来文本采纳了发展中国家的主张，对市场准入和国民待遇等特定义务按"肯定列表"方式加以确定，从而使发展中国家的利益有了一定程度的保障。

4.1.2　服务贸易谈判取得的成果

毫无疑问，由于各国之间，特别是发达国家与发展中国家之间利益上的矛盾与冲突，谈判的艰难程度可想而知。然而，各方经过妥协和让步，谈判最终还是进行下去了，并且取得了一定成果。在 1990 年 12 月 3～7 日的布鲁塞尔部长级会议上，服务贸易谈判组修订了《服务贸易总协定多边框架协议草案》文本。1991 年 4 月 8 日开始的讨论着重围绕三个重点进行：协定的框架、初步承诺表和部门附件。有关协定的谈判主要集中于最惠国待遇条款，最终确定了各缔约方可将选择的部门从最惠国待遇适用范围中免除的程度。1991 年 6 月 28 日，服务贸易谈判组达成一项协议——《关于最初承担义务谈判准则》，对初步承诺的时间进行了安排。依据该准则，各承诺方要在 1991 年 7 月 13 日之前提交有条件的各项承诺，并详细说明将承担草案文本第三、四部分中所陈述的义务，同时对影响国际贸易的规则做出解释。各承诺方要求在当年 9 月 20 日之前提交最初要求。然而，承诺安排并未如期进行。到 1991 年 11 月大多数国家仍没有提交其承诺表。在附件方面，只有海运服务、电信、金融服务和劳工流动等取得了一些进展。

经过进一步谈判，1991年12月20日《关税及贸易总协定》总干事提交了一份《实施乌拉圭回合多边贸易谈判成果的最终方案（草案）》，即著名的《邓克尔方案》，从而形成了GATS草案。该草案包括六个部分，含35个条款和5个附录，基本确定了该协定的结构。草案由参加谈判的代表团带回各自国内进行讨论。如果各国认为基本可以接受，就将该草案作为进一步谈判的基础；如果各国不同意该草案的主要规定，那么谈判就此结束。倘若如此，这将意味着乌拉圭回合整体谈判的完结，建立新的多边贸易体系的努力告吹。事实证明，尽管各国都对GATS草案存有或多或少的不同意见，但都不愿承担乌拉圭回合失败的责任，因此都表示可以进一步考虑，于是各国进入了关于开放服务市场具体承诺的双边谈判阶段。经过各国继续磋商、谈判，协议草案根据各国的要求又进行了进一步修改。最后，各谈判方终于在1994年4月15日于摩洛哥马拉喀什正式签署了GATS。该文本在总体结构和主要内容上对框架协议草案并无重大变更，只在部分具体规范上有所调整。该协定作为乌拉圭回合一揽子协议的组成部分和世界贸易组织对国际贸易秩序的管辖依据之一，于1995年1月1日与世界贸易组织同时生效。

乌拉圭回合之后，有关服务贸易的后续谈判主要包括两方面内容：一是部门谈判，即各谈判方根据GATS的要求继续就"自然人跨国流动""金融服务""基础电信服务"和"海运服务"进行互相开放市场的谈判；二是完善GATS有关条款的谈判，主要是就"服务业紧急保障问题""服务业补贴问题"和"政府服务采购"等进行谈判，以便确立完善的规则。

4.2 《服务贸易总协定》的总体结构及主要内容

4.2.1 GATS的总体结构

GATS由两大部分构成：框架协定和各缔约方按协定第20条规定提交的具体义务承诺表。

1. 框架协定

GATS框架协定又由两个部分组成，即条款部分和附录部分。条款部分包括一个序言和六个部分共29条，明确了制定服务贸易各项原则和多边规则的基本宗旨，规定了适用于所有成员方的基本权利和义务。附录部分是总协定不可分割的部分，涉及"免除最惠国待遇义务""自然人提供服务活动""航空运输服务""金融服务""海运服务谈判""电信服务"和"基础电信谈判"等8个附录的内容。这些附录旨在处理特定服务部门及服务提供方式的特殊问题。此外，乌拉圭回合一揽子协议中与GATS有关的文件还包括9个部长决议，如关于制度安排决议、关于争端解决程序决议、关于第14条（6）款"安全例外"的决议、关于服务贸易与环境决议，以及有关基础电信、金融服务、专家服务、自然人移动和海运的谈判决议等。

2. 成员方具体义务承诺表

根据GATS第20条的规定，每一成员方都应制定一份承担一定义务的计划表，详细说明市场准入和国民待遇的范围、条件、限制及适当的时间框架等。各成员方的承诺计划表附于 GATS 之后，作为其组成部分。目前各成员方大多已向世界贸易组织秘书处提交了服务贸易的开放承诺表，根据其服务业的发展现状列出了其开放的具体服务部门。世界贸易组织秘书处已按成员方组别，即发达国家、欠发达国家和经济转型国家分类，将成员方对各服务行业的开放情况整理汇总，并予以公布。

4.2.2　GATS 文本的主要内容

1. 序言

序言指出 WTO 全体成员对服务贸易的认识、希望和考虑。

首先，全体成员"认识到服务贸易对世界经济的增长和发展日趋重要"，并"认识到所有成员为了符合国内政策的目标，有权对其境内所提供的服务制定并施行新的规定，并考虑在制定服务贸易法规时，不同国家存在着不同的发展程度，发展中国家可根据其特殊需要实施该项权利"。其次，序言提出两点希望：其一，"希望在适当考虑国内政策目标的同时，通过连续不断的多边谈判，促使各成员在互利的基础上获益，并保障权利和义务的全面平衡，使服务贸易自由化推向更高阶层，从而早日取得成功"。其二，"希望有助于发展中国家在国际服务贸易中更多地参与并扩大服务贸易的出口，特别是通过提高它们国内服务的能力、效率和竞争力"。最后，序言申明"鉴于最不发达国家特殊的经济状况以及其在发展贸易和财政上的需要，对其严重困难应予以特殊考虑"。

《服务贸易总协定》作为世界贸易组织的独立协定，是因为它具有特殊性，并允许各国按照其自己的国内政策目标，在互利和权利、义务平衡的原则下，分别就各服务行业进行谈判。因此，研究序言，体会序言的基本精神具有重要意义。

2. 六个部分的主要内容

《服务贸易总协定》的文本包括六个部分：第一部分为范围与定义，第二部分为一般责任与纪律，第三部分为承担特定义务，第四部分为逐步自由化，第五部分为制度条款，第六部分为最终条款。

（1）第一部分：范围与定义

GATS 对服务贸易的定义是指服务提供方式，在本书的前面部分已涉及。

第一部分所指范围限定于"适用于成员为影响服务贸易所采取的各项措施"，主要指每一成员的中央和地方政府或由当局授权的非政府团体（如商会），应尽可能采取适当的措施以确保在其境内履行职责。GATS 所指的"服务"是除政府服务外的一切服务。这就是说，一国政府行政服务（包括驻外使领馆人员的服务）不在 GATS 所指的"服务"范围之内。这里称"为政府当局实施职能的服务"指既不是商业性质的，又不与任何一种或多种服务相竞争的各类服务。

在框架协定的谈判中，"服务贸易"的定义是一个关键性问题，它对确定服务贸易规则的准确适用范围和在拓展服务贸易中可能形成的总体优势平衡，具有非常重要的意义。因为这些都牵涉定义的涵盖范围。乌拉圭回合的重要成就之一就是通过谈判对"服务贸易"下了一个定义，即通过跨境提供、境外消费、商业存在和自然人移动四种方式提供服务。协定认定自然人的流动构成服务贸易并且是贸易减让谈判的一个适当内容。由于全球化和商业存在的出现，各成员在所有权和控股等观念上也出现了混乱。GATS 第 28 条为此特别规定，如果一法人的利润中有超过 50% 的利润股权被一缔约方的自然人实际拥有，则该法人归缔约方的自然人所有，商业存在条件下的许多外国投资者拥有不足 50% 的利润股权，这意味着所开办的实体将被视作国内的。总之，服务贸易的定义超出了通常采用的居民与非居民之间的交易统计范畴。

GATS 具有普遍的作用范围，适用于各成员方所采取的影响服务贸易的各种措施。但是，关于 GATS 的范围，仍有一些问题。例如：①社会保障，包括避免向社会保障体制双重征税，或从社会保障中双重获利；②根据双边投资保护协定的争端解决；③自然人的进入和停留；④季节性民工进入和临时停留、休假计划、校际交流和教师互访、文化交流协议等构成的自然人进入和临时停留等。这些措施的计划安排和最惠国义务免除问题有很大关系。有关协定范围的这些分歧需要通过双边磋商加以解决，协定各方必须决定是否将任何已在其国内生效的此类措施，列入计划安排或使之成为最惠国义务免除的内容。目前这些问题正由服务贸易小组委员会讨论。

（2）第二部分：一般责任与纪律

本部分包括最惠国待遇、透明度、发展中国家的进一步参与、经济一体化、国内规定、对服务提供者任职资格的承认、垄断与专营服务、保障措施、政府采购、协定一般纪律与责任的例外、补贴、垄断等条目。

1）最惠国待遇。服务贸易的最惠国待遇原则基本上与商品贸易一致，即每一方给予任何其他参加方的服务或服务提供者的待遇，应立即无条件地以不低于这样的待遇方式给予任何其他参加方相同的服务或服务提供者。但服务贸易的最惠国待遇有两个例外：一是任一参加方与其相邻边境地区交换，并限于当地生产和消费的服务所提供或授予的利益；二是一参加方在谈判中可提出要求免除最惠国待遇义务的部门与措施。但这种免除最惠国待遇的年限不能超过 10 年。最惠国待遇是无条件的，但考虑实际情况，GATS 第 2 条第 2 款规定了最惠国待遇责任的若干例外，这些例外见于免除第 2 条义务的附件。在免除最惠国待遇义务方面，允许缔约方在不超过 10 年的时间内享受免除义务，不过要求 5 年后进行一次审查。最惠国待遇也不适用于第 5 条"经济一体化"和第 8 条"政府采购"。在许多参加方开放其国内市场的前提下，采用无条件最惠国待遇将给许多部门带来出口机会。

2）透明度。每一参加方必须把影响协定实施的有关法律、法规、行政命令及其他决定、规则和习惯做法，无论是由中央或地方政府做出的，还是由政府授权的非政府组织做出的，最迟在它们生效前予以公布。任何参加方也必须公布其签字参加的所有影响服务贸易的其他国际协定。透明度的一个例外附则是，对于任何一参加方，那些一旦公布即会妨碍其法律的实施，或对公共利益不利，或将损害具体企业的正当商业利益的机密资料，可以不予公布。

3）发展中国家的进一步参与。发展中国家服务业发展水平较低，因此应该帮助它们提高服务业的效率和竞争力，特别是在获得商业性技术方面给予特别的支持，如对它们提供有利的市场准入条件。发达国家在 GATS 生效的两年内必须建立联系点，以便发展中国家及时、有效地获得各种服务市场准入材料。所有这些规定使发展中国家获得对其服务业发展现状不平衡的承认，并获得发达国家对其义务的承担，即发达国家将采取措施促进发展中国家的国内服务部门的发展，发展中国家自身将通过向外国服务提供者附加条件以换取市场准入。GATS 第 19 条第 2 款规定,全部或个别服务部门贸易自由化的进程将取决于缔约方各自的国家政策目标与发展水平。对发展中国家给予适当的灵活性,比如少开放一些部门、放宽较少类型的交易、根据发展情况逐步扩大市场准入程度等,在协定中纳入这一条相当重要,因为它承认了发展中国家采取的旨在加强其服务能力等措施的合法性。例如向外国服务提供者附加技术转让或网络进入条件,或雇员要求,或运用其他的国家政策措施来达到这一目标,包括向它们的服务部门提供补贴。在规定外国服务提供者市场准入方面,一些发展中国家在其具体承担义务计划安排中对市场准入附加了条件,比如有关商业存在类型的限制或要求,有的国家规定了合资企业要求,或通过商业存在传递服务的一般授权标准,这些标准在一定程度上保证了竞争性服务部门的发展;关于培训和就业的最低要求,有的国家规定一定数目的主管应是本国国民,应承担当地雇员的培训和国内分包者的就业;关于当地成分要求,在私营电影放映中国产影片或广告应占的一定的百分比(80%);关于附加税和各种税率,仅适用于国内生产者的免除进口关税的免税制;关于技术的取得,外国服务提供者应采用适当的先进技术、设备和管理经验,并根据义务转让技术,同时把经验传授给国内人员;有关经营的资料,外国服务提供者须及时、精确地提供经营报告,包括技术、财务、经济和管理数据,等等。此外,协定第 4 条还规定了有利于商业和技术方面取得服务、提供信息的联系点的设立,专业资格的登记、认可和获得,以及服务技术获得的可能性。这种联系点的设立将有助于发展中国家获得进入市场所需的有关信息。然而,这些国家必须建立必要的制度和行政框架来管理这些信息,并使信息及时地处于服务提供者的留意之下。值得注意的是第 4 条第 1 款:"根据本协定第三、四部分有关规定,通过不同缔约方协商的具体承担义务增加发展中国家在世界服务贸易中的参与:①通过发展中国家国内服务能力、效率和竞争力的提高,特别是在获得商业性技术方面。②改善它们对分配渠道和信息网络的进入。③各服务部门市场准入的自由化和对它们有利的提供出口服务的方式。"印度在其关于商业存在的承担义务中附加了一项条件,即在与印度公共部门企业或政府承办企业合办的合资企业中,对提供最佳技术转让的外国服务提供者将给予优惠待遇。

4)经济一体化。GATS 第 5 条"经济一体化"规定了成员方实施无歧视待遇的义务,该条类似于《关税及贸易总协定》第 24 条,要求在服务贸易协定中安排具有实质性意义的部门的减让和在成员方之间实质性地消除所有歧视。该款规定,在履行诸如 GATS 条款下可接受的条件方面,发展中国家享有灵活性。这些条件包括实质性部门的涵盖范围(为满足这一条件,协定不准用演绎方法排除任何服务提供方式),及不存在第 17 条"国民待遇"意义上的所有歧视。此外,根据第 5 条第 6 款规定,在仅涉及发展中国家经济一体化协议的情况下,为多边协定成员方自然人所拥有或控制的法人可被赋予更多的优惠待遇。现有的经济一体化协定如《欧洲联盟》《欧洲经济区》《澳大利亚—新西兰进一步密切经济关系》《加勒比共同体》《拉丁美洲的一体化联盟》《安第斯集团》《海湾合作委员会》《非洲经济共同体》《阿拉伯马格里布联盟》《西非国家经济共同体》等都将服务贸易纳入其中。大多数发展中国家的一体化协定大体上包括服务贸易自由化,但还没有通过采取放宽资本和劳动力流动这些手段来实施这一目标。在这些协定下,由于服务贸易受到区别对待和严加管制,要想在服务贸易自由化方面取得进展相当困难。因此,服务贸易的重点仍将放在发展和增强成员方之间的基础设施网络上。

5）国内规定。任何参加方应在合理、公正、客观的基础上实施有关影响服务贸易的国内规定。在不违背一国宪法结构和法律制度的前提下，每个参加方应尽快坚持使用或指定切实可行的司法、仲裁、行政手段或程序，对有关提供服务的行政决定做出迅速的审查并给予公正的判定。如果一参加方在已承担义务的部门对外开放，就应该对于外国服务商的申请按照国内法律和规定全面考虑，毫不拖延地把考虑的结果通知申请人，并提供有关申请方面的资料、各参加方有关的资格审查条件和程序、技术标准和许可证等，不能造成不必要的贸易壁垒。在参加方全体监督与检查下，资格与服务能力的审查应该客观而透明，在确保服务质量时不能造成不必要的负担，实施许可证不能造成贸易限制。

6）对服务提供者任职资格的承认。服务贸易涉及领域非常广泛，服务质量往往取决于服务提供者的学历、职称和从事专业的经历、经验及能力、语言水平等。各国都比较注重对这些任职条件实施限制，结果造成了对服务贸易自由化的阻碍。因此，协定要求签约各方相互承认对方的各种任职条件，并最终按照国际统一标准加以合作。

7）垄断与专营服务。协定并不反对创建和维护垄断服务，但任一参加方在进行垄断经营时，不应违背最惠国待遇原则和服务贸易谈判中所承诺的义务。如果违背，贸易对方可向成员方全体提出请求，要求给予制裁。

8）保障措施。协定规定，在协定生效3年后，在非歧视原则的基础上完成保障措施的谈判并加以实施。实际上众多的服务贸易部门很难制定具体的保障措施，而只能在实施过程中逐步充实。如果某一参加方发生严重的国际收支困难，可以在已承担义务的服务贸易中实施限制措施，但各国在实施以国际收支平衡为由的保障措施时，应当是非歧视性的，并要求与国际货币基金组织协商一致。一旦该国国际收支状况改善，就应逐步取消相应的保障措施。某一参加方在实施或修改任何保障措施时，都应及时通知成员方全体。发展中国家强调在多边框架内的任何保障条款应允许其采取保障行动，一是出于保障国际收支平衡的需要；二是为了对付由于所有权集中、市场主宰和限制性商业习惯做法而出现的局面（由于在市场准入条件刚刚议妥时，这种出现的可能性不可预见），及由此造成的对贸易的消极影响。除此之外，任何保障条款还应准许其设立服务部门、保护幼稚产业以及纠正服务产业结构等。该领域谈判各方所面临的困难之一，就是这样的责任将涉及对进口渗透和服务进口（几乎没有措施标准对这种服务进口进行约束）冲击经济的裁决。有必要探索上述这些困难及保障条款对服务贸易的潜在适用性。由于最初的承担义务谈判与《服务贸易总协定》谈判是在同一时期进行的，这种谈判进行的方式使得对保障条款问题的考虑进一步复杂化。然而，在制定保障条款时，主要关注点是避免纳入GATT第19条中经实践证明行不通或在GATS框架中被滥用的条款。应当指出的是，乌拉圭回合《保障协定》的确解决了GATT第19条的许多弊端。《保障协定》还规定，适用保障措施的缔约各方应努力保持同等的减让水平，为达到这一目标，成员方可商定采取一切适当的贸易补偿手段。

9）政府采购。GATS第13条第1款做了如下陈述："本协定第2、第16、第17条不适用为了政府使用目的而不是商业转售目的或提供服务用作商业转售之目的，约束政府机构采购服务的法律、法规及要求。"有关政府采购的规则将留待今后的谈判来完成，谈判将在WTO协议生效后2年内结束。在政府采购领域，缺乏规则会导致服务贸易中的许多不确定，并且会在服务贸易中造成贸易扭曲。

收录在《建立世界贸易组织协定》附件4中的《政府采购协定》是《东京回合准则》

的翻版。然而，由于该协定是一项多边协定，因此它将只适用本协定的签字国。本协定第一次将这一领域中的国际竞争范围延伸到服务，包括建筑服务的采购。因为国民待遇和非歧视待遇是政府采购规则的基石，在规定范围内的政府采购方面，对外国供应商及外国产品和服务所提供的优惠待遇不得低于其对国内供应商及国内产品和服务所提供的优惠待遇。向发展中国家提供特殊的差别待遇是另一项条款，其目的是：适当考虑发展中国家的发展、资金和贸易要求，以保障它们的国际收支平衡；促进其国内工业的建立或发展；支持完全依赖或严重依赖政府采购的工业单位；通过发展中国家之间的区域性或全球性安排鼓励其经济的发展。为实施这一目标，发达国家应适当考虑实体采购产品或发展中国家感兴趣的服务出口。此外，某些排除在国民待遇规则之外的可相互接受的条款可被授予发展中国家。这个被扩展了的协定将影响今后《服务贸易总协定》下有关政府采购的计划。鉴于美国财政和国内税务机构对GATS第17条"国民待遇"干预税收表示关注，美国建议在其减让安排中纳入一项有关各种直接税制形式的国民待遇横向限制。乌拉圭回合多边贸易谈判的其他各方认为将这样的例外授予国民待遇，会使美国所做的计划安排变得毫无意义。为迎合财政部的关注，协定第14条（d）下附加了一条脚注，详细说明了旨在公平或有效地征收直接税的措施类型并对直接税做出定义。不过，这些措施的清单仅仅是解说性的。此外，脚注说明正当的措施一般也要求符合第14条，即这些措施不得对贸易构成变相限制，脚注中的任何规定并不有意影响或左右成员方之间按照双边税收协议条文进行裁决的有关税收的任何问题。原则上，本例外条款并不一定意味着接受GATS缔约方所采取的任何税收措施，不管这些措施是否被包含在例外条款之中。因此，参加方可采用任何税收措施来解决争端。

10）协定一般纪律与责任的例外。各参加方在下列情况下，可以免除对协定的义务：对公共道德或维持公共秩序进行必要的保护；对人类、牲畜或植物的生命和健康进行必要的保护；为防止瞒骗和欺诈的习惯做法和处理服务合同违约而采取的措施；为保护、处理和防止扩散个人资料中的个人隐私，以及保护个人记录和账户秘密而采取的措施；不公布与国家安全有关的信息资料；有关直接或间接供给军事机构使用的服务行为；处理有关裂变材料或提炼裂变材料而采取的措施；处理战时或国际关系中其他紧急状况而采取的措施；为维护国际和平与安全而采取的措施；因避免双重征税，国际协定的签约国采取的差别待遇，不视为违背最惠国待遇原则。对上述例外条款，要求参加方在实施时，不能因不同国家而采取不同措施，即不构成歧视，同时不能对服务贸易造成武断的、变相的限制。由于欧共体在声像部门谈判中遇到麻烦和美国对国民税收的强烈要价，GATS第14条"一般例外"在乌拉圭回合行将结束之际成为着重被讨论的问题，欧共体建议将文化例外的内容纳入GATS第14条，或将关于文化独特性的语言纳入协定的某些其他条款（第19条"逐步自由化"、第15条"补贴"和免除第2条义务的附录）。最后，由于其他参加方发表了保留意见，欧共体只得将有关声像部门协议纳入其最惠国义务免除范围，并且不将该部门纳入其承担义务计划安排中。

11）补贴。补贴往往是形成贸易扭曲的重要原因。在服务贸易方面，各参加方对服务有时实施各种补贴，但总协定目前还缺乏一种完整的规则来禁止对服务贸易的各种补贴，目前只提出以下思路：通过多边谈判，加速制定一套完整的关于服务贸易的补贴与反补贴规则；对是否造成服务贸易扭曲的补贴，要经过研究区别对待；由于服务业在发展中国家发展水平较低，因此要对发展中国家（地区）的补贴给予有差别的、灵活的考虑；对于因补贴而受损的成员方要求，要进行磋商，适当解决。

一些发展中国家的提案规定了发达国家应减少并停止补贴，在发展中国家使用补贴方面给予了灵活性。总协定还规定，将来的谈判或纪律应承认补贴在发展中国家的发展计划中所起的作用，并考虑缔约方，尤其是发展中国家缔约方在这一领域中灵活性的需要。有关严格纪律的谈判被延期了，因为各国做出这些义务承诺前，首先需要对贸易影响做出评估。然而，对于许多服务，要想获得有关市场份额和价格的足够数据相当困难，而且"产量单位"以及"单位成本"的概念很难适用于众多的服务部门。其他的问题还有服务"原产地"的识别以及国内外公司的界定等。从目前各成员方的具体做法可以看出，普遍给予国内服务提供者的所有补贴将不被赋予外国的服务提供者。美国的计划安排列入了具体种类的补贴，即联邦海外私人投资公司的保险和贷款保证对侨民、外国企业或设立在美国的外国控制的企业不适用，贸易发展局的金融资助仅限于美国公民或法律允许在美国长期居留的非美国公民和其主要商业场所在美国的个人；或者根据美国法律成立或合法开办的私人拥有的商业企业或合资企业和主要商业场所在美国的企业，而且超过 50% 的利润股权由属于美国公民的个人实际拥有；或者在美国成立或合法开办 3 年以上，前 3 年当中每年均从事类似的服务；在美国招聘的全时固定员工中，有一半以上应是美国公民，并在美国有实际履行合同的能力。美国计划安排所准许的补贴还包括联邦小企业行政贷款，不过这些贷款仅限于美国公民或 100% 由美国拥有的公司，公司的经理都是美国公民。欧共体也在它的计划安排中规定了补贴，据规定，补贴对非共同体公司在一（欧共体）成员方领土上开设的分支机构不加约束，补贴的享受仅限于建立在成员方领土上或一个特别地理地区的法人；对用于研究与开发的补贴不加约束；公共部门内的服务提供或其补贴并不与国民待遇相抵触；就自然人获得补贴而言，补贴获得的可能性仅限于欧共体成员方的国民。另外一些国家如日本、加拿大、北欧国家和韩国则将"对研究和开发补贴不受约束"的条目列入国民待遇限制。韩国还规定，包括税收收益在内的补贴享受限于开办在那里的公司，或根据有关法律限于当地居民。对服务出口的补贴在含义上是十分广泛的。给予本国母公司的补贴会给其在外国的子公司创造竞争优势，这也就等于间接地给予国外的子公司以补贴。有利于外国消费者在一国购买服务的特别做法也属于补贴范畴。在服务部门多样化和贸易发生方式多样化的情况下，处理补贴问题最好在具体部门的基础上进行，因为要想出一种通常的方法来识别补贴的贸易影响是极其困难的。

12）垄断。GATS 第 8 条收录了有关垄断经营的条款："每个成员方就确保在其领土内任何服务的垄断提供者，在相关市场提供垄断服务方面不采取与本协定第 2 条规定的责任和具体承担义务不相符的行动。"有关处理限制性商业习惯做法和私营公司的其他反竞争性习惯做法的类似条款未被收录在第 8 条内。第 8 条也没有规定具体的义务来消除这些习惯做法。

"俱乐部安排"，是承担结算、支付和清算或报价交易责任的集团或联盟，是限制性商业习惯做法针对外国人包括外国银行的潜在手段。确保这种安排不歧视外国银行的必要性在《金融服务承诺的谅解协议》中关于"国民待遇"的第 3 节里已得到详细说明。不过还不清楚为什么有关"俱乐部安排"习惯做法的义务，应限定于愿意根据《金融服务承诺的谅解协议》来安排其承担义务的各方。对于若干服务部门，国际贸易已被反竞争习惯做法扭曲，这使得在缺乏严厉纪律约束的情况下，较脆弱的发展中国家很难把这些部门纳入其承担义务的计划安排中。正如发展中国家提交的提案所预见的那样，一项控制反竞争性习惯做法的明确义务（这项义务规定，各方应采取包括立法和其他一切可能的措施，在其所管辖的范围内确保服务提供者不采取不公平的贸易习惯做法）和为控制反竞争性行为消极影响的国际标准与纪律，以及强化这种标准和纪律的多边机制，能够维护服务贸易的进一步自由化。目前，各方正在就是否将竞争策略纳入新一轮多边谈判的议事日程展开讨论。

（3）第三部分：承担特定义务

GATS第三部分"承担特定义务"包括第16条"市场准入"、第17条"国民待遇"和第18条"附加承担义务"。该部分规定了一参加方在承担具体的服务市场开放义务时所应遵循的一些原则。

1）市场准入。根据第16条规定，当一参加方承担对某个部门的市场准入义务时，它给予其他参加方的服务和服务提供者的待遇，应不低于其在具体义务承诺表中所承诺的待遇，包括期限和其他限制条件。这意味着对于其他参加方以商业存在形式进入的服务或服务提供者，承诺该部门具体开放义务的参加方应在其境内承担义务，即从该参加方境内向任何参加方境内提供服务的市场准入义务。如果跨越国境的资本流动是该项服务的主要部分，那么该参加方有义务允许这类资本流动。如果一参加方允许外国服务提供者在其境内开业，那么它就有义务允许有关的资本转移至其境内。任何一个参加方，对做出承担义务的服务部门或分部门，除了在其承担义务的计划表中列出外，不能维持或采用下述限制措施：采用数量配额、垄断、专营服务等方式来限制国外服务提供者的数量；采用数量配额或要求测定经济需求的方式限制外国服务交易的总金额或资产额；采用配额或要求测定经济需求的方式，以限制服务交易的总量或用数量单位表示的服务提供总产出量，或对外国服务机构所必须雇用的自然人的数量进行限制；对外国服务提供者通过特定的法人实体或合营企业提供服务的方式进行限制或要求的措施；对外国资本的参加限定其最高股份额，或对个人的或累计的外国资本投资额进行限制的措施。关于发展中国家提出的具体承担义务，GATS采纳了"肯定清单"方式，将能够开放的部门、下属部门和交易列入目录，把市场准入和国民待遇的概念划分开来，并在承担义务计划安排中为市场准入和国民待遇设立单独的栏目。这是因为根据总协定，市场准入和国民待遇条款不属于一般责任，但可作为个别部门和分部门议定的承担义务进行交流。对于市场准入承担义务，将根据服务贸易的定义进行谈判，外国的提供者不得接受第4条"发展中国家更多的参与"所描述的一般责任，作为市场准入的一个条件。总协定规定，缔约方可以在它们占有比较优势的那些部门或下属部门寻找自由化，并在自由化最符合其经济、社会和发展利益的部门给予减让（与GATT中的情况相似）。这种方式意味着，与GATT的商品贸易的情况一样，谈判是从自己的强势部门开始并扩展到其他部门的。

2）国民待遇。国民待遇在总协定中并不适用所有部门，而是针对每一参加方在承诺义务的计划表中所列的部门。根据规定，每一参加方应在其承担义务的计划表所列的部门或分部门中，根据该表所述条件和资格，给予其他参加方的服务和服务提供者以不低于给予其本国相同的服务和服务提供者的待遇。当然，如果外国服务提供者本身竞争力较弱，则在享受同等竞争条件时受到损失，不能要求给予赔偿。总协定的国民待遇是从实施的结果来评估的，不管其给予外国服务或服务提供者的待遇形式是否与本国同类服务和服务提供者相同，只要实施的结果相同就可以了。任何参加方对国民待遇措施的修改如果有利于本国服务企业，不管形式上相同或不同，都是违背国民待遇原则的。在总协定中，每个行业规定的国民待遇条款不尽相同，而且一般都要通过谈判才能享受，所以各国在谈判中给予其他参加方国民待遇时，都附加一定的条件。这是服务贸易国民待遇与商品贸易国民待遇的根本区别。"国民待遇"第 3 款规定"如果一缔约方修改其服务与服务提供者的竞争条件，以有利于该缔约方的服务与服务提供者，则形式上相同的待遇或形式上不同的待遇，应被认为对其他参加方的服务和服务提供者不利"，这一规定包含了"公平竞争机会"的原则。本款会引起许多争议。一缔约方可能会利用公平竞争机会的概念来努力扩大给予其供应者的市场准入。这一概念也会被用作联系市场准入和国民待遇的手段，造成对国内政策的干扰。如银行业，赞同这一概念的观点认为，对市场准入进行限制，只会让银行在与国内机构的竞争中处于不利的地位。值得注意的是，一些国家对外汇的管制，长期以来一直被欧共体国家视为对外国银行竞争机会平等的一个潜在障碍。1979 年由美国财政部做的第一次国民待遇调查指出，"外汇兑换控制的应用将会影响外国银行的经营，这些外国银行比起它们在国内的同等银行来说，更多地、更直接地参与了外资借贷"。1990 年对一些国家银行系统的调查将注意力放在了一些实例上，这些实例表明，外汇兑换控制妨碍了银行发挥其竞争力和改革金融产品的能力。国民待遇问题的另一个重点是对其他缔约方专业资格的承认。韩国的"附加承担义务表"中规定，在韩国法律下取得许可证的、与韩国建筑师共同履行合同的外国建筑师的服务提供自 1996 年 1 月 1 日起实施。在本国法律下取得许可证的外国建筑师在通过考试（六门科目考两门）后可取得韩国的建筑师许可证。新西兰、澳大利亚、加拿大、马来西亚、日本、韩国、泰国和新加坡等国家在海运服务部门规定了附加承担义务，列出在合理和非歧视性条件下可取得的服务，及向国际海运提供者提出的条件清单。美国在法律服务方面规定了一项附加承担义务：司法诉讼咨询服务的服务提供者必须是有资格的律师。该附加承担义务涉及外国律师与国内律师合作关系的可能性、当地律师的雇请、公司名称的使用，以及律师工作范围的详细情况。对于特定的专业服务，马来西亚在附加承担义务栏目中规定，在有关自然人供应方式方面，要进行资格考试以确定提供服务的竞争能力，考试所用文字为英文。每个参加方在服务贸易自由化过程中，对自己愿承担的义务和免除的条件，均在 WTO 制定的统一计划安排表中详细列出，其中包括：承担市场准入的义务；国民待遇义务；采取有关的附加条件；完成承担义务的时间框架；承担义务的生效日期。如果某一参加方由于承担以上义务而使自己未享受到本该享受的协定所赋予的利益，可以要求修改其承诺义务计划表或要求有关方面给予补偿。

（4）第四部分：**逐步自由化**

在服务贸易领域逐步实现自由化，是非常务实的，这一点对于发展中国家和地区尤为重要。总协定第 19 条第 2 款体现了第 4 条（发展中国家的更多参与）的精神。依据这一条款，发展中国家不应该被要求承担与其发展目标和技术目标相抵触的自由化方式，而且发展中国家的逐步自由化应根据它们的市场竞争能力和服务出口的实际水平来进行，而不应由假想的市场机会来评价。总协定第 19 条第 3 款则说明，在确立今后谈判准则之前应根据总协定的目标，包括第 4 条第 1 款所规定的内容，对国际服务贸易的情况进行评估。本条文有积极的重要意义。评估应该采用恰当的数据资料，特别是在全球范围和部门水平上确定服务贸易在国际经济、国家集团、各个国家中的重要性，密切注视部门的发展，尤其是有关《服务贸易总协定》的影响，说明服务和货物的关系，以及各部门中贸易、生产、投资和就业之间的关系。

在国际服务贸易中，维持竞争地位所需的信息网络和分配渠道在许多服务行业中作用十分显著。信息技术本身是一种服务，同时也是促进许多其他服务活动国际化的一个必不可少的要素。当代的信息技术以电子计算机网络为载体，发达国家间已达成多种网络协议。英国电信公司提供与欧洲设施连接的 Primex 网络，法国电信公司提供 Transpac 网络。私营公司也提供增值网络服务，如美国长途（电信）媒体 MIC 公司，该公司提供广泛的网络服务；著名的 Internet 网络提供全球服务，包括电子数据交换（EDI）、电子邮件及潜在的私人网络等。信息技术和跨境的数据流动用于建立服务网络和分配渠道，这可能会成为发展中国家进入市场的一大壁垒。不过，在公共电信设施应用于市场和分配服务部门，特别是当全体用户共享网络存取和共同分担网络费用时，市场准入壁垒可能被大大地削弱。在服务贸易及其在提供对商品贸易必不可少的服务方面，对这种网络的存取可能是决定性的。增加国际市场运输服务生产能力所需的系统，及基础设施分配的极度不平衡，是发展中国家增加其服务出口的一大障碍，特别是在金融、声像、软件、专业和旅游等服务部门中。旅游业传统上被认为是对发展中国家最有利的服务部门，这主要是由于国际收支显示发展中国家在旅游业有着巨大的贸易顺差。但全球的旅游收入则被有能力的国家所控制，计算机预订系统是体现信息网络重要性的一个突出例子，甚至大航空公司也觉得需要与之连接，以最大限度地扩大信息网络（即计算机预订系统，该系统本身已成为重要的收益来源）和分配渠道如航线等带来的利润。在航空运输领域，拓展分配渠道只能靠艰苦的双边谈判，而利益却要取决于连接和共享现有的渠道与信息网络。计算机预订系统的反竞争行为在欧共体和美国已成为特别法规的内容，同时也成为国际民航组织的一项行为守则。在媒体服务方面，允许电影制片商控制影片的播映时间——影片制作价值的一个重要参数，同时为其制作的影片和技术确保市场。发展中国家服务提供者的竞争地位将通过发展公共研究和开发网络来得到提高。有效的技术转让也有助于提高服务能力。

关于最不发达国家，总协定序言、第 4 条第 3 款、第 19 条第 3 款及《关于有利于最不发达国家的措施决议》中规定，应特殊考虑它们的严重困难，只要求它们承担与其自身发展、金融和贸易需要或管理和机构能力相适应的义务和减让。值得注意的是，对最不发达国家而言，履行总协定一般纪律和责任本身就是承担一种重大的义务。尽管最不发达国家经济上存在严重困难，大多数国家还是提交了承担义务计划安排。

（5）第五部分：制度条款

总协定第五部分主要阐述争端解决问题，这一部分的内容与商品贸易总协定的争端解决程序规定相似。首先，当一参加方就影响规定执行的任何事项向另一参加方提出要求时，该参加方应给予合作。其次，如果争端双方通过协商不能达成协议，可向参加方全体提出，请求仲裁。再次，参加方全体通过仲裁后，应得到有效的实施，如果一参加方不能有效地执行仲裁，则通过所有参加方"联合行动"对其进行制裁。在执行协定的过程中，其他措施的执行决定也是通过"联合行动"做出的。最后，在技术合作方面，各参加方应该通过建立的联系点进行合作，对发展中国家提供的技术援助，应在总协定秘书处监督下，在多边的水平上进行。总协定第 22 条和第 23 条分别为"磋商"和"争端解决和实施"。值得注意的是，服务贸易减让谈判引进了一个服务特有的要素"商业存在"，该要素明确对商业的权利人和代表人行使争端解决条款。总协定第 28 条中关于

"法人"的定义将为这个方面提供一些准则。该定义特别规定，如果一法人有超过 50% 的资本股权被一缔约方的自然人实际拥有，则由该缔约方的自然人所"拥有"。有必要指出的是，商业存在中的许多出价还不足 50%，这意味着所建立的法人将被视为国内的。

（6）第六部分：最终条款

总协定的第六部分主要规定了加入和接受规则，并指出了协定的不适用状况及利益的否定和协定的退出。参加协定谈判的国家（地区）政府应把自己承担义务的计划表列入协定附录。今后新加入协定的须通过谈判，经所有参加方同意，方能成为正式成员。如果一国政府（地区）新加入协定，原先的签约方可以宣布与其互不适用本协定，但须给出充分的理由。一参加方可以拒绝把协议的利益给予非协定签字国（地区）的服务提供者或者对其不适用本协定的签字国（地区），或者一个具有法人资格的服务提供者（如果它的最终所有权与控制权掌握在非本协定成员手中）。总协定生效后，任何参加方随时都可以申请退出。

3. 附录

在总协定文本之外，还有第 29 条"附录"，附录系本协议的整体组成部分，附录充实和补充了协议的若干重要内容。这些附录是：①关于免除第 2 条义务的附录。②根据本协议自然人提供服务活动的附录。③航空运输服务的附录。④金融服务的附录一。⑤金融服务的附录二。⑥海运服务谈判的附录。⑦关于电信服务的附录。⑧基础电信谈判的附录。

（1）关于免除第 2 条义务的附录无限制寻求第 2 条"最惠国待遇"第 2 款规定的义务免除可能会缩小总协定的适用范围。此附录详细列出了一缔约方在协议生效时免除第 2 条第 1 款义务的条件。义务免除不仅涉及现行措施，而且还涉及拟作现行措施的将来措施。例如，欧共体免除清单中所列的几项义务免除指的是未来措施，比如基于现有的或将来的欧共体与这些缔约方及有关国家之间的双边协定，适用于所有部门长期措施的免除项目，其中规定：①法人的开办权及自然人设立机构的权利。②放弃自然人提供服务工作许可的请求。关于弃权准许，规定"在特殊情况下，部长级会议可以根据本协定或任何的多边贸易协定取消一缔约方的义务"，其先决条件是任何决定应得到 3/4 的成员通过。大会或总理事会应每年对弃权这一项进行检查。

发达国家列入的最惠国待遇义务免除要比发展中国家多。在 1993 年 12 月 15 日之前无法对它们要求的免除义务进行鉴别的发展中国家，将不得不履行总协定所规定的苛刻的条件。据统计，自 1993 年 12 月 15 日以来，已有 77 个国家提出了关于最惠国待遇义务免除的项目。在最惠国原则适用方面，互惠制在许多国家的有关外国银行市场准入的规定中继续存在。如果一缔约方的银行在另一缔约方国内没有被给予相同的机会，那么该缔约方可以根据互惠制原则拒绝给予另一缔约方银行市场准入许可。这些原则虽然与最惠国待遇原则相冲突，但是，在一些国家最初提案中被列为要遵守的规章制度的一部分。比如，金融服务后续谈判的目标就是要从各缔约方管理外国银行的规章制度中完全消除互惠制。该附录本应详细说明一缔约方在总协定生效之日起可以免除第 2 条第 1 款中义务的条件，但是该附录除了提到服务贸易理事会应对允准 5 年以上的免除义务加以审查以外，没有涉及这方面的内容。在检查中，总理事会要检查产生免除义务的条件是否依然存在，并且决定下次检查的日期。问题是，目前还缺乏一个经多边同意的关于寻求免除义务合法性的准则，这就可能导致义务免除附件的滥用。而且，许多免除义务的提出主要是为了在谈判中取得优势，这将会逐渐损害协定的作用和可信性。为此，WTO 的一些专家建议，在各成员方考虑免除义务的数目和范围之间有必要达成一种平衡，要延长一些类型的免除义务必须缴纳一定的款项，要么取消提案，要么向其他国家寻求补偿让步。

关于免除的终止，附录第6节规定："原则上，这些豁免不能超过10年，无论如何，它们应受到贸易自由化谈判的制约。"这表明，10年的期限不是一成不变的，还可以延长。实际上，附录没有对免除义务的内容设定规则或附加条件，而且最惠国待遇免除义务计划中所列的大多数免除义务项目是没有规定期限的。例如，在欧共体所提出的28条免除义务项目中，有26条没有规定期限，另外，美国所提出的所有免除义务项目也都是无期限的。

（2）根据本协定自然人提供服务活动的附录由阿根廷、哥伦比亚、古巴、埃及、印度、墨西哥、巴基斯坦和秘鲁提出的这个附录，其目的是设立与人员流动有关的纪律。附录指出，有关各种类型自然人的减让是可以协商的；自然人移动供应形式涉及缔约方的服务提供者和受雇于另一缔约方服务提供者的一缔约方的自然人。由于发达国家没有在它们的具体承担义务中纳入对发展中国家有利的种类，也没有认识到承担较高水平的有关自然人移动义务，对在总协定下实现利益平衡的重要性，所以《有关自然人移动谈判的部长决议》规定，有关以提供服务为目的的自然人移动进一步自由化的谈判，将在乌拉圭回合多边贸易谈判结束后继续进行，旨在使各参与方达到更高的承担义务水平。该决议规定，成立一个谈判小组来落实谈判，并在《建立世界贸易组织协定》生效后6个月内制定一份最终报告。

在资本及劳动力待遇之间存在着一些不平衡。附录规定，缔约方可按本协定，根据各类自然人提供服务的活动，对具体承担的义务进行谈判。此类具体义务涉及自然人进入和暂时停留时所应承担的具体义务。附录第4款规定"本协议不应阻止一缔约方采取措施以控制自然人进入其境内或暂时停留其境内，包括那些必须保卫其边界的完整和保证自然人有秩序地通过其边界的措施，这样的措施是以不适用于取消或损害任何承担具体义务的缔约方的利益为前提的"。类似的限制不适用于资金的流动。本协定不存在针对外国直接投资的限制，但是发展中国家及一些发达国家的计划安排表明，如同有关自然人移动承担义务且受移民限制一样，有关商业存在的承担义务也是受现有法规限制的。必须强调的是，自然人移动对发展中国家的服务贸易非常重要，尤其是对其劳动密集型服务部门。

关于自然人移动，有一些问题需要解决。附录规定，总协定不适用于影响自然人谋求进入一缔约方就业市场的措施，也不适用于关于公民、居民或永久性就业措施。服务贸易小组委员会对缔约方国内管理制度中的措施识别方式提出疑问：怎样将一自然人谋求进入就业市场与以提供服务为目的的进入和暂时停留区别开来？这种区别可根据上述自然人在进入之前是否有服务提供合同或者是否与服务提供者订有雇用合同而定，另外还需要区分永久就业和临时就业。

（3）航空运输服务的附录

航空运输服务附录适用于影响航空运输服务及其辅助服务的各项措施。但交通权和影响交通权谈判的直接相关活动不包括在总协定范围之内。但这一附录适用于飞机维修保养服务、空中运输营销服务和计算机储存系统服务。对于附录的实施至少每5年评审一次。澳大利亚、马来西亚、新西兰、北欧国家和新加坡提议，为了能使评审有效地、有充分准备地进行，有必要建立航空运输服务工作组来收集和汇编相关的信息，包括航空部门中有关统计和方式方面的信息。在这一方面，一项部长决议曾被列入议事日程，但没被采用。

航天服务不仅仅局限于运输服务。航天服务部门对于正在实行"军转民"的国家相当重要。涉及的服务由卫星和空间站提供，包括：①人员运输，即工作于轨道工作站的人员。②气象，以及主要涉及环境、地图绘制、地球表面的物理监测。③研究与开发。④导航控制。⑤预防自然灾害。⑥教育。在航天运输服务方面，美国、欧洲是传统的发射服务经营者。新的成员，像中国、印度、巴西、以色列、澳大利亚和俄罗斯等不断涌现。传统的发射服务经营者并不欢迎经营者队伍扩大，但随着卫星技术的进一步普及，新成员不断加入进来。美国和欧洲认为，由于新进入者得到了补贴，所以它们的出价及有关条件是无比诱人的。对此，美国和欧洲凭借保护商品贸易的方法（如自动出口限制）来限制该服务部门的国际市场准入。美国及欧洲航天机械管理当局不情愿把发射服务列入更一般的贸易谈判。其他一些国家最初把这个部门的承诺列入它们的具体承担义务，但后来又都收回了。

卫星发射服务市场可分为"预先指定"和"公开"两种。在"预先指定"市场中，外来供应者没有机会竞争发射合同。在一些情况下，如军事卫星发射等，属于国家安全例外部分，要竞争此类发射服务显然很难（GATS 第 14 条附则）。"预先指定"市场的另一个组成部分是政府使用卫星的发射，此类发射属于政府采购例外（协定第 13 条）。然而，当此类卫星被转为商用时（类似于政府购进后再转售），就相当于给予发射者相关的垄断权，因此必须受到 GATS 第 8 条的约束。第二种市场是"公开"市场。原则上，卫星的主人可自由挑选提供最好服务、价格最低的发射者，但仍要受到 GATS 意义上的一系列贸易壁垒的制约。卫星发射服务中政府行为影响最大，其所造成的贸易壁垒或扭曲有三种类型。第一种壁垒指客户（即"发射"服务的进口方）拒绝给予卫星出口许可证，发射者不能进入市场。为防止发射方（即出口方）获取先进的技术，这些规定被证明是必要的。然而，在大多数情况下，拒绝发放签证只是出于保护主义目的，或是保护国内的发射服务，或是保护已经在轨道上的卫星的主人免受不必要的竞争。这些规定将受到来自有关国家关于卫星发射服务市场准入和国民待遇原则两方面的联合攻击。第二种壁垒是政府提供特别补贴，吸引国内外的客户使用它们的发射服务（即出口补贴）。采取的形式有政府保险担保或政府资助的出口信贷。如上所述，GATS 在补贴问题上是软弱无力的。GATS 第 15 条中没有规定任何准则或有效的纪律，只是简单地阐述了受到补贴不利影响的一方要求与另一方进行磋商的请求"应得到同情考虑"，还规定了缔约方全体"应举行谈判来制定一项必要的多边纪律，避免因补贴而产生的贸易扭曲的影响"。第三种壁垒是关于反补贴行动，比如美国对中国附加出口限制，原因是中国以"不公平"或"倾销"的价格提供发射服务。由于 GATS 并没有制定任何鉴定补贴或"不公平"价格的标准（没有制定有关补贴的任何细则），因此也就无法找到解决这个问题的依据。有关补贴纪律和政府采购的早期谈判对卫星发射服务是很重要的。此外，对商用卫星的范围，须做出明确的界定。

与乌拉圭回合谈判平行，美国和欧洲已经花了几年的时间，努力建设它们所谓的"交通规则"，以此来确定发射服务的公平价格，减少它们之间的摩擦。不可否认，现在占领着市场的所有这些发射器都继承了由政府预算资助的设计，而且后来的许多改进所需经费都直接或间接地由政府支付。在这方面，美国就有好几个例子涉及间接补助，美国政府机构定购大量的发射项目，致使私有的发射器研制商对发射器系统的更新和改造进行投资成为可能。在欧洲，著名的阿丽亚娜航天公司，提供阿丽亚娜发射服务。该公司与欧洲宇航局签订了一项正式协议，协议明确规定，不要求该公司偿还欧洲宇航局预付的研制费用（将火箭更新为阿丽亚娜 3 型、4 型、5 型所需的费用），直到公司的财务情况被认为可能。协议还规定，欧洲宇航局的航天器通常按预定的价格由阿丽亚娜火箭发射。欧洲宇航局的其他成员将受到同样的待遇。

（4）金融服务附录和《金融服务承诺的谅解协议》

其中，乌拉圭回合有关金融服务的谈判是极其艰难的。所以，迄今为止，涉及金融服务方面承担义务的谈判没能取得令人满意的结果，其主要原因不仅仅在于金融服务的特殊性，更重要的是由于这个部门中互惠原则被广泛应用所产生的障碍。互惠本身是与最惠国原则不相符的。然而，长期以来，互惠制一直是参加乌拉圭回合谈判的一些国家及发展中国家法律和法规的一部分。在由 13 个发展中国家（阿根廷、巴西、中国、印度、印度尼西亚、马来西亚、墨西哥、菲律宾、韩国、新加坡、泰国、土耳其、委内瑞拉）组成的集团中，其法律普遍存在着一些互惠条款。许多欧盟国家，如丹麦、法国、希腊、爱尔兰、意大利、荷兰、西班牙和英国①也是如此。在美国几个州涉及外国银行市场准入的法律条款中，互惠制就是其中的一条。该条款同样适用于处理联邦政府债券的某些活动。在承担义务谈判各个阶段提交的提案中，各缔约方都把注意力放在这些互惠政策上，并且普遍表示，一旦它们对其他缔约方提案的质量表示满意，它们愿意放弃这些互惠政策，但这种满意程度是很难达到的。实际上，美国的提案包括了一个适用于其他国家的双重方案，根据这个方案，只有一些早已存在的外国银行才被准许进入其市场，今后的准入要依据自由化承担义务而定。最后产生的各缔约方不同的待遇将在该国最惠国待遇免除清单中说明。其他缔约方宁愿继续就承担义务进行谈判，以期达成一个更能让人接受的结果。承担义务谈判期间意见不统一之处，不仅包括不同国家自由化的进度，而且还包括其银行业市场的现有开放程度。某些受到来自 OECD 主要国家强大压力的发展中国家已经表示，原则上它们接受自由化的目标，但同时它们还表示要对自由化的发展速度进行严密监控。谈判中大家的分歧毫无疑问反映了人们的观念以及谈判立场的实际差异。因此，缔约方要达成一套互相可接受的承担义务是十分困难的。

对国家及国际级别的银行进行严格监督的制度有着严重的薄弱环节，这一点已在过去 10 年的经历中暴露出来，其中的突出事件是 1991 年国际信贷商业银行的倒闭。近期，OECD 国家普遍采取措施，向更为严厉的审慎政策过渡，这符合 1992 年 7 月巴塞尔银行管理委员会发表的有关国际银行监督最低标准声明。这项声明评价了国际银行监督的状况和国际信贷商业银行倒闭暴露出来的弱点，其主要围绕四项原则。第一，所有的国际银行或银行集团应在强化的基础上接受本国管理机构的充分监督。第二，跨境银行机构的建立应提前征得银行所在国和其本国监督机构的同意。第三，本国的监督机构有权从它们银行的境外金融机构收集信息。第四，如果东道国认为上述三个标准中有任何一个没有得到满足，则可以施加限制措施以满足其审慎的要求，包括禁止银行机构的建立。

金融服务附录规定，缔约方有权采取审慎措施，包括保护投资者、储蓄者、投保人或金融服务提供者、信托义务拥有人，或者保证金融系统完整和稳定的措施。附录收录了一

---

① 英国已于伦敦时间 2020 年 1 月 31 日晚 11 时正式脱离欧盟。

个有关确认任何其他国家所采取的审慎措施的章节，另一个章节是有关金融服务的定义，包括其组成部分——保险业、银行业及相关的服务。通过协调或其他办法取得的对其他国家审慎措施的认可，可以建立在与有关国家达成的协议或安排的基础上，或者可以自动地被认可。对于其他有利益关系的缔约方，应提供足够的机会来谈判加入这样的协定或安排，或谈判达成类似的文件。金融服务附录受到马来西亚等国提交的提案的影响。需要说明的是，总协定及其附录没有直接对审慎措施做出处理，但是有理由认为协定的内容是趋向这个方面的。关于国内法规，附录的第 2 节（a）规定："不应当阻止一缔约方采取基于审慎理由的措施"，而且"这些措施与协定不一致的地方，不能作为逃避缔约方按本协议所承诺的责任与义务的借口"。根据争端解决决议，第 4 节是为专家组解决审慎问题和其他金融事务争端而制定的。本节中的条款规定，专家组"应具备必要的处理有关具体金融服务争端的专门技能"，但没有对此类专家组的权限做具体规定。

有关金融服务的第 2 个附录规定，"尽管有第 2 条和免除第 2 条义务附录第 1、2 款的规定，但一成员方在世界贸易组织协定生效起 4 个月后的 60 天内，应将有关金融服务与本协议第 2 条第 1 款不一致的措施列入附录"。第二个附录还规定在世界贸易组织协定生效起 4 个月后的 60 天内，任何缔约方可以不顾 GATS "第 21 条"的规定，对计划安排中所列的全部或部分金融服务承担义务进行改进、修改或撤销，但要进行赔偿性调整。

《金融服务承诺的谅解协议》（以下简称《谅解协议》）基于 OECD 国家建立一个有关金融服务承诺制定程序的打算，此打算的依据是确保最低程度的自由化和一定程度的一致性相结合的方针。与 GATS 第三部分相比，这个《谅解协议》包括了更繁重的自由化义务。它使得乌拉圭回合谈判的参与方可以选择性地承担与金融服务有关的义务。《谅解协议》是在美国、欧盟的提案以及加拿大、日本、瑞典和瑞士的联合提案基础上达成的，不过也受到发展中国家立场的左右。发展中国家成功地阻止了一项自主的金融服务协议的采纳，因为此项协议把金融服务部门排除在关于服务的整体协议之外，并要求所有的参加方立即做出承诺来实施金融服务自由化。《谅解协议》规定选择性方案的应用应建立在以下的谅解之上："不与协定中的条款相冲突""不损害任何参加方根据协定第三部分的处理方法计划承诺的权利""影响具体承担义务应以最惠国待遇原则为基础""不以一缔约方按总协定所承担义务的自由化的程度而推论"。因此，对不愿在《谅解协议》基础上根据 GATS 来制定承担义务的国家来说，《谅解协议》似乎并没有成为潜在问题的根源。根据最惠国原则，在《谅解协议》基础上做出的承担义务适用于所有总协定缔约方。没有按《谅解协议》做出承诺的缔约方仍然可以从做出承诺国家的金融服务自由化中获得好处。根据《谅解协议》规定的程序而提交的承担义务的语言表达，要比 GATS 的原则更明确有力，并且在一些情况下更胜一筹。《谅解协议》涉及以下主要内容，规定了一项停滞承担义务，即任何对《谅解协议》中承担义务的限制应局限于现有的不符合规定的措施；对于市场准入，《谅解协议》规定了现有垄断权利的计划安排，并要求缔约方努力消除或缩小它们的范围。每一缔约方还应该确保在公共机构采购和获得金融服务方面享受最惠国待遇与国民待遇；规定允许非居民的金融服务提供者按所给予的市场准入和国民待遇条款，从事下列类型的跨境贸易：非人寿保险、分保及转分保、辅助性保险服务、金融信息的提供与转换、金融数据处理咨询和有关银行业的其他辅助性服务与其他金融服务，但不包括人寿保险或中介服务。每一缔约方应给予其他缔约方金融服务提供者在其境内设立机构并扩展商业存在的权利，包括通过购买现有的企业；要求各缔约方应允许在其境内的其他缔约方的金融服务提供者，在其境内提供任何新的金融服务；有关人员暂时入境的承诺涉及高级管理人员，诸如计算机服务、电信服务和会计服务方面的专家，以及与商业存在有联系的保险和法律专家。《谅解协议》有关国民待遇的第三节条款也相当严格。每一缔约方应允许在其境内已设立机构的其他缔约方的金融服务供应者进入由公共机构经营的支付和清算系统，利用正常的商业途径参与官方的资金提供与再筹集。此外，为了向其他缔约方金融服务供应者提供与缔约方金融服务供应者同等的金融服务，一缔约方在要求取得成员资格或进入任何有权订立法规的机构、证券或期货交易市场、清算机构或任何其他组织及协会时，或当一缔约方向这些资格成员提供或间接提供金融服务特权或利益时，缔约方应确保这些机构给予居住在其境内的任何其他缔约方的金融服务供应者以国民待遇。

（5）海运服务谈判附录

该附录规定，本部门内的最惠国义务免除只有在《海运服务谈判的部长决议》实施之日起才生效，或者，如果谈判失败，在海运服务谈判组提交最终报告之日生效。在谈判结果实施之前，缔约方可以自由改进、修改或撤销所有或部分其在该部门所做的承诺而不需要给予补偿。部长决议规定，谈判组在决议生效日起一个月后开始进行工作，并最晚在1996年6月之前结束谈判。该协定第2条以及第2条义务免除附录第1节和第2节将中止对本部门的适用，因此，没有必要列出最惠国待遇义务免除清单。所有参加方不应采用影响海运服务贸易的任何措施，也不应利用它们的谈判地位及其影响，除非对其他国家实施的措施做出反应以及为了维持或改进有关海运服务的义务免除。海运谈判组已召开了两次会议，并在1994年秋季再次召开会议，讨论并改进1993年8月欧盟非正式发布的海运承诺示范减让表。该减让表由三大支柱组成，这三大支柱为国际航运、辅助服务以及对港口设施的准入和使用。

（6）关于电信服务的附录

该附录确认了电信服务部门的双重职能，特别是电信作为一种传递手段。该附录的目的，是要确保按合理的和无歧视性原则与条件，让服务提供者进入和使用公共电信传送网络及其服务，服务的提供被包括在其承担义务计划表中。之所以需要这样的附录，是因为电信对于大多数服务的传递，如金融服务的传递，起着战略性作用。因此，在不包括减让表中议定的承担义务的情况下，附录本身并不会在任何部门，包括电信部门导致自由化。电信部门双重职能的确认，很大程度上是由于发展中国家的坚决要求，以及由印度、埃及、喀麦隆和尼日利亚提交的两项提案。附录确保了作为传递手段的电信服务的使用条件，不会削弱计划表中所确定的市场准入承担义务，这些承担义务受到提供给广大公众使用的现有电信能力的限制。因此，除了在它们各自计划表中所规定的以外，并没有责任批准其他缔约方设立、建设、获取、租借、经营或提供电信传送网络或服务，或要求缔约方建立不是广泛地向公众提供服务的设施。附录第5节（g）规定，"一个发展中国家缔约方根据其发展水平，在进入和使用公共电信传送网及服务方面可以给予必要合理的条件来加强其国内电信设施和服务能力，并增强其参与国际电信服务贸易的能力。这些条件应在缔约方承担义务计划表中详细列出"。迄今为止，只有泰国在它的计划表中列入了这些条件（即建设—经营—转让要求）。附录第6节规定了通过国际电信联盟、联合国发展计划署、世界银行等机构的发展计划进行技术合作，以及利用有关国际电信服务和信息技术的信息。早先草案中有一项关于电信服务定价条款，大意是电信服务的价格应根据成本来制定。但由于发展中国家的反对，该条款未被列入电信附录。这一条款可能已阻止了发展中国家通过交叉补贴来为现代化电信服务的扩展筹措资金。本附录还在第5节（b）中规定了用户的权利，这将给发展中国家带来额外费用和困难，并削弱它们控制电信网络的能力。第5节（c）有关跨境数据流动，这意味着发展中国家不能采取措施来加强其资料的储存，比如通过保证使用本地数据库或者复制送往国外的数据。尽管上述责任只适用于承担义务计划表中所包括的各部门，但仍不清楚的是在有关"跨境"供应方式的承担义务还没有做出时，上述责任是否也同样适用。上述条款对发展中国家的利益产生的不利影响可通过第5节（g）中的特别安排来减缓。

（7）基础电信谈判的附录

该附录包括有关这个分部门的市场准入和国民待遇谈判。制定该附录是为了对美国的关注给予照顾性考虑，美国希望把这个分部门排斥在最惠国待遇范围之外，原因在于美国已经将基础电信部门私有化，而大多数国家仍然把该部门留给邮电部经营。这样，最惠国基础上的任何减让都会使美国丧失与这些国家就市场准入问题进行谈判的能力。

1992年召开的非正式会议讨论了在乌拉圭回合多边贸易谈判结束之后，延长基础电信自由谈判的可能性和清楚反映计划表中基础电信承担义务的方式。要处理的三个问题是：关于自由化的范围及定义、规章问题和实际补偿。上述讨论的结果产生了一个非正式的"关于基础电信承担义务的示范计划表"，用以帮助澄清和解决一些技术事宜，并指导谈判的进行。这次技术实践得出的一个结论是，为了准确把握所有相关限定，应补充计划表的标题来表示所提供服务的地理范围、相关技术、有关的传递方式，以及终端使用等。参与方认为，增加上述描述将是使总协定第16条和第17条（分别关于市场准入和国民待遇）适应部门规章复杂性的最好方法。到1995年年底为止，已有48个缔约方对增值电信服务做出了承诺。根据《基础电信谈判部长决议》，成立了该分部门的谈判组。在关于上述决议和本附录的谈判期间，确定谈判时间框架和停滞承担义务是最具争议性的问题。就时间框架来说，一些缔约方提出谈判不超过18个月，而其他缔约方要求长达3年。最后达成的折中方案是这些谈判必须在1996年4月30日之前完成。有关承担义务暂停方面，缔约方一致同意，在谈判结果实施以前，任何缔约方不得采用与最惠国待遇抵触的措施，以提高其谈判地位和影响基础电信贸易。因此，在基础电信谈判结束之前，即使这些义务免除已被列入最惠国义务免除清单，仍不适用于最惠国待遇义务。22个成员参加了这些谈判。谈判组需讨论各种措施类型，涉及许可证的发放、批准和标准及程序。美国的上述关注中有些国际服务贸易协议将在第4条第4款有关工作计划的条文中被采纳。第6条第4款规定，服务贸易委员会应致力于建立有关资格条件和程序、技术标准和许可证要求的一切必要纪律，旨在确保此类措施不致成为不必要的贸易壁垒。这项工作可望在《建立世界贸易组织协定》生效之后开展。谈判组在讨论中提出的另一个问题涉及预防反竞争做法的保障措施。这些措施将确保基础电信的垄断和占优势的供应者，不会利用它们的支配地位来扭曲市场和削弱竞争者提供已做出承诺的网络和服务的能力。其他问题还包括可能会影响供应者形成设施能力或通行权的措施，以及有必要在这方面做出安排的限制；《贸易技术壁垒协定》和影响基础电信贸易的有关标准的措施之间的关系；新的基础电信服务的待遇和此类服务所采用的列表方式；赢得进入电信市场和取得提供相关网络或服务必要的许可证的经济情况调查或公益标准，这是澄清第6条的应用性和责任的需要；基础电信承担义务表的要求等。

4.2.3　GATS 的重要意义

《服务贸易总协定》的制定是自《关税及贸易总协定》成立以来在推动世界贸易自由化发展问题上的一个重大突破，它将服务贸易纳入多边体制，标志着多边贸易体制渐趋完善。GATS 对全球服务贸易发展的促进作用是毋庸置疑的。

首先，它为服务贸易国际化、自由化及法制化奠定了基础。在 GATS 签订之前，GATT 对于国际贸易自由化的推进和努力主要集中于商品贸易领域，对服务贸易一直未进行过统一规范。GATS 的诞生为服务贸易的逐步自由化第一次提供了体制上的安排与保障，对于建立和发展服务贸易多边规范是一项重大突破。它确立了通过各成员方连续不断的多边谈判，促进各方服务市场开放和发展中国家服务贸易增长的宗旨，使各成员方有了进一步谈判的基础，得以向服务贸易自由化方向不断迈进。第一，GATS 提出了无条件的最惠国待遇原则，即每一成员方给予任何其他成员方的服务或服务提供者的待遇，应立即无条件地以不低于这样的待遇给予其他任何成员方相同的服务或服务提供者。第二，为使各国逐步放宽服务市场开放的领域，加深市场开放的程度，最终实现服务贸易自由化，GATS 提出了市场准入原则，即一成员方给予其他成员方服务提供者的待遇应不低于其在承担义务的计划表中所确定的待遇。而且 GATS 还规定各国在其做出市场准入承诺的服务部门中，除非在其承担义务的具体承诺表中列出外，不能维持或采用数量配额、垄断和专营服务提供者方式；数量配额和要求测定经济需求的方式限制服务交易或资产的总金额；采用配额或要求测定经济需求的方式限定服务交易的总数和以数量单位表示的服务提供的总产出量；采用数量配额或要求测定经济需求方式限制某一服务部门或服务提供者为提供某一具体服务而需要雇用的自然人的总数等不合理措施。第三，为确保服务领域的贸易机会不被一些国家的歧视性措施，如当地含量要求、非关税壁垒等所阻碍，GATS 提出了国民待遇原则，即一成员方对于来自任何其他成员方的服务和服务提供者，在法律、规章和管理等方面给予的待遇不低于该国的服务和服务提供者所享受的待遇。第四，为谋求国际服务贸易的公平竞争，GATS 确定了透明度原则，即每个成员方必须把影响协定实施的法律、法规、行政使命及其他决定、规则和习惯做法，无论是中央或地方政府做出的，还是由非政府有权制定规章的机构做出的，在生效前予以公布。而且，成员方须公布其签字参加的所有有关影响服务贸易的其他国际协定。对已公布的有关规定、法律等的修改，成员方也应及时通知服务贸易理事会。对于其他任一成员方提出的有关法律、法规、行政命令和决定通用措施与国际条约方面的特殊资料要求，成员方应及时给予答复。同时，每个成员方都应设立一个或数个咨询机构，根据其他国家或地区的要求，向其提供特殊资料，并履行通知义务。第五，在服务贸易中，由于服务的质量取决于服务提供者的学历、职称、经验和技术水平，所以 GATS 为避免成员方在这些任职条件上附加限制，构成服务贸易自由化的障碍，要求各成员方相互予以承认对方国家就教育程度、经验、符合资格条件所颁发的许可证及证明，并最终按国际统一准则加以合作。

其次，协定对发展中国家给予了适当的照顾。GATS 有不少条文涉及发展中国家。鉴于发展中国家在世界服务贸易中的劣势地位，这些条文为发展中国家提高对国际服务贸易的参与程度、加强本国服务业的竞争力、扩大服务贸易出口提供了较大的优惠，特别是在国民待遇、最惠国待遇、透明度、市场准入、逐步自由化，以及在经济技术援助方面，都对发展中国家做了照顾性的特别规定。这比当初 GATT 成立时给予发展中国家的优惠条件要好得多。GATS 将一般义务与特定义务分开规范也是采纳了发展中国家集团"亚非提案"的主张。这些都表明，通过长期斗争和不懈努力，发展中国家的谈判地位已上升到新的高度。

最后，它有利于促进各国在服务贸易方面的合作与交流。GATS 不仅对国际服务贸易的扩大和发展起到了巨大的推动作用，而且使各成员方从对服务市场的保护和对立转向逐步开放和对话，倾向于不断加强合作与交流。特别是在透明度条款和发展中国家更多参与条款中关于提供信息、建立联系点的规定，更有利于各成员方在服务贸易领域中的信息交流和技术转让。另外，定期谈判制度的建立，也为成员方提供了不断磋商和对话的机制与机会。这使得各成员方在服务贸易方面更乐意采取积极合作的态度，从客观上促进了全球服务贸易的发展与繁荣。

另外，GATS 将一般义务与特定义务分开规范的做法，使成员方在服务贸易领域中既要遵守共同的原则和普遍的义务，又可根据本国服务业发展的实际情况安排服务市场开放的步骤，使本国服务业和经济发展不致受到严重冲击。协定考虑到成员方的发展水平和经济转轨国家的情况，制定了服务贸易谈判所应遵循的方针：谈判应在部门指示单的基础上进行，所达成的义务和保留内容应建立在适当分解的水平上；给予发展中国家适当的灵活性，但必须约束在"严格限制的水平上"分阶段实施。这些都体现了规则的原则性和灵活性的有机统一，从而既可以推动各成员方在具体服务部门的谈判中专家迅即进入实质性阶段，也便于体现各成员方的利益和要求。

4.3 《服务贸易总协定》的后续谈判

从 1995 年 1 月开始，在服务贸易理事会的指导下，服务贸易谈判主要集中在两个方面：试图在金融服务、基础电信、海上运输服务和自然人移动等领域改善市场准入；通过在保障措施、补贴和政府采购等方面的谈判，以及对国内管制约束适时解释，来完善框架协议。

1. 改善市场准入的谈判

（1）金融服务谈判

乌拉圭回合一揽子协议于 1994 年 4 月 15 日在马拉喀什签字后，关于金融服务的多边谈判重新开始，目的是使所有成员同意在无条件最惠国待遇基础上缔结永久性的金融服务协议，促进金融服务贸易自由化。1996 年有关谈判方曾在美国宣布退出后，在欧盟的领头下，有关金融服务的谈判最终达成了一项临时协议。该临时协议的有效期到 1997 年年底，此后各国（地区）可以修改其金融服务市场开放专项承诺。1997 年 12 月 13 日，世贸组织 70 个成员提供了 56 份开放金融、保险市场的清单，其中 34 份是经过修改的金融服务市场清单。至此，总共有 102 个成员做出承诺，逐步实现自由化。

由于美国认为该协议没能体现其利益，所以拒绝加入。美国宣称将在互惠的基础上开放其金融市场，同时撤回其所有关于金融服务的市场准入承诺，以及在整个金融服务部门适用最惠国待遇例外，但对已进入美国市场开业的外国金融机构给予承诺保障。欧盟承诺不援用第二个金融条例中的互惠要求。与美欧形成鲜明对照的是，许多发展中国家和地区扩大了承诺范围，如韩国承诺开放保险市场；泰国增加了向外国银行发放的许可证数量；贝宁、冈比亚、加纳、圭亚那、乌拉圭、津巴布韦、巴布亚新几内亚、罗马尼亚等做出了更趋自由化的承诺。

《金融服务协议》的主要内容包括：允许外国公司在国内建立金融服务机构并享受与国内公司同等的进入市场的权利；取消对跨境服务的限制；允许外国资本在本国投资项目中所占比例超过50%等。据此，签约方将开放各自的银行、保险、证券和金融信息市场。全球95%以上的金融服务贸易将在这个协议的调整范围内，涉及18万亿美元的证券资产、38万亿美元的国内银行贷款、2.2万亿美元的保险金，由此可见，该协议对全球金融服务业有着巨大的影响。此外，从法律角度而言，这个协议同样具有深远的意义。根据该协议的规定，绝大多数世贸组织成员对开放其金融服务市场和保证非歧视经营条件做出承诺，使金融服务贸易依照多边贸易规则进行，有助于建立一个具有预见性和透明的法律环境。《金融服务协议》于1999年3月1日开始生效。

金融服务贸易领域中的许多市场准入承诺，都包含相应的保留限制，如在支付、转移、资本流动、经济需求认定、外国参与者最高所有权、外国银行许可数量等方面的限制，其中最主要的限制则是这些承诺都是暂时性的，随时都可能改变。

由于美国缺席，所以金融服务贸易谈判的关键是要达成一项包括美国在内的、真正基于最惠国待遇的协议，并确立起多边体系的信誉。总的来说，有关金融服务市场准入的承诺反映了当今世界金融服务贸易自由化的趋势。

（2）基础电信服务谈判

基础电信服务谈判作为《服务贸易总协定》谈判的遗留问题由世贸组织继续开展谈判。1994年5月，包括美国、日本、欧盟在内的成员自愿参加谈判，目的在于开放年收入达5 000万亿美元的全球基础电信市场。经过近3年的艰苦谈判，终于在1997年2月15日，69个世贸组织成员方缔结了关于基础电信服务的协议，该协议于1998年1月1日生效，被认为是推动国际电信服务贸易发展的最有利因素。

美国认为国家垄断经营的基础电信服务，在自由化的市场上具有不公正的竞争优势，而美国的市场则是非垄断的。它要坚持互惠原则，以期保护国内电信市场免受国外潜在竞争者的竞争威胁。

电信服务最后阶段的谈判大多是非正式进行的，主要在美国、日本、欧盟和加拿大之间进行。主要是以下问题导致了谈判破裂：约束国际通信网络"搭便车"的方法，国际通信线路的租用条件，卫星线路和电缆线路的通信连接，许可要求和费率等。此外，还有一些亟待解决的棘手问题：与竞争政策有关的事项，总体规则与特定规则的协调，管理机构与服务提供者的关系，反倾销规则与竞争规则的协调等。

基础电信服务谈判组已通过了GATS第四附件草案和基础电信服务开放承诺决议草案。该附件草案条款的最后接受日期为1997年12月30日，1998年1月1日连同有关承诺生效。该附件草案的第四段规定："在1997年4月1～30日，任一成员方都可以补充和修改其承诺表及列举最惠国待遇例外事项。"欧盟建议将接受的修改承诺的日期从1997年4月1～30日提前至1997年1月15日～2月15日，并增加以下文字："未列举最惠国待遇例外事项的成员方可在该期间加以列举。"谈判组已接受了该建议。在这一个月的时间里，各谈判方可重新调整其立场，补充、修改或撤回原先承诺。上述决议还规定，建立一个基础电信工作小组向WTO服务贸易理事会通报情况和主持有关修改开放承诺的谈判，该小组已于1996年7月30日开始工作。基础电信服务开放承诺决议要求各方在附件生效之前"维持现状",即各方应全力保持其现有法规的一致性,不采取任何与其谈判承诺相抵触的措施。

(3)海运服务谈判

根据"海运服务贸易谈判部长决议"和"海运服务谈判补充决议",成员方在1994年4月~1996年6月28日进行了一系列谈判,其目标是就国际海运、海运辅助服务、港口设施使用、在约定期间取消限制等问题达成协议。1996年6月28日,海运服务谈判组决定中止谈判,并根据GATS第14条的规定在适当的时候以现有承诺或进一步承诺为基础重开谈判。谈判中断期间,各谈判方将行使基于"海运服务谈判补充文件"第3款的权利,对其先前做出的承诺不做任何补偿地全部或部分修改或撤回,并就最惠国待遇的例外事项做出最后决断。上述决议还达成了"维持现状"的谅解,即为了维护和提高海运服务贸易自由化,各方均不得采取任何新的措施来限制海运服务贸易或改善其谈判地位,但为对付其他国家的不当措施而采取的行动除外。一些谈判方对暂缓执行GATS第2条表示批评,认为这意味着在下轮谈判结束之前将不可能在海运服务领域中运用最惠国待遇。在决定中断谈判时,仅有24个国家和地区提交了有条件的承诺。海运服务谈判之所以未能成功,主要还是因为美国拒绝做出任何承诺,美国认为有关各方所做出的承诺,未能有效地体现最起码的自由度,并强调唯一可接受的承诺是OECD成员方所提出的"不保护任何运输行业"的方案。其在所提交的承诺中只在一项上做出了实质性让步,其他都是基于《联合国班轮公会行动守则》并含有最惠国待遇保留。对此,各谈判方都一致认为,谈判已进入关键阶段,一旦失败,将对WTO体制产生消极影响。此外,发展中国家和地区也着重指出,GATS第14条所确定的"发展中国家逐步自由化原则"是该协定的核心。

(4)有关自然人移动的谈判

在乌拉圭回合承诺时间表中,作为第4类供给方式的自然人移动主要限于两种类型:①作为"主要职员"的公司内部调动,如与东道国商业存在相联系的经理和技术人员的流动。②商务访问者,他们作为短期访问者,一般不被东道国雇用。自然人移动谈判小组成立于1994年5月,其目的是主持有关谈判,以改进有关承诺,使独立的访问供应商在没有商业存在的前提下能够在海外工作。有关谈判工作在1995年7月28日结束。奥地利、加拿大、欧盟及其成员方、印度、挪威和瑞士6个成员方提交了有关自然人移动的更高水平的承诺。它们旨在确保合格专业人士、计算机专家和其他各种类型专家的市场准入,允许他们以个人身份接受暂时性合约,能够在海外工作,不与东道国的任何商业存在发生联系。

2. 完善框架协议的谈判

完善框架协议是WTO新体制下的重要工作。现已成立《服务贸易总协定》规则工作组,以主持有关保障措施、补贴和政府采购三个领域的谈判。

(1)服务业紧急保障问题

GATS第10条第1款规定:"基于无歧视原则的紧急保障措施问题需以多边谈判方式进行。谈判结果应在世界贸易组织协定生效后不迟于3年内付诸实施。"该条第2款还规定:"上述谈判结果生效3年以后各方可以修改或撤回承诺,并向理事会报告。"

对于保障条款的确立问题,争议颇多。持肯定态度的人认为:制定保障条款将会激励有关各方做出更积极、更务实的有关服务贸易自由化承诺。例如，在自然人跨国流动方面取消"经济需求认定要求"、允许更多的服务部门入境开业、减少市场准入和国民待遇上的限制等。客观地讲，因有关承诺造成产业损害，采取临时性保障措施有时也是不无裨益的。比如，对于发展中国家，服务贸易自由化对其影响是不可想象的，有了保障条款，发展中国家就有了一定的回旋余地，从而可以促使其十分放心地做出进一步的承诺。对保障条款的确立持怀疑观点的人认为：第一，确立保障条款纯属多此一举，因为各方对《服务贸易总协定》所做出的具体承诺中都已含有保障因素，此外，只就有限的服务部门做出承诺、限制性的服务市场准入等；第二，确立保障条款不仅不利于服务贸易自由化，相反，将为贸易保护主义提供契机和借口，因为保障条款的引入意味着承诺的可变性和贸易政策的不确定性。大多数发展中国家和地区则强调，这种保障措施在运用于服务贸易领域时存在一定困难，这些困难包括服务贸易得以进行的方式的多样性、国内服务业遭受损害程度的判定、服务进口方政府当局处置权的随意性等。现在的问题是，制定保障条款是否有必要，如果没有必要，就无须讨论，无须谈判了；如果有必要，那么什么样的保障条款是可取的。这些都是无法回避的实际问题。

下一步有关紧急保障问题谈判的重点，将是对可以实施保障措施的各种情况加以具体界定。发展中国家和地区要求对以下两种情况做出界定：①因履行 GATS 所规定的开放义务而导致服务进口的大量增加，结果使国内有关服务提供者要求采取保障行为以补救所遭受的损害，即出现了第 14 条所界定的情况。②政府为了达到某些政策目标，采取的维护国内服务业生存的行动，即对国内服务业保持最低控制的政府行为。

缺乏有效的有关服务的生产、贸易和投资方面的统计数据，是造成 GATS 未能确立紧急保障机制的一个主因。实际上，有关"产业损害"的认定标准，包括进口规模和市场份额、生产能力、盈亏状况、就业情况等，既能适用于货物生产者，也同样能适用于服务提供者。服务业遭受损害毫无疑问地会延缓其发展。"损害"认定中还有一项困难，就是如何对待境内服务业中的外国所有或控制的服务企业，比如导致服务进口增加的原因，可能是本国服务企业被国外机构所收购，也可能是外国所有或控制的服务企业市场占有率迅速提高，或国外服务提供者入境数量剧增等。GATS 已就金融服务保障问题做了谨慎的规定，如在金融服务附件中就对反竞争行为、垄断性服务供应，以及居民和动植物健康保护等问题做了一般性规定，但未就反倾销和反补贴问题做出规定，这将有待于今后按第 10 条和第 15 条继续进行谈判。应当明确，如何确立影响商业存在承诺的紧急保障认定标准，还需在今后的有关"多边投资规范"的谈判中加以解决。

（2）服务业补贴问题

GATS 第 15 条规定："成员方认识到，在某种情况下补贴对服务贸易可能会引出不正常的结果。鉴于要制定一项必要的多边纪律以避免这类曲解服务贸易的影响，成员方应举行多边谈判。这类谈判也应提出适当的反补贴程序。谈判应认识到补贴对发展中国家发展计划的作用，并重视成员方特别是发展中国家成员方在这一领域中所需的灵活性。谈判的目的在于，所有成员方应交换由其提供给本国服务提供者有关服务补贴的所有资料。任何成员方如认为另一成员方的补贴使其受到损害时，可就此事要求与该成员方进行磋商，这种要求应给予同情并考虑。"

区别不同的服务业补贴非常重要。一般的服务业补贴包括地区补助和少数民族补助在内的、旨在实现各项社会目标的宏观性补贴，缓和市场衰弱的补贴，确保某些服务行业或服务提供者的商业优势的补贴等。现实表明，各国政府实施的服务业补贴措施有扩张的趋势，特别是在高新技术服务领域、区域平衡发展方面、运输和通信服务领域等。实施补贴的政策工具日趋多样化，包括生产要素的使用优惠、税收减免、利率补贴信贷、信贷担保、国有资产投入等。实施补贴的具体政策目标包括：加强基础设施，确立竞争能力，提高服务质量，促进新型服务业的建立，援助有衰弱迹象的服务业，鼓励 R&D 之类的特殊经济活动，平衡地区间的经济发展机会，改善国际收支状况，增加就业和转移收入，等等。

在乌拉圭回合服务贸易谈判过程中，各国对补贴措施的实施，以及对补贴的约束问题争论不休。一些发展中国家和地区要求发达国家在服务业补贴方面"维持现状""逐步退回"。美国和欧盟则要求取消所有对别国的服务贸易利益形成严重损害或损害威胁的补贴措施。对于服务业补贴的约束，发展中国家要求参照商品贸易的做法，即发展中国家以较大的灵活性来使用补贴，提高其国内服务供应能力，对发达国家的服务业补贴措施则应给予严格的纪律约束；发达国家强调服务业补贴问题的复杂性，特别是反映在补贴的界定和补贴量的衡量方面，从而使得对服务业补贴的约束变得极为困难。

如何解决服务业补贴问题？确实存在一定的困难。首先，是缺乏分类统计数据。对于相当多的服务行业，要想获得有关市场份额、价格、单位产品和单位成本等方面的充分信息是很难的。另外，在认定服务的"原产地"、区分国内服务供应和国外服务供应方面也存在较大的信息障碍。其次，服务行业繁多，服务贸易方式多样化。这就意味着同样的补贴措施会因服务贸易方式的不同而出现差异，或出现不同的解释。例如，向企业提供补贴，如对外资机构提供税收优惠，可以被认定为服务出口补贴；母公司所在国对母公司的补贴，会加强其海外子公司竞争优势；为购买本国服务的消费者提供特定的优惠，也可能会起到出口补贴的作用。

针对计算因补贴而产生的价格差异和认定国服务业损害方面的困难，一些国家和地区建议运用争端解决程序或竞争法规来制约服务贸易倾销，不赞成采取单方面的反补贴行动。在存在贸易扭曲性补贴的情况下，多边监督机构应根据有关各方的可比数据和有关补贴的公认定义，运用统一的计算标准来审议服务业补贴与反补贴问题。

（3）政府服务采购问题

GATS 第 13 条第 1 款规定："本协议第 2 条（最惠国待遇）、第 16 条（市场准入）、第 17 条（国民待遇）的规定，不适用于作为政治目的为政府服务机构采购用的法律、法规和规程，且购买该项服务不是为了商业转销或提供服务用作商业销售的目的。"

国际服务贸易中政府采购问题的焦点，在于各方为攫取一己之利都倾向于保留并利用上述例外。由此引发出了诸多问题：GATS 的这些例外能否与政府采购多边协议一样有效？或者是否要采取"削足适履"的做法修改政府采购多边协议的规则，以达到与 GATS 的例外规定相一致的目的？在后一种情况下，政府采购协议的签约方是将有关利益按照最惠国待遇的原则给予所有签约方，还是构筑双重承诺结构？能否确立同时适用于商品贸易和服务贸易的政府采购多边规则？如何确保与政府采购有关的所有法律和程序的充分透明？

必须明确的是，GATS 与 GATT 关于政府采购的规定存在着一定差异：GATS 就国民待遇义务确立了一系列例外；GATT 则未将国民待遇作为一种义务；在 GATS 框架下，市场准入和国民待遇是可以谈判的，即各方通过谈判以肯定的方式提交承诺表。最惠国待遇和无歧视待遇是政府采购协议的核心，在服务贸易领域中还同时确立了针对发展中国家的特殊差别待遇。

对于政府采购问题，一些发达国家认为缺少约束政府采购的多边规则是国际贸易体制的一大缺陷，应该确立同时适用于商品贸易和服务贸易的政府采购多边协议。根据发达国家的观点，该项协议应具有很高的透明度，禁止制定、实施基于运作或产品的特殊技术要求、基于服务合同的履行能力明确参与采购招标活动的资格要求、授予采购合同的明确标准，以及为保证市场进入的竞争性而确立政府采购决策的审议制度等。发达国家还指出，国民待遇本身并不能保证服务的市场进入，为使国民待遇真正具有效力，还应确立政府采购方面的程序性规则和强有力的实施机制。主张政府采购自由化者则建议对各种服务类政府采购的经济影响和现行的政府采购法规进行审议，以解决为实现市场开放应确立什么样的要求、如何简化程序、什么样的规则才能适应市场竞争等问题。

GATS规则审议工作组还将讨论以下问题：为什么大部分国家和地区还未加入政府采购协议？工作组的职责范围有多大？哪些政府采购规则可以多边化？确立具有广泛适用性的政府采购规则的可能性有多大？GATS的现有规则（如第3条的"透明度"）如何适用于尚未具体化的政府服务采购程序？政府服务采购自由化将会产生何种影响？GATS框架下有关政府采购的承诺可依据第18条"附加承担义务"的规定进行谈判。例如，通过谈判就国民待遇在哪些方面适用于具体的服务部门做出承诺；有关的承诺应列出在服务采购方面承担国民待遇义务的政府机构名录；由于在许多情况下政府采购涉及多种商品和服务项目，故有必要就有关服务采购在采购总额中所占比例达成谅解，等等。

3.《香港宣言》

WTO第6次部长级会议于2005年12月13～18日在中国香港召开，又称香港部长级会议，历经近一周的艰苦谈判，终于在最后时刻达成《香港宣言》。根据《香港宣言》及附件C，新一轮服务谈判在下一阶段的发展包括以下几个方面的内容。

（1）谈判目标

为实现服务贸易自由化水平的逐渐提高，并为各发展中国家提供适当灵活性，附件C要求各成员应尽最大可能按照下列目标进行新的服务承诺或改进已有承诺。

对于模式1，维持目前已有的基于非歧视原则进行的跨部门承诺水平，并取消现存的商业存在要求；对于模式2，则要求成员维持已有的基于非歧视原则进行的跨部门承诺水平，并且如果对模式1进行承诺的话，也应对模式2进行承诺。对于模式3，应允许更高水平的外国股权参与，取消或实质性减少对经济需求测试（ENTS）的使用，在所允许的法律实体类型方面给予更大的灵活性。在模式4方面的要求较多：首先，关于合同服务提供者、非基于商业存在的独立专业人士及其他人士的类型方面的新承诺或改进承诺，应体现取消或实质性降低ENT标准并明示允许停留的期限和延期的可能性；其次，对于公司内部的人员调动和商务访问者的类型方面的新承诺或改进承诺，也应体现上述要求。

在最惠国待遇例外方面，应取消或实质性减少最惠国待遇的豁免情形，并对现有的最惠国待遇例外按照其适用范围和期限进行分类。对于承诺表的制作，成员应确保列表的清晰性、确定性、可比性，在制表、服务分类以及现有的ENT方面与2001年修订后的《承诺表制作指南》的要求相一致。

在规则谈判方面，各成员应加强努力，按照相关要求和时限完成 GATS 第 10 条的紧急保障措施、第 13 条的政府采购、第 15 条的政府补贴以及第 6 条第 4 款的国内监管等方面的规则制定工作。

从该部分的规定来看，宣言及附件 C 对服务贸易谈判的两大部分内容（即服务准入谈判和 GATS 规则制定）均提出了较明确的谈判要求。在市场准入谈判方面区分服务提供方式，对每一种方式应达到的目标进行了规定，但这种目标背后其实反映了一些比较敏感和复杂的问题，比如取消模式 1 中的商业存在要求，表明成员应对服务的跨境提供进行实质性承诺；如果对模式 1 做出承诺，也应对模式 2 进行承诺，则反映了近年来由于电子商务的发展，当在某些服务部门（如金融）模式 1 和模式 2 的服务提供并不容易区分时，对这两种模式同时进行承诺可降低成员逃避其义务的可能性等。关于模式 3 要求增加外资股权参与，现阶段对某些发展中国家的一些敏感部门而言并不容易做到。对于模式 4 的规定则体现了发展中国家的主张，但是否能够落到实处尚须继续观察。对于紧急保障措施、服务政府采购和服务补贴方面的规则谈判，宣言也提出了相应要求，但国内监管纪律除外，其他三项规则制定方面的要求与对具体承诺的要求相比，明显空洞一些。这反映了具体承诺谈判进展比规则制定谈判进展迅速的实际情况，但与此同时，对三项议题的谈判能否如期完成则可能需要继续保留合理的怀疑。

（2）谈判方法

谈判方法是近两年来新一轮服务谈判中讨论较多的问题，其出现的背景是一些发达国家成员对在要价—出价的双边模式谈判下，发展中国家的出价迟缓和承诺水平低下非常不满，这使得它们怀疑采用要价—出价方法是否能够达到服务贸易进一步自由化的目标。因此，一些成员提出了谈判的补充方法，包括基准方法、诸边方法及公式方法等，但一直遭到许多发展中国家的强烈抵制。在香港部长级会议召开前几个月，发达国家（地区）成员开始着力推进这些服务谈判方法的新机制，在 2005 年 8 月之后又提交了几份关于谈判补充方法的建议，期望能够在香港部长级会议上得到认可。

根据宣言和附件 C，成员应加强和加快要价—出价谈判，这是取得实质性承诺的主要谈判方式。

除双边方式外，要价—出价谈判也可以在诸边（plurilateral）的基础上进行：第一，任何成员或成员集团可就任何服务部门和提供模式向其他成员提出要价或集体要价，表明其在该部门或提供方式上的谈判目标；第二，被要价方应根据 GATS 第 19 条第 2、4 款和《服务贸易谈判的指导原则和程序》第 11 段的要求考虑这些要价；第三，考虑到发展中国家和小代表团参与此类谈判的有限力量，诸边谈判的组织应便利所有成员的参与，还应适当考虑小规模经济体提出的与贸易有关的建议。

从宣言关于谈判方法的规定来看，未来服务贸易的谈判可以在诸边基础上进行，即由一群成员集体合作，向特定成员共同施压要求其市场进一步自由化。这种谈判模式是新一轮服务谈判中的一项重大改变，但应注意对谈判力较弱的发展中国家而言，如遇发达国家（地区）成员集体施压要求市场开放，则会处于明显不利的境地。因此为应对这种谈判模式，发展中国家应当通力合作，尽量减缓这种不利局面的出现。

（3）关注发展中国家和 LDC[①]的利益

宣言作为发达国家（地区）成员与发展中国家成员利益协调和相互妥协的产物，在多

---

① LDC 是 least-developed country 的首字母缩写，指不发达国家或欠发达国家。

处的表述反映了对发展中国家与LDC利益的关注，特别是为缓和发展中国家成员的担心，强调为它们在进一步自由化谈判中保留灵活性的必要性。从具体内容来看，这种对发展中国家成员的优惠待遇、谈判灵活性以及技术协助等方面的表述较以前有了很大进步，主要体现在比较具体且有一定的时限要求。

在谈判目标方面，各成员应充分有效地实施"LDC特殊待遇模式"，以促使最不发达国家有效融入多边贸易体制。在谈判方法上，宣言要求各成员在谈判过程中应充分有效地实施"LDC特殊待遇模式"，包括五个方面的内容：第一，在给予LDC相关利益的服务部门和提供方式特别优先权方面，迅速发展合适的机制；第二，在LDC成员确定和将要确定的优先发展部门与提供方式上，尽可能做出承诺；第三，协助LDC成员确定优先发展的服务部门和提供方式；第四，向LDC成员提供针对性和有效的技术支持和能力建设；第五，建立报告机制，便于实现"LDC特殊待遇模式"第13段要求的审核程序。

鉴于上述规定，有发展中国家成员认为，宣言保护了发展中国家开放服务市场的政策空间，任何成员可根据其经济发展和政策目标来决定在何种程度上开放服务业。但从以往的经验来看，宣言中的表述到底在多大程度上能够真正有利于发展中国家成员和LDC成员实质性地参与服务谈判，并保证相关优惠不流于形式，仍须予以特别关注。

（4）谈判时限

对于进一步的服务谈判，附件C要求成员遵守下列时间安排：第一，应尽早提交未完成的初始出价；第二，对其他成员提出诸边要价的成员集团应在2006年2月28日前或之后尽早提交此类要价；第三，在2006年7月31日前提交第二轮经修改的出价；第四，在2006年10月31日前提交具体承诺表的最终草案；第五，成员在2006年7月31日前，应努力完成给予LDC成员特殊待遇的合适机制。

宣言锁定的多哈回合谈判结束时间是在2006年年底。根据这一时限，成员在2006年的服务谈判中应遵守上述安排。但这里的时限是针对具体承诺谈判而设定的，对于发展中国家关注的规则制定问题，宣言除提到国内监管纪律谈判应在本轮谈判结束前完成外，对紧急保障措施、服务的政府采购和补贴并没有提出明确要求。尽管这三个议题的具体谈判时限应是多哈回合结束时，从表面上看不存在差别，但宣言没有明确提及这三个议题应当结束的时间。

4. 后续服务谈判展望

由于成员各自利益、兴趣和目标不同，因而对新一轮服务谈判的内容有明显不同的态度。发达国家（地区）成员认为乌拉圭回合在实现服务贸易自由化方面只是维持现状，因此对成员在新一轮谈判中提出的具体承诺感兴趣并着力推动，希望实现更大范围的市场准入和获得更多国民待遇。发展中国家成员则寄希望于新一轮谈判能够完善GATS规则，尤其是对发展中国家成员的特殊和差别待遇应当有具体制度与规定，因此对市场准入承诺谈判并无太大兴趣，而着力推动规则的制定，包括服务贸易评估机制、紧急保障措施等问题。事实上具体承诺的谈判进展远快于有关规则制定和国内监管的谈判。即使如此，发达国家仍抱怨发展中国家就自由化承诺没有提出实质性出价，因其要求一些敏感部门（如金融、电信、能源等）全面自由化。由于发展中国家整体上并没有太多能够与发达国家平等竞争的服务部门，因此实际上无法满足这一要求。此外，由于缺乏重要规则的实质性谈判结果和对服务贸易的评估及其进程的审查，发展中国家更加需要谨慎对待 GATS 中有约束力的自由化义务。

GATS 第 19 条第 1 款规定："为实现本协议的目标，从世界贸易组织协定生效之日起不迟于 5 年内，所有成员方应就旨在使服务贸易自由化逐步达到较高水平问题，进行连续的多轮谈判，并在以后定期举行。这些谈判应引向为减少或取消对服务贸易各项措施在有效进入市场方面的不利影响。上述程序应在互利的基础上，本着为促进所有成员方的利益，并谋求达到权利和义务的全面平衡。"第 2 款强调："贸易自由化的进程应取决于各成员方相应的国家政策目标，以及各成员方包括它的整体和个别服务部门的发展水平，对各个发展中国家成员方在少开放一些部门、放宽较少类型的交易和逐步扩大市场准入程度等方面，应根据它们的发展情况给予适当的灵活性，并当其有可能向外国服务提供者给予市场准入时，把重点放在这种准入条件方面，旨在达到本协议第 4 条（发展中国家更多的参与）所述的目标上。"

由上可知，GATS 已对服务贸易谈判定了基调，给出了大致的思路、原则和框架。然而，每一轮服务贸易谈判的进行都是基于一定的谈判方案，谈判方案的选定则是基于 GATS 的目标、对服务贸易所做的全面评价和部门评价。毋庸讳言，今后的服务贸易谈判仍将继续受到发展中国家和发达国家两大集团的影响。

对于发展中国家，妨碍其有效参与《服务贸易总协定》以及乌拉圭回合承诺表谈判的因素主要是：①由于缺乏有关服务的生产和贸易的统计数据，大多数发展中国家对自身的服务贸易发展及其规模知之甚少，难以对其利益所在做出评判。解决这一问题的关键在于完善服务贸易统计资料，改进国际收支平衡表，以便更准确、更全面地反映各服务部门的贸易情况。这方面的工作已取得了一定进展，但仍有很大不足。由国际货币基金组织制定的新的国际收支平衡表主要有以下几个缺陷。首先，对于大多数发展中国家来说，该表过于复杂，操作成本高昂；其次，该表仍然基于国际货币基金组织对"服务贸易"的定义，即"不同国家的居民间的交易"，这一定义与 GATS 中的定义不符，其差别在于前者缺少了有关"商业存在"的统计。②发展中国家大都对其他国家的法律法规比较陌生，对本国服务出口潜力胸中无数，因而难以界定对其服务出口形成障碍的贸易壁垒。联合国贸发会议关于服务贸易措施的统计数据、政府间的互相交流与查询等都可以增加这方面的信息。为乌拉圭回合服务贸易特定行业后续谈判确立的查询机制应适用于其他服务行业，并应着重考虑发展中国家的利益。有关各项具体服务贸易的发生原因、技术进步、技术障碍和非政策性障碍（如与电信服务入网有关的障碍）的解决等研究，都将进一步完善并加强这类信息资料。

后续的服务贸易谈判可能会在以下两个方面受到某些发达国家要求的影响：①修改《服务贸易总协定》，以"否定承诺方式"取代"肯定承诺方式"。否定承诺方式即市场准入承诺是以"排除不适用市场开放原则和国民待遇原则的情况"的形式提出的。许多发达国家都偏好这种承诺方式，认为这能形成更透明、更具操作性的贸易自由化机制。这种承诺最早由 OECD 所采用，该组织各成员均列明各自在市场自由化方面的保留，随后北美自由贸易区也采取了这种承诺方式，以确立投资、跨境服务贸易和金融服务贸易的自由化，但"自然人移动"的服务贸易形式仍采用肯定承诺方式。乌拉圭回合多边贸易谈判曾考虑采用否定承诺方式，但因某些政治的和技术的原因而放弃。首先，否定性承诺意味着任何一项未将例外考虑在内的法律法规，都将自动地被认为与其承诺遵守的规则不符，发展中国家很难保证其各项立法都能避免导致其承担非预见性义务的疏漏与错误。其次，否定性承诺还意味着任何新的立法都可能被认为是违反承诺的，除非新的立法能表明符合相关的否定性承诺。另外，从文字表述上看，否定性承诺表冗长得让人无法接受。尽管如此，建议实行否定性承诺的最主要理由是有关的保留和例外会在将来的某一天被取消。然而，否定性承诺有悖于 GATT 推行的通过多边谈判达成互惠减让的做法。否定性承诺方式通常被用于区域性贸易协定，其中各成员方都接受商品贸易和服务贸易的全面自由化，尤其是将生产要素自由流动作为协定的核心目标。一些国家已提出，服务贸易中的否定性承诺也许可以适用于旨在彻底实现贸易自由化的协定。倘若如此，所有与 WTO 相一致的现行措施，如关税、补贴等，都将合乎逻辑地被修改为否定性的义务承诺。②在 GATS 框架内达成多边投资协议并制定该条款。多边投资协议是就国际投资领域的所有问题确立相应的规则，以取代众多的双边投资协议。据称，该协议的达成将使流向发展中国家的国际投资量大为增加。多边投资协议含有"商业存在"和"国民待遇"这一核心内容，即将其作为服务贸易自由化义务承诺谈判的基本原则。对此，一些发展中国家重申，GATS 有关市场准入和国民待遇的条款都不是对义务的设定，而仅仅是规定应按优势互补和利益义务全面平衡原则互做减让。商业存在和自然人移动等服务提供方式实际上则表现为围绕着服务贸易的生产要素流动，其中也包含着政治格局的因素。将"生产要素自由流动"纳入 GATS，对于许多国家来说可能在政治上是不可接受的。只有在保持劳动与其他生产要素对等均衡的基本前提下，就投资自由化做出承诺的建议才有可能被普遍接受。然而，要保持对等均衡很不容易。也有人认为这种争论毫无意义，因为关于投资和自然人移动可以与 WTO 的有关规定相一致。尽管 GATS 规则与 OECD 倡导的投资协议谈判所提及的规则之间存在着矛盾与交叉，但两者仍有可能实现共存。GATS 可继续致力于构筑与投资者市场准入有关的承诺体系即解决商业存在和国民待遇问题；直接与产权、财产保护、税收、私营企业和政府机构的争议有关的问题，可由另一个独立机制来加以解决。这一独立机制应充分考虑到发展中国家所关心的利益，即贸易规则不应适用于产权保护。但值得注意的是，基于 GATS 的承诺极有可能被扩展到商品贸易和自然人移动方面。

发展中国家在今后的贸易谈判中所能获得的利益，仍将取决于其整体的和单个的谈判地位。GATS 所采用的肯定承诺方式既有利于那些旨在促成稳定的投资环境以吸引外资的国家，它们可以在名目繁多的服务业领域中承诺给予国民待遇和商业存在权；同时又使得那些受外资青睐的国家获利，它们可通过谈判选择某些服务行业给予市场准入和国民待遇，以换取其他国家的对等优惠。第九届贸易与发展会议形成的最后文件指出，联合国贸发会议在商品贸易和服务贸易领域中的主要作用，是通过推动发展中国家有效参与国际贸易体系，来努力扩大贸易自由化和经济全球化，促进世界经济持续增长。服务贸易自由化对此目标的实现将起到重要的作用。必须认识到，发展中国家逐步实现服务贸易自由化，对于其国内服务产业效率的提高非常必要，但自由化进程应与国民经济整体发展战略和扶持措施相结合，以促进发展中国家服务业的成长和提高其在国内外市场上的竞争能力。发展中国家积极参与经济全球化进程，提高对国际服务贸易的参与度是一个重要方面，其主要的参与方式是进入相关的信息网络和市场渠道，以及人员跨境自由流动。因此，问题并不在于发展中国家的服务贸易自由化承诺，而在于妥善地设定一项能够使发展中国家在未来的互惠减让谈判中获得实际利益，并拥有充分政策选择余地的谈判策略。

【案例 4-1】 服务贸易争端第一案：美墨电信服务争端案

2004 年 4 月 2 日，第一个完全以 GATS 为争议内容的争端案例——美国诉墨西哥影响电信服务的措施争端案，由 WTO 专家组做出正式的报告，同时这也是电信服务贸易领域第一个由 WTO 专家组做出裁决报告的案例。通过对本案例的分析，将有助于我们了解 WTO 专家组在适用和解释 GATS 以及《基础电信协议》上的做法，以及服务贸易争端区别于货物贸易争端的特点，对我们更透彻地理解和运用服务贸易规则，更好地履行有关服务贸易的承诺都有重要的价值。

1. 案件背景

（1）WTO 中的电信服务贸易

除了 GATS 规定了电信服务贸易的一般原则（如最惠国待遇等）外，WTO 于 1997 年 4 月 15 日达成了《基础电信协议》（GATS 第四议定书），该议定书包括了各成员在电信服务贸易领域中的国民待遇和市场准入方面的具体承诺，但更重要的是它的一个附件——《参考文件》对各成员电信规制的原则和方法提出了明确的规定，其核心原则是要防止各成员的垄断电信企业利用不正当的竞争行为损害新进入者的利益。

（2）墨西哥电信市场及规制

墨西哥联邦电信法（简称 FTL）规定，在国际电信市场上对外呼叫业务最多的运营商有完全垄断权利，来议定其他运营商在提供国际电信业务时的规定和条件，包括墨西哥国内的电信运营商和其他国际运营商。从 1997 年起，墨西哥 Telemx 公司就占据了这一垄断地位。虽然联邦电信法也允许墨西哥的任何个人或公司和外国投资者取得对公共电信网络的安装、运营与开发的权利，但外国电信网络与墨西哥国内电信网络的互联应根据相关利益方所签订的协议来进行，而且只有国际网关运营商才可以与外国公共电信网络直接互联以进行国际电信运输。这使得已经具有垄断地位的 Telemx 公司事实上拥有了排除外部竞争者的权利，从而引起了希望进入墨西哥电信市场的美国电信巨头的不满。

（3）案情经过

2000 年 8 月 17 日，美国认为墨西哥的基础电信规则和增值电信规则违背了它在 GATS 中的承诺，并因此要求就该争端进行磋商。2000 年 10 月 10 日和 2001 年 1 月 16 日，美墨双方进行了两次磋商，均未能达成共识。2002 年 4 月 1 日，专家组根据 DSU 第 6 款成立，并分别于 2003 年 11 月 21 日和 2004 年 4 月 2 日提交了中期报告和最终报告。2004 年 6 月 1 日，美国和墨西哥经过再次磋商，正式接受了专家组 4 月 2 日提交的最终报告，并最终就本次电信服务争端达成协议。协议中，墨西哥同意废除本国法律中引起争议的条款，并同意在 2005 年引进用于转售的国际电信服务；美国同意墨西哥继续对国际简式电信服务进行严格限制以阻止非授权的电信传输。

2. 美墨电信服务争端案焦点

美国认为墨西哥电信规制对其基础电信和增值电信服务承诺的履行起阻碍作用，主要有以下三点：一是"比例返还"体制；二是统一费率体制；三是外国运营商必须与墨西哥本土对外呼叫量最多的运营商协定费率，且该费率适用于该外国运营商与其他所有的墨西哥运营商之间的电信服务活动。在这样的电信规制下，美国电信服务运营商不可能按合理的非歧视的规定和条件进入与使用其公共电信传输网络和服务，这就违背了墨西哥在《参考文件》中的承诺。具体来说，主要存在以下三个方面的争议。

（1）《参考文件》第 2 条下的争议

美国宣称，在基础电信服务跨境提供

方面，墨西哥没有履行它在《参考文件》中第2.1和2.2条的承诺。美国特别指出，墨西哥没有确保其境内最大的基础电信供应商Telemx公司以合理的规定、条件和以成本为基础的费率向美国基础电信供应商提供互联。

墨西哥对此辩称，GATS具体承诺表中没有与《参考文件》第2条相关的具体承诺；而且《参考文件》中关于互联的含义都不该运用到来自国外的服务业中去；即使互联在《参考文件》中的含义在以上情况下适用，Telemx也不算是《参考文件》第2.2条中规定的"主要供应商"。无论在什么情况下，墨西哥向美国电信服务供应商提供的互联都是合理的，其费率也是以成本为基础的。

经过对《参考文件》的解释和对相关市场的调查，专家组得出结论。第一，墨西哥在具体承诺表中承诺会给予外国供应商自由进入墨西哥市场并租用电信设备以提供跨境服务的权利，但是截至2002年4月，墨西哥只允许外国电信供应商以合资的形式租用电信设备并提供跨境服务，对非合资形式的外资企业仍未给予该权利。第二，专家组确认Telemx公司对于本案涉及电信服务的定价具有实质性的影响力，可利用其在市场中的特殊地位制定全墨西哥电信市场的统一价格，因此是墨西哥基础电信服务业的主要供应商。第三，专家组计算了墨西哥国内供应商和外国供应商使用电信网络的价格差异，比较了互联费用和墨西哥——美国线路的"灰色市场"价格以及其他国际线路的终端价格，审查了国内运营商的"比例返还"程序，最终确定墨西哥规定的互联费用高于其成本价格，而且收取统一的互联费用会对相关市场上的价格竞争起阻碍作用。因此，说在外国供应商与国内主要供应商进行互联时，墨西哥没能保证提供"合理的规定和条件"，这违背了墨西哥在《参考文件》中第2.2条的承诺。

（2）《参考文件》第1条下的争议

墨西哥在《参考文件》中第1条承诺将会采取"适当的措施来防止主要供应商进行或继续进行反垄断的行为，无论是单独的企业或是企业联合体"，美国认为墨西哥事实上并未履行该承诺。如墨西哥《长途电信规则》(ILD规则)第13条要求，在特定的国际线路上，对外传输量最大的运营商必须与电信服务供应商协商，采取统一的安装费率，而ILD规则第23条实际上要求所有的运营商都服从第13条的规则。在规则第2条第13款中，墨西哥要求运营商的对内传输量必须与对外传输量成特定比例。美国认为这已经构成了反垄断行为。

对美国的观点，墨西哥予以辩驳。墨西哥认为《参考文件》中的承诺仅适用于其国内事务，而且在任何时候，墨西哥政府都采取了适当的措施来阻止反竞争行为的产生。美国提出质疑的ILD规则，实际上是促进竞争的，一方面防止新的进入者引发大幅度的降价，另一方面防止外国运营商垄断价格和电信设备。墨西哥指出美国不能证明Telemx在相关市场上是一个"主要供应商，也不能证明它的经营存在反竞争行为"。

专家组从以下几个方面来调查墨西哥是否违背了在《参考文件》中第1条的承诺：

1）Telemx是不是主要供应商。与对《参考文件》第2条的分析相类似，专家组认定Telemx在相关市场中对进入市场的规定拥有明显的控制能力，因而是"主要供应商"。而且，这种控制能力不仅为Telemx所独有，其他所有的网关运营商也有，因此那些既是电信服务供应商也是网关运营商的企业与Telemx一起被认定为是市场上的"主要供应商"。

2）成员的法定行为是否属于反竞争行为。专家组在报告书中认为，一成员的国内法可能会导致歧视性行为的出现，其立法机关可能会使用法律的权力来限制竞争的范围，但是加入GATS《参考文件》中"阻止供应商进行或继续进行反竞争行为"的条款属于国际承诺，目的就是限制WTO成员的规制权利。而且，墨西哥《参考文件》中的第1条也没有保留任何允许成员单方面实施反竞争措施的权利。也就是说，即使是墨西哥国内法的法定行为，也可能是《参考文件》第1条中的"反倾销行为"。

3）ILD规则中是否要求主要供应商从事反竞争行为。专家组认为，尽管墨西哥认为统一定价会避免掠夺性定价引起的价格竞争，但是墨西哥并不能证明现有的竞争法无力对抗掠夺性定价行为，也不能证明如果取消ILD规则中的统一安装费率规定就会引起外国投资方的掠夺性定价或其他不公平行为。同样，没有证据表明墨西哥不能采用除统一安装费率规定外的其他电信规制来对抗掠夺性定价行为。在比例返还体制方面，专家组认为这是以法定的方式许可墨西哥电信供应商协商签订财务补偿协议，而不是依靠市场自由调节电信传输，这种分配对内呼叫量和市场份额的方法是不能保证其公平性的。因此，统一的安装费率和比例返还体制都属于《参考文件》第1条中的"反竞争行为"。

4）墨西哥是否采取了适当的措施来制止主要供应商的反竞争行为。专家组指出，如果墨西哥政府无法预料到每个行业中主要供应商的行为并因此无法预先采取制止行为，这是合理的。但是墨西哥在电信规制中以反竞争行为作为法定行为，从逻辑上来说不能属于"适当"的"制止"反竞争行为的措施。墨西哥的这种做法与《参考文件》中的第1条是相违背的。

（3）《参考文件》第5条下的争议

美国认为墨西哥没有承担其在GATS附录中第5条的义务。根据附录第5条，墨西哥应在基础电信服务业中保证美国供应商自由取得并使用墨西哥的公共电信传输网络和服务。但美国认为墨西哥并没有以合理的规定和条件向美国供应商提供互联，而且美国供应商也得不到私人线路的租用权，这违背了附录第5条的（a）款与（b）款。

墨西哥提出GATS的附录不适用于基础电信服务供给中电信传输网络的获得与使用。而后，墨西哥重申它没有对跨境供应做出任何承诺，无论跨境提供是以合资的形式还是以商业机构的形式进行，因此它不该承担相应的义务。

专家组则认为，《参考文件》第1条中并没有特别表明基础电信服务的供应被排除于附录的适用范围之外；第2条（a）款指出，附录适用于WTO成员影响电信传输网络、服务可获得性和使用的所有措施，并没有特别指出这种影响电信传输网络、服务的措施仅限于提供某种服务或仅限于服务部门；附录第5条（a）款指出，"保证电信传输网络的自由获得和使用"的义务应适用于任何其他成员的服务供应商提供任何已列入减让表的服务，并没有特别指出基础电信服务的供应商应排除在外。因此，专家组认定，附录适用范围为所有影响公共电信传输网络的可获得性与使用的措施，包括基础电信服务的供应在内。

专家组还指出，墨西哥在《参考文件》的部门承诺与减让表中都没有将商业机构跨国提供服务排除在外，因此墨西哥对商业存在的承诺中应当包括对基础电信服务的承诺，其中既包括墨西哥以商业存在的形式对外提供基础电信服务，也包括其他成员以商业存在的形式对墨西哥提供基础电信服务。虽然墨西哥认为其国内不存在私人租用线路的服务，但是美国证明该服务在墨西哥很普遍。而且墨西哥已经承诺允许商业机构租用电信设备来提供服务，任何建立于墨西哥的商业机构都可以自由地提供本地、长途和国际电信服务。因此，墨西哥没能完成在附录第5条中的承诺，即没有保证私人租用线路供应的自由获得及使用。墨西哥ILD规则要求只有被授权的运营商才可以成为网关运营商并享有与外国公共电信传输网络相互联的权利，而商业机构无法得到该授权，因此，ILD规则对商业机构与其他国家的公共电信网络连接起阻碍作用，与墨西哥的入世承诺是不一致的。

3. 美墨电信服务争端案评析

美墨电信服务争端案是WTO做出专家组报告的服务贸易争端第一案。本案的出现说明服务贸易在全球的迅速发展，使得各国之间的竞争关系不再仅仅存在于传统的货物贸易领域。可以说，本案的产生，固然是由于美国和墨西哥电信服务业的发展及冲突，但深层的原因是WTO文件中电信服务业的特殊性。而本案争议的焦点则是"反竞争行为"的界定。

（1）电信服务业的特殊性

在WTO的法律文件中，对电信服务业的承诺十分特殊。大多数的服务业均以具体承诺的方式，要求各缔约方在规定时间进行某种程度的市场开放或规制建立。而电信服务业只给出了参考文件，而对参考文件的不同理解正是引发本次争端的重要原因。例如，本案中对于《参考文件》第5条的解释。按照墨西哥的观点，第5条是一个整体，第（a）（b）小节是由（e）（f）小节来具体解释的。要确定某一成员在该条款下义务的具体含义，必须联系第5条所有的内容来解释。在（a）小节中要求的总体义务只能通过（e）（f）小节来实现，所以应该参照（e）（f）小节来分析墨西哥是否违反了（a）（b）小节中的承诺。美国则认为第5条的（e）(f)小节仅是（a）（b）小节的一个组成因素，起到补充

例外的作用，其地位类似于GATS中的第20条对GATS的义务。经过多方面的查证后，专家组认为附录第5条（a）小节中规定的义务应由其他条款来具体解释，其他条款作为（a）小节的必要组成部分而存在。成员在承担（b）小节规定的义务时，需要遵守的条件应与（a）小节和（e）小节的条款保持一致。

另外，根据WTO的规则，一旦对协定做出修改或解释，其影响范围不仅仅限于争端的双方或其他相关利益方，而是上升到多边范围内，被所有参与此协定的成员接受。美国希望通过WTO争端解决机制对《参考文件》做出解释，进而影响到多边范围内电信服务贸易的义务。因此，虽然美国和墨西哥同属于北美自由贸易区的成员，但是在本次争端中美国没有应用北美自由贸易区的争端解决机制，而是诉诸WTO，理由就在于此。

（2）电信服务业"反竞争行为"的界定

通常来说，反竞争行为表现为不正当竞争行为、限制竞争行为、垄断行为等。《参考文件》规定，反竞争行为包括不向竞争者提供必要的设施互联互通、交叉补贴、垂直价格挤压、掠夺式定价、使用错误信息、锁定用户、捆绑销售、不公平差别对待和滥用知识产权等。本案的焦点之一就是如果一种行为属于政府的法定行为，那么该行为是否可以算作反竞争行为。在此，出现了美国和墨西哥、欧盟两派观点。

美国认为，一种反竞争行为，即使得到了国内法律法规的许可，也不能改变它反竞争的本质。按照美国的观点，墨西哥的ILD规则中的某些规定已经构成"反竞争行为"，如第13条规定，在前6个月内对某一国家的对外呼叫量最多的墨西哥运营商将单独享有与该国运营商协定安装费率的权利，"所有的国际网关运营商对来自

特定国家的国际长途都必须采用统一的安装费率"。第16条和第2条第13款规定，国际长途网关运营商必须保证来自一国的呼叫量必须与对该国的呼叫量成特定的比例。墨西哥则认为，ILD规则是墨西哥国内规制框架的组成部分，而建立规制框架的目的在于促进竞争。WTO成员的国内法与《参考文件》的原则是一致的，《参考文件》第1.1条中已经对WTO成员可能会保留或会实施的反竞争措施做出了专门的规定，因此，墨西哥的ILD规则中不可能出现反竞争行为。

作为第三方国家的欧盟也认为，ILD规则中要求的"统一定价不应该算是反竞争行为，因为统一定价是经过法律许可的。同样，收益共享体制按比例返还也是经过法律认同的，也不能算是反竞争行为"。欧盟指出，"如果墨西哥不允许电信服务运营商在某事务上竞争，那么就不可能存在反竞争行为。因为在竞争不存在的情况下根本不可能限制竞争"。

在最终报告中，专家组指出加入GATS《参考文件》中阻止供应商进行或继续进行"反竞争行为"的条款属于国际承诺，其目的是限制WTO成员的规制权利。这就说明一成员的国内法可能会导致歧视性行为的出现，即使是成员方内的法定行为，也有可能是"反竞争行为"。因此，成员在《参考文件》中做出的承诺是应该对其他所有WTO成员履行的义务，"一成员的国内法中关于主要供应商的要求不能与该成员在《参考文件》中'防止主要供应商进行反竞争行为'的国际承诺相违背"。

（3）美国在本案中的意图

美国在电信服务领域中拥有强大的竞争力，为美国电信企业开拓更大的市场是美国政府义不容辞的责任。而利用WTO争端解决机制来打破其他国家的贸易壁垒，也是美国惯常的做法。但在本案中，美国还有更深一层的意图。前文已经指出，与货物贸易不同，服务贸易的规则相对不成熟，GATS的文本中并没有多少具有约束力的一般性规则，服务贸易的开放主要体现在各成员就国民待遇和市场准入的具体减让承诺上。但这些具体减让承诺和货物贸易中的关税减让相似，往往较为清晰明了，一般不会引起大的争议。而且这些具体承诺都是只针对做出承诺的个别成员的，不具有普遍性。而电信服务则有所不同，《基础电信协议》中所包含的《参考文件》是一个对所有成员都具有约束力的文件，而该文件对确保各成员开放电信服务市场又具有重要的意义。如果能够对该文件进行有利于自己的更精确的法律阐释，那对今后以此来促使各成员更大地开放电信市场，将是十分主动的。显然，美国通过这一争端案件，已经达成了这一目的。本案例的主要争议焦点均集中在对《参考文件》的解释上，特别是对反竞争行为的解释，有助于美国打开那些尚未实行电信市场化改革的国家的市场。而美国与墨西哥在案件结束后迅速达成妥协，似乎也暗示双方可能存在着某种默契。毕竟，美国与墨西哥都是北美自由贸易区的成员，并且也是政治和经济上的坚定盟友。

资料来源：屠新泉，彭程，孙威. 服务贸易争端第一案：美墨电信服务争端案［J］. 世界贸易组织动态与研究，2005（12）：35-39. ∎

4.4 服务贸易中的地区主义与区域性协议

4.4.1 欧盟的服务贸易协议

欧盟服务贸易的发展面临两大问题：一是为形成内部统一大市场，各成员方之间服务市场彼此开放的问题;二是如何以整体力量占领国际服务贸易市场的问题。这两大问题的实质是欧盟服务贸易的内部自由化和外部自由化问题。于是,有关服务贸易的协议主要涉及两方面内容:一是成员方之间在各服务部门的互相开放和规则的统一;二是欧盟作为整体对其他国家开放服务市场以及协调利益。

1. 欧盟内部统一市场的服务贸易协议

(1) 欧盟内部统一市场的总体目标

欧盟内部统一大市场的建立就是为了使商品、人员、服务和资本得以在成员方之间自由流通。服务市场的内部自由化是建设统一大市场的重要方面。

早在20世纪60年代末,欧共体就已取消了成员方之间的关税,为商品的自由流通打下了基础,但在服务的自由流通方面步伐缓慢,直到1985年欧共体执委会在建立内部市场的白皮书中重申要取消阻碍四大流通的限制时,服务贸易市场的欧洲一体化建设才再次启动,总体目标是实现服务的自由流通,在成员方之间适用服务相互承认与统一化原则。

应当指出的是,欧盟服务贸易内部市场统一化是一个过程,情况殊异的各国为调整和适应大市场而付出的代价也各不相同,要实现利益与义务的均衡并非易事。然而,可以肯定的是,通过成员方之间相互开放服务市场,并在管理和监督机制上实现一体化,欧盟服务业经过协调和重组,在世界服务贸易中的整体优势将会得到加强。

(2) 有关协议的主要内容

作为欧盟赖以存在的基本条约——《罗马条约》,其第三部分"共同体政策"中专门有一章"服务",规定了应逐步废止成员方国民在共同体内自由提供服务的限制。该部分适用于通常以取得报酬为对等条件而提供的服务,要求自条约生效起,各成员方一般不得在提供服务方面对已实现的自由化采取新的限制,并规定理事会接受委员会建议及与经社委员会和欧洲议会协商后制订一个总计划。服务贸易内部市场自由化的建议及决定,应优先考虑直接影响生产成本或有助于商品交易的服务。在自由提供服务的限制尚未取消期间,各成员方施行限制应坚持无歧视原则,即不分服务提供者的国籍或住址。值得一提的是,欧盟内部统一市场的服务贸易协议大多以指令形式出现。

1) 金融服务贸易协议。这里的金融服务包括银行、保险和证券服务。欧盟统一大市场的建立将使各成员方之间彼此开放金融服务市场,推动各成员方金融机构的竞争和调整。

A. 银行业。1973年,欧共体理事会发布指令,取消自由设立企业和自由提供有关银行与其他金融机构服务的限制,规定各成员方不能因申请者是非本国居民而拒绝批准设立新的信贷机构,但该指令并未得到实际执行。1977年12月12日,欧共体理事会通过了"关于协调有关从事信贷机构业务的法律、规则和行政规章的理事会指令"(这里所说的"信贷机构",是指经营从公众那里接受存款或其他应偿还的资金和为自己的利益发放贷款的企业,不包括未接受存款的投资公司),即一般所称的"第一项银行业指令"。该指令提出"母国控制原则",即由特定信贷机构总部的所在成员方主管机构对该信贷机构在各成员方经营的各分支机构实行全面监督。该指令还规定,信贷机构应具有"适当的、符合最低标准"的自有资金,并建立由来自成员方银行监督机构的3个代表组成的顾问委员会。但该指令并未规定实行银行业统一许可制和相互承认制度,即并未要求成员方自动允许在其他成员方取得合法营业执照的信贷机构在其境内设立分支机构,也不反对成员方对设在其境内的非欧共体信贷机构采取保护主义和歧视性措施。尽管如此,该指令作为欧共体协调银行服务法规的第一步,具有不可替代的作用。1989年12月15日,欧共体又通过了"关于协调有关从事信贷机构业务的法律、规则和行政规章以及77/780号欧共体指令的第二项理事会指令",即第二项银行业指令。该指令作为共同体新银行法的核心,主要目标是制定各成员方银行监督制度,特别是协调准许营业的条件,消除共同体银行服务活动和设立分支机构的内部障碍,创建单一的银行业市场。

具体而言,该指令确定了以下几个方面的制度。

第一,单一银行执照制度和相互承认原则。这是指在一成员方取得营业执照的信贷机构可在其他成员方设立分支机构,并可自由地向企业和个人提供服务,无须取得东道国的许可。第二项银行业指令并未建立欧共体统一的银行执照,而是适用相互承认原则,要求各成员方承认其他成员方颁发的银行执照,从而使各成员方颁发的银行执照在整个欧共体范围内有效。该指令的附录中列出了"银行业务项目表",明确了相互承认原则的适用范围。欧共体允许成员方银行从事全面金融服务,但并未对投资银行和商业银行的业务活动加以区分。成员方对银行业在适用相互承认原则的同时仍需适用母国管制原则,一成员方银行在其他成员方的经营活动仅受制于其母国的银行业法规,即在母国银行业执照允许的业务活动范围内提供银行服务。根据这一原则,如果某银行的母国金融法规比东道国宽松,它便有可能在东道国进行东道国法律所禁止,但其母国法律所允许的业务,只要该项业务被列于上述"银行业务项目表"中。相反,如果该银行的母国金融监控较严,则其在东道国也只能从事母国法律所允许的业务活动。另外,相互承认原则只适用于欧共体成员方信贷机构的分支机构,而不包括子公司。因为子公司作为独立的法律实体,在东道国提供银行服务不能依其母公司的营业执照,而需独立申请银行执照。

第二,各成员方银行法规的协调。为便于单一银行执照制度和相互承认原则的实施,第二项银行业指令还对各成员方的银行法规进行了协调,主要涉及银行营业条件、资本充足性、会计规则、跨国提供服务与设立分支机构等方面。首先,关于营业条件。该指令规定信贷机构为取得营业批准,必须符合以下条件:拥有500万欧洲货币单位的原始资本;向银行主管机构提供有关申请银行营业执照,或取得原有信贷机构股权的主要股东认同等必要资料;由两个以上信誉优良、经验丰富的人士管理。除此之外,母国主管机构还可规定其他要求。另外,若信贷机构参与非银行业公司的股权投资,很可能会因非银行公司陷入财务困境而影响正常营业,而且股权参与本身也使信贷机构资产长期冻结,因此,该指令对信贷机构取得或保留在非信贷或非金融机构的股权参与规定了两项限制:一是信贷机构在一个非信贷或非金融机构中拥有的股权,不得超过其符合资本充足要求的资金数额的10%;二是这类股权参与总额不得超过其自有资金的50%。其次,关于跨国提供服务与设立分支机构。该指令规定,成员方的信贷机构如准备通过设立分支机构而在另一成员方提供银行服务,必须先将有关具体情况通知其母国主管机构,母国主管机构应在一个月内通知东道国。指令并未规定有关信贷机构提供跨国服务的程序性要求,而由东道国法律来规定。成员方信贷机构如准备在另一成员方设立分支机构,应向其母国主管机构提供以下资料:准备要设立的分支机构所在的成员方;经营计划;在东道国的地址;负责管理分支机构的人员名单。母国主管机构在3个月之内应向东道国主管机构提供上述资料,并附该信贷机构的自有资金、清偿比率说明,有的东道国还要求包括分支机构的存款保证计划。东道国主管机构收到资料后,可用2个月时间做有关监督准备,并制定该信贷机构应遵守的必要条件。在2个月期满后,或期满前接到东道国主管机构通知时，该分支机构即可设立并开始营业。再次，关于自有资金和清偿比率。在衡量信贷机构资本充足性时，必须考虑其自有资金和清偿比率。1989年12月18日，理事会通过该项指令。据此，信贷机构通过参考其自有资金数额限制其全部的风险调整资产和资产负债表外项目。欧共体所有信贷机构均须适用清偿比率，只有某些特殊机构例外。最后，关于会计规则。会计规则方面的协调主要是为了加强对银行业的监督管理。1983年6月13日，理事会颁布了关于在综合基础上监督信贷机构的指令，将对各个金融机构的监督扩大为对银行集团的监督，包括对银行集团海内外分支机构及其累积的全部信贷风险的监督。1986年12月，理事会又颁布了关于银行及其他金融机构年度账目和综合账目的指令，将适用于合股公司年度账目的一般规定移植于银行业，要求信贷机构和金融机构应在各财务年度末以资产负债表、利润表和现金流量表及有关附件的形式，公布其经济和财务状况。为了保证年度账目的可比性，该指令还规定了资产负债表的格式和内容，利润表的项目、术语以及评价原则的协调。这个指令标志着欧共体银行业会计规则得到了协调。1989年2月13日，理事会又颁布了关于信贷机构和设立于一成员方，而总部在该成员方之外的金融分支机构，公布其年度财务文件的责任的指令，通过要求公布会计资料加强对信贷机构和金融分支机构的监督。另外，欧共体委员会还于1986年12月22日提出了关于监督和管制信贷机构大额风险的建议，及关于实行欧共体内存款保证计划的建议，以进一步协调各成员方对银行业务的监督。

B. 保险业。欧盟在保险业方面的目标主要是创建单一保险市场，使设立于一成员方的保险公司可在另一成员方中完全自由地设立分公司，保险企业（无论其法律形式如何）无须通过设立分公司即可在欧盟范围内经营其全部保险业务；保险单签发人在价格、产品性质和提供的服务等方面遵守基本一致的监督规则，开展公平竞争。

早在1964年8月，EEC理事会通过一项指令，撤销对设立企业和提供再保险与转分保（retrocession）服务的限制。保险业大体可分为一般保险业（又称非人寿保险业）和人寿保险业。非人寿保险业自由化起步较早，1975年2月1日生效的一项关于撤销非人寿保险业中开业自由限制的指令，确立了承保人在东道国享有与该国居民同等的设立保险企业的权利。1973年7月24日，理事会通过了关于协调有关从事非人寿保险业务的法律、法规和行政规章的第一项指令，即第一项非人寿保险指令，规定了非人寿保险企业的法律形式，对保险企业的保险活动及其直接从事的经营活动的限制（如一家企业不能同时经营保险和银行业务），以及各种保险均应受国家监督的要求。该指令还对技术性储备金（technical reserve）、偿付准备金和保证基金等做出了规定，将体现技术性储备金财产的监督责任，转移给设立保险企业（总部、分公司或代表处）的所在国。

储备金的金额主要由未到期保险金和权利请求确定，所在国应确保保险金是"充分"的。偿付准备金高于技术性储备金，保证基金标准则根据一些具体规则确定，确保保险企业保留规定的偿付准备金和保证基金的责任归属于总部所在国。指令还规定了在其他成员方设立新保险企业和分公司的程序。如果申请人遵守该规定，就可获得批准。拟设立分公司的保险企业应提供由其总部所在国颁发的偿付准备金证明，其他成员方应予接受。另外，指令还提供了保险企业经营失误时监督主管机构可采取的各项国际服务贸易协议中规定的317种措施，直至撤销批准。各成员方监督主管机构通过日常业务和常设会议进行密切合作。该指令的协调性规则改善了保险企业进入各成员方市场的条件，但它并未带来任何"实质性管制"（如保险单条件、保险金比率、表格用语等）的协调。该指令于 1976 年 2 月 1 日生效。1986 年 12 月 4 日，欧洲法院关于保险业的一项判决极大地推进了欧洲单一保险市场的建立。该案为委员会诉丹麦、法国、联邦德国和爱尔兰案。这些成员方对来自其他成员方的保险公司维持着一定的审批限制，欧洲法院认为其中部分是正当的，而部分则违反了自由设立企业的规定，因而是非法的。当然，保险作为敏感性领域，为保护投保人或被保险人，投保风险所在国可对保险人规定某些设立条件，包括技术性储备金的构成、资产的本地化，以及一般和特别的保险单条件等。也就是说，保护消费者的理由一般是可以得到承认的。但这种保护的需要程度在不同情况下各不相同，甚至完全可能不需要。这一案例开辟了大型产业风险保险市场自由化的道路，加快了欧共体非人寿保险统一市场的建设步伐。在这一案例影响下，1988 年 6 月 22 日，理事会通过了关于协调有关非人寿保险的法律、法规和行政规章的第二项指令，即第二项非人寿保险指令，于 1990 年 7 月生效。该指令规定了两种独立的制度，对于"大风险"，根据"母国控制原则"，由保险公司设立国管理；对于"普通风险"，风险所在国可根据一定条件，适用审批要求和实行欧洲法院设计的有关管制。1993 年 1 月 1 日以后，大风险包括：运输风险；信贷和担保人资格风险；火灾和一般财产损害以及金钱损失，其范围限于投保人或其所属公司集团符合以下三项条件中的两项，即拥有 250 名雇员、营业额达 1 280 万欧洲货币单位、资产总额为 620 万欧洲货币单位。在指令生效之日起至 1992 年 12 月 31 日的过渡期内，上述金额限制大致可增加一倍。指令还为希腊、爱尔兰和葡萄牙提供了特殊的临时安排，即其过渡期可延至 1999 年 1 月 1 日。这项指令旨在使欧共体内部建立非人寿保险的统一市场，但应看到，它毕竟只要求在"大风险"范围内适用"母国控制原则"和"相互承认原则"，而对于"普通风险"，仍适用风险所在国的管理监督规则，这无疑需要各国进一步的协调。

在人寿保险领域，1979 年 3 月 5 日，理事会通过了关于协调有关从事直接人寿保险业务的法律、法规和行政规章的指令，该指令于 1981 年 9 月 5 日生效。由于人寿保险的内容和界限在各国不同，在多数形式中，人寿保险仅在有限范围内涉及风险，权利请示产生于多数保障单，且有类似投资的特征。该指令承认了这些特征，还规定了人寿保险与非人寿保险不得混合经营。但在比利时、卢森堡和英国，已存在一些兼营两种保险业务的混合保险公司，它们仍可保持其经营，但须严守对两类业务分别管理并建立各自的偿付准备金的规则。混合保险公司可在另一成员方中设立新的分公司或代表处，但限于经营非人寿保险业务，如要经营人寿保险业务，则须设立具有独立法律资格的子公司。1988 年 12 月，欧共体委员会提交了关于在人寿保险领域实行服务自由化的提案。根据该提案，所有欧共体公民可根据其意愿在其居住国以外的成员方取得人寿保险单，但必须遵守该国现行的保护和监管制度，这表示"母国控制原则"已在人寿保险领域中开始实行。但如果根据投保人意愿在居住国以外的成员方达成保险协议，适用的将是风险所在国的规则。该指令已于 1991 年由理事会通过。1994 年 7 月 1 日，理事会对保险业的第三项指令实施，旨在使所有的人身保险和非人身保险，包括大的风险投保都受到本国的批准和监管。这样，任何成员方的保险公司都可以在欧盟范围内出售其保险单。该指令在监管方面也有所变化，防止成员方控制各种业务的参数，如价格或保险单条件。这就使得一些成员方官方丧失控制，如德国和意大利就不得不取消现有制度下对汽车责任保险的最低保险费规定。

在保险代理和经纪活动方面，有一项 1978 年 6 月生效的关于促进有效实施设立自由和提供保险代理经纪活动自由的理事会指令，要求各成员方通过调整保险代理和经纪活动的规则，在最近合理期限内承认保险代理人和经纪人的充分资格。这已在很大程度上被许可证、证书及其他正式资格文件的相互承认方式所取代。在财务监督方面，1986年12月欧共体委员会做出了关于保险企业财务的提案，将保险业视为一个整体，但并未将适用范围限于特定的保险种类。同时提交的关于保险企业年度账目和统一账目指令的提案是为了适应保险业的需要，考虑到专业企业可进行的或单一企业可同时参与的非人寿保险、人寿保险和再保险活动的不同需要，使潜在的保险买主及其专业顾问无论处于欧共体何处，均可取得设立于欧共体各地的保险企业，以标准、综合的形式表现的财务情况资料。委员会还做出了一项有关保险企业强制性结业的提案，目的是制定适用于因撤销批准或企业资不抵债等情况导致强制性结业的规则。该指令授予所有保险企业债权人在这种情况下享有平等待遇的权利。这可以打消一成员方居民与总部在另一成员方的保险企业签订合同时产生的顾虑。依据程序统一和普遍效力的双重原则，在资不抵债的情况下，对直接保险投保人和其他保险单签发人的保护，可通过设立相当于技术性储备金的独立资产基金来保障。

另外，欧盟还有数项关于汽车保险的指令，这对于欧盟内人员自由流动尤为重要。1971年1月1日，关于协调各成员方有关汽车使用方面的民事责任保险，以及履行此种责任保险义务法律的第一项指令生效。该指令取消了汽车司机驱车前往某一成员方须携带绿色保险卡的要求。借此，在各成员方的第三方保险的合法性扩及整个欧共体。1988年12月生效的关于协调各成员方有关汽车使用方面民事责任保险法律的第二项指令对上述内容做了补充，以协调各成员方保险单的不同保险范围，确保公路事故无论发生在哪个成员方，受害者都可得到尽可能相同的待遇。欧共体委员会同时提交的关于自由提供汽车保险服务的指令提案，旨在将欧洲法院在1986年判例中确立的原则（即大风险适用"母国控制原则"和"相互承认原则"）扩及强制性的第三方汽车保险和综合保险，使"母国控制原则"完全适用于主要工商企业的汽车保险。保险公司在风险所在国无须请求批准，可根据其母国规则继续投入其预算拨款。但该指令仍未解决下列问题：为未投保的或所有者不明的汽车肇事的受害者支付赔偿金的国家基金的运作、保卡制度的运作以及公路事故的受害者利益的保证等。

目前，欧盟在保险业方面的内部壁垒已大大消减，但对跨境服务仍有限制。这主要是由于各国生活条件不同，影响到索赔范围、交付方式、税收、法律条款、文化差异等方面。另外，欧盟对分保约束较少，自1964年2月以来，理事会没有特定的关于分保的立法，也没有要求各成员方取消其本国对开业权和影响提供分保服务的法规条款。但必须肯定的是，放宽保险业将进一步为其他金融业，尤其是银行进入保险业开辟道路。预计法国银行将出售35%的人身保险，德国银行也有不到5%的份额出售。要采用新的业务合作方法，不仅要从观念上加以推动，还需规定管理参数，以及足够的集团资本和对付不良风险的保障措施。所有这些都要求欧盟的保险业规则做进一步的调整。

C. 证券业。证券市场日益国际化的趋势，为欧盟建立统一的证券市场提供了契机。统一大市场关于证券业方面的法律规范旨在消除成员方之间不同的证券发行和交易法律制度所产生的障碍，建立具有较大灵活性并对投资者提供同等保护的单一证券市场。

从20世纪70年代开始，欧共体就进行有关成员方批准上市证券和信息披露方面规则的协调。如1979年3月5日，EEC理事会通过了有关协调上市证券准入条件的指令，即欧共体 79/279 号指令，规定了证券发行商必须具备的条件，包括最低发行价格、公司存续时期、自由谈判能力、充分的分配以及为投资者提供适当的信息等。各成员方可基于此制定较为严格的要求。在信息披露方面，1980 年 3 月 17 日，理事会通过了有关协调上市证券准入而公布的上市项目的制定、审查和分类要求的指令，即欧共体 80/390 号指令，规定当股票、债券和股权证书被允许上市交易时应提供的信息。1982 年 2 月 15 日通过的欧共体 82/181 号指令则要求上市公司按期公布其盈亏情况的半年报告。

适用于银行业的单一银行执照制度、母国控制原则和相互承认原则也一样适用于证券业。一成员方证券公司在其他成员方设立分公司或提供跨国服务，原则上由证券公司的母国主管机构行使有关批准、监督和管理职能，不需要向东道国主管机构申办批准手续，其母国主管机构颁发的营业执照作为"单一执照"可通用于整个欧盟范围。在一成员方合法开业的证券公司，可在欧盟范围内自由开设分支机构，并可经营本国法律所允许的一切业务。东道国管理机构要像承认本国的法律一样，承认证券公司母国有关证券服务业经营的法律。证券公司可以经营的业务有股票经纪、证券交易、参与股票发行与提供有关服务、资金管理、套期保值、证券管理与咨询、向企业提供资本结构、产业战略和有关问题的咨询，以及企业兼并与收购的咨询和服务等。

2）运输服务贸易协议。运输服务业是欧盟经济发展的基础，其增加值占欧盟 GDP 的 7%。由于各成员方对这一领域管理十分严格，所以运输服务统一大市场的建立既有必要又有难度。运输服务业具体包括内河和海洋航运、航空运输及陆运。

A. 内河和海洋航运。欧盟的内河和海洋航运在世界上占有重要地位，目前欧盟成员方拥有的商船队占世界商船队总数的 1/3，其中希腊是最大的海运国，占世界总载重吨位的 17.5%。为使欧盟内河和海洋航运自由化，实现各运输企业在欧盟范围内的公平竞争，自 20 世纪 80 年代中期以来，逐渐形成了共同海运制度，理事会已通过数项法规和指令，如关于协调取得内河运送货物和旅客的承运人证书条件的指令（第 94/359 号指令），对内河航运进行结构性改善的法规（第 94/610 号法规及第 95/200 号法规），成员方之间内河运送货物和旅客的共同规则（第 95/167 号法规），关于使用共同体港口和在各成员方管辖的内河上航行方面执行有关船舶安全、防止污染和船上生活和工作条件的国际标准的指令（第 94/501 号指令），关于班轮运输公司协议、决定和统一行动类型的法规（第 92/479 号法规）等。这些文件反映了以下三个基本原则：①成员方之间提供内河和海洋航运服务自由化，逐步取消现存的海运货物份额安排，清除各成员方在内河和海洋航运服务方面设置的种种障碍。②使有关证书的申请、核发程序和条件以及其他的有关标准统一化，这就需要各成员方对本国的有关法规进行协调。③维护公平竞争，制止在内河和海洋航运方面的不正当竞争行为（包括垄断和价格协定等），保护欧盟船队不受来自第三国的不公平低价倾销行为影响。此外，各成员方对于在其领海悬挂本国国旗的航船都给予补贴，以补偿与不同国家（如发展中国家和低工资水平的欧洲国家）注册登记有关的成本差异。针对比利时、法国、德国、希腊、爱尔兰、意大利和丹麦仍规定本国国民的船舶悬挂本国国旗的做法，20 世纪 90 年代初委员会要求这些国家加以改变。目前只有德国责令其国民的班轮在德国驻留时必须悬挂德国国旗。

B. 航空运输。欧盟原来关于内部航空运输服务的法律规范主要分为两类：一类是成员方之间有关航空费用、运载量和航空路线的双边协定；另一类是有关航空运输机的双边或多边协定，从而限制了自由提供空运服务和航机自由竞争。航空运输统一大市场的目标就是取消这些限制，实现空运自由化，降低航空成本，增强欧盟航空业的国际竞争力。为此，欧盟采取了对内协调和对外限制政策。一方面，国际航空权仍由各成员方和第三国之间的双边协议进行管辖，保持竞争；另一方面，在共同市场中的开业权仅给予欧盟成员方。

自1987年以来，欧盟开始逐步开放航空领域，经过为期10年的航空领域自由化进程，欧盟宣布自1997年4月1日起完全开放航空，各国航空公司可在各成员方之间自由从事航空客货运输业务，可自行制定服务价格，还可开通到其他国家的航班等。早在20世纪80年代，理事会就已通过了多个有关航空运输的指令，如保护竞争法令授权执行委员会调查可能发生的违法行为，并予以罚款；对机票价格的规定统一了成员方之间各航线的机票价格；在座位分配方面，重新规定两个成员方之间缔结双边协定来决定班机座位数在两国间如何分配。1988年7月26日，理事会又通过三个法令，包括对班机运载量、收入划分的统一规定和协调及对航空运输服务所征收关税的磋商，对空运服务建立计算机管理系统，以及有关加油、航空包裹和邮件运送及提供空中食物的规定等。近年来为推进各成员方在航空运输方面的协调和合作，理事会又通过一些新的法规和指令，如关于协调民用航空领域技术性要求和行政程序的法规（第91/3922号法规，该法规使小型商用飞机及小型、大型旋翼机的证书要求一致化）、关于航空运输计算机管理系统的联合行动的法规（第93/3652号法规）、关于共同体机场地面管理市场准入的指令（第94/590号指令）等。这些文件的宗旨主要是扩大各成员方空运服务的市场开放程度，消除阻碍成员方之间提供空运服务的限制，以及加强成员方之间的协调与合作。空运服务在欧盟范围内的联合将为其航空业注入新的活力。另外，欧盟在航空业的竞争政策方面也有所加强。自20世纪80年代中期实施共同政策以来，委员会便一直加紧对涉及公司兼并和控股参与等的反竞争行为进行约束，并反对成员方政府的歧视性政策。但同时由于内部措施的放宽和外部竞争的加剧，促使欧盟航空业进行调整，技术合作得到进一步加强。现在航空公司通过联合订票、维修保养和制订航线计划进行技术合作，不仅大大节约了成本，而且促进了对主要业务参数（如运载量和运费）的更广泛安排。委员会的立法确保了一些协议的开放度、透明度、非强制性和非歧视性。另外，为防止那些对欧盟内部市场起腐蚀作用的垄断控制，理事会还规定了透明的和非歧视性的裁定程序（如公开招标），并在1994年11月宣布了关于统辖各成员方补贴其航空业的一系列原则。该补贴原则一方面承认补贴是全面调整计划的一部分；另一方面也强调只有当为了实施调整计划时，方能使用补贴手段，不得为了增加航空公司的负载量而损害其在欧盟或区域性分支市场内的竞争对手，不得出于反竞争目的，也不得有损于欧盟在航空业实施的自由化规则，补贴必须是透明的，并能够得到控制。

C. 陆运。为了促进欧盟范围内陆运服务的自由化，委员会制定了一系列建议，以逐步消除陆运货物配额限制，使各成员方允许非本国车辆在本国运送货物和乘客。最主要的法令是1988年6月21日在欧共体运输部长级会议上通过的一项法令，规定至1991年1月1日，各成员方均须取消与他国订立的双边陆运货物配额，同时共同体每年将增加配额数量，并以一种统一的许可证允许货物在共同体内自由运载而不再受各国的配额检查。1992年理事会还通过关于汽车运送旅客共同规则的法规（第92/684号法规），以统一各成员方对于以汽车提供国际性客运服务的有关规则，简化这类运输所需程序，使用欧盟统一的许可证。另外，近几年理事会又陆续通过一些新规则，如关于驾驶执照的指令（第91/439号指令），关于统一公路运输危险物品检查程序的指令（第94/340号指令），关于铁路运输许可证的指令和关于铁路设施业务量分配及收取设施费用的指令（第94/316号指令），关于两轮或三轮机动车辆最大速率、转矩和发动机功率的指令（第94/321号指令），关于非居民承运人在成员方内经营货运服务条件的法规（第93/3118号法规），关于铁路运输危险物品的指令（第94/573号指令），关于货物和旅客公路运输经营者市场准入和互相承认文凭、证书和其他资格证明的指令（第93/586号指令）等。

3）电信服务贸易协议。电信服务是欧盟信息行业中的最大部门，占整个信息行业营业额的27%。近年来，信息技术的国际竞争日益加剧，新型传送方式（如卫星移动通信）的出现，加上欧盟内部市场和对外政策的需要，各成员方在电信服务领域中逐步采用更加开放和灵活的方式运作，这使得电信业增长较快，1988～1993年的年增长率为7%。但各种技术上和机制上的限制仍然存在，如缺少先进的服务和高容量的租赁线路，以及收费居高不下等。传统的电信垄断经营往往受到各国国家安全政策和社会、产业等政策的支持。各成员方对政府垄断电信经营采用各种跨地区补贴，将长途电话和电信收益分别转到当地电话与传统的邮政服务中。这种补贴机制无疑是各国电信服务迈向自由化的一大障碍。

建立电信服务统一大市场的目标是为电信设备和电信服务创造一个更加自由、更加灵活的市场环境。为此应限制各成员方电信管理机构对本国电信服务的垄断，尽管在原则上欧盟委员会承认这种垄断的国家特殊利益的合法性。委员会区分了基础性电信服务和竞争性电信服务，指出前者仍可由各成员方垄断经营，但对其内容应做严格的分析和定期检查，目前仅包括电话服务。竞争性电信服务则包括其他所有的电信服务，应对外开放，自由竞争。

1987年，委员会公布了"关于电信业的绿皮书"，之后又发布了有关贯彻绿皮书的文件，建议各成员方将电信业由国家垄断逐步转向以竞争为导向，并使国家和企业在电信管理的功能上实行明确的分工，即要求各国逐步放宽所有的终端市场和设备市场，确保设备鉴定的相互认可，将管理职能和经营职能完全分开，确定计价收费和成本之间的主要环节，对新的服务采取平衡措施。在有关基础服务（电话、传真、电传等）的垄断协议与欧盟条约有关条款不矛盾的情况下，绿皮书提出了一种国际准入义务，对用户和服务提供者制定一致的、客观的、透明的、非歧视性的市场准入条件，并放开所有的增值电信服务。最近，委员会有关电信基础设施自由化的绿皮书以电信服务提供者自由选择传送方式为前提，要求各成员方立即取消对进入"选择性"网络（如有线电视、电气或铁道设备装置）提供电信服务的限制，公共有声传送例外。目前，绿皮书的规定已得到实施，各成员方的增值电信服务、数据服务和终端设备（包括卫星地面站）市场都已开放，不再由各国垄断经营。

对于基础电信网络，大多数成员方仍保持着垄断经营，不具有经营职能的国家电信部仍负责电话服务的计价收费和发放许可证。在网络准入方面，1990年欧共体开放的网络指令允许专营的公共网络继续运行，但要求准入条件必须是客观的、透明的、非歧视性的。理事会1992年的一项指令要求各成员方保证在公共网络中至少提供一条租赁线路，以符合协调的技术性能。在电信网络的互相连接上，欧盟要求各成员方的任何限制必须与欧盟法律规定相一致，并由各成员方制定为国内法规。某些成员方对此已制定了具体规则。目前欧盟正在着手制定整个欧盟范围内适用的规则。另外，电信市场的一体化还要求技术协调化和基础设施的现代化，包括数据联网服务的采用、终端设备的互相认可，以及对技术衔接和对各种设备与服务制定共同的欧洲标准。为此1988年成立了欧洲电信标准协会，统管共同欧洲标准的制定。该协会有权在协调范围内规定对用户的技术要求，防止损害网络，确保共同操作使用。1993年9月采用了首套共同技术规则（包括数据网络）。符合该规则要求的电信设备可在欧盟范围内自由销售和使用。目前，欧盟就设备鉴定的相互认可问题与澳大利亚、加拿大、日本、新西兰、瑞士、美国、以色列、韩国和新加坡进行谈判。

总的来说，欧盟将进一步缩小各成员方之间规则的差异。1993年6月理事会决议规定，自1998年1月1日起全部放宽电信服务，包括公共有声传送。面对电信网络自由化的现实，委员会认为需要通过公共协商来制定具体的保障措施，保证以成本为导向的非歧视市场准入的实施以及电信网络的互相连接。目前理事会授权委员会正制定具体的法规框架，包括使欧盟的服务提供者有效进入外国市场。委员会对第90/388号指令进行了修改，允许供应商在已开放的电信领域中利用有线网络进行传送，并制定了保障措施，防止具有垄断经营权的公司给予内部补贴。欧盟委员会还提出其他协议，以促进欧盟电信业的协调和市场一体化，提高技术和基础设施水平，如建议在各成员方有关当局之间建立数据通信网络，在全面网络基础上建立跨欧洲的国际用户拨号电话网络，以及建立多媒体适用的广泛网络等。

2. 欧盟对外服务贸易的有关协议

欧盟在服务贸易方面虽较发达，但不如美国，并受到日本以及韩国、新加坡等新兴工业国家的挑战。鉴于此，欧盟在推进服务贸易内部大市场的自由化和统一化的同时，对外偏重保护性，以防其他国家侵入统一大市场，占据过大份额。

欧盟对其他国家的服务贸易政策并不统一，对来自不同国家的服务提供者给予的待遇亦有所不同。目前在服务贸易方面欧盟对外有两个特惠协议；一是在欧洲经济区（如挪威、冰岛、列支敦士登）里可自由提供跨境服务，在开业权方面享有国民待遇，人员可自由流动，用共同规则实施监督，银行和保险公司可在外国设立分支机构等；二是在欧洲协议国家（保加利亚、捷克、匈牙利、波兰、罗马尼亚、斯洛伐克）中，逐步放宽跨境服务，人员可临时流动，10年之内上述6国的金融服务业在开业权方面不享有国民待遇，在东道国有权雇用本国国民作为主要人员，对国外分支机构继续采取慎重规则等。对其他WTO成员方，欧盟统一参加谈判，统一做出承诺。比如，在GATS的制定及全球金融服务、基础电信和海运服务谈判中，欧盟就是整体做出承诺的。

（1）对外金融服务贸易协议

欧盟有关金融服务的法律规范在调整对外关系方面一直体现着对等原则。1988年10月，欧共体委员会在名为《欧洲——世界的伙伴》的文件中宣布，非成员方公司要想获得统一大市场的利益，其所在国就须保证向欧共体公司提供对等的，至少是非歧视的机会。1989年第二项银行业指令也规定，如果一个国家未向欧共体银行提供国民待遇，则欧共体也不向该国金融机构签发许可证。欧共体将向来自那些自愿或通过双边、多边协议开放或准备开放其市场的国家的企业提供统一大市场所带来的利益，不过这并不要求严格意义上的可能导致限制贸易自由化的对等互惠。欧共体承认在经济水平悬殊的国家之间强调严格的对待互惠，将造成实质上的不平等、不公正，因此可能根据不同情况做出某些妥协。

1）对外银行业。根据第二项银行业指令，非欧共体国家（以下称为"第三国"）信贷机构设立于欧共体成员方的子公司，由于取得了该成员方的银行执照，因而可与其他欧共体信贷机构一样从"单一银行执照"制度中得到在欧共体范围内自由设立分公司和提供服务的好处，如果不具有欧共体成员方的银行执照则无此权利。对于第三国信贷机构能否在欧共体内设立子公司或取得欧共体信贷机构的股权，该指令仍明确表明此情况适用"互惠原则"，如第三国存在对欧共体信贷机构的歧视待遇，即欧共体信贷机构未能享有国民待遇，未得到同样的竞争机会和"有效的市场准入"，委员会可发起谈判，进行补救，但理事会并不直接参与。另外，委员会也可决定成员方应一般地限制或中止第三国的母公司在欧共体设立子公司或取得欧共体信贷机构股份的申请。该决定须经理事会批准，有效期最长为3个月。然而，委员会无权终止成员方在特定情况下批准上述申请，也就是说，成员方保留这方面的主动权利。

2）对外保险业。欧盟对第三国保险企业在欧盟内设立分公司的问题早有规定。1973年第一项非人寿保险指令和1979年第一项人寿保险指令均规定，成员方可根据其批准程序同意设立此类分公司。这种批准程序一般可同样适用于本国保险企业的设立程序或更为严格。由于欧盟无法对第三国保险企业总部保持的偿付准备金进行控制，设立于欧盟的这类企业的各分公司应保持自己的偿付准备金，而且还应保持保证基金并通过转为证券的资产予以体现。从第一项非人寿保险指令规定看，欧盟主要是根据互惠条件向第三国开放有关保险服务，使第三国保险机构取得欧盟内部保险机构的待遇。但通过总协定体系下的谈判，尤其是1995年全球金融服务谈判，欧盟承诺给予第三国保险机构全面最惠国待遇基础上的国民待遇。

3）对外证券业。欧盟的相互承认指令阐明对非成员方发行商的相互承认方式是任意性的。如果欧盟与第三国有互惠安排，并且第三国法规给予欧盟投资者以平等的保护，欧盟可能根据与第三国的协议，相互承认根据第三国法规制定和审查的公开发行证券说明书。这样就便利了非成员方证券在欧盟市场上的发行。欧盟对非成员方证券机构的市场准入也基本上提供互惠的国民待遇。同样地，在全球金融服务谈判后，欧盟放宽了这一限制，承诺在全面最惠国待遇基础上给予国民待遇。

（2）对外运输服务贸易协议

1）海运服务。在国际上没有制定共同规则的情况下，欧盟设立了商业性海运保护机制，允许成员方对别国的"特别行为"立即做出反应。欧盟的海运监管机制早在20世纪70年代后期就已建立，在1986年制定了这方面的共同反倾销政策。为反对国际货运班轮中的不正当定价，理事会第86/4057号规则制定了关于价格承诺或补偿税款的有约束力的程序，并规定在共同体船东和共同体利益受到重大损害或损害威胁时，可采取必要的保障行动。另外，第85/4058号规则规定当其他国家用货载分摊方式限制或威胁共同体运输货物进入该国时，共同体可采取协调行为；若协调不成，则可采取外交措施或诸如配额、税收方面的反措施。某些成员方保留其反对不公正或歧视性海运做法的法规。

2）航空运输服务。欧盟与美国就"互开航空"问题一直在进行谈判。欧盟委员会和大多数成员方认为，美国所提建议"对欧洲完全不合理、不公平"，因为美国的建议赋予美国航空运输企业以无限权利，可经营抵达欧洲、自欧洲始发和在欧洲国家之间的空中航线，而没有给予欧盟国家的航空公司以对等的市场准入条件来经营美国国内航线，只是开了几个有限的门户。目前，美国不再限于谋求与不同成员方达成双边协议。1997年

4月1日，欧盟内部航空市场一体化使得美国试图与欧盟整体达成多边开放航空协议。欧盟在对总协定的航空运输承诺中，对计算机订票和空运服务列出了最惠国待遇例外表，涉及计算机守则中规定的互惠条款。如果第三国对欧盟航空公司不提供同等待遇，欧盟将解除对该国航空公司自动订票的义务。欧盟认为，运用计算机订票的多边规则不充分，例外是必要的。

（3）电信业的对外协议

欧盟电信业受到美国电信业的竞争压力，因而在其对外开放方面一直有所保留。在进行电信服务谈判时，欧盟承诺开放各种先进的电信服务，包括增值电信服务、电子邮件、有声邮政、运行中的信息和基数的更正、电子数据互换、代码和规程的更换等。因葡萄牙的电信设施不是欧盟基础网络的一部分，欧盟的承诺表中还包括葡萄牙限制市场准入问题。1996年欧盟通过了电信自由化计划，要求各成员方开放诸如有线网络等"另类基础建设"市场，自1997年7月1日起，各成员方政府要说明本国如何保障消费者获得开放电信市场的"全域通用服务"，然后从1998年1月1日起开放基本电话服务市场，结束欧盟各国国营电信事业垄断的历史。在1997年2月15日达成的全球基础电信协议生效后，欧盟也将在语音电话、数据传输、电传、电报、文传、移动电话、移动数据传输和个人通信等方面开放市场。欧盟在电信业政府采购方面也有相应规定。1990年9月，欧盟通过了一项协调电信、水、能源、运输等部门政府采购的指令，规定仅采购那些有互惠条件的商品，但对采购其他种类的商品也适用相同规定。根据这一原则，如果第三国不从法律上承诺给予欧盟供应商有效的市场准入，则欧盟的采购实体必须拒绝接受该国50%以上的投标或拒绝给予低于3%的价格优惠。这些都主要是针对合同价值高的政府采购。指令所适用的电信业政府采购合同价值在60万欧洲货币单位以上，对普通商品政府采购合同价值在20万欧洲货币单位以上就适用该规定。该指令对所有提供公共电信网络和服务的公司都适用，而不论其所有制情况如何，从事有效竞争的除外。

（4）视听服务业的对外协议

自20世纪80年代以来，欧盟各国政府纷纷取消了对电台和电视台的垄断权，通过发放商业播放许可证，使广播电视业出现了一股私有化、商业化浪潮。到1990年，欧盟成员方的电视频道从原来的36个增加到125个，这就需要大量节目来填充。在这一过程中，最具竞争力的美国视听业引起了欧盟的担忧。1991年美国视听产品占据欧洲所有电影片播放市场的近80%，美国戏剧和喜剧片也占欧洲市场的一半。因此，欧盟认识到必须对视听产品的进口设置一定壁垒，方能保护其视听产业。欧盟使用的最重要的保护方式是影视配额制度和补贴制度。影视配额制度是根据1989年理事会第89/552号《无边界电视指令》建立的。它要求所有成员方的电视台在每天播放的节目中，欧洲原产的电视节目不得少于50%，个别国家还采取了更严格的标准。法国还对电台播放歌曲做出了规定，1994年2月通过一项法律，对所有广播电台实施法语歌曲播出数量最低限额制，要求在法国各电台播出的歌曲中，法语歌曲必须达到40%。这项法律从1996年1月1日起由法国最高视听委员会负责实施。如果电台不遵守最低限额，该委员会有权中断这家电台的广播，或处以罚款。这种名为"保护欧洲传统文化"的制度实则限制了美国影视产品对欧盟市场的冲击。影视补贴制度几乎被欧盟各国所采用，已有数十年的历史。1996～2000年，媒介将有4亿欧洲货币单位的基金。其中法国的补贴计划是，对电影的票房收入征收11%的税，然后在一个国家委员会的监督下，补贴到电影制作中去。法国对录像带的销售和出租也征收同样的特别税。这种补贴制度成功地保护了法国电影业，使法国成为欧洲电影业最强的国家。

欧盟在乌拉圭回合谈判中没有就视听业的市场准入和国民待遇做出任何承诺，而是将其列为最惠国待遇的例外，以保护欧洲影视产品对本地市场的占领。欧盟承认总协定的主要规定，如透明度、逐步自由化等适用于视听服务业。

4.4.2 北美自由贸易区的服务贸易协议

1.《北美自由贸易协定》的产生

面对西欧、亚太地区经济一体化蓬勃发展的趋势，北美也不甘示弱。在美国的极力推动下，北美地区经济一体化不断向前发展。1987年10月，美、加正式签署《美加自由贸易协定》，与此同时，美、墨之间也开始进行磋商。美、加、墨三国谈判自1991年6月正式开始，经过14个月的协商，终于在1992年8月12日达成协议。1992年10月7日，三国首脑草签《北美自由贸易协定》(NAFTA)，该协定于1994年1月1日正式生效。该协定共19章，有2 000多页。其主要目标是：在15年之内取消三国之间的所有关税和贸易障碍，实现商品、服务、劳动力和资本的自由流动，以及劳工、环保标准与法律的一体化，使美、加、墨发展为世界上最大的贸易集团，实现整个地区经济的最大增长。

2.《北美自由贸易协定》中有关服务贸易的内容

北美自由贸易区的服务贸易协议主要体现在NAFTA中，NAFTA第1章"目标"就将"消除贸易壁垒，促进成员方之间商品和服务的流动"作为协定的第一项一般目标。以后又有数个章节涉及三国之间服务贸易的自由化安排问题。

（1）第9章"与标准有关的措施"

这一章内容适用于成员方之间商品和服务贸易中与标准有关的各项措施。该章承认标准对确保安全、保护人类和动植物的生命和健康、保护环境和消费者等具有重要作用，成员方为达到以上目标，可建立其认为适当的标准，并可禁止不符合标准的商品和服务进口。与标准有关的措施要遵循国民待遇和最惠国待遇原则，不得成为成员方贸易的不必要障碍。成员方应在这一领域中不断合作和磋商，彼此相互承认。一成员方在采用或修改其技术规则时应公布并通知其他成员方，说明受影响的商品和服务，以及该规则与国际标准不一致之处。成员方须指定一个联邦一级的政府机构实施所制定的标准，并设立一个联络点对其他成员方及其国民的有关问题做出解答，提供有关文件等。NAFTA设立了一个与标准有关的措施委员会，监督、执行、协调各国的有关措施，鼓励合作和磋商。该委员会每年至少须召开一次会议，委员会可设立分会和工作组，该章规定特别应设立的分会中涉及服务贸易的有陆上运输标准分会和电信标准分会等。当成员方就特定领域的标准进行磋商时，委员会要向分会征询非约束性的技术建议。

（2）第10章"政府采购"

这一章规定了成员方政府机构、部门（国防部门除外）和国有企业对货物和服务的采购合同程序，使成员方政府采购体制自由化，为所有成员方的供应商提供公平、非歧视的、可预见的和透明的政府采购机会。政府机构对商品和服务（除建筑外）超过5万美元的采购和超过650万美元的建筑合同均受此约束，国有企业相对应的金额分别为25万美元和 800 万美元。美、加之间联邦机构的采购，商品超过 2.5 万美元，服务超过 5 万美元就应受此约束。上述金额均为实际值，每两年按美国最终产品的生产者价格指数和通货膨胀率调整一次，再兑换为其他成员方货币。加拿大的兑换汇率每两年调整一次，根据至 9 月 30 日为止的两年的平均汇率进行。墨西哥每 6 个月调整一次，按每年 6 月 1 日和 12 月 1 日的汇率进行。但各成员方政府采购服务的清单均将运输、公共设施和电信列为例外。在建筑服务方面，加拿大将挖土和运输部的建筑合同列为例外，美国亦将挖土列为例外。另外，金融机构或存款机构的收购、金融机构的清算和管理服务以及政府债券的承销则不属于政府采购。该章还规定 NAFTA 关于政府采购规定的适用优先于 GATT 政府采购协议。

（3）第 12 章"跨境服务贸易"

这一章建立了旨在使跨境服务贸易自由化的规则和原则框架。它规定该协定适用于成员方所维持的影响跨境服务贸易的各种措施，包括与服务的提供、购买、支付、使用、销售、交付有关的措施。跨境服务贸易的自由化并不一定要求一成员方的服务提供者必须在另一成员方境内实际出现才能提供相关服务，也可能是服务提供者与消费者分处两国，借助通信、计算机等各种手段进行服务活动。该章不适用于下列服务和活动：①金融服务、与能源和基础石油化工有关的服务。②航空服务及其支持服务（除航空器维修服务和特种航空服务）。③跨境劳工贸易、政府采购、政府补贴、成员方政府所进行的与法律执行、收入保障、社会福利和国家安全有关的活动。跨境服务贸易也采用 GATT 的国民待遇和最惠国待遇两大原则。根据国民待遇原则，一成员方应给予另一成员方的服务提供者以不低于其给予本国的服务提供者的待遇。在最惠国待遇原则下，一成员方应给予另一成员方的服务提供者以不低于其在相同情况下给予其他成员方或非成员方服务提供者的待遇。尽管成员方彼此承诺给予对方服务提供者以国民待遇和最惠国待遇，但第 12 章也明确了成员方可对某些服务部门或服务活动不给予这些待遇，主要包括：①成员方在协定生效后两年内在附件中列明的联邦、州或省级的免除国民待遇和最惠国待遇的措施或服务活动。②墨西哥不予开放的投资领域包括石油、电力、卫星通信、电信、邮政、铁路、铸币、海运，以及墨西哥依其在协定生效时的外商投资法规做出保留的一切活动。③因在协定生效前成员方签署的涉及航空、渔业、海运活动（包括救助），以及电信等服务的双边或多边协定而免除最惠国待遇的服务活动。④成员方可对特定服务部门维持数量限制，如墨西哥对金融服务就有市场份额的限制，可采用配额、垄断或其他数量限制方式。⑤成员方可对法律服务、娱乐、广播、运输等特殊服务部门，采取特定的许可证和执业要求，而这可能会与国民待遇原则不相一致。

第 12 章还指出，一成员方对其他成员方国民的许可和证书要求不应构成对服务贸易不必要的壁垒，成员方必须保证这种要求基于客观、透明的标准，不对服务的提供者造成不必要的负担，且不得限制跨境提供服务。一成员方并无义务承认另一成员方对其国民签发的许可证和证书，但当其授予此种义务时，该成员方须给予其他成员方的服务提供者以出示证书的机会。各成员方同意在两年内取消在承认其他成员方国民的许可和证书时，对他们在本国的公民权或永久居留权要求，并为此举行定期磋商。协定引入了一个附录，对专业服务提供者（特别是律师和民用建筑师）的许可和证书做出规定。该附录说明了许可证和证书的申请过程，为确定共同接受的专业标准和临时许可做了规范。成员方可允许外国律师对其被授权执业的国家的法律开展业务和提供咨询。各成员方同意在一年以内，就有关向另一成员方境内的工程师给予临时许可的问题做进一步磋商。

如果由另一成员方服务提供者所提供的服务，是由一个非成员方的实体所拥有或控制，而一成员方与此非成员方未建立外交关系或实施了反对该国的特定措施，则该成员方可拒绝给予该服务提供者第 12 章项下的利益。如为一项在该成员方未行注册的船舶设备所提供的运输服务，该成员方也可拒绝给予上述利益。如果提供服务的实体是由与任何成员方并无实质商贸联系的一个非成员方所拥有或控制，则要履行有关的通知和磋商程序。

（4）第 13 章"通信服务"

该章专门对通信服务业做了规范，明确了政府需实施的一系列政策目标，以及政府行为和规则的特定限制等。该章适用于与进入和使用公共网络有关的措施、与提供增值电信服务有关的措施、连接终端与公共网络的标准等，而进入和使用公共网络则是核心。除非保证人们为使用和进入成员方的公共网络而经营广播电台和线路，否则该章不适用于广播或电视节目的线路分布。此外，该章不涉及私人网络的经营，也不阻止公共网络服务之间的交叉补贴。第 13 章以总协定关于通信的附录为范本。该附录大大促进了增值电信的自由化，但未将基础电信包括在内。NAFTA 因谈判方远比 GATS 少，利益关系的协调阻力也相对较小，因而走得比 GATS 更远，在基础电信领域中已有所涉及，如在进入公共网络（提供诸如当地电话等基础电信服务）方面强调了用户权利，而不仅限于服务提供者的利益。该章还明确了政府需坚持的三项基本原则：第一项是鼓励信息自由流动。各成员方应保证信息向其他成员方流动的自由，这一自由包括完全在一公司内部运行的网络中的信息流动以及获取哪些可被读入或储入机器中的信息。由于信息流动往往事关国家安全，对公民权利也颇有影响，因而该章也同时规定了例外条款，允许政府为国家安全、保守秘密和保护用户隐秘交流之需，而对信息的自由流动进行限制。第二项是非歧视原则。第三项为透明度原则，要求各成员方对使用和进入公共网络有关信息的规定要公开、透明。

前已述及，进入和使用公共网络是核心，因为这方面的限制是政府维持歧视性措施的主要方式。如果要求外国公司为进入和使用公共网络，必须在该国设立机构或取得专门许可，所需的时间及投入即可形成一种壁垒。该章声明公共电信网络在成员方之间开放使用，允许在成员方之间转让终端、使用专用线、设立专用通信业务和增值电信业务等。成员方保证允许其他成员方的服务提供者在其境内或跨境使用其公共网络，并给予合理的、非歧视的待遇，包括在价格、成本、费用控制方面给予支持。另外，成员方也允许其他成员方购买或租用私人线路，将设备与这些线路连接，将私人线路与公共网络连接，进行信息的转换、处理，以及允许用户选择经营守则等。成员方对公共网络的定价由提供这些服务的直接成本决定，而私人租用线路可以平价取得。该章保证了广播公司和通信线路系统经营者对公共网络的进入和使用权（经营者为进行无线电缆布缆或电视节目安排而采取的措施除外）。政府对进入和使用公共网络要求的唯一条件，只能是为保证普通传输的公共服务责任或保护网络技术一体化所必需的。

该章并不影响成员方对信息和用户的保密资料与隐私的保护，或采取特定措施保护其公共网络或服务的技术完整性，包括限制这种服务的转售或分割使用，要求特定的技术标准，限制私人线路和公共系统的连接，以及采用许可、批准和登记程序等。各成员方政府不得对其他成员方的增值电信服务提供者实施不合理的管制，如延长申请期、给予歧视性待遇、对普通传输服务提供者施加特定要求，或以其他方式损害增值电信服务提供者进入市场及存续的利益。成员方有关增值电信服务的许可、批准、登记和通知程序应为透明的、非歧视的，不应要求其他成员方的服务提供者提交过多的资料来证明其资信能力和遵守标准的能力。增值电信服务提供者也不必满足公共电信服务提供者需达到的条件，如向社会公众提供，价格以合理成本计价并纳关税，将网络与特定用户连接，或遵守有关与公共网络连接的标准。但是，各成员方有权决定哪些实体可成为普通传输服务提供者，并指定本国基础电信服务的垄断经营者。同时，各成员方还可采用限制企业进行反竞争行为的竞争性保护措施，比如在增值电信服务提供者进行反竞争行为或某成员方的增值电信产业存在垄断时，可向其服务提供者征税，维持电信服务垄断的成员方应保证垄断不构成反竞争行为，如在提供公共网络服务或增值电信服务中的交叉补贴，或掠夺性、歧视性的行为等。为防止这些反竞争行为，该国应采取特定措施，包括会计要求、对技术要求的及时公开以及结构分化要求等。

  该章还强调了电信业国际标准的重要性，对采用公共网络所使用的终端和其他设备的标准做了规定，仅允许各成员方为制止对公共网络及其用户的损害和妨碍，为制止电磁干扰及设备故障，或为保证为其他用户的相容性采取必要的、与标准有关的措施。这一规定是美国政策的反映。在美国，只要不损害网络及其用户，可对公共网络附加任何设备。该章还规定在 NAFTA 与标准有关的措施委员会下设立一个电信标准分委员会，以协调设备授权程序，为其首要任务进行工作。各成员方也承诺促进电信标准的全球化和技术信息的交流，并与国际电信联盟和国际标准化组织进行合作。尽管本章规范了三个成员方之间在通信服务领域中的诸多重要事项，但仍有未尽之处，最主要的是未包括基础电信服务。基础电信服务主要是终端对终端电话线路服务，构成了通信网络的基础，并占据通信服务业产值的大部分，三国均对此做出了保留。NAFTA 承认成员方可保持基础电信业务方面的垄断。另外，NAFTA 也不适用于广播和无线电缆布缆及电视节目安排。鉴于这些领域商业收入颇为可观，对各国来说也相当重要，第 1309 条明显表现出将来达成基础电信服务方面协议的可能性，要求各成员方在促进所有电信服务自由化方面进行磋商。

  NAFTA 关于通信服务的规定，对美、加、墨三国的电信业都将产生巨大的影响。美、加电信业，尤其是美国电信公司，将从墨西哥的市场开放中获得巨大的商业利益。在原来的墨西哥市场上，美国电信公司受到来自欧洲公司的激烈竞争。在 NAFTA 之下，因美、墨之间降低或消除壁垒而使美国公司地位大为改善。根据 NAFTA 规定，墨西哥应实施统一的通信设备证书制度，使美、加公司可不再为向墨西哥出口而进行耗时的再次申请程序。墨西哥还须放开对电信公司外资股权的限制。当然，墨西哥自身也获得了一定的利益。NAFTA 将加速墨西哥通信业现代化的进程，为墨西哥农村 6.4 万多个社区带来电话服务。墨西哥对通信服务迅速扩大的需求可从其市场开放中获得满足。与其他服务贸易领域相似，NAFTA 关于通信方面的规定，在很大程度上使美国和加拿大得以保持现状，无须对其各自的法律和政策做重大变更，而要求墨西哥做出较大幅度的调整，并在 1995 年之前使增值电信自由化。

  NAFTA 在通信服务领域中确立了非歧视和信息自由流动原则，与各国的具体措施相结合，将使三国彼此扩大市场准入，协同有关技术和程序，推动三国通信服务业的发展进入一个新阶段。当然，三国都还面临着许多具体工作。美国的跨部门工作小组正继续在有关领域中进行论证，并与其他两国的工作小组协调，以落实三方承诺。企业界的反应也很积极，在 NAFTA 具体规定的执行方面给予了有力的配合。所有这一切都充分反映了通信产业在当今国际经济贸易中的重要地位及其对未来的深远意义。

（5）第 14 章"金融服务"

该章专门对金融服务进行了规范。它适用于成员方对其他成员方金融机构维持的措施、对非成员方投资者在本国金融机构投资的措施以及跨境金融服务，包括银行、保险和证券服务方面有关的措施，不适用于一成员方关于退休金计划或社会保障制度所采取的行动，或为政府账户或其担保以及涉及政府金融资源的使用而采取的行动。

该章采用了 GATT 的自由化原则，如国民待遇和最惠国待遇原则等，有关例外载入各国的附录中。另外，三国还成立了一个金融服务委员会来监督该章的实施，包括争端解决和磋商。根据国民待遇原则，一成员方应给予其他成员方的投资者和金融服务提供者以不低于其给予本国服务提供者的待遇，包括金融机构在其境内开业、收购、扩展业务、经营管理等方面的权利。在最惠国待遇原则下，一成员方应给予另一成员方的投资者和金融服务提供者以不低于其在相同情况下给予其他成员方或非成员方投资者、投资和金融服务提供者的待遇。在透明度原则下，一成员方应尽可能事先公布（以官方公报形式、书面通知或其他合理方式）将要采用的涉及另一成员方金融服务提供者的措施，并应给予受影响的成员方以机会来评价此措施。另外，三国将说明审议金融服务开业申请的程序，包括指出申请人应提供的确切资料以及与申请有关的信息，且应在申请提交之日起 120 天内做出决定。另外，除非附录所载的例外，一成员方不得对另一成员方国民提供其在协定生效时被允许提供的跨境金融服务采用或维持限制。三国同意一成员方的金融服务提供者可在另一成员方境内设立实体，包括分支机构等。但协定并不阻止一成员方采取合理措施保护投资人、存款人和金融机构对其负有信托义务的其他人，也不阻止成员方为保持金融机构、服务提供者及成员方的金融体系的完整性和稳定性而采取合理措施。

成员方对国民待遇和最惠国待遇在金融服务方面的运用有权提出保留，具体承诺和保留要在附录中列明，其中主要涉及墨西哥逐步开放其金额服务市场的承诺，也包括美、加有关金融服务的承诺和保留。

墨西哥对其他成员方金融机构在该国设立金融机构的许可从协定生效起至 2000 年要受特定市场份额比例限制。过渡期满，墨西哥有保留行使安全例外措施的权利，以对其国内银行和证券部门提供暂时保护。墨西哥对过渡期满时的具体承诺和保留包括：①银行和证券业。对外国银行业总市场份额限制由最初的 8% 提高到 15%，证券业从 10% 提高到 20%。银行或证券商的市场份额则分别以 1.5% 和 4% 为限。在过渡期内限额应逐月等比例地提高到最终限额。②保险。与墨西哥保险商合资的美、加保险商可在 1994 年将其股权提高到 30%，到 2000 年则提高到 100%，且不再维持一家保险商的最高市场份额限制。在协定生效时占墨西哥保险商股份 50% 的美、加保险商可在 1996 年之前将其股份提高到 100%。美、加保险商可在墨西哥设立分支机构，分支机构在墨西哥的总市场份额不超过 6%，此限额在 1999 年提高到 12%；每一分支机构的市场份额不超过 1.5%，此限额在 2000 年被取消。③财务公司。允许美、加财务公司在墨西哥开业，提供借贷和信用卡服务，但此类公司的总资产不超过墨西哥所有银行和财务公司总资产的 3%。④保理和租赁公司。除单个公司的市场份额不受限制外，美、加保理和租赁公司受到与证券业类似的市场份额限制。

美国与加拿大的具体承诺和保留为《美加自由贸易协定》的金融服务条款，适用于美国、加拿大之间的金融服务。墨西哥可免除加拿大对非居民所做的限制。美国对墨西哥金融服务的唯一承诺仅限于银行涉足证券业务。如果一家墨西哥金融集团收购了一家在美国营业的墨西哥银行，且该银行在 1992 年 1 月 1 日之前就已在美国营业，而证券机构在 1992 年 6 月 30 日前在美国营业，那么该金融集团仍可继续其在美国的证券机构里营业。但该证券机构不得收购其他证券机构或扩展其业务范围。

（6）第 16 章 "商务人员的临时进入"

这对一成员方的商务人员临时进入另一成员方境内从事商贸活动做出了规定，以便在互惠基础上通过建立一致的、客观的、协调的标准和程序，便于商务人员临时进入。成员方应互相提供有关其对商务人员进入的措施的信息，并在协定生效后一年内对商务人员临时进入的要求给予解释。另一成员方国民提供公民身份证明、从事某种国际性商务活动的证明和不会进入当地劳动力市场的证明（这要求证明酬金是从成员方境外支付的，且该商务人员的营业地点保留在境外），可得到一成员方临时进入的许可。有此资格的商务人员包括：①商人和投资者，即在两个成员方之间从事商品和服务贸易，或已经或将要投入一定数额的资本和关键性技术服务以建立、扩展其经营。②公司内部流动人员，即被一企业所雇用再进入另一成员方境内为该企业的关联机构或分支机构服务的人员。③专业人员，即从事一定专业水平的经营活动，通常至少需要学士学位或学历加三年从业经验，或者执业许可证等。

【案例 4-2】 USMCA 对服务贸易规则的新突破

截至 2017 年年底，包含服务贸易规则的协定数量呈明显上升趋势。根据 WTO 优惠贸易协定数据库公布的数据，在 2001 年后生效的 224 个协定中，涵盖服务贸易规则的协定占总数的 64.29%，而 2001 年前的比例仅为 10.98%。当前全球服务贸易自由化已经展现出 "区域自由化盛行和多边服务贸易谈判被边缘化" 的趋势。尤其要重视的是，美国自 2017 年年底推行国内税改后，对外发起了大规模的贸易限制措施。在造成全球贸易秩序混乱的同时，基于 "美国优先" 原则，在规则构建领域开启了单边行为模式并取得阶段性成果。2018 年 10 月 1 日，美国与加拿大发表联合声明，宣布加拿大加入此前美国与墨西哥达成的贸易协定，《北美自由贸易协定》（NAFTA）更名为《美墨加贸易协定》（USMCA）。种种迹象表明，国际经贸规则重构在以美国为首的发达经济体的推动下正式拉开序幕，服务贸易规则也概莫能外。

USMCA 作为国际经贸规则进入重构阶段后达成的第一个区域贸易协定，其服务领域的规则，无论是议题的广度还是规则的深度，都是最高水平，已具备了模板化标准。

USMCA 的达成顺应了全球价值链（GVC）中服务作用不断提升后对高水平服务规则的诉求。美、墨、加三方以负面清单方式承诺的市场开放均已达到历史最高水平，尤其体现在分销服务、商业服务、金融、运输等具有明显价值链特征的部门。与此前的区域自由化成果相比，USMCA 更加体现了 "约束力与执行力的强化" 和 "新领域规则的突破"。

1. 以 "数字贸易" 取代 "电子商务" 并纳入新的规则

USMCA 首次以 "数字贸易" 取代 "电子商务" 作为数字贸易相关章节的标

题，进一步明确了数字贸易的内涵，避免陷入"以网络交易平台为支撑的在线交易"的误解。同时，以数字贸易为核心，在与服务贸易相关的章节中设定纪律或条款，改善了原有规则无法适应数字贸易的现状。USMCA 在涵盖此前所有高水平数字贸易纪律的基础上，新增了以下内容以进一步约束政府行为、确保公平竞争，并保护服务提供者的利益。

1）新增"网络安全""公开政府数据"以及"交互式计算服务"条款。"网络安全"条款鼓励各方共同应对网络威胁带来的问题，确保对数字贸易的信心。"公开政府数据"条款要求各方在最大程度上公开政府数据，鼓励各方政府以电子形式提升行政透明度。"交互式计算服务"条款则要求"任何缔约方在确定与信息存储、处理、传输、分配或由该服务造成的损害责任时，不得采取或维持任何措施将交互式计算机服务的提供者或使用者视为信息内容提供者，除非该信息完全或部分由该提供者或使用者创建或开发"。

2）新增"提供增值服务条件"条款。该条款规定，如果一缔约方直接对增值电信服务进行规制，那么在没有适当考虑合法公共政策目标和技术可行性的情况下，不得对增值电信服务提供者提出与公共电信服务提供者同样的要求，且有关的资格、许可、注册、通知程序等都是透明和非歧视的，并且不得提出诸如对公众普遍提供等要求。

3）在跨境服务贸易的定义中，以脚注的形式明确了跨境服务贸易的纪律也适用于"采用电子手段"生产、分销、营销、销售或交付的服务，实现已有规则的数字化升级。尽管美国赌博案的专家组早已支持了这一观点，但这是第一次以文字的形式在协定中予以明确。

2. 切实增强规则纪律并着重提升执行力

USMCA 规则在更加务实的基础上，对已有纪律加以扩展或加强，以确保协定条款的执行力。

1）在跨境服务贸易的"国民待遇"和"最惠国待遇"的定义条款中，对政府层级做了明确性补充，将"地方政府"列出，并规定"地方政府采取的措施应当是不得低于同类情况下的最好待遇"；对于"不符措施条款"，如果一方认为其他成员采取的措施对其跨境服务造成实质性损害，则可进行磋商，不论采取该措施的是地方政府还是中央政府。

2）新增跨境金融服务贸易"停止"（stand still）条款，为后续市场准入设定明确的起点，即以 NAFTA 达成时各方保留的限制为基准点。而且与一般特惠贸易协定（PTA）跨境金融服务正面清单方式的一贯做法不同的是，USMCA 首次将棘轮机制中的"停止"要求适用于跨境金融服务，展示出提高金融服务自由化的雄心和决心。

3）新增"国有企业"条款，明确规定不得对国有企业给予更优惠的待遇，以此进一步保障业内的充分竞争。此外，还新增了"执行"条款，明确各方主管机构有义务保障章节内特定条款的执行，同时赋予它们制裁权。让各方电信主管机构参与协定的执行保障，将确保协定义务的可执行性。

3. 创立排他性的区域主义安排：毒丸条款

USMCA 在第 32 章（例外和一般条款）第 32.10 节中增设了"非市场经济国家"条款。该条款规定，如协定一方计划与非市场经济国家签订自由贸易协定（FTA），应提前通知，协定其他成员有权利选择退出协定。尽管该条款没有直接与服务贸易相关，但是首次在 PTA 中出现，且指向明显，未来很有可能进一步充实规则并扩展至服务规则领域。该条款非常直观地体现了当前在多边谈判无法推进、各方转向区域层面谈判的过程中，美国完全基于自身利益所展现出来的区域主义。美国希望通过这一做法，选择性屏蔽其他重要经济体，确保其理念能够不断复制、推广，在后续全球经贸规则重构的进程中掌握主导性话语权。

USMCA 的达成预示着，未来区域服务贸易规则深度发展的重点将主要集中在数字贸易等新规则的达成、具有价值链特征的服务部门市场准入扩大、规则纪律的强化以及各成员方内监管措施的协调上。由于 WTO 当前所面临的各种危机，未来全球服务规则的构建与发展将可能继续延续区域层面推进的模式。规则制定的主导力量仍将是发达经济体。突出的变化是，世界经济再平衡的启动，使服务贸易规则构建将从此前"区域自由化"进入美国单边主导的"区域主义"阶段，即不再完全遵循 GVC 已有的全球格局来深化服务贸易规则，而是屏蔽其他重要经济体，选择在 GVC 中紧密联系的、"志同道合"的贸易伙伴，在区域层面推出美国主导的服务贸易规则，提升美国在 GVC 中的地位并重振美国经济。

资料来源：陈靓，武雅斌. 全球价值链下服务贸易规则的新发展： 美墨加协定（USMCA）的视角［J］. 国际贸易，2019（2）：87-96. ■

【案例4-3】 USMCA 对跨境金融服务贸易规则的新发展及启示

扫码阅读
案例 4-3

【案例4-4】 新规则体系为全球数字贸易发展带来重大变化

电子商务为包容性贸易和发展创造机会

近些年，WTO 主要成员围绕数字贸易、电子商务等相关议题提出了多份议案，2013 年 WTO 部长级会议授权秘书处研究数字贸易问题，其中的工作是关注如何更新或澄清现有的承诺。当前，WTO 没有关于数字贸易的综合性协定，但一些协定的确涵盖了数字贸易的一些方面。例如，2017 年年底，WTO 成员在 WTO 第 11 届部长级会议的最后时刻达成协议，延长电子商务关税禁令，并禁止成员根据 WTO《知识产权协议》提起非侵权案件；成员共同发布了《电子商务联合声明》，重申电子商务的重要性及其为包容性贸易和发展所创造的机会。这份声明呼应了之前世界电子贸易平台（EWTP）宣布的"赋能电子商务"主题。对此，服务行业联盟（CSL）表示赞扬，并称之为"制定电子商务和数字贸易多边规则的重大里程碑"，规则中的条款将确保数据的自由流通并禁止所有部门的数据本地化。除了 WTO 之外，在新的国际贸易规则体系中，如"3T"（TISA、TPP、TTIP）等新规则体系已经为数字贸易规则发展带来重大变化。

《跨太平洋伙伴关系协定》（TPP）强调"自由"。尽管美国政府已经明确从 TPP 框架中退出，但 TPP 中强调的关于新贸易规则调整涉及降低数据流动的壁垒，倡导推进数字贸易自由化仍是美国一贯秉承的原则，并可能在未来国际贸易规则中产生影响。其重点主要包括：一是坚持互联网应保持自由开放；二是对数字产品禁收关税；三是确保贸易伙伴不会采取进一步的保护性措施，比如：不能将缔约方数字产品置于竞争劣势地位，不能对跨境信息流建立歧视和保护主义壁垒，禁止强迫本国公司在计算服务中采取本地化策略，禁止要求公司向本国个人转让技术、生产流程或专有信息，等等。再进一步深入分析TPP有关章节，我们发现共有15条规范多边电子商务政策的条款。这15个条款又可以分为4类：减少数字贸易壁垒的条款、保护网络消费者权益的条款、促进数字贸易便利化的条款以及促进国际协调合作的条款。

就数字贸易以及电子商务领域而言，《跨大西洋贸易与投资伙伴协议》（TTIP）谈判的主要目标是，创设一个有约束力的框架来促进跨大西洋的数字贸易，同时也可以作为促进经济增长和发展的全球化标准。但在数据隐私和数据跨境流动问题上，美国和欧盟适用的是截然不同的法律制度。对于跨境数据流动和数字贸易，2014年1月16日美国国会推出的《2014年国会两党贸易优先法案》，要求贸易谈判方确保政府允许跨境数据流动，不得要求数据本地存储或处理，禁止对数字贸易设置与贸易有关的障碍。但欧盟则明确表示，任何协定都不能影响"对个人数据传播和处理过程中的隐私保护，以及对个人记录和账户的机密性保护"。近期，欧盟《通用数据保护条例》正式生效，以欧盟法规的形式确定了个人数据保护原则和监管方式。这一新条例被认为是"世界上最严格的个人数据保护条例"。

在《国际服务贸易协定》（TISA）中，期望建立电子商务、计算机相关服务、跨境数据转移等新兴领域的管制规则，强调制定适当的条款来支持通过"电子渠道"进行的服务贸易，引导数字贸易和跨境数据流的发展。TISA体现的新动向包括：范围广泛的综合协议，不预先排除任何部门或模式，包括金融、快递、传播、电信、电子商务、运输、物联网、数码贸易、移动通信网络、互联网等所有服务业领域；拟将国民待遇由《服务贸易总协定》中选择性的承诺变为横向普遍性的承诺，并包含锁定开放现状和"棘轮条款"，自动将新出现的服务部门锁定在自由化范围内；建立一些新兴领域的管制规则，如国际海运、电信服务、电子商务、计算机相关报务、跨境数据转移、运输和快递。

数字贸易战略：风险与挑战并存

近年来，美国为促进数字贸易发展采取了一系列新举措。首先，在多边谈判框架下，美国初步形成数字贸易规制。一是美国在1997年的《全球电子商务纲要》中就表明了追求电子商务全球自由化的立场；二是2008年11月亚太经合组织（APEC）提出《数字繁荣的行动清单》，并明确六大行动关键领域：基础设施、投资、创新、智力资本、信息流、整合。其次，在双边谈判框架下，美国进一步强化多边数字贸易规制的落实。美国在自由贸易协定中专设电子商务章节，旨在对数字传输的内容产品提供自由贸易的待遇。最后，在区域和多边谈判框架下，美国积极推进数字贸易新规则的构建。美国以TPP、TTIP、TISA为抓手，三位一体推进数字贸易规则谈判，推动区域和多边数字贸易国际规则的构建。与此同时，美国也在积极推动跨境电子商务的发展。美国在2015年发布了跨境电子商务发展10年规划，其发展目标是到2025年使跨境电子商务规模达到整个国际贸易额的70%。

当然，美国发展数字贸易仍面临着众多的潜在挑战与风险：一是数字贸易本土化措施阻碍数字贸易市场开放，本地化措施给美国国际数字贸易市场的拓展构成潜在威胁；二是对于存在分歧的数据隐私保护措施，目前已有超过60个国家采取了数字本地化做法；三是非中性的审查措施，构成数字贸易市场准入壁垒。美国政府已经着手建立面向数字贸易政策和挑战的新架构。为了实现国会确定的数字贸易谈判目标，美国从2016年开始建立了专门针对数字贸易的组织架构。2016年7月，美国贸易代表办公室（USTR）内部成立了数字贸易工作组，以快速识别数字贸易壁垒并制定相应政策规则。成立以来，工作组已经开展了多项有成效的工作，包括为《2017年外国贸易壁垒评估报告》识别出最新的数字贸易障碍，制定在国际上推广数字贸易规则的战略。

资料来源：张茉楠. 新规则体系为全球数字贸易发展带来重大变化［J］. 社会科学报，2019（1644）. ■

【案例4-5】 从USMCA看美国数字贸易规则核心诉求及与中国的分歧

扫码阅读
案例4-5

4.4.3 亚太地区区域性服务贸易规则

1. 亚太经合组织的服务贸易规则

（1）APEC服务贸易规则的基本框架

1994年11月，在印度尼西亚茂物年会上，通过了标志着地区贸易和投资自由化重要成果的《亚太经合组织经济领导人共同决心宣言》（简称《茂物宣言》）。宣言提出了实现APEC贸易和投资自由化的时间表，即发达成员不晚于2010年，发展中成员不晚于2020年完全实现这一目标。此后，亚太经合组织成员采取了一系列单边和集体的实际行动，包括实施大阪行动计划、马尼拉计划、上海共识、釜山路线图和河内行动计划，以期通过这两种途径落实各成员对贸易投资自由化的承诺。

为实现《茂物宣言》确定的贸易投资自由化和便利化的最终目标，1995年11月在日本大阪通过了《执行茂物宣言的大阪行动议程》（简称《大阪行动议程》），提出了今后实施贸易投资自由化与便利化的9项一般原则、15个具体领域及其集体行动计划和总的执行框架；同时明确了经济技术合作的13个领域，由此使APEC实现贸易和投资自由化的目标有了保障。按照《大阪行动议程》的要求，单边行动计划和集体行动计划是APEC推进贸易投资自由化的主渠道。单边行动计划具有滚动性质，即成员每年都要就行动计划的内容进行磋商，并根据磋商结果对各自的行动计划做出新的调整和改进，直至实现贸易和投资自由化的最终目标。集体行动计划就《大阪行动议程》中确定的一些共同措施（如信息交流、人员培训等），由各成员集体采取一致行动，共同实施，其具体内容由APEC相关领域的专家组统一讨论决定，其约束性比单边行动强。在1996年菲律宾宿务召开的APEC高官会议上，各成员方分别提交了实施自由化的单边行动计划，并列出了2000年、2010年和2020年以前将采取的措施和大致计划。在同年11月的马尼拉会议上，这些计划得以正式公布，并于1997年起施行。2000年，APEC集体行动的主要工作是扩展和深化现有的集体行动计划，并考虑开发新领域的可能性。各专家组和分委会就此分别进行讨论，服务组制定了加强服务领域工作的政策框架。

（2）《大阪行动议程》中有关服务贸易的内容

在《大阪行动议程》规定的15个具体合作领域，其中关于服务贸易领域的合作内容为：逐步减少服务贸易的市场准入限制，为服务贸易提供最惠国待遇和国民待遇。首批已在电信、交通运输、能源和旅游4个部门开展工作。成员可在自愿基础上在其他部门采取行动。为达到此目标，APEC要求各成员为WTO主持下的服务贸易多边谈判做出积极贡献：扩大《服务贸易总协定》在市场准入和国民待遇方面的承诺，并在适当时候取消最惠国待遇例外；考虑采取进一步行动促进服务产品在亚太区域内的自由提供。同时，《大阪行动议程》确定的贸易、投资自由化应遵循的9项一般原则同样可以用来约束服务贸易领域的自由化。这9项一般原则分别为：①全面性：这个进程将毫无例外地消除阻碍进行自由和开放贸易与投资的一切障碍。②与世界贸易组织的一致性：亚太经合组织成员采取的步骤将同新成立的世界贸易组织保持一致。③可比性：亚太经合组织成员将努力确保各成员采取的自由化措施具有总体可比性，将考虑各成员所达到的总体水平。④非歧视性：亚太经合组织成员将努力在各成员之间实行非歧视原则；区域自由化的成果不仅应会减少亚太经合组织成员之间的壁垒，而且应会减少亚太经合组织成员同非亚太经合组织成员之间的壁垒。⑤透明性：亚太经合组织成员将确保它们的贸易法规具有透明性。⑥维持现状：各成员将努力避免提高贸易保护主义的程度。⑦同时启动：各成员将"同时毫不拖延地"开始逐步实行经济自由化，并将在今后25年里继续这样做。⑧灵活性：鉴于各成员的发展水平不同和具有多样性，自由化的进程可以具有灵活性。⑨合作：将积极进行经济和技术合作。

（3）四大服务部门的服务贸易规则

1）电信。2000年5月，第四届亚太经合组织电信和信息产业部长级会议通过了《坎昆宣言》，APEC经济体主要根据《坎昆宣言》对电信服务贸易进行约束：①在国内、本地区以及全球层次上填充"数字鸿沟"，并与工商/私营部门合作进行此项工作。②鼓励工商/私营部门和政府之间以适当的方式开展讨论，以评定产品的价值并据此收取利润，这些产品和服务是在APEC经济体之间交流的网络服务，是与APEC网络服务国际定价原则相一致的。③鼓励制定切实有效的政策支持国内外电信和信息产业的竞争性市场。④加快执行电信设备一致性评估的相互认可协议。⑤确保政策环境和制定规章制度的环境能更好地促进电子商务。⑥在自愿的时间框架内执行APEC电信网络连接原则，并就进一步讨论电信网络连接的必要性进行协商。⑦关注用户对支持协同工作能力的公开标准和系统的要求。此外，鼓励APEC经济体在适当的方面遵守WTO电信调整原则基准文件、信息技术协议和国际增值网服务贸易准则。

2）交通运输。在交通运输方面，APEC提出了如下服务贸易自由化规则：①为响应APEC领导人1999年发表的题为《奥克兰的挑战》的宣言，在自愿基础上执行使航空服务更具竞争性的8个步骤，并根据《茂物宣言》确定航空服务自由化今后的步骤，此外通过高官会向领导人提交年度进展报告。②在2005年以前通过增强海运和港口政策的透明度，在本地区建立起一个安全、有效、富有竞争性的海运环境、港口运作环境。③完成陆路运输协调化计划，并通过与联合国欧洲经济委员会的合作，鼓励制定汽车产品证书相互认可安排和各经济体中车辆规则协调化相互认可安排。④在可能的情况下，于2005年以前取消传递国际运输与贸易关键信息的纸介文件。

3）能源。1996年，在澳大利亚召开的APEC能源部长级会议，签署了14项非约束性原则，其内容包括预见、目标、战略主旨。这也是签署的未来战略计划指南的内容，该计划将在未来五年内指导APEC各经济体的工作。有关服务贸易的规则主要包括以下两个方面的内容：①促进能源部门的投资。第一，在 1996 年年底前，确认影响电力基础设施投资的制度、法规及程序的障碍。第二，在 1996 年年底前，消除前述障碍，并建立促进投资的指导框架。第三，在 1996 年年底前，依上述工作结果，对更为复杂的议题，拟定并执行已协调的解决方案，同时扩展前项活动至能源供应链的其他方面。第四，长期而言，考虑与促进跨国境基础设施建设及其融资相关的议题。②接受相互认证及增加能源标准的调和。第一，在 1996 年年底前，建立测试议定书与实验室鉴定的相互认证基础，并接受由上述方式得到的测试结果。第二，在 1996 年年底前，针对测试议定书与实验室鉴定的相互认证基础达成协议，并接受由上述方式得到的测试结果。第三，长期而言，将能源标准工作延伸至特定产品，首先由国内电器用品开始，再扩及选定的工商业设备项目。

4）旅游。APEC 关于旅游服务贸易自由化规则的具体内容有如下四个方面：①消除旅游营运与投资障碍。第一，推动及促进技术、训练及劳工的移动。第二，推动及促进旅游及相关部门具有生产力的投资。第三，消除旅游营运与投资的法规障碍。第四，在服务贸易协议（《服务贸易总协定》）框架下鼓励旅游相关服务贸易自由化。②促进游客移动及旅游商品与服务需求在 APEC 区域内的移动。第一，促进旅客旅游便利。第二，改善游客的体验。第三，促进区域内及区域间的营销机会及合作。第四，推动及促进旅游业的电子商务。第五，加强游客的安全。第六，在为游客提供设施和服务中鼓励非歧视性。③持续处理旅游的演变所衍生的影响与冲击。第一，敬畏自然，并努力保护环境。第二，培养旅游部门可持续发展的机会，特别是在中小企业就业及提供开放与可持续旅游市场等方面。第三，保护旅游地社区的社会淳朴性，在旅游经营及发展上特别关注避免性别歧视的问题。第四，承认、尊重及保存本土和当地文化及自然资源与国家文化遗产。第五，加强管理与发展能力。④加强认知与了解旅游乃是带动经济及社会发展的动力。第一，调整关键性旅游统计的收集办法，使之与其他国际旅游组织的活动协调一致。第二，为 APEC 经济体之间交流旅游信息提供便利。第三，全面分析成员经济体的旅游在促进其可持续发展中所发挥的作用。第四，确定可能出现的问题、帮助执行《APEC 旅游宪章汉城宣言》，由此扩展旅游业问题的知识集。

2. 东南亚国家联盟的服务贸易规则

在全球服务贸易自由化迅速发展的背景下，东盟国家也启动了区域内服务贸易自由化进程，并于 1995 年 12 月第五届东盟首脑会议上正式签署了《东盟服务业框架协议》（ASEAN Framework Agreement on Services，AFAS），以此来促进和加强区域内成员在服务贸易领域中的交流与合作，消除服务贸易的限制，实现区域服务贸易自由化。这个协定要求每个成员方都要指定一个服务行业优先实现贸易自由化。这些部门主要包括金融、电信、旅游、海运、航空、建筑等领域。《东盟服务业框架协议》的主要目标是：加强成员方的服务部门合作，提高服务的效率和国际竞争力，并使区内、区外服务供应商的生产、供给和分配实现多样化；消除成员方之间的服务壁垒和市场障碍；在区域内使各成员方实现比在《服务贸易总协定》中承诺的更深入和更广泛的服务贸易自由化，建成一个服务行业的自由贸易区。

《东盟服务业框架协议》由 14 个条款构成，集中体现了东盟服务贸易的相关规则。以下就几个主要条款的内容进行简要介绍。

第 1 条："宗旨"。《东盟服务业框架协议》的宗旨是：加强成员方之间的服务合作以增强本区域服务提供者在本区域内的经营效率、竞争力及多样化产品的供应能力；在成员方之间消除服务贸易的实质性限制；除了 GATS 中的承诺外，各国采取新的自由化措施，实现贸易自由化的目标。

第 2 条："合作领域"。第 2 条提出所有成员方应参加本框架协议下的合作安排。但是，如果其他成员方还未准备好实施这些安排，则两个或更多的成员方可首先进行。在合作领域方面，第 2 款指出，成员方应加强和促进各服务行业现有的合作，同时发展那些还没有被包括在现有合作安排内的服务，具体可通过：建立或完善基础设施；联合生产、销售和采购安排；研究和开发；加强信息交流。同时强调，成员方应确定合作领域，并提出可以提供合作领域和性质细节的行动计划、方案和谅解书。

第 3 条："自由化"。规定各成员方在一个合理的时间内实质性地消除所有现存的歧视性措施和市场准入限制，并禁止新的和更多的歧视性措施与市场准入限制。

第 4 条："具体承诺的谈判"。第 1 款规定，成员方应按具体服务部门就影响贸易自由化的措施进行谈判。这类谈判应促使成员方在 GATS 已有承诺的基础上进一步做出具体承诺，并根据最惠国待遇原则在区域内部实施。第 2 款规定，每一成员方应在承诺列表中列明其具体的承诺事项。第 3 款规定，该框架并不阻碍任何成员方基于边境地区内的服务流动而给予邻国的优惠待遇。

第 5 条："相互承认"。第 5 条指出就服务提供者的执照和证书而言，每一成员方可承认在另一成员方获得的学历和从业经验、已获得的条件及所颁发的许可证或证明。但是，上述规定不能被视为要求任何成员方承担接受或订立这种相互承认的协议或安排的义务。

第 6 条："利益的拒给"。第 6 条就享受本框架协议的利益的资格进行了限定。该条规定，本框架协议的利益应拒绝向以下两类服务提供者提供：第一类，非成员方的自然人服务提供者；第二类，根据一成员方的法律，由非成员方居民控股但不在成员方领土上从事实质性商业经营的法人服务提供者。

第 7 条："争端解决"。第 7 条规定，成员方之间因《东盟服务业框架协议》或相关安排的解释或适用而产生的分歧，应根据《东盟争端解决机制议定书》的规定来解决。《东盟争端解决机制议定书》是《东盟服务业框架协议》的有机组成部分。

《东盟服务业框架协议》的第 8～14 条还就与其他协定的关系、具体承诺的修改程序、制度安排、协定修改、新成员的加入等做出规定。

为贯彻落实《东盟服务业框架协议》，1996 年 1 月东盟成立了服务业合作委员会（Coordinating Committee on Services，CCS），专门负责进行区域服务贸易自由化谈判。从 1996 年 1 月至今，东盟已经展开过四轮服务贸易自由化谈判，完成了五个阶段的服务部门承诺减让的实施草案，及每阶段各成员方对服务部门开放所做出的水平承诺减让表、具体部门承诺减让表和最惠国待遇（MFN）豁免清单。它们作为草案的附件，与草案一起构成《东盟服务业框架协议》不可分割的一部分。

第一轮谈判（1996～1998 年）：东盟主要就各成员方在 GATS 中具体的承诺减让交换信息，并对各国服务贸易体制交换意见，同时决定采取与 GATS 承诺减让表相同的肯定列表形式提交服务部门自由化的承诺减让表。1997 年 12 月，在马来西亚吉隆坡举行的东盟经济部长级会议，签署了《东盟服务业框架协议第一阶段实施草案》，该草案承诺东盟各成员方从 1998 年 3 月 31 日起放松一部分服务行业的市场准入，并实行国民待遇。

第一阶段主要开放的服务业部门为旅游（全部东盟国家）、海运（文莱、印度尼西亚、马来西亚和泰国）、空运（文莱、马来西亚和新加坡）、商务服务（菲律宾）和电信（越南）。1998年12月东盟签署了《东盟服务框架协议第二阶段实施草案》，在上述开放的五个部门基础上增加了建筑服务和金融服务的开放，同时规定东盟内非WTO成员也享受与WTO成员在GATS规范下相同的待遇。草案附件包括各国的水平承诺、特别承诺时间表和最惠国待遇的例外表，各成员方应将特别承诺时间表中的服务业优惠待遇扩及所有其他成员方，该草案最迟于1999年3月31日实施。

第二轮谈判（1999～2001年）和第三轮谈判（2002～2004年）：东盟决定扩展服务部门谈判的广度和深度，要求所有成员方对MFN做出承诺，力争使成员方之间服务部门开放的承诺水平超过对GATS的承诺水平。这两轮谈判分别于2001年12月和2004年9月达成了第三阶段和第四阶段承诺减让的实施草案，草案除涵盖的成员方有所增加外，所涉及的服务部门并没有得到实质性扩展。为加快区域服务贸易自由化谈判的进程及扩大谈判的领域，2004年9月的东盟经济部长级会议决定于2005年年初发起第四轮谈判，并计划两年内完成。

第四轮谈判（2005～2006年）：经过前两轮迂回曲折的谈判，该轮谈判使东盟各成员方的承诺减让迈出实质性的步伐，更多的成员方对更深、更广的服务部门做出了承诺，共有11个服务部门65个分部门包含在成员方所提交的具体承诺减让表中，19个服务部门和分部门包含在最惠国待遇（MFN）豁免清单中（每个成员方至少对5个分部门做出MFN豁免），所提交的承诺减让表综合了前面四个阶段的承诺水平，是最完整和详尽的。这一轮谈判各国做出承诺开放的部门是：商务服务、通信、建筑、旅游、运输、分销、教育、环境、保健、娱乐和金融等。2006年12月8日，东盟各国经济部部长签署了第五阶段承诺减让的实施草案，为第四轮谈判取得的成果画上圆满的句号。该草案的签署标志着东盟区域服务贸易自由化从此步入一个新的发展时期。

《东盟服务业框架协议》的许多原则和义务都与GATS一致，包括最惠国待遇原则、国民待遇原则、市场准入、争端解决机制、具体承诺的修改条款等。《东盟服务业框架协议》在序言中声称，东盟内部的经济合作将会为建立服务贸易自由化框架规则提供保障，而服务贸易本身又会加强成员方之间的经济合作，同时重申了对GATS原则和规则的承诺，并强调应将区域内贸易自由化扩展到服务贸易领域。此外，东盟采取了与GATS相同的肯定列表形式提交各成员方的承诺减让表，这种形式与北美自由贸易区所采用的否定列表形式相比，透明度较低，灵活性和隐蔽性较大，表明成员方所追求的自由化水平较低。从这一点来看，东盟区内所施行的服务贸易自由化水平与GATS基本相符，仍是一种相对有限的自由化。但是，根据AFAS，成员方将在GATS的基础上，逐步消除服务限制，扩展更广泛、更彻底的服务部门自由化。换句话说，AFAS要求东盟成员实施的是"GATS-PLUS"的服务贸易自由化，是对GATS的超越。从目前东盟成员在区内承诺开放的具体服务活动的数量来看，大多数国家（除缅甸外）对约11个服务部门、65个服务分部门（或服务活动）做出了承诺，而在GATS中，印度尼西亚、缅甸承诺减让的水平很低，其数量不超过10个；文莱承诺的数量不超过30个；菲律宾不超过50个；新加坡不足60个；马来西亚在61～70个；泰国是东盟国家中承诺水平最高者，在71～80个。由此可知，大部分东盟国家对区内的承诺水平高于对GATS的承诺。此外，成员方之间的服务市场准入和国民待遇条件也比GATS较优惠。

除了《东盟服务业框架协议》，东盟还于2000年签署了《"电子东盟"框架协定》以促进区域信息通信服务贸易自由化，在2002年出台了《东盟旅游协定》以指导区域旅游合作，推进区内旅游统一市场的形成。

3. CEPA框架下的服务贸易规则

（1）《内地与香港关于建立更紧密经贸关系的安排》

2003年6月29日，中华人民共和国中央政府与中国香港特别行政区政府在香港签署了《内地与香港关于建立更紧密经贸关系的安排》（Mainland and Hong Kong Closer Economic Partnership Arrangement，CEPA）。中国内地与香港的CEPA是中国国家主体与香港单独关税区之间签署的自由贸易协议，也是中国内地第一个全面实施的自由贸易协议。

CEPA的制定遵照以下五个原则：遵循"一国两制"的方针；符合世界贸易组织的规则；顺应双方产业结构调整和升级的需要，促进稳定和可持续发展；实现互惠互利、优势互补、共同繁荣；先易后难，逐步推进。

CEPA在服务贸易领域的目标是：逐步实现服务贸易自由化，减少或取消双方之间实质上的所有歧视性措施。

CEPA的主要内容包括：总则、货物贸易、原产地、服务贸易、贸易投资便利化和其他条款，共23条和6个附件。其中，关于服务贸易的内容主要体现在：①第4章"服务贸易"（包括第11条"市场准入"、第12条"服务提供者"、第13条"金融合作"、第14条"旅游合作"、第15条"专业人员资格的相互承认"）。②附件4《关于开放服务贸易领域的具体承诺》（包括表1"内地向香港开放服务贸易的具体承诺"、表2"香港向内地开放服务贸易的具体承诺"）。③附件5《关于"服务提供者"定义及相关规定》。

1）关于"市场准入"的安排。CEPA第11条规定"一方将按照附件4列明的内容和时间对另一方的服务及服务提供者逐步减少或取消实行的限制性措施"，同时，"应另一方的要求，双方可通过协商，进一步推动双方服务贸易的自由化"。

附件4规定内地对香港进一步开放的服务行业包括：管理咨询、会展、广告、会计、法律、医疗、物流、货代、仓储、分销、运输、旅游、建筑、视听、电信、银行、保险、证券，涉及18个行业，共21类41项具体服务活动，基本涵盖内地服务贸易的主要领域。

从各领域的具体承诺来看，CEPA关于市场准入的安排具有以下特点：①市场准入的范围更广。对香港开放尚未对WTO其他成员开放的领域，对多数行业取消股权限制，允许独资，扩大经营范围，缩小乃至取消地域限制。②市场准入门槛更低。对部分行业提前实施中国对WTO的承诺；取消投资股权限制；降低最低注册资本和资质条件要求；放宽地域和经营范围限制。这些行业主要涉及银行、证券、保险、电信等敏感行业。

2）关于"服务提供者"的定义。CEPA在附件5中对"服务提供者"做了详细界定。除非另有规定，CEPA及其附件中的"服务提供者"指提供服务的任何人，包括自然人或法人。其中，对内地而言，"自然人"指中华人民共和国公民；对香港而言，"自然人"指中华人民共和国香港特别行政区永久性居民。而"法人"指根据内地或香港特别行政区适用法律适当组建或设立的任何法律实体，无论是否以营利为目的，无论属私有还是政府所有，包括任何公司、基金、合伙企业、合资企业、独资企业或协会（商会）。同时，CEPA

还规定了以法人和自然人形式提供服务的香港服务提供者的具体标准。就法人形式而言,其对法律部门和非法律部门分别进行了界定。其中,对于非法律服务部门,香港服务提供者申请在内地提供有关服务时应遵守以下事项:①根据香港特别行政区《公司条例》或其他有关条例注册或登记设立,并取得有效商业登记证。②在香港从事实质性商业经营(判断标准为:业务性质和范围、年限、利得税、业务场所和雇用员工);就自然人形式而言,规定提供服务的香港服务提供者应为中华人民共和国香港特别行政区永久性居民。

3)关于"金融合作"的规定。CEPA 第 13 条规定双方采取措施,进一步加强在银行、证券和保险领域中的合作。具体措施包括:①内地支持国有独资商业银行及部分股份制商业银行将其国际资金外汇交易中心移至香港。②支持内地银行在香港以收购方式发展网络和业务活动。③内地在金融改革、重组和发展中支持充分利用与发挥香港金融中介机构的作用。④双方加强金融监管部门的合作和信息共享。⑤内地本着尊重市场规律、提高监管效率的原则,支持符合条件的内地保险企业及包括民营企业在内的其他企业到香港上市。

4)关于"旅游合作"的规定。关于加强双方在旅游方面的合作,CEPA 第 14 条从 3 个方面做了规定:①进一步促进香港旅游业的发展,内地将允许广东省境内的居民个人赴港旅游。此项措施首先在东莞、中山、江门三市试行,并不迟于 2004 年 7 月 1 日在广东省全省范围内实施。②双方加强在旅游宣传和推广方面的合作,包括促进相互旅游及开展以珠江三角洲为基础的对外推广活动。③通过合作,提高双方旅游行业的服务水平,保障游客的合法权益。

5)关于"专业人员资格的相互承认"的规定。在促进专业人员资格的相互承认方面,CEPA 第 15 条在两个层面上做了规定:①双方鼓励专业人员资格的相互承认,推动彼此之间的专业技术人才交流。②双方主管部门或行业机构将研究、协商和制定相互承认专业人员资格的具体办法。

(2)《内地与香港关于建立更紧密经贸关系的安排》补充协议的主要内容

中国内地与香港通过签署补充协议的方式,不断扩大相互之间的开放,充实 CEPA 的内容。2004~2013 年,双方已经签署了 10 个补充协议,内地对香港服务提供者的限制性措施逐步减少,开放范围不断扩大,开放程度不断加深。各个补充协议规定,经补充协议修正和补充后的内容与前者条款产生抵触时,以后者为准。

在服务贸易方面,CEPA 补充协议的主要内容是逐步新增开放领域,放宽市场准入条件,取消股权限制,放宽经营范围、经营地域,降低注册资本、资质条件,简化审批程序等。其中,修正和补充力度比较大的是补充协议四、补充协议八和补充协议十。

1)补充协议。2004 年 10 月 27 日,双方签署《〈内地与香港关于建立更紧密经贸关系的安排〉补充协议》(包括附件 3《内地向香港开放服务贸易的具体承诺的补充和修正》)。该协议于 2005 年 1 月 1 日起实施,主要内容有:在服务贸易方面,内地同意在法律、会计、医疗、视听、建筑、分销、银行、证券、运输、货运代理等领域对香港服务及服务提供者进一步放宽市场准入的条件,扩大香港永久性居民中的中国公民在内地设立个体工商户的地域和营业范围。内地在专利代理、商标代理、机场服务、文化娱乐、信息技术、职业介绍、人才中介和专业资格考试等领域对香港服务及服务提供者开放和放宽市场准入的条件。香港银行内地分行从事代理保险业务的承诺自 2004 年 11 月 1 日起实施。

2）补充协议二。2005 年 10 月 18 日，双方签署《〈内地与香港关于建立更紧密经贸关系的安排〉补充协议二》（包括附件 2《内地向香港开放服务贸易的具体承诺的补充和修正二》）。该协议于 2006 年 1 月 1 日起实施，主要内容有：在服务贸易方面，内地同意法律、会计、视听、建筑、分销、银行、证券、旅游、运输和个体工商户 10 个领域在原有开放承诺的基础上，进一步放宽市场准入条件。在金融合作方面，内地允许符合条件的内地创新试点类证券公司根据相关要求在香港设立分支机构，允许符合条件的内地期货公司到香港经营期货业务，包括设立分支机构。

3）补充协议三。2006 年 6 月 27 日，双方签署《〈内地与香港关于建立更紧密经贸关系的安排〉补充协议三》（包括附件《内地向香港开放服务贸易的具体承诺的补充和修正三》）。该协议于 2007 年 1 月 1 日起实施，主要内容有：在服务贸易方面，内地在法律、建筑、信息技术、会展、视听、分销、旅游、运输和个体工商户等领域原有开放承诺基础上，进一步采取 15 项具体开放措施。其中，4 项属于放宽股权限制，2 项属于降低注册资本、资质条件等门槛，9 项属于放宽地域、经营范围和自然人移动的条件。

4）补充协议四。2007 年 6 月 29 日，双方签署《〈内地与香港关于建立更紧密经贸关系的安排〉补充协议四》（包括附件《内地向香港开放服务贸易的具体承诺的补充和修正四》）。该协议于 2008 年 1 月 1 日起实施，主要内容有：在服务贸易方面，内地在原有开放承诺中的 28 个领域采取了 40 项开放措施，其中 11 个领域为本次新增领域，分别是计算机及其相关服务、市场调研、管理咨询相关服务、公用事业、建筑物清洁、摄影、印刷和出版、笔译和口译、环境、社会服务及体育。内地在法律、医疗、房地产、人才中介、会展、电信、视听、分销、保险、银行、证券、旅游、文娱、海运、航空运输、公路运输、个体工商户等 17 个领域原有开放承诺的基础上，分别采取了取消股权限制、降低注册资本和资质条件等门槛、放宽经营范围和经营地域限制等进一步开放措施。在金融合作方面，积极支持内地银行赴香港开设分支机构经营业务；为香港银行在内地中西部、东北地区和广东省开设分行设立绿色通道；鼓励香港银行到内地农村设立村镇银行。在专业人员资格互认方面，双方主管部门或行业机构将启动勘察设计注册电气工程师、勘察设计注册公用设备工程师资格互认的交流工作，开展勘察设计注册土木工程师（岩土）和测绘工作的技术交流。此外，双方成立工作专责小组，研究推进建筑领域专业人员资格互认后的注册和执业工作。

这是自 CEPA 签署以来，涉及领域最广、开放幅度最大的一个补充协议。

5）补充协议五。2008 年 7 月 29 日，双方签署《〈内地与香港关于建立更紧密经贸关系的安排〉补充协议五》（包括附件《内地向香港开放服务贸易的具体承诺的补充和修正五》）。该协议于 2009 年 1 月 1 日起正式实施，主要内容有：在服务贸易方面，内地在原有开放承诺中的 17 个领域共采取 29 项具体措施，其中对会计、建筑、医疗、人员提供与安排、印刷、会展、分销、环境、银行、社会服务、旅游、海运、航空运输、公路运输、个体工商户等 15 个领域在原有开放承诺的基础上，采取进一步开放措施，同时增加与采矿、科学技术相关的两个咨询服务领域对香港开放。在专业人员资格互认方面，双方主管部门或行业机构将继续推动两地开展会计专业技术资格考试部分考试科目相互豁免工作，并将在已签署互认协议且条件成熟的领域，继续开展专业人员资格互认工作。

6）补充协议六。2009 年 5 月 9 日，双方签署《〈内地与香港关于建立更紧密经贸关系的安排〉补充协议六》（包括附件《内地向香港开放服务贸易的具体承诺的补充和修正六》）。该协议于 2009 年 10 月 1 日起实施，主要内容有：在服务贸易方面，内地对香港在原有开放承诺中的 20 个领域共采取 29 项具体措施，其中对法律、建筑、医疗、房地产、人员提供与安排、印刷、会展、公用事业、电信、视听、分销、银行、证券、旅游、文娱、海运、航空运输、个体工商户 18 个领域在原有开放承诺的基础上进一步开放，同时增加研究和开发服务、铁路运输服务两个开放领域。在金融合作方面，内地允许符合条件的经中国证监会批准的内地证券公司根据相关要求在香港设立分支机构。同时，积极研究在内地引入港股组合 ETF（交易型开放式指数基金）。在专业人员资格互认方面，进一步发展两地税收领域、建筑领域、房地产领域、印刷领域专业人才的资格互认和技能交流。在税收领域，允许 2009 年 3 月 31 日及之前成为香港会计师公会正式会员的香港居民，在参加内地注册税务师资格考试时，可免试"财务与会计"科目。在建筑领域，双方同意开展内地监理工程师与香港建造工程师的专业人员资格（监理）相互承认工作，以及开展香港建筑师取得内地监理工程师资格的认可工作。此外，双方主管部门或行业机构将开展两地风景园林专业的技术交流工作。在房地产领域，双方同意开展内地房地产经纪人与香港地产代理的专业人员资格相互承认工作，同时将开展内地物业管理师与香港房屋经理学会会员相互承认的技术交流工作。在印刷领域，双方主管部门或行业机构将开展两地印刷技能人员的技术交流工作。

7）补充协议七。2010 年 5 月 27 日，双方签署《〈内地与香港关于建立更紧密经贸关系的安排〉补充协议七》（包括附件《内地向香港开放服务贸易的具体承诺的补充和修正七》）。该协议于 2011 年 1 月 1 日起实施，主要内容有：在服务贸易方面，内地对香港在原有开放承诺中的 14 个领域，采取 27 项具体措施。其中对建筑、医疗、视听、分销、银行、证券、社会服务、旅游、文娱、航空运输、专业技术人员资格考试和个体工商户等 12 个领域在原有开放承诺的基础上扩大开放程度，同时增加技术检验分析与货物检验、专业设计两个领域的开放承诺。在金融合作方面，支持符合条件的内地期货公司在香港设立的子公司在港依法开展业务。

8）补充协议八。2011 年 12 月 13 日，双方签署《〈内地与香港关于建立更紧密经贸关系的安排〉补充协议八》（包括附件《内地向香港开放服务贸易的具体承诺的补充和修正八》）。该协议于 2012 年 4 月 1 日起实施，主要内容有：在服务贸易方面，①放宽香港服务提供者定义中有关"实质性商业经营"的判断标准，除特例外，香港服务提供者可向内地申请使用 CEPA 优惠措施的范围，不受其在香港经营的范围限制。②对原有开放承诺中的法律、建筑、技术检验分析与货物检验、人员提供与安排、分销、保险、银行、证券、医院、旅游、公路运输、专业技术人员资格考试和个体工商户等 13 个领域进一步开放。③把跨学科的研究与实验开发服务、与制造业有关的服务、图书馆、档案馆、博物馆和其他文化服务新领域加入开放范围。在金融合作方面，第一，明确支持内地银行在审慎经营的前提下，利用香港的国际金融平台发展国际业务。第二，支持香港的保险公司设立营业机构或通过参股的方式进入市场，参与和分享内地保险市场的发展。加强双方在保险产品研发、业务经营和运作管理等方面的合作。在旅游合作方面，①联合提升内地与香港旅游服务质量，建立健全内地与香港旅游市场监管协调机制，规范旅游企业诚信经营，维护游客合法权益，共同推动内地赴港旅游市场健康有序发展。②推进内地与香港旅游境外联合推广工作。联合开发内地与香港"一程多站"旅游精品线路，有效利用境外旅游展览会联合开展宣传推广,进一步密切两地境外旅游办事处的合作。③支持内地与香港旅游企业拓宽合作范畴。鼓励和引导内地与香港旅游企业和社会资本互相进入对方市场,重点支持香港服务提供者在内地设立旅行社;加强在旅游科技研发、景区景点开发方面的深度协作;探讨旅游产业化合作的路径。④采取联合开展人才培训、开发内地旅游新业态等相关措施,加大力度支持以香港为母港的邮轮旅游发展。

9)补充协议九。2012年6月29日,双方签署《〈内地与香港关于建立更紧密经贸关系的安排〉补充协议九》(包括附件《内地向香港开放服务贸易的具体承诺的补充和修正九》)。该协议于2013年1月1日起实施,主要内容有:在服务贸易方面,内地对法律、会计、建筑、医疗、个体工商户等21个原有领域将做进一步开放,并在教育服务新领域加入开放措施。协议生效后,内地对香港服务贸易开放的领域达到48个,开放措施达到338项。在金融合作方面,内地将修订完善境外上市的相关规定,支持符合香港上市条件的内地企业赴香港上市,为内地企业特别是中小企业到境外市场直接上市融资创造便利条件。积极研究深化内地与香港商品期货市场合作的路径和方式,推动两地建立优势互补、分工合作、共同发展的期货市场体系。积极研究降低香港金融机构申请合格境外机构投资者资格的有关资质要求,为香港有关长期资金投资内地资本市场提供便利。支持符合条件的香港金融机构在内地设立合资证券公司、基金管理公司、期货公司。在专业人员资格互认方面,双方继续内地房地产估价师、造价工程师与香港产业测量师、工料测量师的资格互认工作。

10)补充协议十。2013年8月29日,双方签署《〈内地与香港关于建立更紧密经贸关系的安排〉补充协议十》(包括附件《内地向香港开放服务贸易的具体承诺的补充和修正十》)。该协议于2014年1月1日起实施,主要内容有:补充协议十是自2003年CEPA签署以来,涵盖最多措施的补充协议,包括65项服务贸易开放措施、2项加强两地金融合作与6项便利贸易投资措施,涉及法律、银行、基金、建筑、房地产、医疗、视听、人员提供与安排、建筑物清洁、摄影等28个领域进一步放宽市场准入的条件,增加复制服务和殡葬设施服务的开放措施。协议生效后,CEPA的服务贸易开放措施总数将增至403项。在金融合作方面,积极研究内地与香港基金产品互认。积极支持符合资格的香港保险业者参与经营内地交通事故责任强制保险业务。对香港保险业者提出的申请,将根据有关规定积极考虑,并提供便利。

(3)《内地与澳门关于建立更紧密经贸关系的安排》

2003年10月17日,中华人民共和国中央政府与中国澳门特别行政区政府在澳门签署了《内地与澳门关于建立更紧密经贸关系的安排》(Mainland and Macau Closer Economic Partnership Arrangement,CEPA)。中国内地与澳门的CEPA是中国国家主体与澳门单独关税区之间签署的自由贸易协议,也是中国内地第二个全面实施的自由贸易协议。

内地与澳门CEPA的主要内容和内地与香港CEPA的主要内容大体相似,除了一些方面因香港与澳门本身的经济、产业等具体情况的差异,内地采取了不同的措施。其不同之处主要体现在以下几个方面。

第一,在开放服务贸易的具体承诺方面,二者的不同主要有:①在法律服务领域,内地与澳门CEPA比内地与香港CEPA多出两项承诺,即对经培训合格的澳门律师,授予内地认可的公证人资格;允许澳门律师中的澳门永久性居民在内地依照内地有关法律、法规、规章规定的方式，办理澳门法律事务和该律师已获准从事律师执业业务的其他国家或地区的法律事务。②在医疗及牙医服务领域，对于发放内地《医师资格证书》的具体规定根据香港和澳门的具体情况而有所不同。③在房地产服务领域，允许澳门服务提供者以独资形式在内地提供房地产中介服务，但是对于香港并无此项承诺。③在证券服务领域，内地允许香港交易及结算所有限公司在北京设立办事处，同时简化香港专业人员在内地申请证券期货从业资格的相关程序。香港专业人员申请获得内地证券期货从业资格只需通过内地法律法规的培训与考试，无须通过专业知识考试。对于澳门，只是规定澳门证券期货专业人员中的澳门永久性居民可在内地依据相关程序申请从业资格。

第二，在第 23 条 "金融合作" 方面，内地与澳门 CEPA 只有 4 条规定，而内地与香港 CEPA 有 5 条规定。内地与澳门 CEPA 规定如下：①支持内地金融机构到澳门开展业务。②支持内地银行在澳门以收购方式发展网络和业务活动。③鼓励、协助和支持澳门与内地银行、证券和保险机构之间的业务交流。④加强金融监管部门之间的合作和信息共享。其中，第（2）条及第（4）条和内地与香港 CEPA 相同。

第三，在第 14 条 "旅游合作" 方面，内地与澳门 CEPA 规定：为进一步促进澳门旅游业的发展，内地允许内地的居民个人赴澳门旅游，逐步从北京市、上海市和广东省扩大到各个省市区。其他旅游合作的内容同内地与香港 CEPA 相同。

此外，2004～2013 年，中国内地与澳门已经签署了 10 个补充协议。

1）补充协议。2004 年 10 月 29 日，双方签署《〈内地与澳门关于建立更紧密经贸关系的安排〉补充协议》（包括附件 3《内地向澳门开放服务贸易的具体承诺的补充和修正》）。该协议于 2005 年 1 月 1 日起正式实施，主要内容有：在服务贸易方面，内地同意法律、会计、医疗、视听、建筑、分销、银行、证券、运输、货运代理和个体工商户等 11 个领域在 CEPA 原有承诺的基础上，对澳门进一步放宽市场准入的条件。同时，内地在专利代理、商标代理、机场服务、文化娱乐、信息技术、职业介绍、人才中介机构和专业资格考试等 8 个领域对澳门扩大开放。在 "服务提供者" 定义方面，增加以下内容：提供航空运输地面服务的澳门服务提供者应已获得澳门从事航空运输地面服务业务的专门牌照，从事实质性商业经营 5 年以上（含 5 年），提供机场管理服务的澳门服务提供者如果是航空公司的关联企业，还应适用内地有关法规、规章。

2）补充协议二。2005 年 10 月 21 日，双方签署《〈内地与澳门关于建立更紧密经贸关系的安排〉补充协议二》（包括附件 2《内地向澳门开放服务贸易的具体承诺的补充和修正二》）。该协议于 2006 年 1 月 1 日起实施，主要内容有：在服务贸易方面，内地在原有开放承诺的基础上，进一步放宽法律、会计、视听、建筑、分销、银行、旅游、运输和个体工商户 9 个领域的市场准入条件。

3）补充协议三。2006 年 6 月 26 日，双方签署《〈内地与澳门关于建立更紧密经贸关系的安排〉补充协议三》（包括附件《内地向澳门开放服务贸易的具体承诺的补充和修正三》）。该协议于 2007 年 1 月 1 日起实施，主要内容有：在服务贸易方面，内地在法律、建筑、会展、视听、分销、旅游、运输和个体户等领域原有开放承诺的基础上，采取 13 项具体开放措施。其中，4 项属于放宽股权限制，1 项属于降低注册资本、资质条件等门槛，8 项属于放宽地域、经营范围和自然人移动的条件。

4）补充协议四。2007 年 7 月 2 日，双方签署《〈内地与澳门关于建立更紧密经贸关系的安排〉补充协议四》（包括附件《内地向澳门开放服务贸易的具体承诺的补充和修正四》)。该协议于 2008 年 1 月 1 日起实施,主要内容有:在服务贸易方面,内地在 28 个领域采取了 40 项开放措施,其中 11 个领域为本次新增领域,分别是计算机及其相关服务、市场调研、管理咨询相关服务、公用事业、建筑物清洁、摄影、印刷和出版、笔译和口译、环境、社会服务及体育。在法律、医疗、房地产、人才中介、会展、电信、视听、分销、保险、银行、证券、旅游、文娱、海运、航空运输、公路运输、个体工商户等 17 个领域,在原有开放承诺的基础上采取了进一步开放措施。在"服务提供者"的定义方面,放宽了澳门银行或财务公司从事实质性商业经营年限的要求,新增了对提供第三方国际船舶代理服务的澳门服务提供者从事实质性商业经营年限的要求。在金融合作方面,积极支持内地银行赴澳门开设分支机构经营业务;为澳门银行在内地中西部、东北地区和广东省开设分行设立绿色通道;鼓励澳门银行到内地农村设立村镇银行。

5)补充协议五。2008 年 7 月 30 日,双方签署《〈内地与澳门关于建立更紧密经贸关系的安排〉补充协议五》(包括附件《内地向澳门开放服务贸易的具体承诺的补充和修正五》)。该协议于 2009 年 1 月 1 日起实施,主要内容有:在服务贸易方面,内地在 18 个原有开放领域共采取 27 项具体措施进一步深化开放,其中对会计、建筑、医疗、信息技术、人员提供与安排、印刷、会展、分销、环境、银行、社会服务、旅游、海运、航空运输、公路运输和个体工商户等 16 个领域在原有开放承诺的基础上进一步开放,同时增加与采矿、科学技术相关的两个咨询服务领域。

6)补充协议六。2009 年 5 月 11 日,双方签署《〈内地与澳门关于建立更紧密经贸关系的安排〉补充协议六》(包括附件《内地向澳门开放服务贸易的具体承诺的补充和修正六》)。该协议于 2009 年 10 月 1 日起正式实施,主要内容有:在服务贸易方面,内地对澳门在原有开放领域共采取 28 项具体措施,其中对法律、建筑、医疗、房地产、人员提供与安排、印刷、会展、公用事业、电信、视听、分销、银行、证券、旅游、文娱、海运、航空运输和个体工商户等在原有开放承诺的基础上,进一步采取放宽市场准入条件、取消股权限制、放宽经营范围和经营地域、简化审批程序等措施,同时增加研究和开发服务领域。在专业人员资格互认方面,内地与澳门将启动两地开展中国注册会计师和澳门核数师考试部分考试科目相互豁免的研究工作。内地与澳门主管部门或行业机构将开展两地印刷技能人员的技术交流工作。

7)补充协议七。2010 年 5 月 28 日,双方签署《〈内地与澳门关于建立更紧密经贸关系的安排〉补充协议七》(包括附件《内地向澳门开放服务贸易的具体承诺的补充和修正七》)。该协议于 2011 年 1 月 1 日起实施,主要内容有:在服务贸易方面,内地对澳门在原有开放领域采取 24 项具体措施,其中对建筑、医疗、视听、分销、银行、社会服务、旅游、文娱、航空运输、专业技术人员资格考试和个体工商户等 11 个领域在原有开放承诺的基础上,进一步放宽市场准入的条件,同时增加技术检验分析与货物检验、专业设计两个领域的开放。

8)补充协议八。2011 年 12 月 14 日,双方签署《〈内地与澳门关于建立更紧密经贸关系的安排〉补充协议八》(包括附件《内地向澳门开放服务贸易的具体承诺的补充和修正八》)。该协议于 2012 年 4 月 1 日起实施,主要内容有:在服务贸易方面,①放宽澳门服务提供者定义中有关"实质性商业经营"的判断标准,除特例外,澳门服务提供者可向内地申请使用 CEPA 优惠措施的范围,不受其在澳门经营的范围限制。②新增 3 个开放领域,分别是跨学科的研究与实验开发服务,与制造业有关的服务,图书馆、档案馆、博物馆和其他文化服务。③对法律、技术检验分析与货物检验、人员提供与安排、分销、保险、银行、证券、医院、旅游、公路运输、专业技术人员资格考试和个体工商户等12个领域在原有开放承诺的基础上，进一步放宽市场准入条件、取消股权限制、放宽经营范围和经营地域的限制等。在金融合作方面，支持内地银行在审慎经营的前提下，利用澳门的国际金融平台发展国际业务；支持澳门的保险公司设立营业机构或通过参股的方式进入市场，参与和分享内地保险市场的发展；加强双方在保险产品研发、业务经营和运作管理等方面的合作。在旅游合作方面，①联合提升内地与澳门旅游服务质量，建立健全内地与澳门旅游市场监管协调机制，规范旅游企业诚信经营，维护游客合法权益，共同推动内地赴澳旅游市场健康有序发展。②推进内地与澳门旅游境外联合推广工作。联合开发内地与澳门"一程多站"旅游精品线路，有效利用境外旅游展览会联合开展宣传推广，进一步密切两地境外旅游办事处的合作。③支持内地与澳门旅游企业拓宽合作范畴。鼓励和引导内地与澳门旅游企业和社会资本互相进入对方市场，重点支持澳门服务提供者在内地设立旅行社；加强在旅游科技研发、景区景点开发方面的深度协作；探讨旅游产业化合作的路径。

  9）补充协议九。2012年7月2日，双方签署《〈内地与澳门关于建立更紧密经贸关系的安排〉补充协议九》（包括附件《内地向澳门开放服务贸易的具体承诺的补充和修正九》）。该协议于2013年1月1日起正式实施，主要内容有：在服务贸易方面，新增教育培训和铁路运输两个领域的开放措施，并在法律、会计、建筑、医疗、计算机及其相关服务、技术检验和分析、人员提供与安排、印刷、会展、其他商业服务、电信、视听、分销、环境、银行、证券、社会服务、旅游、文娱、个体工商户等20个领域进一步放宽市场准入的条件。服务贸易总开放领域达48个，累计总开放措施318项。在金融合作方面，积极研究降低澳门金融机构申请合格境外机构投资者资格的有关资质要求，为澳门有关长期资金投资内地资本市场提供便利；支持符合条件的澳门金融机构在内地设立合资证券公司、基金管理公司、期货公司。

  10）补充协议十。2013年8月30日，双方签署《〈内地与澳门关于建立更紧密经贸关系的安排〉补充协议十》（包括附件《内地向澳门开放服务贸易的具体承诺的补充和修正十》）。该协议于2014年1月1日起正式实施，主要内容有：在服务贸易方面，内地对澳门采取65项具体措施，在法律、建筑、计算机及其相关服务、房地产、市场调研、技术检验和分析、人员提供与安排、建筑物清洁、摄影、印刷、会展、笔译和口译、电信、视听、分销、环境、银行、证券、医院服务、社会服务、旅游、文娱、体育、海运、航空运输、公路运输、货代、商标代理等28个领域进一步放宽市场准入的条件，增加复制服务和殡葬设施的开放措施。服务贸易领域累计总开放措施达到383项。在金融合作方面，积极支持符合资格的澳门保险业者参与经营内地交通事故责任强制保险业务；对澳门保险业者提出的申请，将根据有关规定积极考虑，并提供便利。

4. 海峡两岸服务贸易协议

（1）《海峡两岸服务贸易协议》的产生

  2013年6月21日，时任海峡两岸关系协会会长陈德铭与台湾海峡交流基金会董事长林中森在上海举行两会恢复协商以来的第九次会谈。为加强海峡两岸经贸关系，促进服务贸易自由化，双方依据《海峡两岸经济合作框架协议》（Economic Cooperation

Framework Agreement，ECFA）及世界贸易组织《服务贸易总协定》（GATS），经平等协商签署了《海峡两岸服务贸易协议》。

《海峡两岸服务贸易协议》是 ECFA 后续协商的重要阶段性成果，是继两岸签署投资保障和促进海关合作协议之后，最令人瞩目的经济合作协议。协议致力于逐步减少或消除双方之间涵盖众多部门的服务贸易限制性措施，促进双方服务贸易进一步自由化及便利化；继续扩展服务贸易的广度和深度；增进双方在服务贸易领域的合作。在早期收获的基础上，协议更大范围地降低了市场准入门槛，明确了两岸服务市场开放清单，为两岸服务业合作提供更多优惠和便利的市场开放措施。

（2）《海峡两岸服务贸易协议》的主要内容

《海峡两岸服务贸易协议》文本长达 48 页，正文分为 4 章、24 条，有两个附件，分别为《服务贸易具体承诺表》和《关于服务提供者的具体规定》。协议一式四份，签署双方各执两份。

在《海峡两岸服务贸易协议》的具体承诺表中，双方互相承诺的开放领域包括商业服务、通信服务、建筑和相关工程服务、分销服务、环境服务、与健康相关的服务和社会服务、旅游服务、娱乐文化和体育服务、运输服务、金融服务以及其他服务等部门，涵盖 WTO《服务贸易总协定》12 个服务部门中的 11 个。大陆对台湾开放共 80 条，台湾对大陆开放共 64 条，涵盖的行业类别之多、开放力度之大，在类似协议中可谓前所未有。双方承诺开放的主要内容如表 4-1 所示。

表 4-1 《海峡两岸服务贸易协议》的主要内容

	大陆对台湾开放	台湾对大陆开放
商业服务	会计、审计、簿记、建筑设计、计算机软件、物业、合资市场调研、印刷业、会展、翻译	计算机、租车、平面广告、印刷业、展览业
通信	电信、网购业（在福建设点，持股不超过 55%）、视听	快递、一般网络业、视听服务业
建筑	台资可在大陆投标工程	营造、装修业（持股不超过 12%）
分销	在大陆设点逾 30 家的台湾零售业（出资比例不超过 65%）	批发（农产除外）、零售业（药房除外）
环境	环保业	污水、废弃物处理业
健康与社会	台资可独资在大陆设立医院，在福建和广东独资开办养老机构、残疾人福利机构	小型安养中心（持股比例不超过 50%）
旅游	旅行社	餐厅、观光旅馆可在台湾设点、可在台湾最多设立 3 家旅行社
娱乐文体	音乐厅、剧场、运动场馆（高尔夫球除外）	剧场音乐厅（持股不超过 50%）、游乐园、运动场馆（高尔夫球除外）
运输	台资可在福建独资经营港口装卸、入股大陆长途公路客运 49%	货运、缆车，可在台湾设立客运转运站、海运辅助性服务（持股不超过 50%）、仓储
其他	商标代理、殡葬业（火葬场除外）	洗衣、美发、网络游戏（限研发制作）、殡仪馆及火葬场
金融	在上海、福建、深圳各设立一家全牌照合资券商，台资可占 51%	银联可赴台湾设点

资料来源：翁之光，潘林峰.《海峡两岸服务贸易协议》对两岸服务贸易合作的影响［J］.现代台湾研究，2013（3）：31-36.

台湾方面非金融服务部门的具体开放承诺包括 55 项，其中印刷及其辅助服务业跨境交付不做承诺，限制投资台湾现有事业，陆资在台湾设立合资企业总股权比例不超过50%，不具有控制力；展览服务业跨境交付除ECFA早期收获承诺外不予承诺，允许大陆在台湾设立商业存在，与台湾会展产业企业或公会、商会、协会等团体合办展览；电信服务业特殊业务大陆服务提供者须为上市电信企业，合资总持股比例不超过50%，不具有控制力；视听服务业中大陆影片经台湾主管机关审查通过后，每年以15部为限在台湾商业发行放映；建筑服务业允许大陆在台湾以合资形式设立商业存在，总持股比例不超过12%，不具有控制力；医院服务业只允许大陆在台湾以合资形式设立非营利性医疗财团法人医院，非台人员担任董事会董事不得超过全体董事的1/3，全体董事的1/3以上必须具有台湾医事人员资格；社会服务业允许大陆在台湾以合伙形式设立小型老人及身心障碍福利机构，出资比例不超过50%，不具有控制力；对于旅行社及旅游服务业，大陆在台湾设立的商业存在总计以3家为限，经营范围限于台湾人在台湾的旅游活动；娱乐服务业允许大陆在台湾以合资、合伙形式设立剧场、音乐厅演出场所，总持股比例不超过50%，不具有控制力；海运服务业允许大陆在台湾以合资形式设立商业存在，总持股比例须低于50%；在空运业务中，对于航空货物集散站经营业，大陆在台湾以合资形式设立商业存在的，总持股比例不超过10%；对于公路运输及隧道管理业，大陆在台湾以合资形式设立商业存在，总持股比例须低于50%，不具有控制力；对于仓储服务业，大陆在台湾以合资形式设立商业存在，总持股比例须低于50%，不具控制力；对于货运承揽服务业，大陆在台湾以合资形式设立商业存在，投资航空、海运货运承揽业总持股比例须低于50%，不具控制力。除以上条款之外承诺开放的部门中，除技术上不可行的服务提供模式之外，其他均不设限制，允许大陆服务提供者以独资或合资的形式在台湾提供服务。

  大陆对台湾非金融服务部门开放承诺包括65项，其中房地产服务业台资在大陆设立的独资物业服务企业，在大陆承接的面积不得低于50%；对印刷及辅助服务业跨境交付及境外消费不做承诺，合资、合作企业陆方投资者应当控股或占主导地位；会展服务业允许台方以跨境交付方式，在上海、福建、广东试点举办展览，委托江、浙、闽、鲁、粤、渝、川等省市商务主管部门审批在当地举办的涉台经济技术展览会，但须符合相关规定；因特网接入及呼叫中心服务业允许台资在大陆设立合资企业，台资比例不得超过50%，新增福州作为试点城市，允许台资设立独资或合资企业经营离岸呼叫中心业务，股权比例不设限制；在线数据处理与交易处理服务业允许台资在福建设立合资企业，台资比例不得超过55%；对电影服务业除在台湾进行后期制作外不做承诺；在分销业务中，对批发服务业不做承诺，对零售服务业除邮购外不做承诺，对于同一台湾服务提供者在大陆累计开设店铺超过30家，如经营商品包括农药、农膜、化肥、粮食、植物油、食糖、棉花等，且上述商品属于不同品牌、来自不同供应商的，台资比例不得超过65%；对环境咨询业务跨境交付除环境咨询服务外不做承诺；医院服务业允许台资不受股权限制，在大陆设置独资医院、疗养院的，其设置地点限于省会城市和直辖市，由大陆卫生主管部门审批；社会服务业允许台资在福建、广东以独资民办非企业单位形式举办养老机构，允许台资在福建、广东以独资民办非企业单位形式举办残疾人福利机构；对文娱服务业跨境交付和境外消费不做承诺，允许台资设立合资、合作音乐厅、剧场等演出场所经营单位；海运服务业允许台资在福建设立独资企业，经营港口装卸、堆场业务；公路客运服务业允许台资在大陆设立合资股权比例不超过49%的道路客、货运站（场）；对商标代理服务业跨境交付不做承诺。除以上条款之外承诺开放的部门中，除技术上不可行的服务提供模式之外，其他均不设限制或比照陆资企业或从业人员执行。

在金融服务部门的开放承诺中，台湾对非证券期货类银行及其他金融服务业持股比例限制较为严格，单一大陆银行申请投资台湾上市（柜）银行、金控公司持股比例上限为10%（加计大陆合格境内机构投资者为15%），投资未上市（柜）银行、金控公司的持股比例上限为15%，参股投资金控公司子银行的持股比例上限为20%。在证券期货及其相关服务业中，大陆证券期货机构按照台湾有关规定申请在台湾设立代表人办事处的须具备境外证券、期货业务经验2年以上，大陆合格境内机构投资者投资台湾证券限额，初期考虑由5亿美元提高至10亿美元。大陆对台湾金融服务部门的开放承诺更多，允许大陆银行代客投资台湾金融产品，允许台资银行发起设立村镇银行，台湾的银行可在福建省设立分行，支持两岸银行业进行相关股权投资合作，允许台资金融机构以人民币合格境外机构投资者方式投资大陆资本市场，允许台资金融机构在大陆设立合资基金管理公司，允许台资金融机构按照大陆有关规定在上海市、福建省、深圳市各设立1家两岸合资的全牌照证券公司，台资合并持股比例最高可达51%，允许台资在大陆设立子证券公司和期货公司，台资合并持股比例最高可达49%等。

经过对该协议条款分析可以发现，在具体承诺表中大部分行业限制极少，但在非金融服务部门中，对印刷、影视传媒、互联网接入、医疗、社会服务、运输等关系国计民生的行业，两岸均存在不同程度的限制措施或不予承诺，谨慎开放。在金融服务部门开放承诺中，台湾方面在股权比例、资金额度上限定严格，而大陆则通过有限开放经营地域范围的方式加以规范。对于这些涉及国家、地区核心利益的行业，在市场准入的承诺上持谨慎态度符合国际自由贸易协议的原则。

仔细对比《海峡两岸服务贸易协议》两岸承诺开放的部门与承诺内容可以发现，双方在服务贸易承诺开放的部门上重合度较高，秉持互惠互利原则，在同一服务行业互相开放本方市场。另外，对于本方竞争力较弱、发展较慢的服务业给予一定的保护措施也并不违背国际惯例。此外，大陆单方面开放如会计、审计、簿记、房地产物业、建筑设计、商标代理等服务性行业，而台湾则开放租赁、快递、美容美发、游戏制作与研发等服务性行业；在金融服务部门的开放承诺中，大陆给予了台湾非常大的开放承诺，高于台湾对大陆的承诺水平。

此外，与服务贸易早期收获清单相比，《海峡两岸服务贸易协议》中的服务提供模式在原来的跨境交付、境外消费和商业存在的基础之上增加了自然人移动这一条款。该条款已成为台湾民众关注的焦点，有人担心这一条款等于开放了大陆居民移居台湾的通道，将给台湾社会带来众多压力。实际上，在协议中台湾对自然人移动的承诺有三条：一是商业访客进入台湾停留时间不得超过三个月；二是跨国企业内部调动人员（以负责人、高级经理人员或专家身份为主）进入台湾初次停留时间为三年，可申请展期，每次不得逾三年，展延次数无限制；三是大陆企业已经与在台企业签订验货、售后服务、技术指导及其他相关服务契约的，其人员进入台湾及停留不得超过三个月或契约时间，以较短者为准。由此可见，台湾并未开放大陆普通劳工赴台湾工作，符合入台条件并能够在台湾境内长期居留的大陆自然人并不多，且均以高级管理者为主，不仅不会对台湾服务业就业市场造成冲击，还将引进更多具有专业知识的人才赴台湾工作。另外，台湾经济近些年发展缓慢，在与其他东亚经济体的竞争中处于下风，经济形势与大陆相比也无太多优势，其对于人力资源的吸引力有限，再加上两岸处于事实上的双边管理状态，并不会发生大量大陆民众移居台湾的现象。

（3）《海峡两岸服务贸易协议》的意义

目前，在世界经济复苏动力不足，两岸经济增速减缓，经济结构加速调整的大背景下，协议的成功签署对促进两岸关系的和平发展、深化两岸经济融合及经济一体化具有至关重要的意义及影响。协议是一份致力于永续发展的两岸双赢互利的新协商模式，具有开放水平高、两岸特色突出、合作机制持续等突出特点。作为两岸经济合作框架协议的重要组成部分，协议极大地丰富与完善了两岸经济合作机制的内容。

对台湾而言，大陆经济调整及服务业发展的目标对台湾服务业有较大的市场需求，大陆的高水平、宽领域、大力度的服务市场开放将是其经济发展的前所未有的机遇。台湾服务业发展起步较早，服务体系较完善，管理机制较健全，管理经验成熟，经营模式先进，创新与拓展能力较强，协议的签署可以给其提供进入大陆发展创新业绩的良好契机。可以预见，大陆对台湾的市场开放，将会扩大台湾的投资机会，将会使其成熟的服务业具有更大的发展空间，为其服务业带来更多可利用资源，为海岛型经济的台湾提供与亚太区域经济进一步衔接的有力基础，同时大陆正处积极推进新型工业化实现建设小康社会的战略机遇期，大陆经济发展方式的快速转变，将为台湾服务业发展提供巨大的增长空间，并与制造业发达但服务业存在巨大逆差的大陆经济高度互补。台湾对大陆企业的市场开放，将会促进更多的资金与技术流向台湾，进而带动台湾的投资、就业和经济的发展。

《海峡两岸服务贸易协议》的签订不仅为两岸经济合作搭建一个制度化的平台，更为两岸经济合作创造新契机，拓展了新空间，从而为应对和参与亚太区域经济合作奠定坚实的基础。

【案例4-6】 RCEP框架下的服务贸易自由化

《区域全面经济伙伴关系协定》（Regional Comprehensive Economic Partnership，RCEP）于2013年5月启动首轮谈判，这一涵盖16个成员的自由贸易协定是深化区域经济一体化、实现亚太自由贸易区的重要途径。

由于各成员在服务业发展水平、市场准入程度、相关法律法规及管理制度等方面差异显著，RCEP服务贸易谈判面临一系列复杂因素，达成平衡的、适度水平的服务协定需要克服诸多障碍。

服务贸易自由化是自由贸易协定中的重要内容。鉴于服务发展水平、市场开放程度、服务与投资管理体制等方面的因素，RCEP成员在各自缔结的自由贸易协定（FTA）中，对服务贸易自由化采取了不同的承诺方式，涵盖的部门范围、自由化承诺的深度等也存在较大差异。

1. 澳大利亚

澳大利亚已实施的FTA包括东盟-澳大利亚-新西兰FTA，以及分别与智利、中国、新西兰、日本、马来西亚、新加坡、泰国、美国、韩国等签署的双边FTA，均涵盖服务贸易自由化的内容，并且多数采取了负面清单的承诺方式，只有东盟-澳大利亚-新西兰FTA、澳大利亚-马来西亚FTA、澳大利亚-泰国FTA 3个协定采用正面清单列明了开放的部门和措施。

在负面清单模式下，针对服务贸易和投资，澳大利亚列出了现行不符措施和保留措施，即不受协定特定条款规定的部分或全部义务约束的现行措施，以及可以维持现行措施或采纳新的或限制性更高的措施。以澳大利亚－中国FTA为例，现行不符措施共35项。其中，涉及全部服务部门的横向措施6项；有关分部门的措施共29项，包括商业服务14项，分销服务4项，健康服务、旅游及相关服务、娱乐文化与体育服务各1项，运输服务4项，金融服务4项。这些不符措施主要针对外国服务提供者的身份、办公地址和合资公司的股权要求进行了说明。保留措施21项，其中横向措施9项、通信娱乐文化服务2项、分销服务1项、教育服务2项、运输服务3项、金融服务4项。这些保留措施既包括要求外国服务提供者进行服务贸易需要符合澳大利亚一些现行法律和政策的要求，也包括未来可能会采取的未列明措施。此外，在澳大利亚与美国、日本、韩国、新加坡、智利缔结的5个FTA中，均对电信服务和金融服务做出了单独规定。

在东盟－澳大利亚－新西兰FTA、澳大利亚－马来西亚FTA、澳大利亚－泰国FTA 3个采取正面清单的FTA中，澳大利亚都有一定的新增自由化部门及承诺深化部门。其中，新增承诺服务部门主要集中在商业服务、环境服务、运输服务三大类。针对模式1、模式2和模式3，澳方在市场准入和国民待遇方面均没有限制。承诺深化的部门主要集中在商业服务、环境服务、金融服务和运输服务四大类。其中，3个FTA中均包括的部门为污水处置、垃圾处理、卫生及类似服务、保险及相关服务、银行及其他金融服务、海运（国际客货运）等分部门。承诺深化主要体现为对模式1从"不做承诺"变为"没有限制"（不包括金融服务），以及在金融服务中取消了某些对模式1和模式3的限制措施。

2. 新西兰

在新西兰已实施的FTA中，均包含了服务部门的开放和承诺。其中，《泛太平洋经济战略伙伴关系协定》(P4)、新西兰－澳大利亚FTA、新西兰－中国香港FTA、新西兰－中国台湾FTA、新西兰－韩国FTA采取了负面清单方式；新西兰－澳大利亚－东盟FTA及其与中国大陆、新加坡、马来西亚、泰国缔结的协定则采用了正面清单方式。

新西兰以负面清单模式列出了现行不符措施和保留措施，但与其他发达国家不同的是，新西兰并未对金融、电信等重要部门列出单独章节。以新西兰－韩国FTA为例，现行不符措施共8项，其中横向措施1项、分部门措施7项，涉及商业服务、电信服务、航空运输服务部门，主要针对外国服务提供者的股权份额、经营资格、业务范围进行了规范。保留措施33项，其中横向措施15项、商业服务8项、通信服务3项、分销服务1项、教育服务1项、运输及分部门1项、卫生及社会服务2项、文化娱乐及运动服务2项。在新西兰－韩国FTA中，列明的保留措施远多于现行不符措施的数量。

新西兰与东亚国家缔结的FTA均采取了正面清单方式。新增自由化部门主要涉及商业服务、教育服务、环境服务、健康及社会服务、文化、娱乐及体育服务、运输服务和其他服务等七大类。其中，商业服务和环境服务在新增的分部门中所占比例较高。对于这些部门，针对模式1、模式2和模式3，新西兰承诺在市场准入和国民待遇方面均没有限制。新西兰在FTA中的承诺深化部门较少，集中在商业服务、建筑服务、金融服务领域，承诺深化主要体现为对模式1从"不做承诺"变为"没有限制"，开放水平提高程度有限。

3. 日本

日本在实施的15个双边FTA中，有14个包括服务贸易自由化。其中，与澳大利亚、瑞士、智利、墨西哥、秘鲁的FTA采取了负面清单方式;与9个亚洲国家的协定均采取了正面清单方式。

在5个采取负面清单的FTA中,日本分别列出了对FTA规定义务的现行不符措施和保留措施。以日本-澳大利亚FTA为例,分部门不符措施共56项,包括运输服务14项,建筑服务1项,分销服务3项,教育服务2项,金融服务2项,医疗、卫生及社会服务1项,供水供热服务2项,信息服务2项,商业服务29项。这些不符措施主要针对外国服务提供者的从业资格、在日本设立办公地点、服务提供者的数量限制等要求进行了说明。相比之下,日本的保留措施较少,涉及所有部门的横向措施4项,商业服务7项,金融服务2项,教育服务1项,信息和通信服务1项。此外,在日本与新加坡、澳大利亚的协定中,对金融和电信服务设立了专门章节;在与智利、墨西哥的协定中,对金融服务做出了单独规定;在与秘鲁的协定中,对电信服务单独设立了章节。

在9个采取正面清单的FTA中,日本新增的承诺部门涉及商业服务、通信服务、分销服务、教育服务、健康和社会服务、旅游服务、运输服务以及文化、娱乐和体育服务8个部门。其中,商业服务和运输服务在新增部门中占有较高比例。针对这些领域的各个分部门,日本在市场准入方面大多承诺对模式1、模式2和模式3没有限制;也有个别分部门,如医疗和牙医服务、护士和理疗师提供的服务、从属农业、狩猎业和林业的服务等,对模式2没有限制,但在模式1下不做承诺。国民待遇方面的承诺基本上与市场准入的情况一致。与新增加的服务部门数量相比,日本开放程度提高的服务部门数量并不是很多,主要分散在商业服务、金融服务、教育服务、环境服务、娱乐文化和体育服务、运输服务等各个部门。在市场准入方面,日本在模式1、模式2和模式3下的承诺深化主要分为两类:一类是对某些服务部门的承诺从"不做承诺"到"没有限制",例如会议服务、电影摄制服务、娱乐服务、图书馆和档案馆服务等;另一类则是取消了某些限制性规定,比如对投资信托管理服务,在模式3下取消了外资企业必须在日本设立法人的规定。在国民待遇方面,承诺的深化主要体现在对模式1从"不做承诺"转变为"没有限制"。

4. 韩国

韩国是亚洲签署自由贸易协定最多的国家之一,已实施的FTA达到15个。除韩国-土耳其FTA外,其他14个协定都包括服务贸易领域。其中,韩国在与加拿大、澳大利亚、哥伦比亚、智利、新西兰、新加坡、美国、秘鲁等签订的FTA中采取了负面清单方式;在与东盟、欧盟、中国、欧洲自由联盟、印度、越南等签订的6个FTA中以正面清单模式列明了开放承诺。

在负面清单模式下,韩国列出了现行不符措施和保留措施,并且大多对金融和电信服务设立了专门章节。以韩国-美国FTA为例,附件Ⅰ中列出的韩国现行不符措施共48项,其中横向措施1项,商业服务21项,运输服务8项,建筑服务2项,分销服务5项,通信服务3项,教育服务3项,环境服务1项,文化、娱乐和体育服务4项。这些不符措施主要针对外国服务提供商从业资格、在韩国设立办公室、服务提供商的数量限制等要求进行了说明。附件Ⅱ列出的保留措施共45项,其中横向措施5项,商业服务16项,卫生和社会服务5项,电信服务7项,运输服务6项,环境服务1项,分销服务2项,文化、娱乐和体育服务2项,教育服务1项。附件Ⅲ则专门针对金融服务列明了不符措施。在8个采取正面清单的FTA

中，韩国新增的承诺部门集中在商业服务和运输服务。在市场准入方面，韩国对一些新增分部门的减让承诺基本一致。如在各FTA中都增加的自然科学研究和实验发展服务，对模式1和模式2均为"没有限制"，对模式3为"不做承诺"；对于个人和家用物品的租赁服务、出版服务等，在模式1、模式2和模式3下均承诺"没有限制"；在管道运输服务方面，对模式1和模式2"不做承诺"，对模式3则"没有限制"。在国民待遇方面，多数新增服务部门的承诺与市场准入承诺一致。韩国在FTA中承诺深化的部门集中在商业服务、环境服务和运输服务等部门，开放水平的提高主要体现在对模式1和模式2承诺"没有限制"，并且取消了一些分部门建立商业存在的限制性措施。

5. 中国

服务贸易自由化是中国商签FTA的重要内容。其中，中国内地与中国香港、澳门CEPA先后签署了10项补充协定，并于2015年首次采取内地全境以准入前国民待遇加负面清单方式对港澳地区开放服务贸易领域。其余15个FTA，即中国与东盟、巴基斯坦、智利、韩国、澳大利亚、新西兰、新加坡、瑞士、冰岛、秘鲁、哥斯达黎加、格鲁吉亚、马尔代夫签署的自由贸易协定，以及中国与东盟、智利签署的两个升级协定，均采取了正面清单的承诺方式。

与GATS承诺相比，中国新增的承诺主要集中在商业服务，与健康相关的服务和社会服务，娱乐、文化和体育服务以及运输服务等四大类。其中，商业服务中涉及的分部门最多，包括自然科学研究与开发服务、市场调研服务、与管理咨询相关的服务、与采矿业有关的服务、人员安置与提供服务、建筑物清洁服务、印刷服务；在与健康相关的服务和社会服务中，主要涉及医疗、养老服务两个分部门；在娱乐、文化和体育服务中，新增承诺集中于体育和其他娱乐服务中的CPC96411、CPC96412、CPC96413、CPC96419等分部门；运输服务则主要集中于公路运输以及航空运输中的空运服务的销售与营销、机场运营服务、机场地面服务和通用航空服务。各个FTA对一些新增分部门做出的减让承诺基本一致，比如市场调研服务，在市场准入方面，对于模式1、模式2不做承诺；对于模式3仅限于合资企业形式，允许外资拥有多数股权，需要进行经济需求测试。而有些新增分部门的承诺则有所区别，比如体育和其他娱乐服务，在市场准入方面，对于模式3，在中国与东盟、巴基斯坦、智利、哥斯达黎加、秘鲁、新加坡、澳大利亚和韩国的FTA中，均承诺没有限制；在与新西兰和冰岛的协定中，对于模式3的承诺则是将允许设立外资独资企业，但需进行经济需求测试。

中国承诺深化的部门集中在商业服务、分销服务、环境服务、旅游和与旅游相关的服务、金融服务、运输服务六大部门。其中，各个FTA均包括的承诺深化分部门和子部门为：商业服务中的软件实施服务、数据处理服务、房地产服务、笔译和口译服务；分销服务中的佣金代理服务、批发服务、零售服务；环境服务中的排污服务、固体废物处理服务、废气清理服务、降低噪声服务、卫生服务等。在市场准入方面，这些部门承诺的深化主要体现在对模式3限制的取消，即允许设立外商独资企业。在国民待遇方面，承诺深化的措施相对较少，只在个别协定中取消或放宽了对模式1、模式3的限制。此外，在与新西兰、新加坡的FTA中，中国对自然人入境的承诺也有所变化。

6. 印度

在印度已实施的15个FTA中，只有

与东盟、日本、马来西亚、新加坡、韩国的FTA包含服务贸易，并且都采取了正面清单的承诺方式。

与GATS承诺相比，新增部门主要涉及商业服务，电信服务，建筑工程服务，分销服务，教育服务，环境服务，金融服务，文化、娱乐和体育服务，运输服务九大类。其中，商业服务、电信服务、建筑工程服务、分销服务和运输服务的各个分部门所占比例较高，集中体现在印度与日本、韩国、新加坡、马来西亚的协定中。相比之下，印度在与东盟整体签订的FTA中，新增部门数量较少，尤其是与菲律宾的FTA，新增分部门仅涉及电信服务。

就具体承诺水平来看，在市场准入方面，印度在与日本、韩国的FTA中，新增部门的减让承诺基本一致，对模式1、模式2和模式3均为"没有限制"。而在与新加坡、马来西亚的FTA中，对新增部门的模式3仍存在审批及股权比例方面的限制。在国民待遇方面，新增部门的承诺与市场准入相似。比较而言，印度在与马来西亚的FTA中，对少数部门的模式3保留了限制措施；对其他FTA中的3种服务提供模式，均承诺"没有限制"。

在各个FTA中，印度承诺深化的部门大都相同，集中在商业服务、电信服务、金融服务和旅游服务四个部门。在市场准入方面，自由化水平的提高主要体现为对模式1和模式2从"不做承诺"改为"没有限制"；在一些分部门中，则取消了对外资股权比例的限制。在国民待遇方面，承诺的变化主要是对跨境交付和境外消费没有限制。

7. 新加坡

新加坡实施的22个FTA都涵盖服务贸易，且多数采取了负面清单方式，只有与日本、中国、新西兰、印度、约旦、斯里兰卡签订的FTA以正面清单列明了开放承诺。

如在新加坡-韩国FTA中，新加坡在负面清单中列出了33项不符措施，其中横向措施5项、商业服务12项、健康和社会服务4项、教育服务1项、电信服务2项、分销服务3项、运输服务6项。这些措施大都规定了对服务提供者或从业人员的资格要求。在保留措施中，涉及所有部门的有4项，电信服务4项，商业服务5项，健康和社会服务4项，文化、娱乐和体育服务1项，教育服务1项，环境服务1项，分销服务2项，运输服务5项，其他服务3项。对于这些部门的服务提供，新加坡保留维持和采取进一步措施的权利。新加坡在GATS中承诺开放的服务部门较少，因此在后来采取正面清单签订的FTA中，新增服务部门较多，涉及商业服务，电信服务，分销服务，教育服务，环境服务，健康及社会服务，文化、娱乐及体育服务，运输服务，其他服务九大部门。在各个FTA中，对这些新增部门所做的承诺主要体现在国民待遇方面，对模式1、模式2和模式3没有限制。

与GATS承诺相比，除新加坡-约旦FTA中进一步开放的部门较少外，其余4个FTA中服务承诺深化的部门基本相同。从市场准入的角度来看，进一步开放的部门涉及商业服务、金融服务和旅游服务，主要体现为对模式1、模式3"没有限制"。从国民待遇的角度来看，高于GTAS承诺的部门只有旅行社和旅游企业、导游服务两个分部门，对模式1、模式3从"不做承诺"改变为"没有限制"。

8. 泰国

除了作为东盟成员参与的贸易协定之外，泰国还分别与日本、澳大利亚、新西兰、老挝、智利缔结了FTA，但是在泰国-老挝FTA中，没有涉及服务贸易。

泰国以正面清单模式列明了开放承

诺。与GATS承诺相比，新增部门涉及商业服务，电信服务，建筑工程服务，分销服务，环境服务，教育服务，旅游服务，文化、娱乐和体育服务，运输服务九大类，其中以商业服务所占比例最高。在市场准入和国民待遇方面，这些部门的承诺主要体现为对模式3"没有限制"，或者限定了外资股份的比例。

泰国进一步开放的部门承诺集中体现在国民待遇方面，即在商业存在模式下放宽了对外资比例的限制。在多边协定中，泰国规定多数服务部门外资比例不得超过49%。但是在FTA中，如泰国-日本FTA，对计算机硬件安装咨询服务、软件实施服务、数据处理服务、数据库服务等部门外资比例限制提高到了50%。其他服务部门，如法律服务、会计、审计和簿记服务等，完全取消了外资比例的限制。

9. 越南

作为东盟成员，越南已签署实施了东盟-澳大利亚-新西兰FTA、东盟-中国FTA、东盟-印度FTA、东盟-日本FTA以及东盟-韩国FTA。此外，越南还单独与智利、日本、韩国、欧亚经济联盟缔结了双边协定。尽管部分FTA涉及服务贸易，但总体水平较低。

在FTA中，越南采取了正面清单方式。与GATS承诺相比，越南在各FTA中并没有新增服务部门；在市场准入和国民待遇方面，也都没有承诺水平的进一步提高。不仅是越南，东盟的其他三个新成员——老挝、缅甸、柬埔寨也都体现出相似的特点。在货物贸易领域，对关税减让设置了较长的过渡期，而在服务贸易自由化方面，整体水平处于RCEP成员中的低端，对开放的积极性不高。

总之，基于经济发展水平和服务业竞争力的显著差异，RCEP成员服务市场开放各具特点。具有较强服务竞争优势的国家，如澳大利亚、日本、新西兰、新加坡、韩国等，在已有FTA中大多采取了负面清单方式，按照相关指标衡量的最优FTA承诺深度也达到了较高水平。

因此，它们将谋求对跨境服务和服务投资分别设立规则，以更加透明、可预见的方式提高贸易政策的透明度和可信度，减少服务贸易壁垒。但多数发展中国家，如印度、东盟成员，更倾向于采取正面清单的方式，以确保它们能够做出基于发展现状的承诺，将开放部门和开放水平控制在合适的程度。特别是发展程度较低的国家，以GTAS承诺为基础，不会有更大突破。未来的RCEP服务贸易谈判，应当立足于各成员的发展现状，致力于达成平衡的、适度水平的服务贸易协定。就RCEP的推进过程来看，实现这一目标，颇具复杂性和难度。如果能够做到迅速地将政治承诺转化为实际行动，必要时扩大授权，对于达成协定将发挥重要的促进作用。

资料来源：孟夏，李俊. RCEP框架下的服务贸易自由化[J]. 南开学报：哲学社会科学版，2019（1）：156-166. ∎

4.5 《国际服务贸易协定》

4.5.1 《国际服务贸易协定》(TISA) 的产生

目前，服务贸易的重要性日益凸显。第一，全球价值链中制造端价值开始下滑，服务和数字产品在价值链中的地位逐渐上升，全球价值链的组织和协调也将广泛依赖于服务贸易。第二，服务贸易逐渐成为世界各国改善国际收支状况和提高分工地位的重要手段。第三，随着发达国家的经济重心不断向服务业倾斜，服务贸易对其经济和贸易的发展越来越重要。

此外，由于技术进步、全球数据流动、新的商业实践和互联网广泛使用等原因，国际商业环境已经发生巨大变化，GATS 规则已经越来越难以满足各国（地区）扩展服务业对外贸易和投资的需求。如目前出现的社交网站和云计算等服务，在现有的服务贸易分类中很难归类，导致 WTO 成员难以判别其 GATS 承诺表中的开放承诺是否包括上述服务。

于是，2001 年 11 月，WTO 在多哈举行的 WTO 第四次部长级会议中开始了新一轮多边贸易谈判——多哈回合谈判。然而该谈判并非一帆风顺，由于 WTO 成员的不断增加和谈判议题的不断扩大等原因，发达国家成员和发展中国家成员利益关注点迥异，导致各方久久无法就谈判内容和框架达成一致而被迫宣布休会，直至 2005 年年底仍未能达成协议，最终于 2006 年 7 月 22 日在世界贸易组织总理事会的批准下正式中止。究其根本，是因为在服务贸易谈判的前置条件——农业和非农（NAMA）的问题上，由于各国经济结构的差异造成各方见解难以趋同，发达经济体希望其他成员方大力开放服务市场，而发展中国家却对发达国家对农业的大量补贴不满。

2011 年 12 月，在服务贸易方面存在共识的一些 WTO 成员组成"服务业真正之友"（Really Good Friends of Services，RGF），开始非正式地在 WTO 外秘密地进行关于服务贸易诸边协议谈判的讨论。最初的 RGF 由 16 个参加方组成，包括澳大利亚、加拿大、智利、哥伦比亚、欧盟、中国香港、日本、墨西哥、新西兰、挪威、巴基斯坦、新加坡、韩国、瑞士、中国台湾和美国。由于相关的会议是在各参与成员驻日内瓦的外交机构内"秘密"进行的，非谈判方不能列席旁听，因此受到了印度、中国和巴西等发展中国家的强烈指责。

随后，由美国和澳大利亚驻 WTO 大使共同主持的 RGF 开始将谈判的会议逐步正式化。2012 年年初，诸边谈判暂被命名为《国际服务协定》（International Services Agreement，ISA），但是并未正式适用。如今，《国际服务协定》已经改名为《国际服务贸易协定》（Trade in Services Agreement，TISA）。2013 年 1 月 15 日，时任美国贸易代表罗恩代表奥巴马正式通知，将在 90 天内与 RGF 启动 TISA 谈判。经过 12 个月的探索性讨论，RGF 决定先以自由贸易协定的方式，将服务贸易多边谈判进行下去，TISA 就这样诞生了。TISA 谈判的推动者是美国和澳大利亚，主导方是美国和欧盟。TISA 的谈判凝聚了多方期待与怀疑的目光。多数成员方欢迎更多国家（地区）加入谈判，而部分国家（地区）则提出要让后加入谈判者交"入场费"，接受已有进度并履行相应承诺。

现在共有 23 个 WTO 成员（将欧盟算作一个整体）加入了 TISA 阵营，包括澳大利亚、加拿大、智利、中国台湾、哥伦比亚、哥斯达黎加、欧盟（包含 27 个成员方）、中国香港、冰岛、以色列、日本、韩国、列支敦士登、毛里求斯、墨西哥、新西兰、挪威、巴基斯坦、巴拿马、秘鲁、瑞士、土耳其和美国。初始成员新加坡中途退出了谈判，乌拉圭和巴拉圭加入后又退出了谈判。哥斯达黎加、冰岛、以色列、列支敦士登、毛里求斯、巴拿马、秘鲁和土耳其均为后加入的成员。中国内地于 2013 年 9 月 30 日正式宣布加入 TISA 谈判，目前还未被正式接纳。该协定目前覆盖了全球 70% 的服务贸易，年贸易规模达 4 万亿美元。

4.5.2　TISA 谈判的进程

TISA 谈判由美国、欧盟和澳大利亚轮流主持，正式的谈判于 2013 年年初展开，截至 2016 年 11 月已进行了 20 轮谈判。目前，RGF 已对 TISA 的基本框架达成了共识，对服务业市场准入的实质谈判也已经启动。2017年美国政府搁置了多项贸易谈判，TISA谈判也陷入了停滞。

1. 探索性讨论

从2012年2月起，澳大利亚和其他一些对促进服务贸易自由化感兴趣的WTO成员讨论了有关服务贸易协议的内容。2012年7月，这些WTO成员发布了一份有关服务贸易的联合声明。2012年12月，这些WTO成员在服务贸易协定的谈判框架上达成一致共识，框架将各成员方的目标细化，并提出了协议的结构，奠定了2013年谈判开始的基础。2013年2月15日，欧盟委员会请求欧盟理事会批准开展TISA谈判，并于3月18日获得了许可。

2. 第一轮（2013年4月27日～5月3日）[一]

由美国主持第一轮谈判。各参与方交出一份核心谈判内容草案，并同意如果在6月那一轮谈判中核心内容的谈判进展顺利，将在同年7月提交初步的市场准入清单。谈判中对商务人员临时入境进行了为期一天的讨论，主要讨论模式4的跨境人员移动以及由瑞士提案的TISA贸易争端解决机制，特别是针对如何改善申请签证程序透明化（包括申请签证、核发时程、跨境人员停留时间、申请延期停留等）进行了广泛讨论。同时，鉴于GATS对于跨境人员移动类别并未提供任何的指导原则，土耳其、瑞士与加拿大针对模式4的跨境人员移动类别提出建议清单，考虑到人员移动所牵涉的层面太广，移民政策、社会安全乃至文化认同等因素盘根错节，各国在模式4的开放上相当保守，不但承诺项目仅集中在专业人士与企业内部人员调动等白领阶层，而且未来可能制定许多复杂的管制措施。

3. 第二轮（2013年6月24日～6月28日）

欧盟主持了此轮谈判。列支敦士登加入了谈判，参与方数量从22个增加到23个，包括欧盟第28个成员方克罗地亚。谈判围绕WTO框架下GATS中的条款进行，在内容上没有新的突破，各参与方未能提交确切的清单。谈判主要涉及了澳大利亚在金融服务贸易和国内监管方面提出的提案，并初步讨论了电子商务和海上运输服务贸易。

4. 第三轮（2013年9月16日～9月20日）

澳大利亚主持了第三轮谈判。谈判的势头有所加强，超过120个政府具体部门的专家参与了谈判。谈判在协议的核心内容上进展显著，各参与方同意于2013年11月30日前提交初步的市场准入清单。此前由美国和日本提交的清单是市场准入谈判的开端。

5. 第四轮（2013年11月4日～11月8日）

美国主持了第四轮谈判。谈判重点推进信息与通信技术服务、金融服务、专业服务、商务人员临时入境、海上运输服务和国内法规等新领域的贸易规则，并首次提出了航空运输服务、竞争性递送服务、能源服务和补贴的相关内容；研讨了承诺减让表制作的相

[一] 本书遵照澳大利亚外交贸易部官方网站，将此次谈判作为第一轮谈判，而欧盟官方网站将此作为第二轮谈判。

关问题，并取得了较大进展；对于如何吸收新成员参加谈判、如何开展市场准入谈判以及透明度问题等进行了探讨。欧盟成为第三个提交市场准入清单的参与方。

6. 第五轮（2014年2月17日～2月24日）

欧盟主持了第五轮谈判。该轮谈判用三天时间专注于市场准入谈判，标志着市场准入这一议题的开始。23个TISA参与方中有21个提交了初步的市场准入清单。会议延续上次谈判，对通信技术服务、金融服务、海上运输、专业服务等新领域以及国内监管和透明度、商务人员临时入境方面进行了进一步的讨论，并一致同意将这些内容提议改为正式的谈判文本。

7. 第六轮（2014年4月28日～5月2日）

此轮谈判在日内瓦举行，由澳大利亚主持，共140多个谈判方和特定行业政府专家参加了谈判。谈判在部门规则上取得进展，各方努力将涵盖国内规制、电信、移动国际漫游、电子商务、金融服务、专业服务、海运和商务人员临时入境等领域的部门规则相关共识转化为协定文本。金融服务领域的过度开放被认为是造成本轮全球金融危机的主因，因此在该领域上各方并未取得积极进展。TISA方还同意加入一个新的航空运输领域。市场准入清单的谈判仍在继续。在本轮谈判中，美国提出的快递服务提案遭到广泛抵制，部分谈判参与方认为该提案是为UPS和FedEX等美国快递公司量身定制，根本未考虑其他参与方的利益。此外，美国受《琼斯法案》（Jones Act）限制，在海运服务方面体现出较大困难，海运服务提案已被参与谈判方广为接受，但根据《琼斯法案》，在美国海域作业的商务船只必须在美国制造，为美国下一步参与该领域谈判带来障碍。本轮谈判已进入文本讨论阶段，尽管没有在纪律制定方面达成最终结果，但在向正确方向前进，为日后协议的签署打下了良好的基础。

8. 第七轮（2014年6月23日～6月27日）

此轮谈判由美国主持。这一轮谈判主要继续了有关电子商务和通信、金融服务、专业服务、国内法规和透明度、空中和海上运输，以及商务人员临时入境等方面的谈判，并有了扎实的推进。谈判方也就竞争性递送服务和道路运输服务的提议展开了进一步探讨。因谈判各方同意将市场准入作为重中之重，有关市场准入的谈判继续进行。为了支持澳大利亚关于为专业服务提供商增加机遇的目标，国际律师协会做了演讲，并且受到各参与国的好评。

9. 第八轮（2014年9月21日～9月25日）

由欧盟主持此轮谈判。谈判方在商务人员临时入境、金融服务、海上和空中运输、国内法规和透明度、电子商务和通信、专业服务等方面取得了积极的进展。讨论中也提出了关于环境服务、政府采购和直销服务方面的三个新提案。延续第七轮中有关将市场准入作为重中之重的提议，谈判方进而继续讨论了不同部门的市场准入减让承诺。

10. 第九轮（2014年12月1日～12月5日）

澳大利亚主持了此轮谈判。超过200个谈判方和特定部门政府专家参与了谈判，在电子商务和通信、国内法规和透明度、金融服务、商务人员临时入境、专业服务、海上和空中运输服务、递送服务等方面取得了良好进展，同时在政府采购、环境和能源服务、患者流动便利化方面进行进一步讨论。各成员方就上一轮双边市场准入讨论做了报告，并承诺在 2015 年进行进一步推进。此外，会议还研究了瑞士关于出口补贴的提议。除巴拉圭和巴基斯坦外，其他谈判方均已提交出价。

11. 第十轮（2015 年 2 月 9 日～2 月 13 日）

第十轮谈判在日内瓦举行，乌拉圭加入了谈判。谈判主要关注市场准入和国内法规，涉及海上运输和航空运输、国内监管、电子商务、电信、金融服务、专业服务和服务提供者的短期流动。美国表示不愿意开放海上运输和航空运输服务。澳大利亚、新西兰、中国香港试图在国内监管阻碍服务贸易市场准入的问题上取得满意的结果。土耳其提出消除道路运输和医疗保健服务的壁垒，但是欧盟反对其关于开放健康保险服务的提案。

12. 第十一轮（2015 年 4 月 13 日～4 月 17 日）

此次谈判由欧盟主持，集中讨论了金融服务、电信、国内法规、海上运输、自然人作为服务供应商的活动（即所谓的"模式 4"）等方面的问题。该轮谈判还审查了迄今为止服务贸易协定谈判所取得的进展，包括对市场准入的讨论，因为除巴基斯坦、巴拉圭和乌拉圭外的大多数参与者已经提交了初始"出价"。欧盟计划 7 月开始清查工作，目的是确定服务贸易协定谈判的范围，并确定所讨论每个议题的关键部分。

13. 第十二轮（2015 年 7 月 6 日～7 月 10 日）

谈判在日内瓦举行，评估了目前在航空运输、透明度、电子商务、海上运输、专业服务、环境服务、能源相关服务、医疗服务等方面的进程，并决定是否继续对这些议题进行谈判。会议中，欧盟和其他 TISA 谈判参与者呼吁取消对电信公司的股权限制。此外，美国坚决反对海上运输服务部门自由化。

14. 第十三轮（2015 年 10 月 6 日～10 月 13 日）

谈判由美国主持。谈判就模式4、金融服务、电信、交通、职业/专业服务、环境服务和能源服务市场准入进行了讨论。另外，部分成员还举行了双边市场准入磋商。本轮谈判在技术层面上取得了积极进展。

15. 第十四轮（2015 年 11 月 29 日～12 月 4 日）

第十四轮谈判在日内瓦举行，由欧盟主持，23 个成员方参与了谈判。谈判致力于将部分最重要章节如国内规制、立法程序透明度和金融服务谈判成果确定下来，在自然人移动即服务贸易模式 4 方面取得了进展。欧盟首次讨论了将高级专业人才的临时入境和停留在单独协议中做出承诺。此外，参加方继续进行在市场准入方面的谈判，美国提交了国有企业提议。

16. 第十五轮（2016 年 1 月 31 日～2 月 5 日）

本轮谈判由美国主持。谈判旨在进一步推进数字领域所有附件（电信、电子商务、本地化）以及模式4相关文本的谈判，并就金融服务和行业附件部分透明度议题交换意见。有关市场准入谈判则以双边谈判形式展开。为确定清晰的谈判路径，TISA参与方对工作计划进行了修订，主要是在2016年7月就重要附件的内容、在9月就遗留文本达成一致。有关市场准入的谈判将引起各方更广泛的关注。

17. 第十六轮（2016年4月10日～4月15日）

谈判在日内瓦举行，由澳大利亚组织和主持。本轮谈判主要依据第十五轮谈判中提出的工作计划进行。谈判涉及电信、电子商务、本土化、金融服务和模式4等方面。同时，会议还讨论了各类运输服务，包括海上运输、航空运输和公路运输。在市场准入问题方面，该轮谈判采用双边方式进行了讨论。

18. 第十七轮（2016年5月26日～6月3日）

该谈判在日内瓦举行，欧盟担任此轮谈判主席。本轮谈判注重市场准入，各方首先介绍各自的改进出价，随后就电信服务、电子商务、金融服务、本地化、交通、因服务交付出现的人员短暂流动以及TISA机制条款等议题进行磋商。此外，各方还讨论了交通附件（包括海运、空运和道路运输）和机构框架。

19. 第十八轮（2016年7月8日～7月18日）

该谈判由澳大利亚组织和主持。谈判聚焦于市场准入和文本。根据工作计划，各方讨论的关键附件包括电信服务、电子商务、本地化、金融服务、国内规制、透明度等。此外，该轮谈判还简要讨论了交通附件（包括海运、空运和道路运输）、专业服务以及能源矿产相关服务。对制度安排，包括争端解决机制也进行了讨论。

20. 第十九轮（2016年9月9日～9月25日）

该谈判由美国主持。通过小组、双边和全体会议的形式推进文本的讨论。关键附件包括电信服务、电子商务、本地化、金融服务、透明度以及模式4。该轮谈判还讨论了交通附件（包括海运、空运和道路运输）、专业服务、国有企业以及快递服务。对制度安排，包括争端解决机制也进行了讨论，欧盟提交了两份正式的议案作为讨论的基础。

21. 第二十轮（2016年11月2日～11月10日）

欧盟担任此轮谈判主席。该轮谈判聚焦小范围内，双边和全体成员层面讨论文本的技术问题。首席谈判官和代表团长开始讨论早先无法在技术层面解决的一系列突出问题。各方主要讨论的关键附件包括透明度、国内规制、金融服务、电信、电子商务、本地化以及模式4。各方就运输（海空陆）、专业服务、国企和快递服务等附件也展开了讨论。在一次单独讨论中，各方提及了制度安排，包括争端解决。

4.5.3 TISA的主要内容

1. TISA的目标和原则

TISA旨在GATS的基础上，进一步扩大市场准入，消除服务贸易和投资壁垒，达成覆盖服务贸易所有领域的、更高水平的协定，建立新的、反映21世纪贸易需求的服务贸易自由化规则。

TISA确立的原则主要包括：全面给予外资国民待遇，即除各国明确保留的例外措施外，所有服务部门，包括目前不存在但未来可能出现的各类新型服务业，均需对外资一视同仁；原则上应取消必须设立合资企业的各种要求，不得限制外资控股比例和经营范围；约束对跨境服务提供的限制，包括许可、居住要求等，约束对通过投资提供服务的机构设立、参与合资企业或经济需求测试等的要求；实现数据跨境自由流动，取消数据必须预先存储于使用国境内服务器的要求；在自然人移动方面，增加商务访客、专家和技术人员准入的便利性，包括对企业市场开拓意义重大的内部调动人员；新的开放措施一旦实施不得收回等。

2. TISA的框架和结构

谈判者一致同意将TISA建立在GATS的基础上，保持GATS的核心条款，如定义、范围、市场准入、国内规制、国民待遇和一般安全例外等条款。采用这种方式具有以下好处：其一，这些核心规范为世界各国所熟知，对此加以援引，节约了谈判时间，可以大大加快构建TISA的进度。其二，为TISA将来可能的多边化提供前提。相反，如果TISA另起炉灶，将来即使多边化的条件具备，也难实现与GATS的无缝对接。从这一方面来看，TISA包括两类内容：第一类是GATS的框架中已经包括的、TISA条款有所加强的领域，包括政府采购、竞争政策和监管协调、相互认证以及国内监管；第二类是TISA框架的新增条款，随着技术和服务业的发展，服务贸易谈判超越GATS形成的一些反映当前服务贸易发展的新规则。

另外可能包括的内容有：①国有企业（SOE）竞争中立。TISA要求国有企业透明化经营、商业化运作、申明所获补贴、公开采购等，目的是保证竞争中性。但对SOE规则是水平适用还是部门适用，美国与欧盟还存在分歧。②跨境数据流。TISA将提出具体的跨境数据流准则，这些准则将保证跨境服务贸易中数据不受限制的权利。但如何保护个人隐私和保证国家安全，这是TISA要面对的问题。③强制地方化。TISA包含关于强制地方化问题的条款来限制政府出台对服务部门新的地方化强制要求，例如合资企业要求或者外资股比限制等限制性甚至歧视性要求。欧盟提出，在最多不超过10%的服务分部门中可保留股权限制要求。④未来服务。此即国际服务贸易谈判如何解决当前不存在但随着技术的创新和发展可能形成的服务，美国政府认为这些服务部门应该开放。⑤自然人移动自由化。TISA特别强调不应该排除任何一种服务贸易提供方式，特别提到自然人移动。自然人移动的提供方式涉及敏感的移民政策和劳工政策，因此自然人移动方式一直受到高度限制，贸易限制指数均远远高于跨境交付和商业存在两种提供方式。TISA规范了自然人的类别，提出了一份非穷尽性的"软清单"，包括商业访问人员、公司内部调任人员、合约服务提供者和独立专家、咨询人员等，并表态要关注技术半熟练人员的流动。同时，TISA强调要提高签证的透明度，包括申请签证的条件、办理过程所需时间、在前往国居留时间和是否可以延期等问题。

TISA最后的谈判文本或将包括三个主要部分。第一部分是基于GATS的一般条款，第二部分是各成员的承诺减让表和谅解备忘录，第三部分是具体的章节，这其中包括运输服务、数字经济、自然人移动、金融服务、国内规制以及其他内容等章节。其中第三部分是与GATS最大的不同之处，GATS将关于"空运服务""金融服务""海运服务"和

"电信服务"的规定置于其附件中，而 TISA 必将增加一些新的章节并补充相应的内容。

3. TISA 涉及的领域

与多哈回合的"一揽子承诺"不同的是，TISA 专注于服务贸易的谈判，因此不会出现因其他议题的失败而全盘告终的结果。在诸多议题的谈判中，由于各个国家在比较优势、贸易模式等方面的差距，对不同议题的自由化程度要求也不同，而在谈判资源给定的情况下，各国也会将其更多的资源配置到能够获得更大的贸易自由化利益的议题谈判上，因此没有双方在不同议题上的互换和折中，最终能够取得成功的可能性也大幅度降低。TISA 专注于服务贸易的谈判，虽然割断了与农产品和工业制造品议题互换的可能，但也避免了因更大程度地放开工业制造品市场准入而提高对其他谈判方服务业市场开放的更高要价，给谈判国以更多的灵活性。

TISA 谈判涉及几乎所有的服务部门，从交通运输、通信、建筑、零售、工程、能源供应、水资源分配、会计、市场营销、出版、银行业务和保险到自然保护、娱乐、博物馆、教育、医疗、殡葬服务等。在 GATS 中，对于"服务"的定义并没有进行严格界定，只是提出了服务业的分类参考标准 W/120，将服务行业分为商务、通信、建筑与相关工程、分销、教育、环境、金融、健康与社会、与旅游有关的、娱乐、文化与体育、运输和其他等 12 大类，并细分为 160 个分部门。GATS 将以上的所有种类都列为可交易商品，使得人类活动的每一个方面都可以成为非公开商业谈判的主题。GATS 也允许各成员方选择它们想要开放的服务业类别，只专注于那些放松管制的行业。而 TISA 谈判期间，参与谈判的国家将会开放基本上所有的服务贸易的模式和部门，也就是约 90% 的服务贸易将被彻底放松管制。TISA 也将基本采用 WTO 对服务业的分类参考标准，但会关注由于技术进步和服务创新而产生的新服务。但是，对于 TISA 以何种方式提出新服务，新服务是对所有成员无条件开放还是须经成员认定后才开放等问题还有待磋商。除了被列出的范围巨大的且将被自由化的服务贸易部门，RGF 同时希望采用一些规则来有效控制服务部门，限制政府和国会的调控权利。这些计划将 GATS 排除在外的政府机关行使职权时提供的服务和大部分航空运输部门的服务也囊括进来。这些议题已经远远超过了 GATS 和自由贸易协定的范围。因此，从范围上来看，TISA 的包容度更高，涉及的范围比 GATS 更加广泛。

4. TISA 的未来定位

TISA 未来可能有四种定位：以最惠国待遇为基础整合进入 GATS、以最惠国待遇为基础的单边改进、WTO 框架内的诸边协定、WTO 之外的诸边协定。前两种属于多边主义的不同安排，而后两者本质上则是典型的区域主义。

就前两种多边主义的趋势来看，对 TISA 的谈判方而言，整合进入 GATS 显然优于单边改进。WTO 的规则规定，一旦参与协议的谈判方所占世界贸易量总和超过 90%，则根据最惠国待遇原则，协议中的开放内容对所有 WTO 成员方皆适用，这就是根据"关键多数"（critical mass）而进行的自动多边化。历史上，采取这种途径将诸边协议多边化的案例分别是 1996 年的《信息技术协议》、1997 年的《基础电信协议》和 1995 年及 1997 年的《金融服务协议》。而单边改进则没有所谓"关键多数"的要求，因此谈判方陷入一种对 WTO 其他成员方究竟是否或者何时会做出类似改进一无所知的状态，当然这也阻碍了其将自身的市场准入扩展至非成员方的意愿。

TISA 整合了与 GATS 相同的核心条款，例如服务贸易的定义、范围、市场准入和国民待遇、一般纪律与责任的例外等，使得未来 TISA 能够顺利地与 GATS 实现整合。2013年，一直对多边化存有疑虑的美国也表示希望将 TISA 多边化，但以最惠国待遇为基础的真正的"多边化"可能遭遇的阻碍也十分显著：一是达到 90% 的"关键多数"要求较为困难。目前 TISA 成员占世界服务贸易的比重为 70% 左右，中国明确提出意欲参与 TISA 的谈判，但中国服务出口仅占全球出口的 4.4%，如果没有其他几大金砖国家和东盟国家（共占到 11.61%）参与的话，"关键多数"的标准就很难实现，况且新加坡此前还退出了 TISA 的谈判。二是谈判国对其他国家"搭便车"的顾虑。如果是诸边协定，其仅对签字国有效，并不适用于其他 WTO 成员。将 TISA 多边化既可以让非参与方拥有与 TISA 签字方一样的市场准入权利，也同时迫使其接受已形成的谈判规则和高水平的自由化承诺要求。这种多边化带来的双重影响正是包括美国在内的一些谈判方此前顾虑的主要原因。就区域主义的趋势来看，主要是其与 WTO 的关系是类似于《政府采购协定》的 WTO 框架下的诸边协议，还是类似于《北美自由贸易协定》的 WTO 之外的诸边协定？两者的共同点是只对签字国有效，区别在于依据的不同。WTO 框架下的诸边协议主要遵循《马拉喀什建立世界贸易组织协定》的附件 4《诸边贸易协定》的规定，一方面其表现为对其他成员方的开放，即其他成员方可依据其与各参加方议定的条件加入，另一方面它同样适用于 WTO《关于争端解决规则与程序的谅解》（WTODSU）机制；WTO 之外的诸边协定则遵循的是 GATS 第 5 条"经济一体化"的规定，即 GATS 不得阻止任何成员参加或达成在参加方之间实现服务贸易自由化的协定，只要此类协定符合以下两点：①涵盖众多服务部门。②通过取消现有歧视性措施或者禁止新的或更多的歧视性措施在该协定生效时或在一个合理时限内实施。它同时提出对于协定外的任何成员，不得提高相应服务部门或分部门内的服务贸易壁垒的总体水平。但该协定基本表现为非开放性并且不受 WTODSU 的保护。

总体来看，目前 TISA 以 WTO 框架之外的诸边协定形式呈现的可能性最大，但是否多边化、何时多边化并不确定。

5. TISA 减让表样式

由于影响服务贸易更多的是国内规制而不是边境措施，且国家之间差别很大，因而服务贸易自由化是通过众多但不雷同的减让表方式实现的。减让表基本上有两种范式：正面清单和负面清单。正负面清单的分类主要是针对减让表对承诺开放的服务部门的列表方式而言的，但也可针对减让表的市场准入、国民待遇等栏目列明条款、限制、条件和资格的方式而言。正面清单和负面清单表面上看并没有太大的差距，但一份排除了很多内容的负面清单和一份有限的正面清单的关系，有时就像"半空的杯子"和"半满的杯子"一样，在谈判中思考的角度不一样，相应地影响着谈判的效果。如果采用正面清单的方式，谈判者出发的角度也会比较乐观。尚未存在的服务类型可能会被负面清单自动覆盖，但在谈判时不能被详细列出的部门就不能在正面清单中被覆盖到。尽管有些专家指出，尚未存在的服务类型，由于对于服务分类灵活的定义仍然被包括在正面清单中去。

对于服务部门的列表方式，美国提倡采用负面清单，而欧盟希望采用正面清单。经过磋商，TISA 与 GATS 一样，对于服务部门采取的是正面清单，即只有列入减让表的服务部门，缔约方才在市场准入和国民待遇上受其约束。

对于市场准入和国民待遇，最初美国和澳大利亚希望 TISA 在服务贸易各部门的市场准入和国民待遇方面都采用负面清单，不过遭到一些发展中成员的反对。目前各谈判成员基本认可 TISA 谈判采用混合模式，即对市场准入采用正面清单，而对国民待遇采用负面清单。采取这种模式主要基于以下事实：政府在自由化歧视性国内规制方面明显比在服务市场上取消数量限制更易实现。

在市场准入方面，TISA 与 GATS 均采用正面清单，即谈判成员需要提供各自服务产业部门的开放承诺。在市场准入方面采用正面清单的好处有：①在未来使其更方便融入现有的 GATS 框架。②支持欧盟委员会对于"TISA 是多哈回合中多边谈判的延续物"的说法，由此可以避免申请新的谈判授权。③提高 TISA 的熟悉度，以表明参与国对于吸引如中国等其他新兴经济体参与的兴趣。

在国民待遇方面，GATS 采用正面清单，即只对已经承诺开放的部门实施国民待遇，也就是说在 WTO 成员同意自由化的领域，除非签订了国民待遇条款，它们保留了对国内供应商提供更优惠的待遇的权利。而 TISA 在国民待遇上采用负面清单模式，原则上所有部门都需实施国民待遇，除非各成员有例外规定。TISA 在国民待遇上承诺方式的变化已经使其从具体义务更趋近于一般义务与原则。众所周知，非歧视是 WTO 奉行的最基本的原则，最惠国待遇和国民待遇是其两大支柱，然而这在 GATS 框架内则受到了严重侵蚀。因为最惠国待遇尽管是在"一般义务和纪律"部分中提出的，但依据 GATS 附件 2 可以做出豁免，而国民待遇更是在"具体承诺"部分中提出的，这样便由一般原则变为具体承诺。而在 TISA 中，最惠国待遇仍然被作为一般义务且没有例外；国民待遇尽管仍然是作为具体承诺，但由于采用负面清单方式，如果其清单足够短，那么它在程度上就更趋近于其原则性质。所以，TISA 对国民待遇采取负面清单的做法，有力地维护了 WTO 非歧视原则的完整性、纯洁性，保证了国内外相同服务和服务提供者可在公开、公平、公正的市场环境中基于质量、能力而非国籍竞争，维护了市场经济的要义。

总体而言，TISA 这种混合模式对成员的要求比 GATS 更高。

除了减让表的基本类型外，TISA 还有两大新做法（见表 4-2）：一是体现在水平承诺部分。由于市场准入、国民待遇分别采取的是正面清单和负面清单，因而在水平承诺部分（即减让表的上半部分）呈现的是，国民待遇上下方向又分为 A、B 两部分，分别依据 TISA 第 2 条第 1 款（2）（3）项（第 2 条为"具体承诺谅解"）列出缔约方有权制定和维持的限制措施与依据 TISA 第 2 条第 1 款（1）项列出缔约方对所有服务部门可维持的限制，此时横向右侧对应的市场准入栏位为空白。二是体现在部门承诺部分。通常，市场准入限制多为数量型，国民待遇限制具有歧视性，当国民待遇限制也体现为数量型时，它就与市场准入限制难以区分了，如外国资产限制、雇员或商业存在的外国雇员的人数限制等。GATS 第 22 条第 2 款规定："与第 16 条和第 17 条不一致的措施应列入与第 16 条有关的栏目。在这种情况下，所列内容将被视为也对第 17 条规定了条件或资格。"而 TISA 对同时属于市场准入和国民待遇的限制要求一并列出，这是由市场准入和国民待遇采用不同的列表方式，特别是由冻结条款、棘轮条款仅适用于国民待遇这一特点所决定的。

表 4-2　TISA 具体承诺减让表

提供方式：①跨境交付；②境外消费；③商业存在；④自然人移动

部门或分部门	市场准入限制	国民待遇限制	附加承诺
Ⅰ. 水平承诺 缔约方做出与 TISA 第二部分相符的承诺			
A. 依照 TISA 第 2 条第 1 款（2）（3）项做出的保留		依照国民待遇、冻结条款、棘轮条款，缔约方对下列具体服务部门、分部门、活动保留制定或维持任何措施的权利	
B. 依照 TISA 第 2 条第 1 款（1）项做出的保留		缔约方对所有服务部门维持的国民待遇限制	
本减让表Ⅱ中的所有服务部门			
Ⅱ. 部门承诺			
1. 商务服务（正面清单） …… 12. 其他服务部门 ［以上未提及的其他服务］	（正面清单）	（负面清单）	（负面清单）

注：由于写作本文时 TISA 尚处于谈判中，其框架和条款的序号不排除将来有变。

资料来源：李伍荣，周艳. 服务贸易协定（TISA）市场开放承诺的机制创新［J］. 国际贸易，2015（3）：55-59.

6. TISA 的新规则

根据瑞士的提议，TISA 引入了冻结条款（standstill clause）和棘轮条款（ratchet clause）。但是，这两个条款仅适用于国民待遇承诺，不适用于市场准入减让。

冻结条款要求缔约方承诺从协定生效时起，不得实施新的或更严格的贸易投资限制措施，它约束了现有的开放水平。GATS 中有些条款与冻结条款相关，如 GATS 第 5 条在规范 WTO 成员缔结经济一体化协定（EIA）时要求必须满足的条件之一，即"取消现有歧视性措施和/或禁止新的或更多的歧视性措施"，意味着 WTO 成员在 GATS 及其承诺生效后不能因缔结 EIA 而在多边承诺中增加新的或更多的歧视性措施，这实质上是对 WTO 成员提出了冻结义务要求。GATS 第 6 条是关于国内规制的，它要求 WTO 成员在 WTO 制定出相关纪律前不得以"不可能合理预期的"方式实施使具体承诺失效或减损的许可要求、资格要求和技术标准。何谓"不可能合理预期的"方式呢？显然，只有在水平承诺和部门承诺中列明了的限制措施之外的"新"的限制措施是不可能合理预期的，这正是冻结条款的含义。但这些只是隐含冻结义务，而 TISA 在核心文本中有专门的、显性的冻结条款，即 TISA 第 2 条第 1 款（2）项：第 1 款应遵守缔约方列入具体承诺减让表中的条件、限制和资格，这些条件、限制和资格仅限于具体承诺减让表生效时缔约方领土内实施的措施。《金融服务附件》第 5 条第 4 款为冻结条款，规定在公共实体购买的金融服务、商业存在、跨境贸易、人员临时流动领域做出承诺的条件、限制和资格仅限于现行的不一致措施。而且，冻结条款不仅作为一般义务出现在核心文本中，作为做出具体承诺的依据和基础，还具体体现在减让表水平承诺国民待遇栏目的 A 部分（见表 4-2）。在贸易协定中做出承诺后，如果有缔约方愿意对其他缔约方实际执行更为优惠的待遇，当然这是允许的。但是进入下一回合的自由化谈判时，不排除该缔约方在新的减让表中做出的新承诺高于原减让表但低于实际执行水平，显然新承诺存在"水分"，引入冻结条款后可以防止出现这种现象。

棘轮条款指一成员未来任何取消歧视性措施的做法将被自动锁定，不得倒退并使其具有永久效力，被纳入贸易协定中而受其约束。TISA 第 2 条第 1 款（3）项规定：如果一缔约方以减少或取消的方式对条款第 1 条第 4 款的条件、限制和资格相关措施的不一致性做出修改，这种修改约束缔约方，除非该缔约方在具体承诺减让表中予以排除。而 GATS 并无相关内容。棘轮条款具有重要的意义，它保证服务贸易自由化不断向更高的水平推进。任何缔约方不管是以诸边方式还是单边方式减少或取消的歧视性贸易措施，一旦做出承诺就被锁定，不得回退，这样"当前的"自由化水平总是低的，而未来的水平总是相对高的。

冻结条款和棘轮条款共同构成了禁逆转机制，将各参与国所承诺的自由化水平锁定。

此外，TISA 还可能引入非成员最惠国待遇（non-party MFN）。最惠国待遇是 WTO 的一项基本原则，也是 GATS 的一般纪律与义务，它要求每一成员对于任何其他成员的服务和服务提供者，应立即和无条件地（列入豁免附件的除外）给予不低于其给予任何其他成员同类服务和服务提供者的待遇，这是就特定协定缔约方内部而言的。当前，双边、区域的特惠贸易协定（PTA）远高于 GATS 多边承诺，即通常所说的具有"GATS+"特征。非成员最惠国待遇是指 TISA 缔约方在其他 PTA 中给予该协定中其他缔约方的优惠待遇必须给予 TISA 其他缔约方，即把在其他 PTA 中最优惠的待遇在 TISA 中诸边化。美国、欧盟承诺以《美韩自由贸易协定》（KORUS）、《欧韩自由贸易协定》（EU-Korea FTA）作为 TISA 承诺的基础。引入非成员最惠国待遇条款无疑将会实现更高水平的自由化，而且能消除过多的自由贸易协定而带来的"意大利面碗效应"，是 PTA 成为多边贸易体制垫脚石的重要机制和保证。然而，这一提议只是体现了 TISA 对推动服务贸易进一步自由化的企图心，而要最终完全落实将会有相当大的难度。

4.5.4　TISA 的影响

1. TISA 的有利影响

（1）为现代服务贸易和全球经济增长提供动力

服务业是世界上最大的经济来源，覆盖全球 GDP 的 70%。一些服务贸易壁垒包括数据跨境流动、国有企业的不公平竞争、透明度和正当法律程序的缺乏，使服务贸易存在歧视。据研究测算，TISA 谈判最初的 16 个成员方当前的贸易壁垒制造了全球服务贸易 60% 的成本，TISA 适时打开全球服务业开放的大门，将显著提升服务业发展活力。TISA 一旦达成最终协议，将极大地消除相应的壁垒，促进服务贸易的发展，并为全球经济增长提供强劲动力。

（2）有利于各国以开放倒逼国内改革

缺乏改革动力也是很多国家近些年经济发展迟缓的原因。例如，在日本，其传统的消费和商业习惯不利于外资的生存和发展。尽管语言的障碍、对本国产品的执着偏好、较为僵化的经济管理体制在很大程度上保护了日本经济和企业不受外来冲击，但这一切也遭到美欧等成员方的诟病。如果各国能够以 TISA 倒逼本国国内市场开放，也会给经济全球化带来市场空间的释放和资源的优化整合，符合包括中国在内的世界各国的利益。

2. TISA 的不利影响

TISA 对于推动国际服务贸易自由化迈向新的里程碑的作用不可忽视，但由于是部分

WTO 成员聚集在 WTO 框架以外进行谈判的特殊性质，在法律性质上不免对 WTO 的原则和框架造成损害与冲击。

（1）违反 WTO 透明度原则

在 WTO 框架外进行谈判意味着极高的不透明度。从 2012 年起，"服务业真正之友"的成员就开始筹备非官方且秘密的谈判。而在当时，欧洲委员会甚至还未给予这些国家任何授权。随后，27 个贸易部长得到了欧洲委员会起草的授权后，未来得及等到本该进行的影响评估出炉，各国已经投入到协议谈判中去了。对于影响范围如此广且风险高的协议谈判，参与方的居民、国会议员、工会、管理机构、服务业的消费者和其他利益相关方却被限制或者根本无从参与到其中，而大型企业却在制定谈判议程，还可以轻易地接触到谈判文档。

（2）违反 WTO 包容性原则

前面提到欧盟和美国早已开诚布公地宣称要将 TISA 多边化，若该所谓的多边化有可能成功，不难推测，一旦 TISA 谈判完成，缔约方就会在 WTO 中形成一个小集体，来推动其他 WTO 成员来满足 TISA 的自由化水平，和此前一致同意的服务谈判指南相互矛盾。

而且 TISA 企图将发达国家企业在服务业上的愿望清单置于其他发展中国家的利益之前，抛弃在 WTO 多哈回合谈判中所提及的解决发展中国家的问题的承诺，比如在农业问题上的不对称和不公平条约。TISA 绕开了发展中国家的问题，抛弃了 WTO 对发展中国家的优惠政策，仅是以美国为首的高收入国家为了促进本国经济增长与就业而推动建立的，在各个方面实行了较高的开放标准和深度的自由化，在很大程度上仅体现了发达国家的意志，远远超出了许多发展中国家的承受能力，也和发展中国家在全球经济中的责任与义务不相符。从其本质上而言，它成了变相的贸易保护主义，限制了发展中国家的出口贸易。

（3）违反 WTO 多边化原则

TISA 是否能多边化取决于"关键多数"是否可以达成，即参与谈判的成员贸易额累计占世界贸易额的 90% 或以上。金砖国家占全球服务贸易的份额为 12%，如果它们不加入谈判，那么剩下的 TISA 成员将达不到"关键多数"的要求。而美国对于中国加入 TISA 谈判坚决否认的态度也使得达成"关键多数"致使该协定多边化的可能性微乎其微。TISA 最终以诸边贸易协定的方式呈现的可能性较大，而这样的法律性质对于多边贸易体制的削弱是显而易见的。自 1995 年 GATS 生效以来，全球达成的含有服务业市场开放内容的自由贸易协定多达百余项。TISA 作为诸边贸易协定，分散了多边贸易谈判的目标与努力，产生了竞争性、替代性的自由贸易框架，提出了不同的规则与纪律，这些都损害着多边贸易体制。进一步的后果是破坏了全球公平竞争环境。不同的国家加入不同的区域、双边协定，这意味着不同的国家进入某一特定市场时，其市场机会和条件是不同的。特别是一些欠发达国家和最不发达国家，由于其缺乏谈判的筹码和能力，面临着被抛出全球市场的危险。

4.5.5 TISA 与中国

1. 中国申请加入 TISA

2013 年 9 月 29 日，中国驻 WTO 使团向各 TISA 谈判参与方递送了申请加入 TISA

谈判的信函。在此之前，中国与其他金砖国家一致反对进行服务贸易的诸边谈判，并抨击 TISA 谈判的透明度问题。但是，在 2013 年 12 月的巴厘岛部长级会议上，中国被认为在战略上迈出了重要的一步，显示出准备使 TISA 达到"关键多数"从而自动实现多边化，并开始将其回归到 WTO 框架下的意图。从国家利益上来看，中国也希望通过加入 TISA 谈判，以促进国内的改革进程及经济转型。

部分 TISA 成员对中国申请加入的最初反应是积极的，如欧盟对中国加入 TISA 的态度就比较积极乐观。欧盟认为与任何其他谈判相似，中国加入 TISA 谈判会带来一定的风险，但是如果将中国排除在外将会带来更大的风险。欧盟贸易总司司长让－卢克·德马尔蒂（Jean-Luc Demarty）在 2013 年 10 月的全球服务峰会上说："我们虽然不是赌徒，但是也需要冒一些风险""在我看来，不冒风险就会导致冒大风险和没有成果"。他认为中国的加入是为了促进国内服务业的改革，因此不能错过这次机会。与此同时，他也表明中国需要提供一些保证其将与其他 TISA 成员达到同水平的雄心的意愿。此外，欧盟也认为中国需要在《信息技术协议》（ITA）谈判中做出更积极的承诺。欧盟欢迎中国加入 TISA 谈判的原因被部分归结于欧盟一直期望实现 TISA 的多边化。2014 年 3 月底，在中欧双方发表的《关于深化互利共赢的中欧全面战略伙伴关系的联合声明》第 13 项中，欧盟也公开表明强烈支持中国加入 TISA 谈判，并认为中国的加入将是 TISA 能够实现多边化的重要一步。

但是，美国则对中国的加入表示怀疑。美国怀疑中国加入 TISA 谈判的动机以及对实现承诺的意愿和能力。目前的 ITA 谈判仍处于停滞中，美国将谈判的停滞归咎于中国给出的敏感产品清单过于冗长，未达到欧美的期望值。因此，美国担心中国的加入会导致 TISA 面临 ITA 的命运，并可能弱化 TISA 设定的目标。从目前的 TISA 谈判进程来看，各成员的承诺基本上高于 GATS，而中国被认为以往在服务贸易上的承诺"并不特别具有雄心"。2013 年 10 月底，美国贸易谈判代表迈克尔·弗罗曼提出了决定中国能否加入 TISA 谈判的五大评估标准，包括：一是中国在与美国谈判双边投资协议（BIT）时的立场，二是上海自由贸易试验园区中的投资改革情况，三是十八届三中全会宣布的潜在的改革政策，四是中国在过去的谈判中是否热衷高规格服务贸易承诺，五是中国是否完全执行两国电子支付服务争端的 WTO 裁决。到 11 月的 TISA 谈判会议前，中国在与美国的双边会议中明确表示拒绝美国提出的这些所谓评估标准。另外，美国国会下属的美中经济与安全评估委员会（US-China Economic and Security Review Commission）于 2014 年 3 月发表了《中国应该加入服务贸易协定吗》的研究报告，该报告从三个角度进行了分析。首先，该报告指出，考虑到中国服务业领域潜在的巨大市场，以及中国政府加快服务业开放信号的释放，如中美双边投资协定、上海自由贸易区以及十八届三中全会关于改革的决定，美国公司可能从中受益，但是《信息技术协议》谈判的失败以及中国国内改革进展缓慢，给美国公司从中受益的程度带来很大的疑问。其次，中国的建筑和运输部门可能会很快从开放中受益，但是由于大多数服务业部门竞争力较弱，这些行业可能会在很大程度上反对自由化。最后，该报告认为考虑到中国在网络安全监管和政府采购领域的立场，中国政府在跨境数据流动和政府采购等敏感领域的承诺不可能突破。美国与中国仍在进行协商，但就现状来看，美国对中国在上海自由贸易试验园区的贸易和投资自由化改革比较失望，而且美国担心中国政府仅仅关注于在试验园内的改革而停滞园外的改革。美国对中国在多哈回合及其他自由贸易谈判中在服务贸易上的承诺表现也并不满意，而且美国指责中国没有完全严格执行两国电子支付服务争端的 WTO 裁决。目前能够改变美国态度的主要是中国在中美 BIT 谈判和 ITA 谈判中的表现。美国与中国仍在进行双边讨论，也在与其他 TISA 成员磋商，评估中国是否可以加入 TISA。美国政府也正在与美国国会、国内利益相关者就中国加入的可能性问题进行磋商。

其他一些 TISA 成员则指责美国对中国的加入设定先决条件，因为之前其他成员加入时并未适用这些条件。欧盟也认为没有必要为中国的申请加入设置区别于其他国家加入的"特殊条件"。据西方媒体称，最希望中国加入 TISA 谈判的是澳大利亚，因为澳大利亚的服务业增长依赖于中国市场。

在 2014 年 2 月的 TISA 谈判中，中国未能参与。由此可见，中国能否加入仍然很大程度上取决于美国的态度。从目前看来，中国要想取得 TISA 的入场券，最大的难点就在于如何能够打消美国对中国加入 TISA 动机的疑虑。

2. 中国加入对 TISA 的影响

如果中国加入，TISA 成员的服务贸易总量将达到世界服务贸易总量的 75%，并对 TISA 谈判造成很大的影响。首先，中国的加入将会削弱金砖国家对 TISA 谈判的反对立场。金砖国家之前声称 TISA 谈判的发起造成了一个"双重"贸易体制，TISA 谈判对 WTO 构成了威胁。其次，中国的加入也将进一步瓦解金砖国家的团结一致性，甚至迫使印度、巴西和南非考虑加入 TISA 谈判。目前，印度仍处于观望阶段，印度商务部部长 Rajeev Kher 在回应世界银行贸易与经济一体化研究经理 Aaditya Mattoo 关于印度应考虑加入 TISA 谈判时表示，印度并不反对加入 TISA 谈判，但是印度在分析加入的利弊前不会贸然决定加入。最后，中国的加入将吸引其他东南亚国家尤其是东盟国家的加入，而且一些东盟国家已经表示如果中国加入，它们也很有可能加入。由于东盟地区是世界经济最具活力而且高度融入全球价值链的地区，因此东盟是否加入对 TISA 也是非常重要的。而且，目前有 3 个东盟成员（新加坡、马来西亚和越南）参与了《跨太平洋伙伴关系协定》（Trans-Pacific Partnership Agreement，TPP）谈判而未加入 TISA（新加坡此前加入但随后退出了），它们的立场对于中国在 TISA 中的下一步行动也很关键。一方面，中国的加入包括东盟成员的可能加入能给 WTO 框架下的服务贸易领域注入新的活力，并不可避免地产生外溢效应；另一方面，这也有助于加快 TISA 的多边化进程，使 TISA 回归到 WTO 框架下，将再次吸引人们对 WTO 的注意。

3. 加入 TISA 对中国的影响

虽然中国目前已经是货物贸易大国，但在服务贸易方面仍面临巨大挑战，在国际上缺乏竞争力。WTO《2013 年世界贸易报告》显示，中国作为世界最大的货物出口国，货物出口额占世界货物总出口额的 11.2%，与此同时，形成鲜明对比的是中国的服务贸易出口额仅占了世界服务贸易总出口额的 4.4%，而且存在很大的服务贸易逆差。中国的服务业仍存在许多问题，但中国也正在尝试进一步将服务贸易自由化，希望能够通过拓宽外部市场和引入竞争促进国内服务业的升级和发展。因此，加入 TISA 谈判对中国服务业的发展是一次机遇，同时也是非常巨大的挑战。

第一，中国加入 TISA 谈判能够获得其他 TISA 成员的市场准入，为中国的服务贸易发展提供更大的空间。TISA 的宗旨是要减少各成员间的市场准入壁垒，中国加入后，如果协议达成，能为中国的服务行业提供更为广阔的市场。中国在一些劳动密集型和资源密集型的服务行业中仍然具有比较优势，如国外工程承包、劳务输出、远洋运输服务等。如果能够获得更为开放的市场准入，中国的传统优势服务业将面临更大的外部发展空间，也有助于其自身的改革升级。

第二，中国加入 TISA 谈判能够促进本国的服务业市场开放，引入竞争者进一步促进行业的发展。2013 年成立的上海自由贸易试验区已经在尝试开放投资、金融服务业等方面进行改革。加强服务业的进一步开放，有利于打破国内的垄断局面，引入高技术的外来竞争者，能够促使国内服务业增加发展的动力，增强国内服务业的竞争意识，从而推动整个服务行业的发展和竞争力的提高。此外，这些外来竞争者也能够带来更为先进的技术和创新的服务种类，增加中国服务消费市场的多样性，而国内的服务业也能够利用这些技术和经验进行升级改造。

第三，中国加入 TISA 谈判可以推动国有企业和行政管理制度方面的改革。TISA 谈判中包含了国有企业竞争中立的问题。原因在于，在发展中国家，一些基础设施服务如电信、邮递、金融和运输等部门，一般由国有企业主导。政府对这些国有企业会给予一些补贴或政策倾斜。因此，在这些由国有企业主导的服务部门实现对外开放，一国也可以利用国内监管措施削减开放带来的竞争。如果中国加入 TISA 谈判，则需要进一步推动国有企业改革，促使国有企业的经营和管理市场化，真正实现政企分开，强化市场竞争。此外，中国在国内监管方面可以进一步对中国的行政审批制度进行改革。TISA 对国内监管实行合理性、必要性标准和透明度原则的要求，也将促使中国对服务业的行政审批制度进行改革。只有改革行政审批制度，才能够增强国内监管政策的透明度和促进效率提高，从而为服务业创造更为有利的政策环境，促进服务行业的发展。

第四，中国加入 TISA 谈判能够把握制定服务贸易规则的主动权，避免被边缘化。中国可以通过加入 TISA 谈判实现自身的利益和主张，而不是在 TISA 达成后被动接受游戏规则。此外，如果 TISA 确定了新的服务贸易规则，将会产生棘轮效应。即便 TISA 最终实现了多边化，但 TISA 成员很难接受比 TISA 自由化程度低的服务贸易规则。如果中国在制定规则的阶段中没有加入，在 TISA 达成后被动接受规则将会付出很大的成本；假如中国不愿意承担这项成本，而选择不加入，则会面临被边缘化的后果，对中国的服务业发展也会带来不利影响。

第五，中国加入 TISA 谈判能够促进经济效率的进一步提高。中国加入 TISA 谈判将使服务贸易的自由化向前迈出更大的一步，这也将使得中国的经济效率得到提高。一方面，由于市场开放带来了更多具有竞争力的外国服务提供者，消费者能有更多的机会选择优质低价的服务，增加消费者剩余。另一方面，面对外国企业的竞争，中国的服务企业不得不吸收先进的服务技术与经验，降低成本，提高自身的质量和竞争能力。此外，市场开放还能促使具有比较优势服务业的集中发展，增加服务出口，同时进口不具有比较优势的服务，从而促进经济资源的有效配置，提高效率。

由于 TISA 谈判设定了更高的关于服务贸易自由化的要求和目标，而目前中国服务业的发展水平和监管水平仍然较低，因此加入 TISA 对中国的挑战也是非常巨大的。

第一，中国服务业将面临 TISA 所要求的高度市场开放带来的巨大压力。目前，中国在 GATS 155 个服务部门中的近 100 个进行了约束性承诺，承诺比例远远高于发展中国家的承诺水平。虽然中国的服务市场开放水平不低,但是在某些服务部门的国际竞争力仍然处于较低的水平。如果在原有基础上进一步扩大市场开放,中国的服务业能否承受这一压力仍然是需要进一步研究论证的。如果不能有序地对服务市场的开放进行规划,对中国服务业很有可能产生负面的冲击。

第二,TISA 谈判中对市场开放的承诺方式可能对中国造成冲击。目前,TISA 谈判中关于国民待遇承诺方面采用负面清单形式,这与 GATS 的承诺方式截然不同。虽然负面清单只是一种市场开放的承诺方式,但是它与正面清单相比大大降低了服务承诺的可预见性。这是因为,对于在确立负面清单时尚未出现的一些新服务部门,负面清单方式要求对其开放。目前上海自由贸易试验区的制度改革中对负面清单方式进行了尝试,这能够为 TISA 谈判的具体条款实施提供一定的借鉴,但仍然存在很大的风险。

第三,加入 TISA 谈判对中国国内服务行业监管政策会带来挑战。TISA 谈判是希望达到高标准的服务贸易自由化。因此,参与 TISA 谈判的成员对本国服务业的保护将大大受到制约。而中国目前在服务业的监管政策方面,仍存在透明度不够和扶持特定服务部门力度问题。如果中国加入 TISA 谈判,现有的以保护特定服务部门为目的的监管政策必须做出相应的调整和改变,而且在一些行政许可审批程序方面需要加强透明度。

第四,加入 TISA 谈判会对相关法律法规造成影响。如今中国的服务市场和行业发展仍然处于较低水平,一些需要满足公益性的服务部门(如邮政、医疗卫生等部门)受到了制度保护,同时也形成了市场垄断的局面。而加入 TISA 谈判后,这些相关的法律法规也需要修改,而且对相应的保障制度要求较高。

第五,加入 TISA 会对中国经济和信息安全带来威胁。在经济安全方面,由于 TISA 带来的服务贸易高度自由化可能会削弱中国的经济独立性,如果一些重要的服务部门(如通信、金融、运输等部门)受到其他国家跨国公司的控制和支配,将使国内丧失部分经济决策的自主权,损害经济发展。此外,外国服务企业的竞争可能会给一些处于幼稚阶段的新兴服务业带来巨大冲击,并形成对国外这些新兴服务部门的依赖,不利于国内产业的发展。在信息安全方面,TISA 要求跨境数据的自由流动,这对于隐私保护和国家安全可能形成威胁。

从长远来看,中国加入 TISA 谈判还是利大于弊,有利于中国服务业的对外开放和发展,扩大企业的市场空间;同时推动国内的经济改革和转型升级,避免掉入中等收入陷阱。此外,中国可以趋利避害,根据自身情况在 TISA 谈判中提出相应的主张并积极实施国内的制度改革,争取从 TISA 中获得最大的收益。

课后思考题

1. GATS 的基本原则有哪些?
2. 请简述 GATS 对最惠国待遇原则的规定。
3. 《服务贸易总协定》的后续谈判主要围绕哪两个方面进行?
4. GATS 在"发展中国家更多的参与"方面做出了哪些规定?
5. 欧盟服务贸易自由化规则的特点是什么?
6. TISA 的目标和主要内容是什么?对中国会有哪些影响?

第 5 章

国际服务贸易政策体系与管理体制

■ 教学目的

- 了解世界主要国家和地区服务贸易政策体系与管理体制的分类与特点
- 借鉴世界主要国家和地区服务贸易政策体系与管理体制的先进经验及做法
- 了解中国服务贸易政策与管理体制的基本现状与存在的问题

■ 本章提要

本章介绍了世界主要国家和地区服务贸易政策体系与管理体制的分类、特点与做法，总结了可资借鉴的成功经验，介绍了中国参与国际服务贸易谈判的大致情况，阐述了中国服务贸易政策与管理体制的基本现状和存在问题。

5.1 世界主要国家和地区的服务贸易政策体系与管理体制

5.1.1 世界主要国家和地区的服务贸易管理体制分类

根据服务贸易管理方式、方法的不同，世界主要国家和地区的服务贸易管理体制可归纳为三种类型，即核心管理型、分工协调型和服务促进型。⊖

1. 核心管理型

核心管理型是指服务贸易的管理权限相对集中于某一政府部门的类型。美国是核心管理型的典型代表。由于服务贸易种类繁多，各国和地区的服务贸易管理机构往往分散在不同的管理机构和部门。但与其他国家和地区相比，美国的服务贸易管理体制相对集中，形成了以美国商务部为核心的服务贸易管理体制。

美国商务部制定服务贸易的发展战略和政策，进行服务贸易的统计与分析，参与服务贸易的国际谈判，对服务贸易企业的海外市场开拓提供信息、金融等方面的支持，并对服务贸易相关领域及企业实施贸易救济。商务部下属经济分析局专门负责服务贸易的统计工作。商务部的独立机构——国际贸易委员会（ITC）主要负责服务贸易的具体管理工作，其下设服务业办公室、金融办公室和旅游业办公室。服务业办公室的主要职能是与私人企业和其他政府部门共同为美国企业提供出口帮助和更有利的海外市场准入条件，

⊖ 倪月菊. 世界主要国家和地区的服务贸易管理体制比较 [J]. 国际贸易, 2007（2）: 36-40.

参与和推进双边和多边服务贸易谈判（包括与 WTO、NAFTA、APEC 的谈判和双边 FTA 谈判），保障贸易协议的实施；为美国服务业企业开拓海外市场提供充足的、及时的信息及其他服务；进行美国服务贸易市场环境与竞争力的统计分析，并为国会及相关部门提供信息。金融办公室则主要负责促进美国金融服务的出口，为服务贸易出口提供金融方面的信息、分析、咨询，并协调进出口银行和美国海外私人投资公司与企业之间的关系。旅游业办公室负责美国旅游业的管理和海外推广。此外，商务部还负责制定推动服务出口发展战略；为服务企业对外出口提供全方位服务。为更好地进行服务贸易管理，据 1995 年美国商务部制定的服务贸易发展战略，商务部下属的小企业发展局、国家电信与信息委员会、专利与商标办公室以及国际贸易委员会下属的贸易促进与商业服务管理司、进口管理司及市场准入与执行司也分别参与服务贸易的出口促进、标准制定以及贸易救济与援助等管理和服务工作。可见，美国商务部在服务贸易政策的制定、实施，服务贸易谈判，服务贸易促进以及服务贸易统计方面发挥着重要作用，成为美国管理服务贸易的核心管理机构。

此外，美国贸易代表办公室也是重要的管理机构。该机构由 200 多位贸易领域的高级专家和官员组成，是美国总统办公室的分支。贸易代表办公室直接负责和参与美国各项贸易协议的谈判，运用"301"条款、"337"条款以及"201"条款解决贸易纠纷，实施贸易救济，并向主要贸易伙伴通告、解释美国的贸易政策。美国贸易代表办公室下设服务贸易处，专门负责服务贸易领域的国际谈判，收集海外信息，协调各部门的谈判利益。除了商务部和贸易代表办公室之外，美国参与服务贸易管理、服务和协调的机构还包括司法部门、行业管理部门、各州政府以及相关的民间组织。

2. 分工协调型

分工协调型的管理体制以日本为代表。日本政府的贸易管理机构分工明确，具体可分为立法机构、政策的制定和执行机构、统计机构及服务贸易咨询及促进机构四大部分，主要涉及国会、内阁、外务省、经济产业省、国土交通省、财务省、日本银行、日本进出口银行、日本贸易振兴会等政府机构和组织。

日本国会是服务贸易法律、法规的立法机构。通常制定与服务贸易相关的法律法规的建议由服务贸易的促进和咨询机构，或者由主管的政府机构根据服务贸易发展的状况提出。上报内阁府得到认可之后，由主管的政府机构的相关政策制定部门组织产、官、学共同研究商讨制定，然后上报内阁府。经过内阁府审查通过后，报国会批准、立法。

日本"内阁会议"是制定政策、协调各省厅之间关系的最高官僚机构。内阁会议的议长一般由内阁总理大臣担任，其成员主要包括财务省、外务省、经济产业省、国土交通省等重点省的大臣、日本银行及进出口银行总裁等。在日本内阁会议中，与服务贸易相关的会议有"经济财政咨询会议"和"知识产权战略会议"。与服务贸易相关的法律、法规以及政策措施也必须经由该会议审议通过。

外务省经济局对外签署与服务贸易相关的多边条约和协定，处理国际贸易纠纷。同时，作为日本政府的对外联络窗口，外务省也向相关的省厅提出制定与服务贸易相关的政策、法律、法规的建议。经济产业省是服务贸易政策的主要制定者和执行者，服务产业和服务贸易政策的制定及实施也主要由经济产业省负责。国土交通省综合政策局是交通运输和旅游服务政策的制定和执行部门。日本银行负责国际金融服务贸易相关政策的制定和实施。

由于服务贸易管理部门相对分散，因此协调部门的作用就很重要。日本内阁府的"内阁会议"制度，很好地解决了日本各省厅之间的协调问题。同时，日本政府在制定和颁布一项贸易政策或者法律的过程中，通常会广泛地吸收社会各界和各方面人员的意见，以实现科学决策的目的。这突出体现在产官学一体的政策决策过程中。上至内阁会议，下至经济产业省的专业小委员会，都是产官学结合的最好典范。因此，分工协调成为日本服务贸易管理的重要特色。

实行分工协调型管理体制的另一个代表国家是印度。印度并没有一个专门管理服务业和服务贸易的机构，其对服务贸易法律及政策主要是通过国会、法律与司法部、商工部及其他主管部委进行制定和管理。

印度商工部（Department of Commerce and Industry）是国家贸易主管部门，其下设商业、产业政策与促进两大部门。其中，商业部主管贸易事务，下设有印度外贸总局和供销总局及8个司，分别为行政综合司、财政司、经济司、贸易政策司、外贸地区司、出口产品司、出口产业司和出口服务司。商工部下属的商业司与其他相关的主管部委共同制定印度的进出口贸易政策。商业部还负责指导、监督对外贸易的经营、谈判、签订协议，负责与商业有关的国际机构联系，如世贸组织、联合国贸发会议等；负责与国际贸易政策有关的事务，如优惠贸易安排、地区贸易限制和经济集团组织等；负责贸易谈判，派遣贸易使团和代表团；负责贸易企业的合作、发展和保护印度在国外的贸易企业的利益，扩大出口产品的生产、发展以及咨询、民用工程和交钥匙工程等。商业部下属的对外贸易综合理事会（Directorate General of Foreign Trade）负责对外贸易政策的实施。商业情报及统计管理局（DGCI&S）负责贸易统计信息的收集、编纂和发布。商业部在外贸政策的制定中起决定性作用。商业部负责制定对外贸易政策，包括各项鼓励措施，指导外贸企业按照国家的法律、法规和规划开展经营活动。商业部制定的主要政策有：国际贸易总政策、国际商务政策、进出口贸易政策、政府采购的政策等。

商工部内部还有多个自治机构，协助商工部进行贸易政策的实施。长期以来，商业局一直得到印度贸易委员会（Board of Trade）与出口促进委员会（EPB）的指导，该委员会是政府与产业界之间对话的桥梁，而出口促进委员会则主要协调各种出口促进机构之间的关系。主要自治机构及其职能如下所述：出口促进委员会履行政策咨询和实施的职能；印度出口联合组织向政府认可的出口/贸易行提供咨询；印度仲裁理事会促进仲裁在贸易纠纷解决中的使用，向有关仲裁的事宜提供建议；印度贸易促进组织（ITPO）通过贸易促进进出口的发展、引进新的技术、发布有关产品和市场的信息；国家贸易信息中心向印度和外国企业提供最新的贸易、买卖和机构经济信息，促进贸易的发展。

印度通过商工部在WTO中做出服务贸易开放承诺。在对每一个行业做出开放承诺之前，印度商工部要召集各行业的主管部门组成专业的委员会，研究国际国内经济形势，并据此确定本国服务行业开放的水平。商工部另外一个重要的职责便是代表印度参与WTO多边协议框架下的谈判。在参与国际多边谈判前，商工部联系各相应行业的主管部门，组织专家委员会对将要讨论的议题进行研究并给出相应对策，作为商工部国际谈判的底价。在具体的服务行业中，则有具体的管理机构负责本行业的发展与管理。另外，印度还有专门的出口促进机构，以扩大印度产品在世界上的份额。除了软件服务出口的促进措施经由电子和软件出口促进委员会（Electronics and Computer Software Export

Promotion Council）负责外，其他服务产品的出口均由印度出口商联合组织（Federation of Indian Exporters Organization）负责。此外，在投资管理机构方面，印度储备银行是印度外汇管理的主管部门，负责制定、实施和监测货币政策，监督并管理银行、金融系统的运营，进行外汇管制和发行货币。印度外国投资促进局是非自动批准的外国直接投资审批机构。印度外资执行管理局负责快速执行外国直接投资的审批工作并协助外国直接投资者获取必要的批准。印度投资中心是印度投资管理官方机构，是印度政府对外发布权威投资信息数据，提供投资、技术合作和合资方面服务的唯一窗口和主要联络处。投资中心提供的服务完全免费。

3. 服务促进型

服务促进型是指以服务贸易促进为主、服务管理为辅的管理模式。这种模式以欧盟国家为代表。

目前，欧盟对服务贸易的规制主要体现为两个方面：一是各成员方之间在各服务部门的互相开放和规则的统一；二是欧盟作为一个整体对其他国家开放服务贸易市场及利益协调。欧盟机构的工作重点是推动欧盟内市场的一体化和代表欧盟参与服务贸易谈判，而对于服务市场的具体监控、管理、促进等工作主要是由成员方政府负责。欧盟服务领域的管理部门主要有内部市场和服务总司（Directorate General for Internal Market and Services）、贸易总司（Directorate General for Trade）、运输总司（Directorate General for Transport）、企业与工业总司（Directorate General for Enterprise and Industry）等。内部市场和服务总司主要负责推动欧盟"四大基本自由流动"中的"人员、资本、服务的自由流动"，贸易总司负责代表欧盟进行贸易方面的对外谈判，运输总司主要负责交通服务领域，企业与工业总司则主要负责旅游服务领域。在欧洲设有欧洲服务论坛 ESF，这是一个由欧洲服务部门的代表组成的论坛机构，旨在有效地提高欧洲服务业的利润，以及推进 WTO《服务贸易总协定》所倡导的世界服务业市场自由开放的进程。ESF 支持并鼓励服务市场的自由化，帮助消除欧洲服务部门的贸易与投资壁垒，特别是在市场准入和国民待遇方面。作为一个欧盟服务业的促进机构，欧洲服务论坛由来自世界不同国家和地区的 75 个成员组成，其中包括 20 个服务业部门、36 家世界知名的专业服务公司以及 39 个欧洲服务业联合会。

英国政府在服务贸易管理方面的作用主要是制定相关服务贸易管理政策，创造高效、平等的贸易环境，提供广泛的咨询、信息、财务协助等方面的服务。英国每个服务行业都有不同的管理及监管机构负责某行业的贸易促进相关事宜。如英国贸工部专设服务贸易咨询部门，具体执行欧盟服务业法令（EU Directive on Services）。贸工部参与制定酒店及餐饮服务行业标准，但不直接参与企业经营管理。同时，贸工部负责政府的消费者政策。1997 年，英国政府成立了金融服务管理局（Financial Services Authority，FSA），该机构是管理英国金融服务业的独立机构。2001 年生效的《金融服务与市场法 2000》（Financial Services and Markets Act 2000）又从法律上授予该机构管理金融服务业的权利。FSA 是英国唯一授权管理、监督银行、保险和投资活动的机构。自 2004 年 10 月，FSA 开始负责对抵押的管理。FSA 的主要目标是确保并增强公众对英国金融体系的了解和信心；向消费者提供适当保护；帮助减少金融犯罪。FSA 还对养老金、债券、抵押等投资产品的广告和市场营销活动进行监督。FSA 为公众和公司设立了服务热线，告知易误导的金融产品广告。英国文化、媒体和体育部（Department for Culture, Media and Sport, DCMS）及项目下的机构负责制定英国旅游政策。文化部主办的访问英国（Visit Britain）以及设在苏格兰、威尔士和北爱尔兰地区的旅游办（National Tourist Boards）向政府通告该行业所关注的事宜，同时研究、发布影响旅游业的趋势等问题。此外，英国政府资助的机构或者行业组织对服务贸易的协调与管理也很重要。各行业协会、市场研究协会、管理咨询协会等，负责提供相关领域的专业服务，如国家消费者委员会（National Consumer Council）是贸工部资助的非营利机构，代表所有消费者的利益，与英国及欧盟的政策制定者、管理者和服务提供者进行联系；金融巡查官服务（Financial Ombudsman Service）向消费者提供免费咨询服务，以解决他们与金融业公司之间在保险、抵押、养老金和投资等领域的争端；英国市场研究协会（British Market Research Association）致力于向英国市场研究公司提供专业服务；英国管理咨询协会（Management Consultancies Association）也提供相关领域的专业服务等。除了政府和地方当局各经济管理机构的广泛参与外，其他部门包括外交、军事部门，以及上至皇室、下至民间机构，均参与对出口和吸引投资的促进工作。英国服务贸易统计由英国国家统计局归口管理。不同行业分别提供统计数字，由国家统计局统一对外发布统计公报。最终统计数字通过年度红皮书（Pink Book）对外出版。英国的服务贸易管理几乎包含了各个领域、各个环节，使得整个服务贸易发展形成了一个健全、有序的管理链。

　　加拿大政府对服务贸易不进行直接的管理，而主要是通过贸易促进来推动服务贸易的发展。外交与国际贸易部是加拿大促进服务贸易发展的主要部门。其核心服务包括：一对一的出口帮助；提供市场与产业信息；提出出口融资建议；推荐贸易交易会、举办研讨会，如果企业希望实地考察目标市场，办事处可以推荐符合要求的国际贸易展会；举办学习研讨会，帮助出口商了解海外商业环境及机会；等等。

　　中国香港在工商及科技局下面专门设有工商服务推广处，这是政府专设的服务贸易促进部门。1997年5月成立的工商服务业推广处，隶属于工商局，专门负责服务业推广事宜。之后，该处与商界合作制订、执行"方便营商计划"，与商界和学术界合作制订、执行"推广服务业计划"，推行近300项措施，对提升香港作为亚太地区国际服务中心的地位发挥了积极的作用。此外，香港贸发局、生产力促进局等机构属于法定的服务贸易促进机构，其经费部分来源于政府，部分来源于收费服务项目；香港服务业联盟为服务业和服务贸易专业行业协会，不仅致力于香港服务业和服务贸易的市场开拓，还负责把香港各服务行业的意见、要求和愿望及时传递给政府，使政府决策更加符合香港服务业和服务贸易发展的需要。三者之间的职责各有侧重又相互配合，有效地促进了香港服务业和服务贸易的发展。

5.1.2　服务贸易发展政策与管理体制经验借鉴

　　综观世界主要服务贸易经济体服务贸易管理体制，有以下经验和特点。

1. 政府的立法机构和各主要管理部门之间形成了有效的分工协调机制

　　由于服务贸易涉及的种类繁多且发展速度较快，很难由某个政府部门进行集中统一的管理。因此，世界主要国家和地区的服务贸易管理均体现出了既分散又集中的特点，即在各专业部门进行专业化管理的基础上，设有综合协调部门对服务贸易进行相对集中的管理。

美国国会、服务贸易管理机构、联邦政府与地方政府、政府部门与企业和民间组织之间分工合理，形成了有效的协调机制。

美国政府及各州为服务贸易出口服务的主要机构主要由以下四个体系构成：①总统出口理事会、联邦贸易促进协调委员会及其"服务出口工作组"、总统贸易政策与谈判顾问委员会以及相关服务行业顾问委员会，共同构成了美国服务贸易资讯、决策与协调体系。②商务部、美国贸易开发署、海外私人投资公司、小企业商务管理局、进出口银行、贸易谈判代表办公室，以及国务院、财政部等与服务贸易出口相关的联邦政府机构，共同构成了美国横向服务体系。③联邦政府在各地设立的贸易促进机构——美国"出口扶助中心"、各州及地方设立的出口促进体系、联邦及各州在国外设立的商务促进机构构成了美国纵向服务体系。④全美服务行业联合会、各地区出口理事会、各服务行业协会或行业出口理事会和出口法律援助网络组成了美国民间出口服务体系。

美国宪法对政府机构的贸易管理权限进行了划分，明确规定国会享有对外贸易的立法权，行政部门负责外贸法的实施和执行。这种执行权并非由单独一个部门享有，而是由美国贸易代表办公室、商务部的国际贸易管理局共享。美国贸易代表办公室不仅要直接向美国总统报告服务贸易谈判和国际协调方面的进展，而且每年都要参与美国国会有关服务贸易的讨论和调查；美国商务部也通过总统办公会议以及国会下的专门小组，相互协调沟通服务贸易政策法规的制定与执行。同时，美国商务部和美国贸易代表办公室分别通过各种项目或计划，与服务贸易各行业的主管部门、行业协会、进出口银行、企业和民间机构之间建立有效的协调、联络机制，从而为美国服务业开拓海外市场提供全方位的服务。此外，国务院、财政部、海关总署等相关政府部门也参与服务贸易的管理。除了国会和上述具有对外贸易管理职能的行政部门外，司法部门具有对服务贸易政策的司法审查功能，而民间组织则主要在贸易促进和信息咨询等方面发挥作用。美国运输部、联邦通信委员会、旅游管理局、国家保险委员会、金融业协会等行业主管部门及协会分别负责制定本行业的法律法规、交易规范、发展规划以及市场准入、出口推广、行业技术等标准；美国的服务贸易采取分权制立法，各州政府对不同的服务行业自行制定不同的经营法规及市场准入标准，这种立法体制在一定程度上限制了外国企业进入美国服务业市场。同时，各州政府还为本州服务企业开拓海外市场提供各种服务；美国进出口银行、美国贸易与开发署和国际开发署等机构与私营服务部门保持密切合作，为服务业提供各种信息服务，组织各种展会，帮助国内服务企业竞争海外大型服务项目；美国政府及民间团体还设有许多专门的咨询机构，为服务业出口商提供有关外国市场的咨询服务，有效促进了服务业企业的对外扩张。

日本政府的贸易管理机构可分为立法机构、政策的制定和执行机构、统计机构及服务贸易咨询及促进机构四大块，主要涉及国会、内阁、外务省、经济产业省、国土交通省、财务省、日本银行、日本进出口银行、日本贸易振兴会等政府机构和组织。日本"内阁会议"是制定政策、协调各省厅之间关系的最高官僚机构。

欧盟虽然没有设立专门负责服务贸易的机构，但是在欧盟各主要机构（欧盟理事会、欧盟委员会、欧盟议会等）设有服务贸易立法和协调服务贸易关系的部门。例如，欧盟理事会下设的一般事务与外部关系委员会负责协调欧盟与其他国家之间的服务贸易和服务立法的关系。同时，作为联系各机构与各个成员方的联系机构，理事会具有重要的"关节功能"。理事会对服务贸易的管理作用很大程度上表现为协调各成员方的服务贸易政策，对各国服务贸易政策上存在的差异进行调解从而起到"润滑剂"的作用。

2. 中介机构在服务贸易管理的协调机制中扮演着重要角色

在各国或地区服务贸易管理的协调机制中，中介机构扮演着重要角色。美国服务贸易的中介机构既有美国服务业联盟（CSI）等具有行业协会性质的机构，也有像美国产业贸易咨询中心（ITAC）这样半官方、半私营的组织，还有如加州公共政策研究院等地方性非官方研究机构。美国服务业联盟是一个致力于减少美国服务贸易出口障碍，致力于促进建设性的美国政策的发展，以提高其成员国际竞争力的民间组织。该组织成立于1982年，积极参与了WTO、美洲自由贸易区以及智利和新加坡的自由贸易中有关服务贸易的谈判。CSI在《服务贸易总协定》的订立过程中起着非常重要的作用，而且对WTO的《基础电信协议》《金融服务协议》也功不可没。CSI代表其成员的利益，在全美乃至国际论坛上帮助其成员实现贸易扩张目标。其主要职能是通过全球服务网络和美洲服务业网络在世界范围内形成一个自由服务贸易支持者的联盟；通过定期的咨询和简报向政府机构提出建议，对相关要员进行培训；与其他国外民间组织合作，以促进国际服务贸易的发展等。中介机构一方面为政府决策部门提出服务贸易政策建议；另一方面为服务业企业提供市场、政策咨询，帮助企业开拓国际市场。同时，通过各种研讨会、年会等方式，中介机构在政府与企业之间互通信息，协调政府与企业之间以及各行业在国际服务贸易谈判中的立场，传递各方面的利益要求，与政府一道共同促进服务出口，提高本国服务业的国际竞争力。这些中介组织对外是本国服务业及其企业的窗口，对内在政府和企业之间起到了桥梁和纽带的作用。

英国有一些官方参与管理或赞助的对外经济贸易服务机构，如英国小企业服务局、专门技能基金会、英国食品协会、英联邦发展公司、工商联合会等众多的机构，它们与遍布全球200多个国家和地区英国驻外使领馆一起形成了一个庞大的贸易促进和服务网络，通过其专业人员为英国企业提供出口和海外投资方面的信息与咨询服务，同时也增强了引资的功能。

德国行业协会组织程度相当高，企业主加入行业协会的比例达90%以上，远高于工会的入会率。德国的行业协会由三大系统组成，分别是德国雇主协会联邦联合会及其下属协会、各行业联合会以及工商会组织（法律规定每家企业都必须加入工商会），而一家企业通常可以属于好几个协会。信息服务与咨询是行业协会的一项基本任务。各协会以定期或不定期的方式发表报告和鉴定，并举办各种形式的讲座和报告会。对于成员企业来说，协会犹如一家咨询服务公司，只要按时缴纳少量的会费，就能得到服务。大中小企业由于资金、人力等方面的限制往往也需要行业协会的咨询。德国的各个行业几乎都有自己的协会组织。这些协会组织，尤其是商业领域、服务业领域注册的协会对其行业的发展、法律法规的制定以及促进内外交流、提供信息等方面都发挥着重要的作用。例如，"德国贸易展览协会"是德国展览业界的代表性组织，其成员包括展览组织、观众协会和博览会公司。德国贸易展览协会的主要任务是：向国内外对德国展览会感兴趣的个人或团体提供信息和咨询服务，维护展览业界的利益，推广德国各展览中心的项目，提高展览市场的透明度，代表官方参加海外展会。德国贸易展览协会拥有广泛的展览信息和来自各方面对展览业的支持，出版多种刊物，同时还对个体参展商在选择展览项目方面提供咨询。此外，还有诸如"德国外贸和批发商协会""德国零售业外贸协会""德国直销联合会""德国联邦采购与物流协会""德国建筑协会""德国船东协会""德国信息经济、通信与新媒体协会""德国交通运输协会"等数目众多的其他协会组织，它们在促进德国服务贸易发展方面所起的作用不容低估。

中国香港服务贸易中介组织主要包括香港服务业联盟、香港总商会、香港物流协会等近百个组织。香港服务业联盟是香港总商会下辖的一个服务业政策智囊团，是香港服务业的主要代表团体，也是与香港服务贸易关系最为密切、对服务贸易政策影响最大的民间团体，其成员来自50多个服务行业。除执行委员会外，其下设金融服务、专业服务和旅游服务三个委员会，其宗旨是促进香港服务业的持续发展和提高竞争力。该组织致力于香港服务业和服务贸易的市场开拓，积极参加国际性会议，并努力为服务业提供所需之设施，以协助服务业发展。

3. 政府对服务业与服务贸易的大力促进

政府对服务贸易的管理与干预的目的，是给服务贸易的发展创造正常的活动与竞争条件。根据社会市场经济的原则，积极创造条件，尽量让本国企业在国际竞争中凭自己卓越的经营能力、优良的商品质量和完善的售后服务等特长巩固与扩大阵地。同时，着眼于国际市场的现状与发展，政府积极为相关企业的出口、进口等方面创造合理的必要条件。

"服务先行策略"是美国《国家出口战略》的重要内容。美国《1988年综合贸易法》将服务贸易与货物贸易并列作为扩大出口的两项内容；政府专门设立促进服务贸易的机构部门，制定服务贸易出口战略，为服务贸易的发展提供服务；鼓励各种民间团体通过设立专门咨询机构等方式为国际服务贸易提供多种帮助。作为国家出口战略的一部分，1995年美国商务部制定了服务贸易发展战略，其核心是通过建立政府与私人企业的合作机制，促进美国服务的出口。通过加强对外谈判、扩大市场准入；巩固传统市场，打开新兴市场；与企业密切合作，注重务实性、技术性促进措施；改进数据采集，加强市场调研；改进跨部门合作及与各州的合作，提高与促进服务效率；确定重点行业，实施重点支持：大幅增加服务业和服务贸易出口相关的公共投资和科技投入，提高重点服务出口行业的综合竞争优势。美国商务部、进出口银行、海外私人投资公司、贸易开发署、国际开发署联合建立"大项目出口对策支持网络"和专门的协调机构——"大项目出口对策支持中心"，对重大服务出口项目实施重点支持。同时，以上机构还向美国服务企业尤其是中小企业提供市场分析、政策咨询、融资支持等一整套服务，为其提供开拓国际市场的机会。这些措施有力地促进了美国服务贸易的发展。

德国政府一方面出台政策、采取措施对服务贸易进行不同方向的干预，千方百计地保护本国市场和国内企业的利益，限制服务贸易的进口；另一方面通过财政、金融以及产业发展政策等手段，促进本国服务业的迅速发展和出口的增加，具体包括：实行优惠税率或免税、给予出口津贴、发放出口信贷、建立国家担保出口的贷款制度、对遭遇风险的出口商给予补偿，以及多次运用汇率杠杆促进出口贸易等。此外，德国政府还通过建立外贸服务机构、提供贸易咨询服务等方式来促进服务贸易的发展。

法国政府为了加快外贸出口进程，采用多种多样的激励措施，建立了全方位的服务体系，多级政府或民间组织共同来为本国出口产品提供资金和技术服务。它不仅使用直接的财政手段，而且还在融资、保险等方面给予企业优惠，发挥金融工具间接的促进作用，形成了一整套相互匹配、相互补充的较完善运作机制。

新加坡采取贸易立国政策，发展以国际营运总部和跨国采购中心为基础的服务贸易。新加坡政府运用资金奖励和税收优惠等措施鼓励跨国公司设立国际营运总部，加强机场等公共设施建设，强化信息服务平台建设，重视本地金融、保险、社会服务、计算机及信息管理等服务业的发展，使新加坡成为资金管理和银行聚集中心等区域金融中心与离岸金融中心。政府将跨国采购对象定位于面向商贸服务的最大市场，这种针对性的商贸服务模式是营运中心与跨国采购的结合，极大地推动了新加坡与贸易相关的服务出口，从而确立了其亚太地区国际贸易、金融、采购中心的地位。

自 2001 年起，韩国实行政府主导型的服务贸易政策。韩国政府通过税收、金融、企业负担费用等缩小制造业和服务业的差别待遇，完善服务贸易人力资源培养体系，营造良好的服务贸易外部环境；通过税收、相关政策倾斜大力发展优势产业，如游戏产业、手机服务、流通业、贵金属、时装产业、海洋休闲及体育产业等。借鉴国外经验，韩国采取一系列措施增强观光产业、教育领域、医疗服务、服务外包等产业的竞争力。

印度专门制定了促进服务贸易有计划发展的国家战略，大力发展知识经济，加大对技术、教育、科研项目和知识密集型行业的财政投入。2002 年印度计划委员会出台《十五规划》和《印度 2020 年展望》，提出要充分利用比较优势和竞争优势，实现从资本驱动型向知识驱动型的转变，发展面向全球的服务型知识经济。印度政府成立国家知识委员会，通过加强对技术和教育、知识密集行业和企业的投资，应用研发项目和技术创新，以及发挥海外引导人才优势等措施提高国际竞争优势。为促进知识型服务出口，印度全国管理协会建立了一个由企业家、学者和政府官员组成的高级战略小组制定规划和行动建议。

4. 成熟的服务贸易统计调查方法提供了较为翔实、可信的服务贸易统计数据

美国、欧盟等国家和地区的服务贸易主要采取问卷调查汇总、相关统计数据参考相结合的调查统计方法。依靠这种方法获得的数据，为政府部门以及企业界、行业协会和咨询机构提供了分析本国服务贸易发展的重要依据。政府部门和咨询机构经常采用这些数据，以分析本国服务贸易的竞争力，评价服务贸易的政策效果，了解全球服务贸易的发展情况。

以美国为例，在过境交付的国别统计中，美国与墨西哥、加拿大接壤国家的服务交易统计，分别统计本国进口，而以对方统计的进口数为本国的出口数；对于旅游、教育、医疗等行业的统计，主要利用航空公司、移民局、教育基金会、保险公司等提供的出入境人数、留学生注册人数、基本学费、宿费、飞机票价等资料测算旅游、教育和医疗费用；在企业调查方面，采取基准调查（调查对象为年营业额在 50 万美元以上的企业）和目录抽样调查相结合的方式。通过上述方法，美国获得了较为翔实、可信的服务贸易统计数据。

欧盟各国采集国际收支数据的办法主要可以分为三大类：结算系统、调查系统和混合系统。结算系统的数据主要来源于各国银行采集的跨国交易的结算数据。同时统计部门也会要求居民直接报告其在国外银行账户中的交易情况，并开展一些定期的调查来收集直接投资再投资受益及境外资产负债数据。调查系统的数据直接来源于对从事交易企

业的问卷调查，通常不是逐笔数据而是总量数据。调查系统广泛采用抽样和估算的方法。混合系统既使用银行的结算数据，也使用调查和其他来源的数据。目前欧盟各成员方由结算系统向混合调查系统转变的趋势非常明显。FATS 统计数据的采集主要采用调查的方法，"年度商业调查"是收集 FATS 数据的基础。为了减少企业的负担，各国往往采取 FDI 和 FATS 统计相结合的办法，相互核对后进行处理。

5. 完善的服务贸易立法和决策程序

主要服务贸易经济体都建立起了一套较为完善的服务贸易立法和决策程序，使服务贸易管理做到有法可依。例如，美国的《贸易法》是一部能攻能守的全能型法规，它为各管理部门之间的相互协调、一致对外提供了法律上的保障。根据美国《贸易法》第 2114 节规定，为了促进美国服务贸易政策的制定、协调和实施，负责管理服务产业部门的每一相应部门或机构，就外国市场中给予美国服务部门的待遇及外国政府或公司的服务部门中的不公平做法，向美国贸易代表建议并与其一起工作；美国国际贸易管理局和专利及商标办公室则在国务院、贸易代表办公室、版权办公室等机构的配合下，负责保护知识产权和改进国际市场商业执照的条件。充分有效的知识产权保护对诸多服务领域的竞争力至关重要，例如软件业、电影业和音像录制业等。美国《贸易法》对服务贸易管理体制的内容规定甚少，除涉及部门分工以外，对服务贸易的主体资格、贸易行为限制较少，有关服务贸易具体管理措施的规定也相对较少，而把服务贸易管理的主要职能放在了服务贸易谈判、对进口引起的损害的救济、贸易协定以及美国对外关系等方面；赋予了美国商务部、贸易委员会以及贸易代表办公室在管理服务贸易时必要的谈判权、促进权和报复权，为其管理和服务职能提供了强有力的法律约束和保障。

欧盟议会和理事会已就国际收支统计立法，所有的成员方必须按照法律框架提供数据。法规对统计的内容做了详细的规定，同时对服务贸易部门的分类也进行了详细的定义。因此，欧盟的服务贸易统计数据获取就有了强制性。2000 年英国颁布《金融服务和市场法》，大力发展金融业。德国对法律咨询、审计、会计、税务咨询等制定专门法律进行限制，保护本国市场和企业的利益。韩国 2006 年出台《游戏产业振兴法》，鼓励游戏产业对外出口。印度相继出台了《版权法》《信息技术法》和《半导体集成电路设计法》，保护软件产业的知识产权，吸引国际服务外包。

6. 积极参与并推进多边、区域及双边服务贸易协定的签署

服务贸易发达国家和地区无一例外地把积极参与并推进多边、区域及双边服务贸易协定的签署当作一项重要的工作来抓，以求为自己国家的服务贸易发展提供更广阔的市场空间以及便利的准入条件。例如美国，在 WTO 多边贸易体系里倡导服务贸易自由化，促成了有助于美国服务出口的《服务贸易总协定》《金融服务协议》《基础电信协议》等文件的签署。另外，美国还利用区域及双边自由贸易协定促使其他国家开放服务市场。在积极推进 NAFTA 和 APEC 贸易自由化进程的基础上，美国已经与加拿大、墨西哥、以色列、约旦、智利、新加坡、澳大利亚等签订了双边贸易协定。这些贸易协定规定加拿大政府不对服务贸易进行直接的管理，其工作重心放在服务贸易的自由化上。因此在各双边、区域及多边贸易安排中，都积极推进服务贸易的协商，以期为服务贸易的自由进行创造良好环境。加拿大外交和国际贸易部的主要工作职责是负责加拿大各项贸易安排、

服务贸易的协商与谈判及承诺的执行。在联邦政府内部,来自 17 个政府部门的工作人员组成了不同的工作组。这些工作组就服务业各不同部门存在的问题与利益相关者进行磋商,并分析加拿大不同服务部门的目标与特权,以确定加拿大在谈判中所处的位置。加拿大政府对服务贸易谈判的重视程度由此可见一斑。印度通过 FTA 战略,选择性地在其与其他国家和地区签署的双边贸易协定和安排(FTA/EPA)中做出有关服务贸易政策的安排。印度目前与南亚及东南亚国家签订了一系列贸易协定,并积极投入到南亚区域合作联盟的建设中,通过修改贸易政策,降低区域内的贸易壁垒,以促进区域内(尤其是南亚地区)的贸易发展。此外,印度与阿拉伯国家的海湾合作委员会签订了《经济合作框架协议》,与东南亚国家联盟之间签订了《印度 – 东盟全面经济合作框架协议》《印度与东南亚国家联盟、巴厘岛、印度尼西亚关于全面经济合作的框架协议》等一系列协议。

【案例 5-1】 美国的服务贸易促进政策与措施

1. 政府推动作用明显

美国政府的推动作用主要表现在,一是制定前瞻性"服务先行"出口发展战略。1994 年克林顿向国会递交的《国家出口战略》指出,美国政府将集中力量支持国内服务业发展,增强服务贸易竞争力。此后,美国历年《国家出口战略》报告的所有战略、政策和措施完全适用于服务贸易。"服务先行"的出口战略成为《国家出口战略》的重要内容。二是建立起完善的法律、法规体系,为服务贸易发展提供良好的制度环境。对内,美国政府通过立法、设立专门机构等手段,建立起完善的服务贸易法律法规体系和管理机制。除 1974 年的《贸易法》、1988 年的《综合贸易法》等综合性法案外,在通信业、航空运输业、海运业、金融服务业各领域,美国都有专门的行业性法律法规保驾护航。通过立法将服务贸易、货物贸易和知识产权结合在一起,为处理解决双边服务贸易争端提供了法律保障。三是制定服务业出口战略,为服务业向外扩张提供保障。一方面美国政府制定各种鼓励服务业出口的计划、政策和措施,如派高级贸易团出访,采用总统外交经济等手段扩大服务业出口;另一方面通过多边贸易谈判消除他国政府的服务贸易壁垒,同时为缩短谈判时间,快速占领市场,凭借经济实力开展双边谈判,扩大美国进入他国服务市场的机会。

2. 培育重点出口产业并保持其竞争优势

自实施"国家出口战略""服务先行"战略以来,美国加大对服务出口重点产业的支持,将重点放在具有强大竞争优势的旅游、信息技术、金融保险、电信服务、影视娱乐等领域。一是保持旅游、交通基础设施硬件和软件的领先优势。历届美国政府都重视基础设施和相关的科研投入,尤其是对应用信息技术和资本密集型产业的投入一直位居世界之首。例如,对"信息高速公路"的大量投入,确定了美国信息产业在服务贸易竞争中的优势地位。二是重视与服务贸易相关的科技投入。技术的进步提高了交通、运输、通信信息的处理能力,提高了服务的"可贸易性",同时大大降低了交易成本。三是依靠长期高水平的教育投入和人才的引进机制,使得美国拥有世界上人数最多、最具优势的科技队伍,丰裕的人才优势支撑美国服务贸易优势产业得以持续发展。

3. 构建高效的出口促进体系

结构完善、协调有力的服务贸易促

进体系在美国服务业发展中起到了重要的促进作用。美国服务贸易出口机构主要由以下三个体系构成：一是咨询、决策与协调体系。总统出口理事会、联邦贸易促进协调委员会及其"服务出口工作组"和相关行业顾问委员会，共同构成了美国服务贸易咨询、决策和协调体系，分别承担出口促进、数据分析、贸易谈判及政策研究等职能。二是服务贸易促进体系。美国商务部是主要的促进机构，商务部设立五个职能部门为服务业出口提供行业分析、拟定贸易政策、参加贸易谈判、组织扩大贸易市场计划、评估国内外经济政策对相关进出口影响等相关服务，目的是创造良好的产业政策环境，以提高美国制造业和服务业的全球竞争力。同时，美国贸易开发署和贸易谈判代表办公室对服务贸易出口的促进作用也日益增强。美国贸易开发署主要为美国公司国外重大基础设施项目和开放贸易体系研究提供资金援助；美国贸易谈判代表办公室在对外谈判中协调各政府机构，并为总统对外谈判提出方案和意见。三是美国民间出口服务体系。民间出口服务体系包括全美服务行业联合会、各地出口理事会、各服务行业协会或行业出口理事会及出口法律援助网络。民间出口体系的宗旨是提供开拓国际市场的指导和援建，降低出口障碍，帮助美国企业扩大出口。

资料来源：金满涛. 美国服务贸易发展经验对我国的启示［EB/OL］. http://news.hexun.com/2018-11-14/195203748.html. ∎

【案例5-2】 "世界办公室"：印度为何成为最大的软件外包市场

印度每年承接全球服务外包市场近一半的业务，其中承接的软件外包业务约占全球软件外包市场的2/3。如今，印度的外包产业以跨国公司软件设计等信息技术服务业务为主，业务范围涵盖信息技术、金融、制药、工业设计等，因此印度被形象地称为"世界办公室"。

早在20世纪末，印度就提出了"要用电子革命把印度带入21世纪"的治国方略，并认识到一个国家软件产业的兴衰将决定其在21世纪国家竞争中的地位。

印度服务外包产业的发展历程主要经历了以下四个阶段：第一阶段是20世纪90年代初到1998年，服务外包业务主要集中在为大型金融、保险等公司提供数据录入、呼叫中心等后台服务；第二阶段为1998～2000年，后台服务范围延伸，部分前台业务也陆续转移到印度；第三阶段为20世纪的前4年，在此期间外包业务领域扩张，从简单录入转到高端研发、分析功能，服务外包内容呈复杂化和高端化；第四阶段即从2005年至今，印度外包承接商开始并购某些欧美公司，业务渠道趋于成熟。

随着政府进一步加大对软件和服务外包的支持力度，该行业趋于成熟，也凸显出十分明显的特色。在稳坐"世界办公室"的交椅后，其业务也由最初的简单编程和维护工作向产业价值链的中上层延伸，大公司占据了产业的主要地位。行业发展和巨擘诞生，使得行业趋于规范。我们可以从中归纳出印度软件和服务外包产业形成的特点。

1. 产业集聚效应明显

自20世纪90年代以来，印度软件产业迅速崛起，多年来保持高速增长的态势。从1990年软件产业年产总值只有1.9亿美元，到2008年已经突破520亿美元。班加罗尔软件园被称为"印度硅谷"，是印度最大、最著名的软件园。

目前印度全国有43个城市开展了软

件和服务外包业务，班加罗尔、金奈、海德巴拉、新德里、孟买、普纳等城市是印度软件和服务外包的领先城市，业务收入占据了整个行业规模的90%以上，其中班加罗尔产业规模占印度整个行业的36%。随着产业规模的扩大，二线城市软件和服务外包产业人数占整个产业从业人数的比重将会迅速上升。

2. 以服务外包为主的出口占据了产业的主导地位

2007～2009年，印度软件和服务外包产业出口额所占比重分别为79.2%、77.5%和78.7%，预计2010年仍在80%左右。在2009年软件和服务外包出口中，服务外包占据了整个出口额的绝大部分市场，其中ITO（信息技术外包）和BPO（业务流程外包）分别占57.2%和27.4%，而软件产品及嵌入式软件出口所占份额很低。

3. 形成以欧美市场为主的出口多元化格局

目前，印度软件和服务已出口到全球100多个国家和地区，其中欧美市场多年来占据了90%以上的比重。近几年，美国市场增速有所放缓，英国、欧洲、亚太等其他地区保持了较快增长，美国市场所占比重有所下降，因为以欧美市场为主导的出口多元化格局正在形成。

印度作为发展中国家，通过服务外包行业创造了更多的就业机会，赚取了大量外汇，也促进了服务业的快速发展，其促进软件和服务外包行业发展的经验值得后来者借鉴。

印度高度重视人才的培养，形成各种金字塔式的人才培养机构，其课程设置围绕企业需求，紧跟最新技术发展动向。与此同时，在政府政策的扶持下，行业中介组织在产业发展中发挥了至关重要的作用，印度全国软件与服务公司协会（NASSCOM）是印度软件与服务外包行业的贸易组织和商会，其通过促使成员采用世界一流的管理手段，建构最高的质量标准，进而拥有了全球竞争力。

另外，知识产权保护为产业发展创造了良好环境，为适应国际软件外包潮流秩序，印度政府以强有力的法令政策与环境支持，出台了一系列法规为其保驾护航。

印度始终坚持采用国际上最先进的技术质量标准进行高起点的软件开发，以高效的软件质量和项目管理能力来提升自身竞争力。在服务外包这片蓝海上，印度已开拓出十分可观的格局。

资料来源：http://www.sohu.com/a/219651190_99988304. ■

5.2 中国的服务贸易政策体系与管理体制

国际服务贸易发展的大潮滚滚向前，中国怎样才能稳站潮头、应付变局？这是一个需要从多方面进行回答的问题，加强服务贸易的制度建设是其中的一个重要方面。中国服务业开放的成果有目共睹，但制度环境和政策支持体系仍有待完善。本节首先介绍中国参与国际服务贸易谈判的大致情况；其次阐述中国服务贸易政策与管理体制的基本现状、存在问题以及完善措施。对于中国服务贸易管理体制的把握，不仅可以更好地总结经验，开拓未来，更重要的是能够做到"知彼知己，百战不殆"。

5.2.1 中国参与服务贸易谈判

在乌拉圭回合谈判期间，中国参与了整个过程，而且参与制定了GATS。在谈判中，因中国是发展中国家，所以只能居于发展中国家的谈判集团中。

1990 年 5 月 4 日，中国联合印度、喀麦隆、埃及、肯尼亚、尼日利亚、坦桑尼亚等发展中国家向服务贸易谈判组提交了对 GATS 文本结构具有重大影响的"亚非提案"。1990 年年底，服务贸易谈判进入市场准入初步承诺谈判阶段。根据谈判规则，只有已经提出开放本国服务市场初步承诺开价单的国家，才有资格向其他国家提出要价单，也才有资格参加初步承诺谈判，成为 GATS 的成员方。据此，1991 年 7 月，中国第一次向 WTO 秘书处提交初步承诺开价单，对银行、航运、旅游、近海石油勘探、专业服务和广告 6 个行业的市场开放做出了初步承诺。随后，这些部门的谈判代表分别于 1992 年 1 月、3 月和 10 月，先后三次组团赴日内瓦 GATT 总部，参加与各国的具体磋商。中国驻日内瓦代表团除参加国内的组团外，还跟踪和参加了 2 月和 6 月的初步承诺谈判。其间，中国代表分别与美国、欧共体、加拿大、日本、芬兰、印度尼西亚、瑞典、挪威、韩国和斯里兰卡等 10 多个国家和地区进行谈判或接触，大致摸清了对方的初步要价。1992 年 10 月，中国经贸部又组织 15 个部门（经贸部、建设部、交通部、机电部、财政部、商业部、广播电影电视部、中国人民银行、中国银行、国家旅游局、外国专家局、国家工商管理局、中国远洋运输总公司、中国石油开发公司和中国长城工业公司）组成的谈判组，参与市场准入初步承诺的第四次谈判。在这次谈判中，中国又把保险、陆上石油服务、商业零售、建筑工程和计算机服务等领域列入初步承诺开价单。1993 年 4 月，中国又对开价单做了调整，初步承诺开放以下服务市场：银行、保险、旅游（酒店、餐馆）、远洋、内河、公路运输、建筑工程、广告、计算机服务（软件、系统设计、数据处理、设备保养与维修等）、陆上石油服务、近海石油勘探、专业服务（法律、会计、牙科、技术检测与分析、科技咨询、教育、翻译、地质、地球物理和其他科学勘探、地下水调查等）、租赁等部门。1993 年 9 月，中国再次修改初步承诺开价单，进一步加大服务业对外开放程度，并于同年 11 月，提交了服务贸易减让表草案。中国对其中绝大多数行业部门规定了以商业存在（主要是设立中外合资、合作企业）的方式提供市场准入机会，个别的专业服务项目允许具有一定资格的自然人进入。中国现有的有关外商投资企业的法律法规被运用于从事服务业的外商投资企业，特定行业有特别的法令。承诺单中宣布公用事业、交通运输、房地产、信托投资、租赁等五个行业限制设立外商独资企业，印刷、出版、广播、电视和电影、邮电通信以及中国政府另有规定的其他行业则禁止设立外商独资企业。此外，承诺开价单还对税收、外汇管制、土地所有权和自然人短期居留制度做了说明。

依据 GATS 有关规定，中国政府在初步承诺中阐明，中国的初步承诺开价单是有条件的，承诺是否有效将取决于服务贸易多边框架的谈判结果，以及其他参加方所做的初步承诺，特别是将取决于对中国有重大利益的服务部门的谈判结果。中国将根据服务贸易谈判的具体情况，对初步承诺开价单做出适当的增删或修改，并保留撤回初步承诺和进行技术性修改的权利。

WTO 总理事会于 2000 年 2 月 7 日决定启动服务贸易新一轮谈判，谈判以服务贸易理事会（Council for Trade in Service，CTS）特别会议的形式与服务贸易理事会的日常工作并行展开。2000 年 2 月 25 日服务贸易理事会特别会议正式启动了服务贸易新一轮谈判。谈判主要分为两个阶段：一是"规则制定"阶段，在此阶段成员将对服务贸易补贴、保障措施和政府采购的新规则进行谈判，谈判在现有服务贸易委员会进行，主要是 GATS 规则工作组；二是"要价和出价"阶段，成员将就进一步的市场准入进行谈判，有关谈判在服务贸易理事会特别会议上进行。2001 年 3 月 28 日，服务贸易理事会通过了《服务贸易谈判的指导原则和程序》，服务贸易新一轮谈判进入第二阶段，但"规则制定"的工作仍将继续。

中国一直积极参与服务贸易谈判，不仅按时提交了服务出价，而且积极地派团投入到诸边谈判当中。中国与美国、欧盟、日本、加拿大、澳大利亚等10多个主要WTO成员进行了几十轮双边谈判，几乎国内所有服务业主管部门均派代表参加了磋商和谈判，使中国各服务部门的出口利益在谈判中得到了充分体现。

在服务谈判中，中国向美国、欧盟、日本、加拿大、印度、巴西等29个WTO成员在建筑工程、海运、医疗、教育、旅游等10多个部门提出了（双边）要价，并收到了美国、欧盟、日本、加拿大、韩国等20个WTO成员对我国提出的最初（双边）要价单。此外，中国已在2003年9月提交了最初出价，在两大部门（即商业服务和交通运输）中进行了新的承诺，在一些部门或分部门中进一步改善了现有承诺，取消了海运方面的一项最惠国待遇例外。2005年7月，中国提交了改进出价。

我国服务要价的总体策略和原则是：对发达国家成员的重点部门高要价，对发展中国家成员的广泛部门适度要价，对最不发达国家成员有限要价。在进行具体要价时，我国对几个方面的内容比较关注：要价需与我国的现实经济利益直接相关、向我国有出口或潜在出口利益的优势部门提出要价。要价还应体现我国产业的具体出口利益，并能够有针对性地反映服务出口中遇到的贸易壁垒和限制。要价基础是其他成员的具体承诺表和我国出口企业的信息反馈。在此基础上，我国提出的对外要价主要集中在六大部门：商务服务、建筑和相关工程服务、教育服务、环境服务、旅游服务和运输服务。提出有限要价的部门包括通信、分销和金融服务。没有进行要价的部门包括与健康相关的服务，社会服务及娱乐、文化和体育服务等。

WTO成员对中国要价涵盖了30多个部门，包括：法律服务；会计、审计和簿记服务；建筑设计服务、工程服务、集中工程服务、城市规划服务；房地产服务；建筑和相关工程服务；医疗和牙医服务；能源服务；广告服务；快递服务；电信服务；视听服务；分销服务；教育服务；环境服务；保险服务；银行服务；证券服务；与健康有关的服务和社会服务；旅游及与旅行相关的服务；娱乐、文化和体育服务；运输服务；各种商业服务。要价的主要内容包括：①取消合资企业限制及股比限制，允许设立独资企业。②取消所有地域限制。③取消数量限制。④给予外国服务提供者完全的国民待遇。⑤降低银行、保险和电信部门外资设立的过高的资本金要求。⑥提高法律、法规、程序的透明度。⑦放宽或简化审批要求和程序。

在2006年开始的诸边谈判中，在总共20份诸边要价中，中国在17份要价中成为被要价方，涉及电信、金融、能源、建筑、法律等诸多部门，许多要价都指向中国世贸承诺中保留的限制措施。但由于中国出口利益相对有限，仅在海运、模式4（自然人移动）、最惠国待遇等领域参加了向美国、欧盟、日本、加拿大等发达成员提出的3份集体要价。

此外，中国曾先后就关心的海运服务和自然人移动两个议题与其他成员联合提出谈判建议，呼吁在上述两个领域中实现进一步自由化。中国提交了服务贸易评估报告，指出新一轮市场准入谈判应是逐步的、有管理的。中国还与其他发展中成员就《服务贸易谈判指导原则与程序》第15段的实施提出联合声明。由于国内规制谈判取得进展对推动市场准入谈判的意义非常重要，中国一直积极参与"紧急保障措施"和"国内规制"谈判,提交了"中国服务提供者在外国市场遇到的国内规制贸易限制"和"法律服务部门的国内磋商结果",以期通过国内规制谈判减少或消除海外贸易壁垒。中国主张 WTO 成员间的所有协议应通过多边渠道,而不是在诸边范围内讨论,希望诸边服务贸易的讨论是开放、透明和包容的。从总体上看,我国强调市场准入与规则谈判的平行和平衡,主张对发展中国家所关心的制定国内监管纪律和建立紧急保障措施方面加大谈判力度。对其他一些具体议题,如自主自由化待遇、服务部门的分类、最惠国待遇的豁免以及 GATS 条款的技术性审议等,我国也提出了若干建议。

5.2.2 中国服务贸易政策体系与管理体制的问题与完善

大体来看,中国对外贸易政策体系发展可分为四个阶段(见表 5-1)。

表 5-1 中国对外贸易政策体系发展的四个阶段

阶段	特征	主要内容	绩效简评
(1949～1978年)计划经济下的统制贸易	贸易从属于计划经济的一部分,国家集中管理对外贸易	外贸专业公司垄断经营,按照政府指令性计划进出口	对国家集中力量发展经济、稳定社会和发展对外经济贸易联系发挥了重要作用;20 世纪 70 年代为加强国际分工和与世界市场的联系,逐渐产生改革要求
(1979～1991年)作为有计划的商品经济一部分的贸易开放	实施改革开放的国家战略,开始贸易管理体制改革	在部分领域下放贸易经营权;工贸结合;减少外贸计划刚性;扩大外贸企业的经营自主权	贸易改革与整个经济体制的改革方向和步伐取得一致,贸易发展和吸引外资取得突破性发展,外经贸开始起飞
(1991～2001年)符合国际规范的贸易政策体系改革	作为市场经济体制改革的一部分,以符合国际贸易规则为导向改革贸易制度	外汇管理体制改革;取消进出口指令性计划,改革外贸企业;从关税减让和进出口管理体制改革入手,开始贸易自由化改革	贸易、外资对经济增长和社会发展的贡献持续增加,但贸易政策体系仍落后于国际通行做法
(2002年至今)有管理的贸易自由化	以履行加入 WTO 承诺和参与国际规则谈判为标志,进入国内—国际贸易制度协调的新阶段;中国"和平崛起",与世界各国共同发展	按照多边贸易体制及区域、双边贸易协定的要求,对贸易制度进行全面、深化的改革和完善	中国对外经济贸易持续发展,贸易投资规模扩大,中国占世界贸易的比重及对世界经济的影响加大;中国成为国际贸易规则体系的积极参与者

资料来源:张汉林. 中国外经贸理论与政策回顾 [J/OL]. 搜狐财经,[2004-05-20]. http://business.sohu.com/2004/05/20/04/article220210492.shtml.

自 1992 年之后,中国服务贸易领域逐步向外资开放。我国在金融、保险、房地产、商业零售、咨询、会计师服务、信息服务、教育等诸多领域中积极进行试点开放,并陆续颁布了一些短期或者过渡性的法律法规进行规范管理。随着国内服务业改革的深入,中国的电信等敏感部门也开始同外资合作。

然而,由于中国服务业和服务贸易发展的低水平与以往重视不够等原因,造成中国服务贸易政策体系与管理体制建设相对滞后。这具体表现在以下几个方面:①管理体制不顺,中央和地方有关服务贸易的政策与规章不协调。全国缺乏统一的协调管理部门。②有关服务贸易及服务业行业部门的法律法规不完善,有些行业及其贸易甚至是无法可依,这样关于国际服务贸易发展的政策就缺乏透明度,不利于服务贸易进出口的健康发展。③对外国服务业和服务贸易发展的有关情况没有系统地分析和研究,对它们的做法和要价缺乏了解或知之甚少，这对促进中国对外服务贸易发展是极为不利的。④服务业和服务贸易统计存在很大问题。由于历史原因，中国的产业划分同市场经济国家不同，服务业的含义、统计口径以及划分标准与国际惯例不一致。这不仅会影响对外交流和政策决策，更不利于中国服务领域与国际市场接轨。⑤目前对服务贸易的管理处于各自为政的状态，各有关职能部门多头、交叉管理，条块分割。比如，商务部服务贸易司①主要负责服务的国际多边谈判、对外事务协调、服务业利用外资政策等事务，其余服务贸易事务分属几十个相关部门。对外商在中国投资开办服务贸易企业，如过境汽车运输、航空客票销售代理、教育培训、印刷、翻译服务、报关行、评估机构等，只需国家有关行业主管部门审批立项，然后再按不同级别的审批权限进行审批；对广告企业、会计师事务所、航空运输企业、音像制品复制、加工及出版企业、进出口商检、建筑业、医院、殡葬业等，不仅要取得国家行业主管部门的同意，还必须报外经贸部审批合同和章程；租赁、国际货运代理、投资性公司和咨询企业只需报外经贸部审批；对石油勘探开发项目，地方均无权审批，此类项目只有审批合同一个程序，一律报外经贸部审批；商业零售业应先报国务院批准；金融业，包括银行、保险、财务公司等，一律由中国人民银行审批，外经贸部不参与审批，也不颁发外商投资企业批准证书。虽然外经贸部承担了中国国际服务贸易的某些管理和协调职能，但这种协调的局限性很大，难以在体制上保证承诺执行的一致性和各服务部门的协同性。⑥服务业各行业部门只局限于管理直属系统，有些服务部门对直属系统实行保护主义，造成行业垄断，不利于该行业的对外开放和竞争力的提高。

随着服务业和服务贸易的快速发展，上述法规不健全和管理滞后的状况将会暴露出越来越多的弊端，这无疑将影响中国的服务业和服务贸易的发展。因此，迅速建立中国服务贸易的管理机制，加强对服务贸易的宏观管理和协调不仅十分必要，而且刻不容缓。

近年来，中国在服务贸易政策体系环境方面逐步完善，具体表现在以下几个方面。②

1. 服务贸易管理机制更加健全

十六大以来，我国初步建立起专门的服务贸易管理机制和促进体系，并在实践中不断完善。一是确立了服务贸易发展工作的管理机制。2006年，商务部成立服务贸易司，专门负责牵头拟定服务贸易发展规划、促进服务出口规划与政策并组织实施，承担服务贸易促进和服务贸易统计工作，此外，还负责拟定技术贸易政策和对技术进出口进行管理。2011年，商务部将服务贸易司更名为服务贸易和商贸服务业司，业务扩充到商贸服务业，以进一步促进内外贸的融合。二是建立了服务贸易发展工作的部际联系机制。2007年，商务部牵头会同发展改革委、财政部、文化部等34个部门建立了服务贸易跨部门联系机制。2010年，我国又成立了由商务部、中宣部、财政部、文化部等部门和单位组成的文化出口重点企业和项目相关工作部际联系机制，进一步加强文化出口促进工作。2015年8月，国务院批复建立"国务院服务贸易发展部际联席会议制度"，由时任副总理汪洋担任召集人，由国务院39个部门组成。三是强化了对地方服务贸易发展工作的指导

---

① 2011年更名为商务部服务贸易和商贸服务业司。
② 主要内容来自商务部新闻办公室，十六大以来商务成就综述之三："服务贸易稳步发展 全球地位快速上升"（2012-10-30），http://www.mofcom.gov.cn/aarticle/ae/ai/201210/20121008410119.html。

和联系机制。2008年，商务部和上海市政府签署《关于共同推进上海市服务贸易发展的合作协议》，鼓励国家服务贸易政策在上海先行先试。商务部指导上海研究制定了《上海服务贸易中长期发展规划纲要》《关于促进上海服务贸易全面发展的实施意见》。自2009年以来，根据产业发展的情况，国务院相继认定了21个中国服务外包示范城市，并给予多方面的政策支持。2015年1月，国务院印发了《关于促进服务外包产业加快发展的意见》（〔2014〕67号文），将中国服务外包示范城市数量从21个有序增加到31个。2015年2月，商务部报请国务院印发了《关于加快发展服务贸易的若干意见》，这是国务院首次对服务贸易发展做出全面部署。2015年5月，中共中央、国务院印发《关于构建开放型经济新体制的若干意见》，从统筹开放型经济顶层设计、加快构建开放型经济新体制的高度提出"提升服务贸易战略地位，着力扩大服务贸易规模，推进服务贸易便利化和自由化"。2016年2月，国务院决定在上海、海南、深圳等10个省市和5个国家级新区开展为期两年的服务贸易创新发展试点。2018年6月试点进入了深化阶段，6项开放举措基本落地，同步推进了31个服务外包示范城市、13个国家文化出口基地建设，它们与自贸试验区、北京服务业扩大开放综合试点协同发展，形成了全面推进服务贸易对外开放的体系。四是建立和完善了与国际组织、外国政府的工作联系机制。商务部与欧盟建立了服务贸易工作部门对话机制，与世界贸易组织、联合国贸发会议、经济合作与发展组织等国际组织建立了工作联系，与德国、英国、爱尔兰、澳大利亚签署了关于双边服务贸易促进的谅解备忘录，并正与新加坡商签类似协议。

2.服务贸易发展政策体系日趋完善

商务部会同有关部门制定了《服务贸易"十一五"发展规划纲要》《服务贸易"十二五"发展规划纲要》《服务贸易发展"十三五"规划》《商务部关于加强服务贸易工作的指导意见》《服务外包产业重点发展领域指导目录》《服务贸易创新发展试点方案》等重要的政策文件，在服务外包、技术贸易、会计、文化、中医药等服务贸易重点领域中出台了一系列政策措施，服务贸易促进政策体系不断完善和深化。如2006年我国发布了《中国鼓励引进技术目录》，2007年修订了《禁止进口限制进口技术目录》，促进了技术进出口的发展；颁布了《关于支持会计师事务所扩大服务出口的若干意见》《文化产品和服务出口指导目录》《2007～2008年度国家文化出口重点企业和重点项目目录》，积极扩大会计师事务所、文化服务出口。各地也加大了服务业和服务贸易发展的政策支持力度，很多省（区、市）出台了加快发展服务业和服务贸易的政策文件，对服务贸易进行配套政策支持。

3.建立了符合国际规范的服务贸易统计体系

2007年，商务部、国家统计局联合发布《国际服务贸易统计制度》，中国服务贸易统计数据库建立。2010年，商务部、国家统计局联合修订《国际服务贸易统计制度》，使统计内容更加全面，能够覆盖世贸组织的四种服务贸易提供模式，服务进出口数据采集由使用部门数据改为综合利用企业调查数据、相关部门资料以及其他统计资料，可以为国家制定服务贸易政策、进行对外谈判、检测企业运行情况提供更有效的数据支持。2010年《国际服务贸易统计制度》的实施，有力地推动了中国的服务贸易统计工作。在该制度的指导下，中国首次开展了服务贸易企业直报工作，对监测重点领域服务贸易企业进出口情况发挥了重要作用。2012年，为与服务贸易统计的国际标准进一步接轨，更好地满足服务贸易发展、管理和谈判的需要，扎实有效地推动服务贸易统计工作，商务部与国家统计局根据2010年统计制度的实施情况，发布了新的《国际服务贸易统计制度》。主要更新内容如下：①将调查对象的范围由全部从事服务贸易活动的企事业单位、其他组织、个体工商户和个人调整为从事服务贸易活动的重点企事业单位。②在基层统计报表中，取消了建筑及相关工程服务、其他商业服务有关统计单位基层调查表。③在基层统计报表"医疗、保健和社会服务进出口情况"中增加了"中医服务"子项；对"娱乐、文化和体育服务进出口情况"的有关内容进行了调整。④调整服务进出口额和基本情况表的填报时间。目前，我国启用了最新国际统计标准《国际收支手册（第6版）》（BPM6）开展服务贸易统计，数据的准确性、时效性和细分性均有所提高。

4. 服务贸易促进平台建设取得实效

一是服务贸易交易平台进一步拓展。2007～2011年，我国成功举办了三届中国服务贸易大会，对促进服务贸易发展发挥了积极作用。2012年，经国务院批准，商务部与北京市人民政府共同举办了首届中国（北京）国际服务贸易交易会（简称"京交会"），吸引了来自82个国家和地区的客商到会，实现国际服务贸易成交额112亿美元。为进一步促进技术贸易发展，商务部于2011年12月会同相关部委推动成立了上海国际技术进出口促进中心，并将举办上海国际技术进出口交易会。商务部还陆续举办数届中国（深圳）国际文化产业博览交易会、中国国际服务贸易（重庆）高峰会、中国（大连）国际软件和信息服务交易会、中国（香港）国际服务贸易洽谈会等大型展会，在服务贸易领域中逐步形成了覆盖全面、重点突出的会展格局。二是服务贸易领域的社会中介组织建设取得实质性进展。2007年，国务院批准成立中国服务贸易协会，商务部会同各相关部门组成了中国服务贸易协会指导委员会。中国服务贸易协会在通信与信息服务、文化贸易、电子商务等领域中成立了专业委员会，促进重点领域服务贸易的发展。三是服务贸易信息服务工作扎实推进。2006年，商务部设立"中国服务贸易指南网"，提供国内外服务贸易发展动态、政策法规、服务贸易专题研究、最新统计分析、企业数据库和市场供求等信息，正逐渐成为服务贸易领域政府提供信息服务、促进国际交流、企业开展合作的重要平台。

总之，建立和完善服务贸易政策体系和管理体制，不仅是中国服务业和服务贸易发展的需要，也是中国整体经济发展的需要。因此，这是一个十分重要的问题。

5.2.3 中国服务业开放和服务贸易立法

1. 中国的服务业开放

毋庸讳言，中国要迅速融入WTO新体制背景下的世界贸易自由化浪潮，扩大对外经贸联系，就不可能紧闭国内服务市场，而应有步骤、有区别地渐进式开放。中国服务业开放的这一战略，不仅是出于中国的实际利益，而且也是基于中国服务业发展的现状。根据改革开放的需要和在加入WTO谈判中的承诺，近年来中国服务业对外开放的程度迅速提高。在发展中国家中，中国服务业开放程度是最高的。

当然，履行GATS规定的各项义务，开放服务市场有利于加速中国服务贸易的发展，但也不可避免地会给中国服务业带来挑战，甚至是威胁。开放服务市场的意义主要表现在以下几个方面。①可以引入国际竞争机制,刺激中国服务业尽快成长、发展。多年来,在许多服务领域中一直实行国家垄断经营,市场观念淡漠,服务质量和效率低下。允许外国服务和服务提供者进入,有利于打破国内市场的垄断格局,强化服务企业之间的竞争,促进中国服务企业改进经营管理,提高服务质量和服务效率,增强自身市场竞争力。②可以扩大服务贸易出口。服务市场的开放是双向对等的。我们通过递交承诺开价单宣布本国开放的服务部门,可以向参加服务贸易谈判的其他国家进行要价,要求对方也对中国的服务部门提供市场准入,这有利于促进中国优势服务部门走向国际市场,改善出口结构,扭转中国服务贸易逆差的状况。③有利于改善投资环境,扩大外资规模。服务市场的开放可以直接和间接地吸引外资。直接引资是吸引服务业的外国投资者到中国投资,如外国银行、保险公司、广告商、连锁商店等将资金投入中国从事的相应服务行业。间接引资是指通过引进国外服务业而扩大其他行业外资的投入,因为许多服务部门与制造业具有较强的连带关系,制造业投资对有关服务业具有一定的依赖性。允许国外服务业进入中国,将会带动制造业领域更多的外商投资。所以,渐进地开放服务市场将推动中国外资利用走向全方位、高层次和纵深化。④有助于引进国外新型服务种类、先进的服务技术和营销理念,借以发挥示范作用,带动国内相关服务行业的发展,克服中国服务业发展的"瓶颈"约束。先进的服务管理技术与管理理念,以及知识、技术密集型服务的引入,可以优化服务业产业结构,提高服务产业素质,不断地培育服务领域里的比较优势。

然而,服务业对外开放,奏响的并非都是福音,也会带来几分隐忧。中国在市场准入和国民待遇方面所做的限制是暂时的、有条件的、有时间限制的,我国服务贸易承诺减让的基本动因是基于"部门对等互惠"和"公平贸易"意义上的"讨价还价",而不是基于我国服务贸易的显性比较优势。具体承诺的上述特点虽然有利于服务贸易的长远发展,但在短期内可能会有负面影响。首先,外国服务业的进入会挤占中国服务市场。由于中国服务业较为落后,在资金、技术、服务质量、营销手段等方面与国外服务业企业有明显差距。一旦外国具有较强竞争力的服务企业进入,就会迫使中国竞争力低下的服务企业退出市场,或者为它们所控制。其次,过度开放服务市场至少会在短期内造成中国服务贸易逆差,引起国际收支不平衡。在中国服务市场开放的初期,尽管实行进口替代战略,但也会增加服务进口。中国目前总体贸易是顺差的,但其中服务贸易逆差,商品贸易顺差。服务进口的大量增加甚至可能完全抵消商品贸易的顺差,从而会扭转中国目前贸易顺差的状况,造成国际收支不平衡,影响国民经济的稳定发展。最后,不加选择地开放服务市场,会给中国的国家安全、伦理道德带来严重影响。由于服务领域的特殊性,许多服务部门对一国的国民经济、社会文化、伦理道德甚至国家安全至关重要。例如,金融业是一国的经济命脉,邮电、通信关系到国家安全,视听服务业与一国的文化传统、社会伦理密切相关。倘若不加限制、不加防范地开放这些敏感的服务行业,一旦这些部门为外国所控制,其后果将不堪设想。

由上可见,服务市场的开放利弊并存,对此,必须综合考虑,谨慎权衡。尽管服务业的对外开放会带来一些负效应,但不能因噎废食。逐步开放服务市场,实行服务贸易自由化,是各国都在认真考虑并实施的行动,也是世界贸易发展的大趋势。在中国服务业尚不发达的形势下,开放市场所面临的压力可想而知。如何化压力为动力,化挑战为契机,趋利避害,使服务市场的开放真正成为中国服务业发展的推动力,是需要认真研究的课题。

2. 中国的服务贸易立法

长期以来，中国服务业和服务贸易发展滞后，服务贸易立法工作未得到应有重视。自20世纪80年代起，我国开始着手有关涉外服务贸易的国内立法工作，初步形成了由法律、行政法规、规章及大量的地方性法规共同组成的多层次的涉外服务贸易法律体系。它以《中华人民共和国对外贸易法》（以下简称《对外贸易法》）为核心，包括了广泛涉及投资、金融、保险、电信、法律服务、海运及工程承包、咨询等服务领域的各种法律法规。

1994年7月1日开始生效的《对外贸易法》第2条明确规定，本法所称的对外贸易，是指货物进出口、技术进出口和国际服务贸易。这比世界上许多发达国家如美国、日本、德国等把国际贸易仅定义为国际货物贸易和国际技术贸易更具时代特征。第4章专门一章规定了国际服务贸易，确立了国际服务贸易的基本原则。第12条规定，国家促进国际服务贸易的逐步发展，确立了国际服务贸易逐步自由化的方针，这是基于我国服务业仍处于幼稚阶段的现状提出来的。为促进国际服务贸易自由化，《对外贸易法》第23条规定国家承诺给予其他缔约方市场准入和国民待遇。第24、25条则规定了例外条款，在保护国家安全或公共利益、保护生态平衡等条件下，国家可以限制或禁止国际服务贸易。第26条的规定则涉及国际服务贸易管理问题。这些规定虽然只是原则性的，却是涉及我国国际服务贸易领域的基本法律原则，是国际服务贸易立法的基础和核心。

《对外贸易法》第10条明确规定，国际服务贸易企业和组织的设立及经营活动，应当遵守本法及其他有关法律、行政法规的规定。因此，我国的外资企业法中关于国际服务贸易企业的规定也属于我国的国际服务贸易立法。外资企业法主要包括《中外合资经营企业法》《中外合作经营企业法》《外资企业法》及有关实施细则，它们对国际服务贸易企业和组织的设立条件、方式、期限及经营活动都做了具体规定。另外，我国还制定了《外商投资产业指导目录》，详细规定了我国鼓励、允许、限制及禁止的外商投资项目。

近几年已先后颁布实施的服务贸易领域的重要法律法规有《商业银行法》《人民银行法》《保险法》《海商法》《广告法》《民用航空法》《注册会计师法》《律师法》《外资金融机构管理条例》《建筑法》等。这些法律法规对规范中国服务市场发挥了积极作用。然而，结合目前情况，服务贸易立法仍有许多不足。

首先，法律法规数量不足，形式上尚有缺失。处于最高层次的《对外贸易法》关于国际服务贸易的内容仅有5条，对服务贸易仅仅做了原则性的规定，不能作为规范我国国际服务贸易真正意义上的基本法。构成我国服务贸易法主体框架的各服务行业的基本法律多集中在金融、建筑、运输领域，而旅游、电信、商业等领域尚无行业基本法律，只有内部规定。此外，相较于百余种服务门类数量，国务院公布的对外服务贸易法规也是屈指可数。CATS将国际服务贸易分为四种类型即跨境交付、境外消费、商业存在及自然人移动。在现有的法律法规中，绝大部分都是涉及服务贸易中的商业存在这一服务提供方式的，对于其他服务提供方式规定的很少甚至一片空白。可见，已有的立法只覆盖了服务贸易中相当狭窄的部分，服务贸易立法体系还远未建立起来，有不少领域仍处于立法空白状态。因此，服务贸易立法任重道远。

其次，规范有待改进。在已有的立法中，有些法律法规的指导原则、立法精神、内容及技巧方面与国际规范还存在较大差距。有的服务部门尚未打破国家垄断局面，或尚未建立市场化经营模式，于是有关法规、规章就从保护垄断、限制竞争出发，规定了一些与国际规范相冲突的内容，如在旅游、运输等服务性收费方面都规定对外国人征收比中国人高的费用等；不少立法对外国服务贸易提供者规定的权利义务明显与 CSTS 原则不符，易招致"非歧视贸易""市场准入"等方面的质疑。同时，在我国诸多部门立法中，对外服务贸易和贸易提供者同时存在着"次国民待遇"和"超国民待遇"，违反了 GATS 国民待遇原则；还有的法律法规内容陈旧，未反映国际立法的现状和最新趋势，也不适合服务贸易发展的新特点。此外，许多法律法规条文抽象、模糊，缺乏可操作性，在实施过程中往往被任意解释，严重损害了法律的权威性，因此有待进一步改进、完善。

最后，法律法规之间相互冲突。由于目前中国服务贸易的交叉、多头管理和条块分割，因此，各部门在制定有关法律法规时往往从本部门利益出发，为自己设定权利，较少顾及甚至对其他部门视而不见，使不同规章和规范性文件之间存在空隙与矛盾引起法规冲突，影响了法律的权威性和执行力，对此必须加以克服。

由此看来，中国服务贸易立法状况堪忧，加强服务贸易立法乃当务之急，它既是中国发展服务贸易的客观要求，也是履行 GATS 透明度要求的必要措施，同时还是中国市场经济法制建设的重要环节。鉴于此，有必要在《对外贸易法》"服务贸易"条款的指导下，建立不同层次、内容齐备的服务贸易法律体系。这样的法律体系是"金字塔"形的（见图 5-1），顶尖应该是根本大法《对外贸易法》，这个项目已经完成。接下来是各服务贸易领域的基本法律，这方面已取得了一定进展，但还不够，还应该随着服务贸易的发展，加紧制定新的服务贸易各领域的基本法律。第三层是基本法律的实施细则。各服务贸易领域的基本法律所规定的制度和原则在实施中往往会遇到许多具体问题，需制定实施细则加以明确。目前，中国已颁行的各服务贸易领域的基本法律几乎都等待着实施细则出台，以便妥善执行。在第三层中还有一项，就是单项法规。服务贸易涉及问题复杂，各领域开放程度和措施不一，故需要大量单项法规对某些特定问题做出专门规定。这方面的工作甚是欠缺，需要加强。

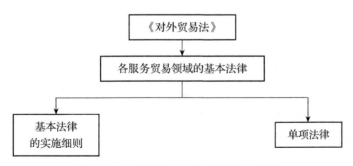

图 5-1 中国服务贸易法律体系与框架

服务贸易立法是一项系统工程，不可能一蹴而就。由于服务贸易涉及面广，再加上服务市场开放采取梯度推进战略，因此服务贸易立法必将是一个内容不断丰富、体系不断完备的渐进过程。在这个过程中，应该遵循以下原则：①尊重国际惯例，充分利用 GATS 中的保障和例外条款，以及给予发展中国家的特殊优惠待遇。GATS 是第一个全球性服务贸易协定，中国服务贸易立法应以此为基础，在原则、精神和具体内容上与国际规范接轨，根据开放步骤，做出立法统筹安排。在贯彻 GATS "逐步自由化"原则过程中，首先，应弄清楚列入承诺开价单的服务部门中服务经营者的服务水平、经营规模、服务方式和技术等，以便对外资进入这些服务部门的程度、条件、限制和保留做出明确规定。其次，要防止外商进行服务业直接投资时"撇脂"（skimming cream）行为的发生。优先开放高新技术服务、生产者服务、支农服务和基础建设性服务，鼓励外资进入中西部地区、边远偏僻地区，鼓励外资进入一些公共服务部门或承担一些经营难度较大、盈利较少的项目。另外，在制定有关服务贸易的市场保护措施时，要注意符合GATS保障条款、例外条款以及对发展中国家的照顾性条款的规定。对涉及国家安全、环境污染、违反伦理道德的服务行业不予开放；在外国服务进入对国内服务业造成重大损害或威胁时，应采取紧急限制措施；对GATS明文规定的有关发展中国家过渡期、信息提供等条款，应通过相应立法来加以运用。②打破垄断，建立公平、竞争、高效的市场体系。近年来，虽然在海运、金融、保险、商业、律师业等领域，通过体制改革和有关立法在一定程度上打破了传统的国家垄断经营模式，基本确立了市场化经营原则，但仍有不少领域，像邮电、通信等部门，仍为国家垄断经营，多种经济成分共存的市场竞争机制尚未形成，其竞争力难以与国外同行业中的领先者匹敌。如果未做好充分准备就开放，后果将很严重。因此应首先在国内市场上打破垄断，通过建立竞争机制提高服务质量，丰富服务内容，增强中国服务业抵御外来竞争的能力。目前，中国为控制服务市场开放程度，对外资进入某些服务领域实行特别审批制，限定外资公司进入数量，这实际上给予被许可外资公司一种垄断经营权，形成了新的市场垄断。这一状况应该改变，对外资公司也要引进竞争，以便更快、更好地建立目标市场体系。③促进服务业发展，维护国家利益。发展是硬道理。开放服务市场是为了发展，一方面通过进口，引进资金、技术以及先进的管理经验和营销手段，优化服务业产业结构，打破"瓶颈"，加速服务业发展；另一方面通过出口，培育优势服务行业，使之进军国际市场，带动国内其他服务行业的发展。在服务贸易立法过程中，尤其需要记住的一点，就是服务业的对外开放一定要从国家的根本利益出发，兴利除弊，综合权衡，尽可能使得到的利益极大化，遭受的损失最小化。只有这样，我们才能立于不败之地，也才能使中国服务业和服务贸易蓬勃发展，使中国向服务贸易大国的目标挺进。

课后思考题

1. 世界主要服务贸易经济体服务贸易管理体制有哪些经验和特点可供借鉴？
2. 我国近年来在服务贸易政策体系与管理体制方面有哪些重要进展？
3. 我国服务贸易立法有哪些不足？应该如何改进？

CHAPTER 6
第 6 章
服务业外商直接投资与国际服务外包

■ 教学目的

- 掌握国际生产折中论在服务业外商直接投资中的适用性
- 了解服务型跨国公司的投资动因
- 掌握服务型跨国公司对东道国的溢出效应
- 掌握服务外包的含义、动因、特征与内容
- 了解国际服务外包相关理论

■ 本章提要

本章介绍了国际生产折中论,分析了服务型跨国公司的投资动因,比较了制造业与服务业国际转移的基础、动因、方式与路径,阐述了服务型跨国公司对东道国的溢出效应,介绍了服务外包的含义、动因、特征与内容,以及国际服务外包的相关理论,总结了全球服务业外商直接投资与国际服务外包的现状与特点。

随着发达国家由工业化向后工业化和信息化社会的转变,国际分工协作从传统的制造环节日益向生产性服务等高端环节延伸,与制造业相关的生产服务业和一般服务业国际转移越来越占据重要地位,服务业国际转移逐渐成为继制造业国际转移之后国际产业转移的新一轮高潮。在目前世界经济中资本仍处于强势条件下,产业转移的主要形式仍是对外直接投资,即以资本的要素优势去整合利用其他要素。由于服务业中许多专业化的服务要求其提供者必须贴近客户,而"商业存在"是向客户提供服务的必要条件,加之各国陆续放宽对外国资本进入服务业的规定,因此随着服务业在世界经济中占据越来越重要的地位,服务业日益成为跨国投资的重要领域。从总体上说,与制造业相比,目前服务业的国际化程度还比较低,但潜力巨大。

6.1 服务型跨国公司的投资动因

6.1.1 国际生产折中论与服务业对外直接投资

英国瑞丁大学教授邓宁(John H. Dunning)于 1977 年提出了国际生产折中论(eclectic theory of international production),该理论的核心是"OIL 模式",即所有权优势(ownershipspecific advantages）[1]、内部化优势（internalization advantages）[2]、区位优势（location specific advantages）[3]决定了跨国公司的行为和 FDI。企业只有同时具有这三种优势，才会进行对外直接投资。

邓宁（1989）对他的理论在服务业 FDI 的适用性上进行了补充。在所有权优势理论方面，邓宁补充了质量控制、范围经济、规模经济、技术与信息、获得投入或进入市场的有利机会对服务业 FDI 的影响。

（1）质量控制

服务一般具有不可储存性、异质性等特点，所以保证服务质量对企业尤为重要。特别是随着收入水平的提高和企业之间竞争的加剧，质量日益成为影响消费者服务和生产者服务需求的更为重要的变量。在许多情况下，质量比价格更为重要，它可能是决定服务业跨国公司竞争力的一个最重要的变量。在一些行业中，企业创造和保持一个成功品牌形象的能力、在多个地区提供服务时实行质量监控的能力和降低购买者交易成本的能力，对于服务业跨国公司的质量形象及其竞争优势是至关重要的。

（2）范围经济

它是指在地点和品种选择方面能满足顾客需要的程度。例如，零售商店提供的服务，如果零售商储存产品的范围越广，数量越大，就越能通过讨价还价的方式以较低价格从供应商处获得商品，相应地，顾客的交易成本也会随之越低（消费者不必到多处，只要在一处就能买到几种商品）。连锁商店讨价还价能力的提高，也能使它们加强对其买卖的产品和服务质量的控制。另外，在航空公司、连锁旅馆、企业咨询等服务行业中，也都不同程度地存在范围经济。

（3）规模经济

服务业企业的规模经济和专业化与制造业企业相比并无二致。波音 747 飞机的运量与波音 727 飞机相比，大医院的医疗服务与小医院相比，前者单位成本都比较低。这些同汽车、药品等产品的大规模生产的规模经济并无区别。大型服务业公司还往往得益于优惠的融资条件和折扣等。至于规模经济和范围经济产生的分散风险优势，则在保险、再保险和投资银行业更为明显，而且在这三个行业中，规模几乎是成功进行跨国经营的前提条件。

（4）技术与信息

在制造业中，衡量生产技术和产品知识成分的指数，通常是研发占销售额的比重，专业人员、科技人员和工程人员在总就业中的比重，取得的专利数量等。发明新产品的能力、低成本生产的能力、提高产品质量及其可靠性的能力，在许多制造业中是关键的竞争优势。虽然服务业偏重于软技术，如管理、信息、经验等，但基本思路和原则则与制造业是一致的。在一些服务业中，采用数据技术，从事获得、扩展、加工、储存、监控、解释和交换信息，并尽量降低成本的能力，是关键的无形资产或核心竞争优势。可以推断，以信息的获得、储存、加工和传输为主要内容的服务行业，情况尤为如此。然而，由于许多服务活动的数据技术含量都在不断提高，所以如果依据信息密集度来划分服务业就变得日

---

[1] 所有权优势包括对有价值资产的拥有和有效的行政管理能力，如产权与无形资产优势、金融优势、品牌优势、企业组织优势和跨国型经营优势。

[2] 内部化优势指由于某些产品或技术通过外部市场转移时会提高交易成本，所以跨国企业倾向于到国外投资，并在母子公司或各子公司之间进行中间产品的转移。通过将市场内部化，跨国公司可以降低交易成本和市场所带来的不确定性。

[3] 区位优势包括东道国的资源禀赋、基础设施、市场潜力、贸易壁垒、技术水平、集聚经济以及良好的外资政策。

益困难了。就银行、保险、咨询来说，它们的增值活动大部分是信息的采集、解释和传输，因此，从这个角度看，它们基本上都是信息服务业。举个例子，作为日本九大综合商社之一的三井物产公司遍布世界各地的通信线路长达 50 万公里，比地球至月球的平均距离 34.8 万公里还要长，每天收发电信 1 000 万字。1986 年的通信费用占公司总开支的 8%，为 10 亿日元。有人甚至认为，若干年后，三井将不再以经营有形贸易为主，而可能变成一家以信息服务为中心的多元化的跨国企业，因为现在已有这样的迹象：三井建立了一家"无船航运公司"，该公司没有一条船舶，而只提供一整套海、陆、空运输服务的信息安排。

信息经济的持续发展和跨境交易成本的不断下降，导致知识密集型行业跨国公司的激增。虽然各种规模的企业都得益于数据技术，但因为数据技术需要昂贵的辅助资产、固定成本或基础设施，并且能为规模经济、范围经济以及垂直一体化提供机会，所以它们特别有利于大型的、经营多样化的跨国公司。

（5）获得投入或进入市场的有利机会对服务业 FDI 的影响

这一点对服务业企业尤为重要。

对于服务业跨国公司而言，在所有权优势方面，信息、管理、组织与营销技术是服务企业成功的关键。例如，对于咨询业和信息服务业的跨国企业来说，其竞争优势的关键在于获得信息与处理信息的能力。由于新兴服务业的知识化和信息化特征，服务部门跨国公司比制造业跨国公司的资本密集度更高，技术优势更强，也更易形成世界市场的垄断局面，形成其全球范围内的网络优势。另外，由于服务产品具有高度差异化的特点，所有权优势的另一个体现是产品标准化的能力。

在内部化优势方面，邓宁认为，与服务业跨国公司特别相关的优势包括：减少寻找买主及其与之谈判的成本；弱化或消除投入（如技术）的性质和价值的不确定性；保证服务产品的质量；保护服务企业的无形资产等。服务的特性决定其在消费过程中买主的不确定性，服务跨国企业通过内部市场的交易，在一定程度上可避免或减少买主不确定性带来的成本。服务质量难以控制，就更需要为服务建立严格、直接的质量标准。通过内部化控制质量标准比外部市场交易更为有效，当内部市场跨越国界时，就成为服务跨国投资。另外，服务技术的复制较为容易，即使有专利保护，滥用和扩散的可能性也比较大。进行服务业直接投资的另一个优势是，可加强对无形资产例如商标与版权的保护。对信息密集型服务行业，只有企业内部才能够得到更好的保护和利用。

服务业跨国公司采取的组织形式取决于：①各种形式的相对成本和收益。②政府干预的程度和类型。首先，各种组织形式的相对成本和收益。股权投资的成本主要包括：①进行股权投资所需的资本和失去该资本的风险。②管理、协调和监控国外股权投资的风险。③放弃从前向专业生产者和高效率供应商购买而得到的收益。非股权安排的风险主要是交易性质的，主要包括：①与交易本身相关的成本，如寻找合适的契约伙伴的搜寻成本和谈判成本。②与契约条件有关的成本，包括：价格（由于信息不对称，签约人可能准备向承包商支付低于服务价格的报酬）、对所提供服务的详细说明、对所提供服务用途的控制、交货的次数和时间（包括存货和仓储成本）。③监督成本特别是质量管理和检验程序方面的成本。④与契约条款能否被遵守和这些条款受到破坏的有关成本。⑤由于实行市场交易内部化而放弃的收益。总之，成本与收益的对比影响组织形式的选择。政府的作用，包括直接行政干预以及财政、税收、关税和非关税等政策措施的施行。

倾向于把市场交易内部化而采取的组织类型，因活动的性质，即交易的服务类型、组织交易的企业性质，以及参与交易的国家的市场条件的差别而不同。例如，如果企业的核心资产是风格独特、有竞争力的资产，而且利用这种资产生产的服务对消费者具有特别的吸引力，那么企业一般不会采取许可证形式让其他企业经营。另外，服务的生产和贸易所处国际环境越动荡、越危险，企业就越倾向于交易内部化。具体地说，倾向于通过对外直接投资方式，而不是通过契约关系（非股权安排）来组织跨国供应的服务业部门有三大类：①银行和金融服务业、大部分信息密集行业和专业服务业，如管理和工程咨询、数据服务、租赁公司、旅行社和航空公司。在这些服务业中，沿着增值链进行纵向结合或跨越增值链进行横向结合的主要原因在于，许多专有知识和信息只能是个人意会而不可言传，生产费用高，复杂且独特，但易于复制。另外，生产活动的地区多样化可以使跨国公司获得强有力的协同作用优势。②倾向于前向一体化的服务业。这一类型的服务业有广告、市场调研、管理咨询及与商品有关的个人服务业（如汽车维修）。③由非服务业跨国公司拥有的、与贸易有关的附属性服务企业。它们的目的是，以尽可能多的有利条件为母公司取得收入，或为母公司生产和出口的商品和服务开拓市场。

倾向于采取少数股权投资或非股权安排形式的服务业跨国公司有四种：①旅馆、餐馆、快餐店和汽车出租公司。②需要有当地特有知识或按顾客要求生产的行业，如工程、建筑、技术服务业，以及会计和法律服务业。③出于降低销售和分销成本的考虑，新成立的或较小规模的制造业跨国公司，可能希望与当地销售代理商或相关服务业企业联手，或将其作为被许可行业。④投资银行和财产保险等服务行业。这些行业的风险很大，必须由一国或几国的企业集团或银团共同分担。

总之，服务业跨国公司内部化以及所采取的组织形式并不是一成不变的，而是随着经济特别是服务业本身的发展而不断变化的。

在区位优势方面，邓宁认为，区位优势不是企业所拥有的，而归东道国所有。从这一点看，它与所有权优势和内部化优势不同，企业无法自行支配，而只能适应、利用这项优势。它主要包括两个方面：①东道国不可移动的要素禀赋所产生的优势，如自然资源丰富、地理位置方便、人口众多等。②东道国的政治体制、政策法规灵活、优惠而形成的有利条件，以及良好的基础设施和受过训练的人力资源等。区位因素直接影响着跨国公司对外投资设厂的选址及其整个国际化生产体系的布局，它是造成对外直接投资的充分条件，而非必要条件。由于许多服务的无形性和易逝性，它们的跨境交易费用高得惊人，这就要求这些服务的生产和消费必须在同一地点和同一时间进行，于是在许多服务业部门中，对外直接投资是向外国市场提供服务的最方便的形式。而且，随着贸易、制造业对外直接投资、技术转让和旅游的增加，对支撑其增长的服务的需求也就扩大了。然而，区位优势的获得与保持往往是服务业对外直接投资的关键。比如，旅游业服务点的选址显然与金融业大不相同，前者必须考虑气候、自然风光、名胜古迹等；后者则要集中在工商业中心。除了区位约束型服务外，跨国公司东道国的区位选择主要受服务消费者需求的支配。与制造业 FDI 相比，运输成本不是影响服务企业选择出口还是国外生产的一个重要因素，而接近消费者、使服务适应当地的风俗习惯和需要，则是影响服务业跨国公司选址的主要因素。

上述三个优势，再加上服务和服务业自身的特点，决定了服务业对外直接投资、进行跨国化经营的重要性和必然性。

6.1.2 各种服务行业跨国公司的投资动因及组织形式

表 6-1 总结了各种服务行业跨国公司的投资动因及组织形式。

表 6-1 各种服务行业跨国公司的投资动因及组织形式

行业	所有权（竞争优势）	区位（国家优势）	内部化（协调优势）	组织形式
会计、审计	• 接近跨国客户的机会 • 所有要求标准化的经验 • 业务专门知识、著名会计企业的牌号形象	• 与客户现场接触 • 会计业常属于文化敏感领域 • 适应当地报表标准和程序 • 寡头独占相互作用	• 有限的企业同联动 • 对照（国际）标准进行质量管理 • 政府坚持当地参与	• 大多合伙或独资 • 有些组织松散，极少集中控制的海外子公司 • 极少合资
广告	• 进入市场（国内客户的子公司）的有利机会 • 创造能力、形象和宗旨 • 声誉 • 详尽的系列服务 • 若干协调经济性 • 金融实力	• 与客户现场接触 • 适应当地趣味、语言 • 接近大众传播媒介需要 • 对外国商业广告的进入限制	• 对广告设计的质量管理 • 需要当地投入 • 国家法规，广告密集产品的全球化 • 降低与外国代理商的交易成本	• 以全部拥有居多，有一些合资 和有限的非股权安排
商业银行金融服务	• 接触跨国客户、外国人的机会 • 业务专门知识 • 进入国际资本和金融市场的机会 • 规模经济和范围经济 • 储备货币内在价值 • 对跨国计算机通信网络的控制	• 要求面对面接触 • 政府法规 • 高价值的活动集中化 • 较低国外经营的成本	• 质量管理 • 范围经济 • 协调资本流动的经济性 • 国际套汇的重要性	• 大多数为分行或子公司，有一些代理行 • 一些合资，特别是在政府控制的行业内的一些银行
建筑管理	• 规模、专门知识和信誉 • 政府援助 • 劳动力成本低（发展中国家跨国公司） • 有相关环境条件下的经验	• 集中技术密集活动的经济性 • 与客户和建筑企业在现场相互作用	• 大项目对当地辅助资产、分散风险的需要 • 质量管理 • 很有利的分包业务	• 混合形式，或合伙人为企业带来辅助资产时倾向于合资
教育服务	• 国家特有的、与经济发展阶段和政府作用相关，有关客户需要的经验	• 一些私立学校的外国分支机构 • 需要使学生接触外国文化	• 质量管理 • 与国外课程结合 • 展示外国课程、教学方法	• 最初为全资子公司，但与教育机构建立的合资企业增多
工程、建筑、测量师服务、等	• 在母国和外国市场的经验 • 规模经济和专业化经济 • 范围经济、协调经济	• 适应当地口味和需要 • 需要与顾客有关生产商现场接触	• 合资经营，获得当地经验、专门知识 • 质量管理，多半是具有独特性和只可意会的知识	• 混合形式，但常常是专业合伙经营 • 发一些许可证
旅馆	• 在母国提供高档服务的经验 • 培训主要人员的经验 • 质量管理 • 查询系统 • 地区专业化经济性，获得投入的机会	• 销售"对外"服务时受到区位约束	• 旅馆业投资是资本密集型的 • 一般能用契约关系（如采购合同或管理合同）保证质量管理 • 政府通常偏好非股权安排 • 在无股权控制下可协调查询系统	• 形式多样，但主要通过少数股权合资或契约关系建立

225

第 6 章 服务业对外直接投资与国际服务外包

（续）

行业	所有权（竞争优势）	区位（国家优势）	内部化（协调优势）	组织形式
保险	• 保险商的信誉形象（如伦敦劳埃德保险公司） • 规模经济和范围经济有时专业化知识（如海上保险） • 接近跨国客户的机会	• 需要与被保险人紧密联系（如人寿保险）及有关服务、运输、金融 • 大保险商的寡头独占战略 • 政府禁止直接进口、管制规定 • 集中的经济性（再保险）	• 投资组合风险分散的经济性 • 只可意会的知识 • 需要分担大规模风险（再保险辛迪加） • 政府要求当地股权参与	• 混合形式，受到政府、保险业公司战略的强烈影响 • 类和保险辛迪加
投资银行（经纪）	• 信誉和专业技能 • 雄厚的资本基础 • 了解国际资本市场并与其有相互作用 • 金融创新	• 需要接近客户 • 需要接近国际资本、金融市场，主要接近国际资本市场 • 熟练劳动力的可获得性	• 所提供服务的复杂性和有机性 • 避免外汇、政治风险的保护措施，需要实施全球投资战略 • 质量管理	• 主要通过全资子公司
法律服务	• 接近跨国客户的机会和了解其特殊需要 • 经验和声誉	• 需要与客户面对面接触 • 需要与当地其他服务业相互作用 • 法庭限制使用外国律师 • 当地基础结构范围	• 许多交易具独特性，且因顾客不同而异 • 需要了解当地顾客和法律程序 • 质量管理	• 海外合伙经营
许可证贸易	• （根据定义）提供技术的能力，但大部分技术通过非服务企业提供		• 为了保护许可证交易方利益，利用规模经济 • 质量管理 • 担心许可证购买方业绩不佳 • 知识有时是很机密的，通常具有独特性 • 人员协调的优势	
管理咨询	• 进入市场的机会 • 声誉、形象、经验 • 专业化的经济性，特别是专门知识和技能水平	• 同顾客密切接触，通常按顾客特殊需要提供服务 • 人员的流动性	• 质量管理	
医疗服务	• 对先进、专业化医药的经验，高质量的住院治疗 • 现代化管理方法 • 政府的支持作用			• 全资子公司和合资公司
电影（制片和租片收入）、现场表演戏剧	• 国内市场的经验，良好的国内通信（如广播设施） • 政府对艺术的补贴	• 区位限制 • 有时顾客参观摄制场地，有时正好相反 • 工会限制使用外国演员	• 电影制片和电视节目的质量 • 戏剧表演通常涉及非股权安排	• 混合形式

行业	所有权优势	区位优势	内部化优势	组织形式
地区办事处	跨国公司网络的一部分，依跨国公司的业务性质和国外经营范围而异	取决于办事处所在地的劳动力、办公、通信成本；工作许可、税收等；跨国公司产品生产部门的区位	所有的优势都与协调经济有关，而且作为母公司组织的代理人展开业务	全部拥有
餐馆、汽车出租	服务品牌、形象；声誉和经验；查询系统；规模经济和范围经济；与航空公司和旅馆相联合	区位限制	特许经营可保证质量管理	与"旅馆"相同
软件、数据处理	与计算机硬件联系；技术、信息密集程度高；范围经济；政府支持	高技能和成群的经济区位通常有利于母国；政府鼓励离岸数据输入的措施	具有独特性的专门知识，需要防止浪费；质量管理；协调收益	常常是计算机公司的一部分
电信	知识密集；技术、资本、规模经济（如经营国际通信网络的能力）；政府支持	政府对贸易和生产的管制；有时受区位限制	成本巨大，一般要求成立财团；服务的"产品"部分的质量通常要等级管理（正如由中美国电话电报公司管理），否则，通常以租赁或出口形式提供服务	混合形式，但许多是租赁形式
旅游	在提供令人满意的经验产品方面的声誉；范围经济（提供旅游季节目组合）；讨价还价能力；同航空公司、航运公司等达成交易的能力	需要当地旅行社和辅助设施；顾客最初和末自母国；供应当地设施的成本通常较低；财政鼓励倾向于当地支持设施	协调旅行日程，需要对向旅客提供的辅助服务进行质量管理；东道国政府倾向于当地支持设施；纵向结合节省交易成本	大型旅行社设有当地办事处；其他旅行社可能利用代理商
运输、航运、航空公司	资本密集度高；政府支持措施或对外国运输工具航线的控制；范围经济和协调经济；与商品生产企业的联系（航运业）	基本上把各地联系起来；需要当地的售票处、终端维修和支持设施（机场和码头业）	后勤管理；纵向结合优势；质量管理	大多为全资子公司；一些跨国公司财团

资料来源：陈宪，程大中. 国际服务贸易：原理·政策·产业[M]. 上海：立信会计出版社，2000：84-88.

随着服务业跨国公司的发展，对其性质和特点的认识日益深入，一些学者对邓宁理论的适用性提出了疑问。Boddewyn（1989）在使用经典跨国公司理论来解释服务业跨国公司的行为时，发现服务产品的特殊性会引发一些问题，如对理论假设前提的违背、对服务产业特定优势区分的难度等。Enderwick（1989）分析了邓宁理论应用于服务部门时要特别注意的一些问题，如服务业的很多部门是技术复杂性较低的行业，确定企业特定优势较难，而且服务业跨国公司经营中广泛采用的非股权安排（许可证、管理合同、特许经营等）是以市场交换为基础的，对于内部化理论有一定影响。还有一些学者试图对服务业跨国公司扩张动因进行综合研究。Lovelock、Christopher H、Yip、George（1996）提出了八类扩张动因：相同的顾客需求、全球性顾客、全球性销售渠道、全球规模经济、有利的物流条件、信息技术的发展、政府政策和管制以及可转移的竞争优势。薛求知、郑琴琴（2002）认为需求的拉动、供给的推动、服务业的竞争、进入壁垒降低、赢得信赖以及全球学习推动了服务业跨国公司的扩张。

总体而言，目前许多研究或是沿袭过去对于制造业跨国公司的经典理论做适当调整，或仅仅是针对原有经典理论对于服务业跨国公司的不适应性展开的，专门针对服务业跨国公司的具体特性来阐述服务业跨国公司投资动因方面的理论研究较少，还有许多工作尚待深入开展。

6.2　制造业与服务业国际转移的特点分析和比较

6.2.1　制造业与服务业国际转移的基础和动因比较

起源于19世纪初的制造业国际转移在不同的阶段有着不同的基础和动因。根据其基础和动因的不同，国际制造业转移可以被归纳为4种类型：市场寻求型、低成本寻求型、技术接近和效益寻求型、全球发展战略寻求型。与制造业国际转移相比，服务业的国际转移也具有上述基础和动因，但更具有自身的特点和背景。

一是国际经济分工的分化使制造服务业从制造业中完全分化出来，形成独立的产业以进行外包。自二战以来，国际经济分工已由传统的产业间分工向产品内的生产环节、生产过程和生产要素分工转化，制造业和服务业作为产品生产制造过程中的独立环节被分离出来，为制造服务业的国际转移提供了前提条件。

二是全球经济由大规模生产向大规模生产与大规模服务并重方向转变，促进了服务业国际转移。根据产品增值理论，产品增值过程包括产品研发设计、生产制造和营销服务等环节。传统的FDI理论主要通过跨国投资的大规模生产来降低产品生产成本，但随着全球经济发展中主要工业制成品供大于求局面的形成和全球经济分工的深化，以大规模生产来降低产品综合成本的空间受到限制，从而使降低产品综合成本的措施逐步转向生产过程以外的服务业上，这样跨国公司的国际生产组织方式也发生了变化，即由传统的以大规模生产为主转向以大规模生产和满足顾客个性化、多样化需求服务相结合的综合收益最大化为主。传统制造业跨国公司加速向服务型跨国公司转型，随着这一进程的加速，越来越多的传统制造业跨国公司将成为名副其实的服务业企业。与此同时，跨国公司通过掌控研发、市场营销等核心环节和强大的供应链管理体系，在国际竞争中的地位不仅没有被削弱，反而有所增强，具体表现为三个方面的提高：在世界产业链中的竞争优势和地位进一步提高；在世界价值链和利润分配中的地位进一步提高；对世界市场的影响力和支配力进一步提高。

三是现代电子网络技术的发展为服务业国际转移提供了物质条件。20世纪80年代以前，存在许多制约服务业国际转移的因素，如电信设施手段落后、国际汇率市场波动、东道国文化背景差异等，但在以现代技术为基础的电子网络技术进步以后，服务业流程可以被模块化，服务业转移可以通过对东道国进行服务模块的输出，减少了服务业转移中的信息不对称所引发的交易成本过高的问题。

四是制造业的国际转移为服务业的转移提供了成功的示范效应。发达国家制造业的国际转移尽管受到投资国劳工组织的反对，但事实表明制造业的国际转移不仅使发展中国家快速融入国际经济分工体系，推动发展中国家的经济发展，而且发达国家也可以享受世界产品低价的实惠，同时为发达国家在国内发展高新技术产业提供空间。所谓发达国家的"产业空心化"只不过是新旧产业交替过程的暂时现象，所以无论从发展中国家还是发达国家来说，国际产业的转移都具有较强的帕累托效应。制造业国际转移的成功为服务业的转移提供了良好的示范效应，同时制造业国际转移的进一步发展也需要服务业国际转移的支撑。

6.2.2 制造业与服务业国际转移方式的比较

在制造业的国际转移中，依其转移次序，先后出现了外包形式的加工贸易、跨国公司与东道国公司的合资合作、跨国公司的直接绿地投资和对东道国企业的收购兼并等方式，每种投资方式的产生都与东道国和投资企业的背景密切相关。加工贸易的产生主要是由于投资企业对东道国的市场信息缺乏了解，只能以来料加工这种最简单的方式部分取代一般贸易方式，以利用东道国的要素和市场优势。在对东道国市场信息和政策有了一定了解之后，投资企业便会以资本和技术的优势与东道国企业进行合资与合作，以利用东道国企业的要素优势和当地销售服务网络优势。当投资国企业对东道国的市场、文化和政策有了一定的了解后，它便会以绿地投资的独资方式或兼并收购东道国竞争对象企业的方式进行投资。对于独资方式的投资，跨国公司不仅可以完全享受东道国的要素优势，同时还能更好地控制其产品的技术和品牌，防止技术外溢，所以它是投资国认为最为理想的方式。与制造业国际转移相比，服务业国际转移也经历了不同阶段，所对应的不同方式是项目外包、业务离岸化和制造业战略配套的服务业全部转移，但由于在时间上服务业转移要大大落后于制造业，所以服务业国际转移主要以收购兼并东道国企业为主，项目外包和合资方式为辅。这与服务业自身的特点有极大关系，因为就服务业的生产流程来说，虽然具有相对独立性，但前后关联性较大，并且多数环节属于无形的，难以进行量化和测试，以项目外包和合资方式交易成本过高。

6.2.3 制造业与服务业国际转移的路径比较

制造业国际转移是跨国公司追求低成本效应、规模经济效应和全球发展战略综合作用的结果，而服务业国际转移则是制造业国际转移发展到一定阶段的客观需要和必然结果。从制造业国际转移的先后步骤和次序来说，在发达国家与发展中国家之间，第一步是由发达国家向发展中国家输出工业制成品，进口初级原材料以实现产品贸易，这是国际产业转移之前最基本的国际贸易方式。第二步是逐步将产品的部分零件和环节外包给发展中国家，促进发展中国家加工贸易的发展。第三步是将本国没有优势的劳动力和资源密集类产品生产转移到发展中国家，主要是利用其劳动力和资源优势。第四步是将劳动和资本密集产业转移到发展中国家，因为此时发展中国家已具备了轻工业生产的比较优势。第五步是将技术资本密集型产业转移到发展中国家，因为此时发展中国家已进入工业化初期，具有产业生产优势，而此时发达国家已进入后工业化和信息化时期，其制造业已不具备优势，需要为其他产业留出发展空间。

发达国家之间的产业转移步骤表现为，首先是相互间工业制成品的水平贸易，此类贸易的基础是发达国家间相互利用专业化分工的规模经济效应。对规模经济的追求使发达国家间的经济分工更加细化，各国在部分产品或部件上的生产优势更强，导致一国会以自身具有优势的生产要素或环节进入另一国整合利用其他优势要素。其主要方式是跨国收购兼并，所以发达国家间的产业转移是通过不断深化产业分工实现的，没有发达国家与发展中国家间明显的产业转移迹象，但产业转移的规模要大于发达国家与发展中国家转移规模。

服务业国际转移的路径表现为：服务业国际转移最初多是为向从事跨国生产经营的客户（多为制造业跨国公司）提供配套服务，一般从研究、设计、物流、营销、金融等行业开始。随着信息技术的进步和产业分工的深化，服务业国际转移逐步由制造业追随型向自主扩张型转变，不仅为原来的客户提供服务，还可以为东道国其他公司提供服务，甚至可以向第三国出口服务。近年来，随着跨国公司的战略调整以及系统、网络、存储等信息技术的迅猛发展，服务外包成为国际产业转移的重要路径。服务外包总量不断扩大，外包领域日益扩展，离岸化趋势明显。许多公司不仅将非核心的、低端服务转移出去，而且还将风险管理、金融分析、研究开发等技术含量高、附加值大的业务外包出去。从技术转移路径上看，则由原来在母国研发然后对外进行技术投资向直接在东道国从事研发转移。

6.3　外商直接投资的溢出效应

内生增长理论强调，个别企业的创新活动会通过溢出效应产生持续的、长期的经济增长（Romer，1986；Grossman and Helpman，1990）。根据这一观点，个别企业生产技术知识，最初技术属于该企业私有。随后，由于其能被任何企业迅速、几乎无成本地复制，它便成为社会知识，充当提高所有企业生产率的外部效应之一。由于溢出效应的存在，规模报酬不变或递减的总生产函数可能表现出规模报酬递增，产生持续的、长期的经济增长（Romer，1986；Raut and Srinvasan，1993）。所谓 FDI 的溢出效应，是指由于跨国公司在东道国设立子公司，从而引起东道国技术或生产力的进步，但跨国公司子公司又无法获取全部收益的现象（Kokko，1994）。

6.3.1　溢出效应的渠道

溢出效应的渠道，可以是通过示范、模仿和竞争压力产生的产业内（水平型）溢出，也可以是通过前向和后向关联产生的产业间（垂直型）溢出，或通过劳动力流动产生的劳动力的培训 - 流动溢出。

1. 产业内溢出效应

产业内溢出效应（intra-industry spillovers）是指技术由跨国公司（MNC）的分公司向东道国同一产业的本地企业扩散和溢出的过程。产业内溢出效应主要通过两大途径实现：

1）示范效应（demonstration effect）和接触-模仿效应（contagion-imitation effect）。两种效应相互联系、相互作用，实际上是同一过程的两个阶段，其存在的前提是跨国公司与本地企业之间存在一定的技术差距。因为 MNC 只有拥有比东道国更大的技术优势，才具有与本地企业竞争的比较优势。所以，本地企业与技术先进的 MNC 直接接触，可以通过模仿和学习，即"看中学"（learning by watching）和"干中学"（learning by doing），不断改进其生产方法、提高生产率。在某些情况下，国内公司仅仅通过观察学习邻近的外资公司就可以提高自己的生产率（learning by observing）（C. Findlay，1978；Koizumi & Kopecky，1977；Das，1987）。如果没有 FDI 的进入，本地企业获取有关新技术信息的成本可能更高。示范效应的作用在于它扩展了东道国企业的技术选择集。但是，示范效应的存在并不一定表明东道国有能力通过学习和模仿进行技术的吸收与转化。学习和模仿能力最终要取决于东道国的人力资本水平所决定的吸收能力。

2）竞争效应（competition effect）。它是指当 MNC 进入东道国某一行业（产业）时，会加剧本地市场上的竞争程度，从而迫使东道国企业更有效地利用现有技术和资源，推动技术效率的提高。由于竞争加剧，本地企业被迫加大研发投入、引入先进技术、改善经营管理以保持其市场份额。若 MNC 进入的是原本有较高行业壁垒的产业，则可在一定程度上消除垄断，提高社会福利水平。但是，并不是说在某一产业（行业）存在的外资越多，由竞争引起的溢出效应就越大。竞争效应的大小主要取决于 MNC 与本地企业之间的相互作用程度。因此，在那些仅有少数 MNC 进入但能有效打破垄断的行业中，溢出效应可能比那些外资企业占绝大部分市场份额的行业更大，因为外资的大量存在可能正是本地企业缺乏竞争力的表现，本地企业根本无法获取任何溢出效应而被"挤出"市场。Kokko（1996）[①]认为，在那些存在规模经济的产业中，如果当地企业缺乏竞争力，那么 FDI 的进入可能迫使它们放弃市场份额从而偏离生产效率的最小规模。

2. 产业间溢出效应

产业间溢出效应（inter-industry spillovers）是指 MNC 进入某一产业（行业）后，会通过产业之间的纵向联系（vertical linkage）促进相关产业（行业）中企业的生产率提高。尽管 MNC 具有将新技术内部化使用以防止技术扩散的倾向，但是 MNC 在发展中国家不能孤立发展，必然参与发展中国家的产业分工。MNC 的技术溢出效应正是通过前、后向关联效应（forward and backward linkage）来提高发展中国家上下游企业技术水平的。这样，发展中国家通过与 MNC 在产业上的投入-产出关系接受 MNC 的技术溢出效应。根据本地企业与 MNC 在投入-产出关系中位置的不同，产业间溢出效应分成两种：一种是后向关联溢出效应，另一种是前向关联溢出效应。

3. 劳动力的培训-流动溢出效应

劳动力的培训-流动溢出效应（labor training-turnover spillovers）是指在 MNC 就职

[①] KOKKO A. Productivity Spillovers from Competition between Local Firms and Foreign Affiliates [J]. Journal of International Development, 1996, 8: 517-530.

并受过培训的雇员向本地企业流动，或者建立自己的企业独立经营时而产生的技术和知识的溢出效应。这种溢出效应不仅指 MNC 对其雇员的培训通过雇员的流动而溢出，而且也包括 MNC 进入东道国市场加剧了市场竞争，从而迫使当地企业为提高产品质量对员工进行更多的培训。MNC 对本地雇员的培训是 FDI 促进东道国人力资本积累的一条重要渠道。

6.3.2　溢出效应的条件

1. FDI 技术外溢的内部条件

（1）内外资企业之间的技术差距

FDI 技术外溢中的技术差距因素很早就受到研究者的关注。Lapan 和 Bardhan（1972）发现，FDI 的技术外溢效应是外资企业与内资企业技术差距的减函数，即技术差距越大，工业化国家开发的先进技术越可能不适应发展中国家的条件，因而技术外溢的效应越不明显。与之不同，芬德利（1978）发现，FDI 的技术外溢效应是外资企业与内资企业技术差距的增函数，技术差距越大，内资企业"赶超"的空间越大，产生技术外溢的可能性越大。两个似乎冲突的结果实际上意味着，技术差距因素所起的是中介变量的作用。Girma（2005）把这一作用称为吸收能力与技术外溢的非线性门槛效应（non-linear threshold effect），即技术差距不应当太小，否则提升的空间就会太小；也不应当太大，否则 FDI 不可能产生预期的溢出效果。适度的技术差距是产生 FDI 技术外溢的前提，"如果没有可溢入的去处，就不会有溢出"（Tavares，2001）。技术差距与溢出效应之间可能存在非线性关系，技术溢出效应受到东道国经济发展水平的影响，在初级阶段中，溢出水平随着技术差距的增加而增加，而当差距增大到某一水平，以至于当地企业无法在现有的经验、教育水平及技术知识基础上对国外先进技术进行吸收时，溢出效应将与技术差距负相关（Sjoholm，1999）。

（2）FDI 的所有权安排

研究发现，拥有先进技术和知名品牌的投资者更愿意建立独资子公司而不是合资企业（Stopford & Wells，1972；Javorcik，2004）；发展中国家的合资企业引进的技术比独资子公司引进的技术平均晚 3～4 年（Mansfield & Romeo，1980）；伴随独资子公司技术引进的职员（管理人员和技术人员）的流动多于合资企业（Lee & Mansfield，1996；Ramachandran，1993）。但也有研究称，合资企业一般比独资企业产生更强的技术转移和外溢效果（IJNCTC 1985，1987；OECD，1992，1993）；同时，建立合资企业的方式也会影响技术外溢的效果，在内资企业基础上建立的合资企业比新建企业有更强的技术吸收和转化能力，因而可以产生更好的效果。

（3）FDI 的投资类型

跨国公司 FDI 一般分为水平型和垂直型（或两者的混合）。水平型 FDI 不是技术外溢的主要渠道。水平型 FDI 是为了避免国际贸易成本进入东道国目标市场，并不断扩大市场份额，导致跨国公司与东道国的同行企业间的竞争性大于合作性。因此，它们不但不会主动外溢技术，反而会想方设法加强技术保护，防止技术外溢，那么，在逻辑上，水平型 FDI 不太可能成为技术外溢的主要渠道。实证研究的结果也支持这一推论，FDI 不存在显著的行业内技术外溢（Javorcik，2004）。

垂直型 FDI，特别是跨国公司的后向联系，是技术外溢的主要渠道。因为垂直型 FDI 是为了利用国家之间的要素价格差异（如低工资的劳动力），跨国公司将其生产过程细分，根据比较优势原则在国家之间合理安排各生产工序，与东道国的一些企业形成供应商—客户关系。这有助于东道国企业通过进口增加中间产品的种类，提高最终产品的生产效率（Feenstra，2004）；在通过出口或提供上游部件给跨国公司的过程中，可以实现"干中学"效应，"向客户学习"效应，"示范、培训"效应，以及"员工流动效应"（Fosfuri, et al., 2001）。

（4）FDI 的战略动机

跨国公司从事 FDI 的战略动机通常包括资源导向型（resource-seekers）、市场导向型（market-seekers）、效率导向型（efficiency-seekers）和战略资产导向型（strategic asset-seekers）。

资源导向型对外投资主要是获得国外廉价的特定生产资源。市场导向型投资的目的是进入东道国的国内市场，保持已有的出口市场或开拓新的国外市场。效率导向型投资可以通过统一管理空间分散的经济活动而优化公司资产结构，从而分散风险，获得规模经济与范围经济等收益；其目的是通过集中在几个区位的生产，服务于尽可能大的市场，充分利用资源禀赋、商业文化、制度安排、经济体系和市场结构等方面的国别差异。战略资产导向型投资通常集中于具有很强规模经济和高固定资产的产业，在国际一体化的生产战略下，获得某些特定资产以提升其国际竞争力，目的也是追求规模经济和范围经济。

对于发展中国家而言，跨国公司从事 FDI 的动机是在保持技术垄断的前提下，获得技术创新的利润最大化。因此，跨国公司通过外部市场转移的技术一般都是成熟性技术，东道国企业也就不太可能借此获得最先进的技术，并实现产业技术的赶超。新兴工业化国家（地区）面临的情况就是很好的说明。与发达国家的技术差距越近，它们通过外部化市场购买就越困难，即使通过内部化转移，所转移的技术与核心技术依然存在明显的差距。

另外，为了实现利润最大化目标，跨国公司按照各个子公司和分包体系在全球化生产体系中的位置决定其转移的技术水平，并根据其技术综合能力提升技术水平。东道国当地产业的综合技术水平和比较优势决定了其在全球产业链条中的位置，进而确立了技术转移的初期水平。从长期来看，东道国如果能够不断推进产业技术的进步和比较优势的动态转换，进而提升其在产业链条中的位置，跨国公司将会稳步提升技术转移的水平。为保持和提高跨国公司整体的竞争力量和盈利水平，在沉淀成本较大的情况下，跨国公司本身也需要不断提高子公司和配套企业的技术水平。

市场导向的 FDI，通常不会使用母公司最先进的技术，但由于面向国内市场，往往国内采购比例较高，发展配套产业意愿较强，适应性研发行为较为积极，因而其技术的溢出效应较大。然而，正是由于面向国内市场，这种跨国投资对东道国产业的冲击是直接的和强有力的；面向国际市场的加工贸易投资，为适应国际市场的需求结构变化，保持市场竞争力，绝大多数企业技术水平较高，一部分会跟随母公司保持国际先进水平，但与国内产业关联度较差，发展配套产业和进行研发的意愿较弱，因而"飞地效应"明显，技术溢出效应较小。另外，由于面向国际市场，这种跨国投资对民族产业的冲击只是间接的（江小涓，2000）。

（5）FDI 的投资来源

不同国籍的母公司技术水平和技术转移战略不同，进而形成的转移和外溢效果不同（Vernon，1981，1992；Dunning，1988，1994）。欧美国家跨国公司的技术转移和外溢效果多数较好，我国港澳台地区的投资技术外溢效果较差。中国台湾政治大学的 Tsung Huang（2004）利用劳动生产率和全要素生产率模型对 1993 年、1994 年和 1997 年进入中国的 FDI 进行研究显示，来自港澳台的外资对于技术差距较大的地区溢出效应明显，而来自其他地区的外资对于技术差距较小的地区溢出效应明显。

2. FDI 技术外溢的外部条件

（1）东道国的行业特点

首先，投资行业的竞争程度。充分竞争是产生溢出效应的有效机制，竞争越充分，产生技术外溢的可能性越大。在内资企业竞争力差距较小的行业中，内外资企业之间的竞争越充分、越有效，越有利于溢出效应的产生（陈涛涛，2003）。如果 FDI 进入竞争不充分的行业，容易产生行业垄断，限制技术外溢，其至通过种种手段限制、约束内资关联企业的自主研发活动。Kokko（1997）发现，在竞争程度较低的环境下，技术差距太大会阻碍技术外溢。

其次，投资行业类型。在金融服务业中，示范效应、干中学效应突出；在零售业中，当地采购的后向关联效应明显；在制造业中，关联效应、干中学效应、培训效应突出；在农业中，溢出效应较少或者不存在（祖强、梁俊伟，2005）。

（2）东道国的制度环境

在制度环境方面，最重要的有两个方面：一是知识产权保护程度，即知识产权保护到位，外资方引入新技术、新产品时顾虑就会少，产生技术外溢的可能性就大；二是税收政策，包括制成品和中间品的进口关税、企业所得税，以及鼓励研发投资的税收政策等。税收政策运用得当，有助于技术外溢的形成。

（3）与内部条件之间的交互作用

Kokko（1997）发现，在竞争程度较低的环境下，技术差距太大会阻碍技术外溢。Imbriani 和 Reganati（1997）关于意大利的研究也发现，技术外溢与技术差距负相关，东道国企业技术能力较强，与跨国公司子公司技术差距不大时，技术外溢效应较显著。Dimelis（2005）关于希腊的研究证明，对那些与外企技术差距小、发展快的内资企业来说，存在来自 FDI 的正的技术外溢；该观点对 FDI 东道国的政策意义就是，为了促进技术外溢的发生，东道国应该缩小技术（和制度）差距。就此方面，Bellak（2004）、Duran 和 Ubeda（2005）强调在研发机构投资的重要性，并强调加强跨国公司子公司与当地创新系统的联系，以促进 De Backer 和 Sleuwaegen（2003）所说的"积极学习"。

6.3.3　服务型跨国公司对东道国的溢出效应

FDI 的类型不同，产生溢出效应的可能性、渠道和溢出程度也有所不同。从理论上讲，由于发达国家与发展中国家在服务业发展水平间的平均"级差"大于两者在制造业间的差距，同时又因为服务的特殊性，难以分割又不容易进行内部跨国贸易，服务业跨国公司无法将技术、管理、营销等诀窍从其提供的服务产品、服务手段中完全剥离，向海外分支机构转移的技术更接近或等同于母公司的水平。而且，由于大多数服务产品生产与消费的同步性，服务业跨国公司全球知识信息在各分支机构内部是共享的，当服务业跨国公司开发出新的服务产品时，只要该产品能够适应其他国市场，全球同步提供该服务产品就是其最优选择。所以，从这个角度而言，服务业 FDI 对东道国的溢出效应的可能更大。

具体而言，服务型跨国公司对东道国的溢出效应主要包括以下几个方面。

1. 结构调整和升级效应

外资服务业的进入，能以直接和间接方式为东道国服务业内部结构升级和加速成长创造条件，提升国内服务业的规模、能级和水平，产生强有力的"催化和牵引效应"，提高服务业的国际竞争力。

2. 产业链效应

企业生产活动分为上中下三个环节，其中上下游产业主要是生产性服务业，包括产品的前期开发、产品的销售、售后服务等，是创造较高价值的环节，即"微笑曲线"的两端，是企业价值链的战略环节。一家跨国公司的投资可能引来其他上下游为其服务的生产性服务领域的投资，形成协同效应，带动产业链投资。产业链投资可降低企业的交易成本和运营风险，保障企业竞争中的优势地位。当前，随着经济全球化发展和服务经济地位的不断提高，服务业与制造业协同转移的趋势越来越明显，如为摩托罗拉服务的花旗银行、美国联邦快递的物流服务、全球最大的物流服务商丹麦马士基集团[⊖]追随宜家进入中国等。若东道国能够更加有效地承接国际服务业转移，使之在总量与结构方面与已有的制造业外资形成协同关系，将大大提升利用外资的质量与水平，实现更大的溢出效应。

3. 就业效应

与制造业 FDI 一样，服务型跨国公司对东道国的就业效应也可分为就业数量效应和就业质量效应。就业数量效应具有二重性：吸纳效应和挤出效应。吸纳效应是指由于外商直接投资的流入而导致就业量的扩大，包括外商投资企业雇用东道国本地劳动力的直接效应和外商直接投资通过影响东道国的国内投资、产业结构、国际贸易和技术等，从而对就业产生影响的间接效应。挤出效应是指由于外商直接投资的增加而导致的就业量的绝对或相对减少。就业数量效应最终取决于吸纳效应和挤出效应的大小。就业质量效应是指跨国公司的进入有助于改善和提升东道国的劳动力技能与素质。要素密集性不同的服务业 FDI 的就业效应不同，劳动密集型服务业对非熟练劳动力的吸纳能力较强，因而批发、零售贸易及餐饮业、运输、商务等服务业的就业数量效应明显，而知识、技术密集型服务业，如金融、保险、信息、咨询、中介服务等就业质量效应更为突出。

⊖ 马士基集团成立于 1904 年，总部设在丹麦哥本哈根，在全球 100 多个国家设有数百家办事机构，雇员逾 6 万多名，服务遍及世界各地。作为集团的集装箱海运分支，是全球最大的集装箱承运人，服务网络遍及六大洲。马士基中国公司总部设在上海，在大中国地区拥有广泛的网络。通过广泛分布的分公司代理及超过 1 500 名的专业服务人员，致力于满足客户各方面的需要，包括进出口货物、仓储管理、分拨、空运、货运代理服务、增值服务及咨询。马士基中国公司是最早进入中国市场的欧洲服务公司，注册为外商独资企业，于 1998 年获得营业执照。

4. 技术扩散 / 溢出效应

一般而言，主要从事制造业的跨国公司通常在母公司和子公司之间建立起垂直分工体系，由母公司控制生产工艺流程的核心技术，而子公司则负责制造标准化的劳动力密集型产品。但经营服务业的跨国公司由于其技术优势主要是现代的服务手段和管理方法，在设立海外分支机构时无法将其彻底剥离，彼此之间多数只能构成水平分工的关系，即服务业跨国公司向海外分支转移的技术更接近母公司的水平，不可能像制造业那样，将"技术水平高"的业务留在母公司，只将"中等水平的"业务转移到海外企业。因此从这个角度而言，服务业 FDI 更能切实帮助发展中国家提高服务业整体水平。服务型跨国公司全球扩张，也是服务企业全球学习的过程（Ekeledo，Sivakumar，1996）。通过示范效应、接触－模仿效应和竞争效应，服务型跨国公司的技术创新、经验理念、组织技能、管理技能、营销技术等外溢至东道国相关企业。

5. 人力资本形成效应

服务业跨国公司对其在东道国雇用的员工按照自己的标准进行培训，使其掌握必要的技能，这样不仅提升了本企业员工的素质，还为当地企业提供了现成的借鉴经验。此外，外资企业还会向客户提供信息、技术辅导及辅助管理，与东道国科技人员进行合作和技术开发，为教育机构提供支持与合作。由于外资企业对东道国劳动力的雇用和岗位培训，加之东道国人员、机构与国外公司合作过程中所产生的"学习效应"，都会使东道国人力资本质量得到较大提高。同时由于存在着人力资源流动，外资企业的人才可能会进入内资企业，把从外资企业学到的技能和知识带到内资企业，从而会提升内资企业的技术及管理技能。通过人力资源的广泛合作与交流，服务技术、信息和技术创新理念能以较低的交易成本与较高的传播效率扩散，也能激发专业人员的创造性思维，从而产生新思想、新技术和新方法。另外，由于跨国公司雇员（尤其是高级雇工）的工资水平要比东道国本土企业相应的工资水平高，跨国公司对高素质人才给予高薪待遇所产生的"传导效应"，能够通过劳动力市场刺激东道国本地人力资本投资的增加，尤其是私人投资的动力会显著增强。而且，由于开放导致熟练劳动力市场竞争激烈，必将引导和迫使劳动力自我主动学习，从而提高人才的技能和素质。

6. 服务质量和效率的改进效应

服务业外资的进入，在服务产品种类、管理技术与服务方式以及服务质量等方面带来强大的示范效应和竞争效应，促使东道国服务企业主动适应国外供应商的标准和规则，适应消费者日益提高的服务需求，利用现代技术拓展服务领域，不断创新服务产品和服务提供方式，提高经营的灵活性，改进服务质量和效率，使服务市场向更复杂和尖端水平发展。FDI 在转型经济国家的实证研究表明，转型经济国家所缺乏的服务惯例、服务品牌和差异化的服务都可以通过利用 FDI 而获得，并且 FDI 对于提高东道国员工的技能、持续地改进服务质量以及充分利用全球的金融、电信和商务服务网络都有很大的帮助。

7. 市场结构效应

由于金融、保险、电信等部门对于国民经济具有极其重要的战略意义，东道国政府一般会予以不同程度的保护，其结果是大多形成垄断性的市场结构。外资的进入、市场竞争的引入会打破原有的市场垄断结构，对东道国企业形成竞争压力，迫使其增加服务品种、提高服务质量、降低服务价格，这是竞争带来的正效应。如若外资企业凭借资金、技术、品牌、信誉、管理等优势占据了市场，挤出东道国企业，并对后来者形成市场进入壁垒，又会形成一种新的垄断或寡头市场结构，产生负效应。

8. 制度环境改善效应

制度环境改善主要是指服务业 FDI 的流入有助于服务业监管制度的完善。由于服务业 FDI 流入具有一揽子转移的性质，FDI 中资本、技术、管理及市场进入等要素的"不可分性"，要求引进外资的国家本身存在相应的能力结构，尤其是应具有与国际接轨并与外资相配套的制度环境，这无形中将对政府的经济管制行为的不连续性与不稳定性加以约束，迫使政府部门按照国际公认的惯例和规则对服务业的发展进行监管，以形成良好的制度环境。

9. 经济自主权和安全效应

跨国公司的决策中心在母国，具有很高的自主权，在一定程度上可以不执行东道国的宏观经济政策，从而使东道国的自主权受到削弱。同时，较之发展中东道国，发达国家的服务型跨国公司在诸多有形及无形资产上拥有绝对优势，从而使其具有了投资谈判中强势的"讨价还价"（bargaining position）的能力。

在经济安全方面，如金融业投资，由于该行业掌控着一国的资金融通，外资金融机构进入后，可通过银行信贷、证券承销、财产保险、基金投资等渠道与东道国各行各业发生联系，所涉及的行业分布面广，影响力强，且由于其实力雄厚，业务多样化程度高，分布范围广，不易进行监管，使宏观调控能力削弱。在国际金融市场联动与共振效应作用下，甚至会威胁东道国的金融和经济安全。

正如联合国贸发会议《2004年世界投资报告》指出的，服务业外国直接投资为东道国带来了积极的影响，不仅为东道国经济注入资金，还对最终客户具有潜在的积极影响，为使用中间服务的生产商也提供了更好的服务并产生外溢效应。同时，外国直接投资进入服务业还对技术和技能转让、提升出口竞争力、创造就业机会以及员工培训和收入都产生了巨大的直接和间接效应。

但是，该报告也指出，服务业外国直接投资在体制和结构方面也存在风险，比如缺乏有效管制可使东道国面临严重的经济不稳定，管理私有化和公用事业的机构与手段薄弱会出现将国营垄断变成私人垄断的危险。此外，服务业外国直接投资还有一定的意外风险，外国直接投资易在社会或文化敏感领域中造成非故意的损害。

因此，联合国贸发会议强调，在外资转向服务业的过程中，发展中国家要建立一整套与更广泛的发展战略相适应的政策。其基本点是，提升最现代化的服务领域所需要的人力资源和有形的基础设施，特别是在信息和通信技术方面，促进建立竞争机制和有效的规制，以充分发挥服务业市场的作用。

外国投资与引进外资是一个双向适应的过程，东道国在引进外资的过程中，自身势必要有一个内生性的经济增长环境改善过程，其内容包括人力资源、技术资源、基础设施、市场体制和法律制度等。东道国，特别是发展中东道国在利用服务业 FDI 的同时，必须改善相应的经济增长环境以形成与 FDI 相适应的吸收能力结构，唯有如此，该国服务业才能从 FDI 中获得更多正向的溢出效应。

6.4 国际服务外包

6.4.1 服务外包的含义

在《商务大辞典》中，服务外包指依据双方议定的标准、成本和条件的合约，把原先由内部人员提供的服务，转移给外部组织承担的经营方式。需要指出的是，在服务业实践中，"服务由内到外的转移"并不完全等同于服务外包，换言之，服务由内到外的转移，既包括服务外包也包括服务出售。区分二者，以便明晰服务外包的含义显得尤为重要。

从投入－产出生产函数的角度看，服务外包和服务出售不同。一家企业的服务外包是在企业生产函数不发生变化，也就是要素投入和产品产出性质不发生变化的情况下，把要素投入环节中某些服务项目转移到外部，由外部机构来完成的管理方法或分工形态。从生产经营链条的角度看，二者存在显著差异。服务外包是指企业或机构在保持生产经营链条性质不发生实质性变化的情况下，把链条中的某些服务活动，通过契约的方式转移给专业服务机构，而自己则专注于核心性功能和业务的一种经营模式或经营战略。服务出售是指企业或机构把整个一揽子服务链条全部转移给外面的专业机构，自己则从事与之无关的其他链条运作的行为。从相关主体业务连接频次的角度看，二者存在差异。服务外包涉及的业务主体是接包方和发包方，其业务紧密关联，在合约期内频繁发生业务联系，具有合约期限长、业务往来频繁等特点。而服务出售涉及的是买方和卖方两个主体，一旦达成买卖协议，货款两清，则不再关联，具有合同期限短、业务往来一次性和业务一次性彻底转移的特点。综上所述，服务外包是在不改变与之相关的产出结构和生产链条性质情况下的服务外包，属于内部分工的外部企业化。

服务外包本质上是一种合约关系。按照发包方和接包方企业的空间与国别分布，服务外包可分成国内服务外包和国际服务外包（离岸外包）。企业通过签订外部合约的方式将产品所需的中间投入服务交给国外的某家或数家独立企业完成，即将服务产品的某些环节和中间投入外包给国外独立的其他企业，这种方式就被称为国际服务外包。国际服务外包是服务外包在国家之间的延伸。国际服务外包也包括公司内国际服务外包，即服务的外国提供者属于同一公司（公司内贸易范畴）；公司外国际服务外包，即服务的外国提供者与服务的使用者是相互独立的。

WTO 将服务外包分为以下 4 种形式。[一]

1）有关联的在岸服务外包（captive onshore outsourcing）：企业内部服务需求由设在本国的附属企业提供；

2）非关联的在岸服务外包（non-captive onshore outsourcing）：企业内部服务需求由设在本国的非附属企业提供；

3）有关联的离岸服务外包（captive offshore outsourcing）：企业内部服务需求由设在境外的附属企业提供；

4）非关联的离岸服务外包（non-captive offshore outsourcing）：企业内部服务需求由设在境外的非附属企业提供。

[一] WTO. World Trade Report 2005: Exploring the Links between Trade, Standards and the WTO.

6.4.2 服务外包的动因

对于服务外包的发展动因，许多学者进行过分析和探讨。Loh Lawrence 和 Venkatraman（1992）认为服务外包的动力有不同层次：在宏观经济层面上，暂时的经济周期和趋势推动企业通过签订外包合同来实现 IT 基础设施管理的合理化；在行业层面上，竞争压力迫使企业与重要的 IT 供应商建立"以伙伴关系为基础"的关系；在企业层面上，追寻竞争优势推动 IT 外包决策。Lacity 和 Willcocks（1994）指出服务外包的原因包括财务原因（降低成本、增加成本控制等）、业务原因（回归核心竞争力等）、技术原因（获得技术人才等）、政治原因（证明效率、证明新资源的正当性等）。Christina Costa（2001）认为服务外包的动因是成本降低、技术因素以及关注核心竞争力。Diromualdo 和 Gurbaxani（1998）把服务外包的战略意图分为三类：降低成本和提高 IT 资源的效率、提高 IT 对企业绩效的贡献、利用市场上与技术相关的资产来开发和销售以新技术为基础的货物或服务。

还有的学者将企业采取外包行为归因于"流行效应"，Larcity 和 Hirschheim（1993）、Lof 和 Venkatrman（1992）认为企业的外包决策并不都是基于减少成本、提高企业价值等理性的理由，而是基于社会环境的压力。Abrahamson 和 Rosenkopf（1993）进一步解释道，由于害怕失去股东的支持，企业不得不效仿竞争对手进行外包的决策，而不管这种模仿是否能提高企业价值。在 Kodak 做出了信息系统外包决策后，其他企业的外包决策速度和频率显著提高了。

"流行效应"是指因为许多其他企业选择某种决策而做出相似的决策的行为。制度理论认为与其说是战略远见不如说是社会压力塑造了企业决策过程。

Di Maggio 和 Powell（1983）认为企业最初做出外包决策并不是为了提高企业绩效而是效仿别的企业的结果。新举措的不确定性使管理人员向其他企业看齐。战略先行者往往塑造外包的内容和实质，组织间的相互模仿往往使企业走向成功。

归纳起来，在生产和服务环节中国际分工细化产生了服务外包。服务外包的动因主要有：一是竞争的关键由一般技术转向核心技术。企业把一般技术的生产和服务外包出去，开发核心技术，以最大限度地保持企业的竞争力。二是竞争的地域由区域转向全球。企业要在全球市场上保持和扩大占有率，必须利用国外资源，服务外包就成为一种有效模式。三是信息技术的飞速发展，为服务外包提供了技术基础。信息技术特别是网络技术的发展，使服务外包从可能成为现实。四是企业成本最小化、利润最大化增强企业核心竞争力成为内在动力。就短期效益而言，服务外包公司可节省 20%～40% 的运营成本。企业将自身的非核心业务外包，将企业的资源技术人力运用在企业自身核心业务上，是企业资源优化配置的一种表现形式。

6.4.3 服务外包的特征

服务外包具有以下特征：服务分工精细化、服务外包长尾化、服务水平高端化、服务层次核心化、服务外包离岸化。

1. 服务分工精细化

从专业化分工协作历史演变视角看，服务外包属于企业产品（物品和服务）链条中某个区段或环节内分工的外包，是专业化分工协作进一步精细化和向纵深发展的表现。其所呈现出来的当代特征为：微观企业为了实现利润最大化，将产品生产过程包含的不同服务种类、区段和流程拆散，并由分布在相同或不同的空间、地区的不同服务企业完成，该行为不仅在理论上打破了服务不可贸易的魔咒，还从宏观层面形成了服务业专业分工从行业分工、服务产品分工向工序、区段和环节分工转化的新格局，形成了更加精细化的服务分工新体系。[一]例如，一家生产企业把其生产链条中的会计管理业务交给该企业所在地区的会计师事务所，把软件设计业务交给其他地区的软件设计公司，把人才培训业务交给相同或不同地区的职能技能学校。当前，把服务项目交给他国企业来完成的新服务外包运作方式，已日益成为国际服务贸易分工中引人注目的新亮点。

2. 服务外包长尾化

服务外包的接包方可能把其中一块或多块业务转包给第二家服务企业；第二家接包企业把部分业务分包给第三家企业乃至第四家企业，以此衍生出服务外包业务环环相扣的一级接包方、二级接包方、三级接包方和四级接包方等多极接包主体结构。多极接包企业可能分布于不同地区，甚至不同国家，使服务供给链条从一个地区向另一个地区、从一个国家向另一个国家延伸，导致了服务外包长尾化。服务外包长尾化是全球化的表现。这种服务外包长尾化趋势，使发包企业生产经营链条中的投入 – 产出关系在组织结构和空间分布上形成纵向化链式结构，相应地，一种产出过程所实现的价值增值过程也拓展成价值链式结构，显现出长尾化趋势。

3. 服务水平高端化

服务外包属于广义的服务业，早在亚当·斯密时期，现代意义上的传统服务外包就已经存在。但是，当代引起理论界广泛关注的是 20 世纪 80 年代以后，伴随着 IT 产业大发展而出现的以新技术、新业态和新服务方式为表现形式，属于现代高端服务业重要组成部分的现代服务外包。它具有信息技术承载度高、附加值大、资源消耗低、环境污染少、知识品位高、吸纳大学生就业能力强、国际化水平高等特点。由于现代服务外包与IT 产业的发展紧密相连，必然存在超越一般特征的特点，比如现代服务外包中的服务，在传统的人与人之间的服务界面之外，还增加了人与技术的界面，即通过"人—技术—人"来提供服务。"人—技术—人"的新特征，不仅提高了服务质量，还提高了服务的技术含量。所以，现代服务外包也被称为基于信息技术的服务外包。从外包对象上看，信息革命成果的商业性普及推广，使 IT 服务以及软件生产成为现代服务外包的主要对象。与此同时，知识含量高的人事管理、财务会计、研发设计等也成为服务外包的内容。不仅如此，发达国家大型企业节能减排管理也呈现外包化；从规模上看，新兴 IT 服务和流程外包经过初步发展，现已形成数以千亿美元的规模市场，并以显著高于 GDP 的增长速度上升。

4. 服务层次核心化

现代服务外包已经摆脱了传统服务外包只发包企业非核心性服务业务的认识上的束缚，例如餐饮外包、计算机修理外包和简单的打字复印外包，而把一切核心性、关键性

[一] 卢锋.服务外包的经济学分析：产品内分工视角[M].北京：北京大学出版社，2007.

服务业务也发包出去，如会计管理外包、核心技术设计外包等，如国际汽车业巨子雪佛兰和国内汽车业新秀奇瑞都曾把车型设计委托给外部设计厂商，宝洁公司、英国石油公司把财务会计、人事管理等部门职能不同程度转移给埃森哲服务厂商，从而使服务外包业务在发包企业的业务位置和受关注程度发生了深刻变化。

5. 服务外包离岸化

此外，现代服务外包的发展还呈现出国际化趋势，大量的服务外包由在岸（on-shoring）向离岸（off-shoring）发展。国际服务外包把地理位置分散、信息资源互补的国家和区域联系到一起，是深化国际产业分工，优化产业结构的重要手段。进入21世纪以来，全球服务离岸外包不仅规模迅速扩大，业务外包领域也已经从软件、信息技术服务、医药等高技术行业延伸到商业流程、供应链管理等服务链条的各个环节。不同行业、不同规模的企业都将服务离岸外包作为国际化的重要战略加以实施。据高德纳（Gartner）公司调查，2002年仅有1%的美国企业愿意将部分业务离岸外包，到2004年愿意选择离岸外包的公司已经增加到50%以上；欧洲前500强公司中也有近50%的企业计划将更多的服务业务离岸外包。1996年，美国销售额5 000万美元以上的大公司中有25%选择了外包；2000年销售额为1 000万～5 000万美元的中小企业也很快加入外包行列；到2004年年底，美国年收入超过1亿美元的公司中有40%离岸外包，约有1/20的IT职位被转移到海外。Sand Hill集团2005年对约50家软件厂商进行调查，发现离岸软件开发已经提高到84%，离岸外包不再仅仅是维护和测试，还包括核心软件。调查还发现，离岸外包成本降低40%。基于服务业高附加值的特点，这种由国内到国际的空间拓展，使跨国公司大量配置国际服务业资源，提高了产业利润。与此同时，离岸外包交易方式在不断拓展。传统的外包方式大多限于甲、乙双方之间，即乙公司承接甲公司产品，负责生产加工后向甲公司交货。此后，由于承接商的规模不断扩大，渠道增多，大规模的总承包商更多地进行转包、分包，即乙公司承接甲公司业务，并将业务转包给丙公司，由丙公司为甲公司生产，如此繁衍，外包业务链条不断扩展。

6.4.4 服务外包的内容

广义的服务外包是指依据服务协议，将某项服务的持续管理或开发责任委托授权给第三者执行。企业将其非核心的业务外包出去，利用外部最优秀的专业化团队来承接其业务，从而使其专注核心业务，达到降低成本、提高效率、增强企业核心竞争力和对环境应变能力的一种管理模式。

传统的服务外包主要包括信息技术外包（ITO）、业务流程外包（BPO）和知识流程外包（KPO）。

信息技术外包（ITO）是指信息产业的发包企业，在保持产出水平不变的前提下，将其信息系统生产链条中的部分业务分割出来，以合同方式委托给外包企业的运作方式。

业务流程外包（BPO），也叫商务流程外包，按照高德纳公司的定义，它是指"基于事先定义并且可以度量的绩效指标，把一个或多个IT密集的商务流程指派给外部提供者完成，服务提供商相应拥有、调配和管理这些流程。这些流程包括物流、采购、HR、财务会计、CRM或者其他行政及面对顾客的商务功能。业务流程外包的发包企业涉及面非常广，是除信息技术服务业外的所有企业或机构，既包括制造业也包括农业，既包括生产企业也包括服务企业。发包商通过投入要素中部分服务要素投入的外包，重新构建商务流程结构。由于现代业务流程外包需要现代 IT 技术支持，所以很多时候被称为 IT 技术支持服务的业务流程外包。

知识流程外包（KPO）是业务流程外包的高智能延续，是 BPO 最高端的一个类别。一般来说，它是指将公司内部具体的业务承包给外部专门的服务提供商。KPO 的中心任务是以业务专长而非流程专长为客户创造价值。由此，KPO 将业务流程外包，乃至将整个外包产业推向更高层次的发展，更多地寻求先进的分析与技术技能，以及果断的判断。KPO 涉及的领域大多为企业的核心领域，对员工有更高的技术要求，流程高度复杂并且充满了不确定性，工作的执行要求专家们对某一特殊领域、技术、行业或专业具有精准、高级的知识，执行过程和结果较难衡量。具体内容如表 6-2 所示。

表 6-2 传统服务外包的具体内容

类别		内容
信息技术外包（ITO）	系统操作服务	银行数据、信用卡数据、各类保险数据、保险理赔数据、医疗/体检数据、税务数据、法律数据等数据（包括信息）的处理及整合
	系统应用服务	信息工程及流程设计、管理信息系统服务、远程维护等
	基础技术服务	承接技术研发、软件开发设计、基础技术或基础管理平台整合或管理整合等
业务流程外包（BPO）	企业内部管理服务	为客户企业提供企业各类内部管理服务，包括后勤服务、人力资源服务、工资福利服务、会计服务、财务中心、数据中心及其他内部管理服务等
	企业业务运作服务	为客户企业提供技术研发服务、销售及批发服务、产品售后服务（售后电话指导、维修服务）及其他业务流程环节的服务等
	供应链管理服务	为客户企业提供采购、运输、仓库/库存整体方案服务等
知识流程外包（KPO）	专业策划服务、知识产权服务、专业培训服务、政策法规调研等	指客户将知识密集的业务，或者需要先进的研究与分析、技术与决策技能的流程给第三方来执行；其他服务项目有：知识产权研究，股票、金融和保险研究，数据研究、整合和管理，分析学（数据分析学/分析分析学）和数据挖掘服务，人力资源方面的研究和数据服务，业务和市场研究（包括竞争情报），工程和设计服务，设计、动画制作和模拟服务，辅助律师的内容和服务，医学内容和服务，远程教育和出版，医药和生物技术，研发（IT 和非 IT 领域），网络管理，决策支持系统（DSS），等等

资料来源：中国国际投资促进会，中欧国际工商学院，中国服务外包研究中心. 中国服务外包发展报告 2007 [M]. 上海：上海交通大学出版社，2007. http://baike.baidu.com/view/1307823.htm.

KPO 与 BPO 之间的差异在于：BPO 业务仅仅是照章办事，如服务业中的呼叫中心和软件产业中的系统维护。而 KPO 业务则可以创造价值，如制造业中的设计服务；服务业中的专利检索和人力资源管理，以及制药业中的临床试验；KPO 业务对于提供商的人员素质要求远远高于 BPO 业务。通常，BPO 业务可以由经过短期培训的业务人员完成，而 KPO 业务则要求由高素质的、受过正规教育的专业人员才能完成。除具备相当的专业知识外，KPO 业务中还要求承包人具有一定的专业分析和判断能力，并能够进行一定程度的决策；KPO 产业正在形成巨大的高知识人才的就业市场，尤其青睐具有专利检索和申请、药物研发、数据开发、数据库维护、财务和市场分析等专门知识的专业人士。KPO 产业的知识型人力成本也要高于 BPO 产业。沿着价值链往上移，BPO 中知识密集的高阶服务部分就是 KPO。BPO 能够提供广泛的专业流程技能，而 KPO 则更加注重特定商业业务专长。KPO 显示出一种重大的外包产业动向，即从执行标准化程序和流程向高度复杂的定制化的过程和流程转移。这些复杂的高度定制化的流程需要更先进的分析、高技术含量的技能以及具有决定性意义的良好判断能力（Mierau，2007）。表 6-3 给出了智慧服务的新分类情况。

表 6-3　智慧服务新分类

划分依据	类别	主要内容
驱动要素	IT 服务	以 IT 技术为核心驱动力的服务，服务的执行和交付以 IT 架构与互联网为基础，涵盖传统服务外包分类中的信息技术外包（ITO）、业务流程外包（BPO）及知识流程外包（KPO）
	云服务	以云计算为核心驱动力，基于"云"平台、"云"模式和"云"理念的外包服务的服务，包括基于"云平台"的外包，即"云计算"和 SaaS 模式的外包服务；基于"云"模式的外包，即外包企业将自己的服务模式从线性的传统点状服务模式转变为非线性的 PaaS 的平台服务模式；基于"云"理念的外包，即聚集海量个人和企业服务资源的"服务云"，是众包的升级版
	数据服务	以数据为核心驱动力的服务，运用专业软件工具，针对海量数据资料进行撷取、管理、处理、深入挖掘其价值从而支持客户的决策制定、产品研发设计及运营支持等的专业数据服务，即大数据外包服务
	平台服务	以平台为核心驱动力的服务，通过平台聚集和处理产业相关资讯及资源，在此基础上形成的线上及线下的咨询、培训、资讯、交易和广告等增值服务
地域	离岸服务	服务买家与其供应商来自不同国家，依托成本差异、时间差异和技术差异来跨国完成的服务
	在岸服务	服务买家与其供应商来自同一国家，依托业务战略、技术和专门知识实现规模经济、价值增值等境内服务

资料来源：中国外包网. 服务外包产业大变革时代的来临：智慧服务业概念白皮书［EB/OL］. http://www.chnsourcing.com.cn/special/2013/dbgsd/.

【案例 6-1】　外资企业人力资源服务外包的案例分析

1. 背景介绍

某外资企业在中国发展已有约 20 年的时间，随着近年来中国经济的快速发展，公司规模迅速扩大，目前员工总数已超过 5 000 人，而公司的人力资源部门人数不足百人。由于公司在中国许多城市都设有分支机构，且业务领域十分广泛，有很多条业务线，从而使得近百人的整个人力资源部门架构变得十分复杂。除大家广泛了解的人力资源的基本职能部门，如招聘部门、薪资福利管理部门、培训部门等（被称为核心专业人力资源部门），公司还要根据业务需要为每个业务线安排专门的人力资源团队（被称为业务人力资源部门），而针对不同区域又要安排区域的人力资源团队（被称为区域人力资源部门）。

由于架构的交叉，人力资源部门的人员势必因重叠而造成重复工作，形成资源浪费、职责不清、工作压力大、工作时间长等问题。因此，界定核心专业的人力资源部门与不同业务、不同区域的人力资源部门（以下简称 HRRM）之间的职责显得更为重要。而由于 HRRM 介于核心专业人力资源部门和实际业务部门之间，起到上传下达的桥梁作用，加之日常更多的行政、事务性工作，结果浪费了很多的专业人力资源工作人员的时间。

据分析，HRRM 有超过 1/3 的时间花费在一般性事务工作上，如上传下达不同的问题，督促管理人员完成他们作为员工经理所应完成的工作，而这些工作并不能很有效地帮助业务部门完成它们的业务目标。这些工作实际上完全可以通过以下方式更简单有效地完成：一般性事务工作可以外包，而不由人力资源部门完成；管理人员通过系统提示以确保完成人员管理的职责；员工问题可以通过联系指定人员进行询问。

人力资源外包是在全球化经济发展的趋势下，各公司面临更加激烈的竞争，而积极进行组织结构及管理方式的变革和创新的一种产物。所谓外包（outsourcing），英文直译为"外部资源"，指公司整合利用其外部最优秀的专业化资源，从而形成降低成本、提高效率、充分发挥自身核心竞争力的一种管理模式。人力资源外包就是公司根据需要将某一项或几项人力资源管理工作或职能外包出去，交由其他公司或组织进行管理，以降低人力成本，实现效率最大化。

这里所谈及的外资企业是一家国际化集团公司，其分支机构遍布世界各地。像许多其他大型国际公司一样，为了节约成本、提高质量，该公司已于2000年在亚洲成立了服务全球的人力资源服务中心，负责处理人力资源所有后台的操作。这种集团内的外包服务模式在该公司的实地运行十分成功，它既减少了成本，提高了客户满意度，也实现了稳定及专业管理的目标。有些国家此前也采取了这种人力资源的外包，并得到了业务伙伴的首肯。

通过该人力资源外包项目，希望HRRM有更多的时间来帮助业务部门完成目标，比如绩效的管理、领导力的提升、员工凝聚力的增强等。同时，尽管业务不断扩大，员工人数不断增加，但人力资源部门的人数并不一定要增加（业务重大的增长除外）。这样可以更好地平衡人力资源部门的资源利用。然而，怎样把行政性的事务性工作外包，并进行流程优化，使这些人力资源部门的工作人员更合理调配资源，发挥专家作用，更好地支持公司业务的快速发展，都需要通过一个管理项目的过程来得以实现。

2. 案例分析

公司整体的指导原则是"从现状出发，利用公司所有的资源，做到最好"。该公司希望通过人力资源外包实现的目标包括：让所有员工和经理更多更好地使用人力资源系统来自行操作，完成一些系统中的信息维护工作；使人力资源部门可以关注更有价值的核心工作，而把一些行政性的工作内容自动化，或者外包给全球的人力资源中心；HRRM作为专家，贴近地区、贴近客户，提供更具价值的服务，而人力资源中心则通过优化其工作流程，提供更好的后台服务；通过这个项目可以使人力资源内部的职责更加明确而有针对性，架构也更加清晰；可以提升人力资源部门的工作氛围，人力资源部门可以通过提供更多专业的咨询指导，来更好地支持业务部门的工作，以提升其工作的价值；通过项目的实现提高HRRM的工作效率，从而更好地管理人力资源部门的人员和费用的增加；外包服务的集中，既可以提高服务的能力，也可以达到甚至超过目前的服务标准。

那么，公司到底要外包哪些人力资源部门的工作内容，怎样合理安排外包后的工作流程，以及怎样更好地利用公司通过服务外包节省的时间呢？

（1）HRRM要停止的工作

1）追踪培训计划和长休假的情况。根据公司规定，每位员工都要在年初完成该年度的培训计划，并录入系统，这些之前都是通过HRRM跟踪完成的。

2）督促经理完成员工通过系统提出的各种申请，如休假申请、培训申请等。

3）主导一些集团自上而下的项目，如员工忠诚度调查，核实系统中的员工信息是否准确,并要求保证参与率。

(2)外包到人力资源服务中心完成的工作

1)针对公司政策的问题,如休假政策、保险、养老金、入职程序、离职程序等。

2)针对薪资福利方面的问题,如工资、保险、福利、股权计划等。

3)报告的生成及分析。

4)有关人力资源系统的问题,如员工自助服务、一些其他的使用问题等。

5)人力资源系统使用的培训。

6)员工年度目标设定的追踪。

(3)HRRM应侧重的工作

HRRM应侧重的工作从流程角度来看应该包括:员工的留存;指导管理人员如何与员工进行绩效管理的谈话;就薪酬福利的决定以及内部的平衡给予建议;为人才的管理提供支持;帮助管理人员建立团队的发展计划。

3. 解决方案

具体的解决方案包括外包内容和流程的沟通、制订具体的行动计划以及监督与管理整个实施过程等,重点可以归纳为以下几个方面。

(1)根据外包的内容进行充分沟通

这包括对项目所涉及人员的沟通和管理,尤其是项目中涉及的高层管理人员,与他们的有效沟通是项目成功的重要因素。整体沟通管理包括和公司高层一对一的沟通;由公司高层(包括公司首席执行官参与该沟通环节)、业务部门的管理层向下逐级沟通;HRRM将重点落实与相应业务部门的管理人员进行沟通,沟通的材料统一标准,由项目小组统一制定;公司与更广泛的员工的沟通,则是通过安排一系列的沟通活动,如公告、宣传会等,来实现针对一线管理人员和所有员工的沟通。

HRRM和核心专业人力资源部门的同事是整个项目的主要执行者,也是变革的关键,所以人力资源内部的沟通也显得尤其重要。公司针对HRRM安排了一系列的培训和沟通会议,要求所有HRRM参加;同时,HRRM也可以通过公司的网站来了解具体情况和进度。在项目进行的过程中,甚至在外包正式实施以后,也还会持续与HRRM沟通,以了解HRRM工作时间的变化,是否达到了公司的预期目标,或是否逐渐向公司预期的目标迈进。

(2)针对HRRM培训项目

除了沟通外,如何帮助HRRM适应新的工作内容和模式,帮助他们准备好新的定位、技能和知识,是整个项目另一个成功的要素。这种培训将是一种灵活的学习方式,帮助改变思维方式和提高技能,包括组成学习小组进行定期总结分享,根据工作当中所遇到的实际问题进行小组讨论,共同学习;或者是通过学习已有的经验来提高处理问题的技巧和能力。在服务外包开始以后,需要设定几个阶段来进行调查,监控HRRM是否已经接受并实施了角色的变换,以及是否能保持新的角色而不会又回到服务外包前的思维和表现。

培训的内容包括课程的培训以及在日常工作当中技能的不断培养。课程中涉及的内容包括:思维方式和行为举止的改变,咨询和指导技巧的提升,分析问题的能力和影响力的提升,如何建立HRRM品牌,如何管理内外部客户,等等。这些培训的目的是帮助HRRM在人力资源外包后找准角色定位,主要的原则是以公司业务为核心,而不是单纯注重流程;实现从管理人力资源的"产品"到"概念"上的转变;实现从人力资源产品的专家到流程顾问的角色转变。

(3)人力资源外包的计划和实施管理过程

人力资源服务外包的过程是一个不断

持续的过程，并需要在整个过程中进行监控，以保证服务的质量。人力资源部门服务工作内容外包和管理，可以分以下几个步骤进行阐述。

1）从 HRRM 团队中进行调查，了解具体情况并进行分析，确定外包项目所要涉及的部分。

2）优化工作流程并对工作量进行分析：新的工作流程将由项目组和人力资源服务中心共同制定，并确保工作流程的合理有效性；同时，根据外包的内容和新的工作流程进行工作量和所需时间上的分析，以确定人力资源服务中心所需的资源。

3）确保 HRRM 知识转移到人力资源服务中心：分析所需要转移的知识，以及培训的必要性，确定培训和被培训的人员，制订培训计划以及培训结果评估的办法。

4）试运行及用户测试阶段：测试服务中心人员解答员工问题的情况、相关信件的测试等。

5）正式实施：服务外包的开始，同时也是 HRRM 转型的开始。

6）正式实施后初期对于人力资源服务中心服务数量和质量的监控：包括问题和报告的数量和种类；问题解决的情况分析，是即时解决、待决还是上报；待决问题的具体情况；整体趋势分析；客户反馈调查；其他特别接到的意见和建议。

7）当项目运转成熟以后，人力资源服务中心会出台一个服务标准，以衡量他们今后的工作；该标准需要公司的人力资源部门认同，同时也需要公司的管理层和员工认同。

4. 案例总结

整个项目的时间，即从项目的启动会议开始到人力资源服务外包的正式实施大约经历了五个月，整个过程需要项目小组、HRRM 和人力资源服务中心共同合作完成。此间，在需要几个方面同时参与、服务外包工作内容复杂细致的情况下，我们需要更关注项目的关键点，以使项目的实施更顺利，结果更有效，这个关键点就是外包内容的确定。

HRRM 现有事务性工作的分析是一个重要的起点。HRRM 所提供的数据需要在提交前进行验证，以保证项目后续工作的准确和有效。就此需求，需安排 HRRM 进行研讨，集中一些具体的人员来核实数据的有效性，并针对 HRRM 目前的工作发现，内容进行分析，从而帮助确定外包的工作内容。所以，HRRM 前期的参与是至关重要的。在此期间，HRRM 所花费的时间越多，分析越透彻，外包的成果也会越显著有效。可见，所有 HRRM 的全程参与很关键。

同时，通过分析 HRRM 的工作我们可以发现，大致有四类工作内容可以考虑进行外包：员工问题解答、报告生成及分析、离职前后的手续（包括离职面谈）和其他事务性工作。

在项目的实施过程中，有一些规定好的规则是不能改变的，同时要求人力资源部的所有人员遵守，以保证项目的短期实施和长期效果。

1）HRRM 和核心专业 HR 不能再去处理那些已经停止或外包的工作内容，或者去解决类似的问题。他们应当引导员工到人力资源服务中心去解决这些问题。因为，如果 HRRM 不主动从那些已外包的工作中抽身，这些工作就不会从他们的日常工作中真正消失。

2）人力资源服务中心要迅速处理员工需要。如果由于某种原因而有所延误，需保证 HRRM 被告知此事。如果有一些重要问题，如员工薪资错误或投诉事件，HRRM 和人力资源服务中心还要通知人力资源总监以确保信息的沟通流畅。

3)人力资源服务中心的负责人员如果觉得工作量太大或因其他原因不能应对时,需立即提出要求。

4)人力资源服务中心、HRRM 和所有人力资源部门是一个共同工作的团队,共同来应对挑战、解决问题、互相支持和鼓励。

5)如果人力资源部的人员要求 HRRM 从事非核心的事务性工作,人力资源总监将要求发出这些需求的人力资源同事寻找其他办法获取他们所需的信息。

6)所有人力资源部的成员,涉及所有职能,包括 HRRM 和核心专业 HR 都要承诺遵守这些规则,并不断地向业务部门的人员强调这些规则。因为,如果不坚持传达给业务部门同一信息,这种行为习惯的养成就很难实现,而那些外包的人力资源服务工作也很难持久有效。

资料来源:刘莉. 外资企业人力资源服务外包的案例分析 [J]. 中国轻工教育,2010(1):17-19. ∎

6.4.5 国际服务外包理论

1. 服务外包与制造外包

制造外包出现的时间较服务外包长,相对制造业外包,研究服务外包的文献还非常少。制造外包的相关成果能否推演到服务外包呢?对此,学术界有不同的看法。一些学者认为,服务外包和制造外包的实质是相同的,因此制造外包的成果同样适用于服务外包。也有的学者认为,由于外包标的本质不同,因此有关外包的决策、过程和结果都各有特点,不能简单将制造外包的结论延伸到服务外包。

Bardhan 和 Kroll(2003)、Mann(2003)认为,尽管服务业离岸业务与制造业外包存在某些差异,但有关对制造业外包的研究基本上适用于对服务外包业务的研究。服务离岸外包与制造业业务外包的差异主要体现在以下四个方面:①服务离岸外包在资源、空间和设备等方面的要求比较简单,所以服务离岸外包可能要比制造业外包来得快。②可交易服务的外包行为可以潜在地影响各行各业的公司,因而服务离岸外包比制造业外包的影响要广泛得多。③服务业离岸外移主要影响的是白领工人,而制造业外包主要影响的是蓝领工人,技术密集程度高的服务离岸外包行为增加了人们对发达国家白领失业的关注。④服务离岸外包的资本密集程度和沉没成本都比较低,所以与制造业外包相比,技术密集程度较低的服务离岸外包比较自由。

20 世纪 80 年代中期,Deardorff(1985)和琼斯(1985)首次把服务部门正式引入贸易理论。他们在完全竞争、不变规模报酬和非跨国流动要素的理论框架内研究了比较优势理论应用于服务贸易的可行性。从本质上讲,服务外包实际上也是各国遵循各自比较优势,利用外包这种套利手段,实现自身利益最大化的一种贸易模式,只不过贸易的对象是无形的服务,而不是有形的产品。所以,从理论上对服务贸易和服务外包进行分析实际上与分析产品贸易和产品外包并没有什么区别(Deardorff,1985)。

Alien 和 Chandrashekar(2000)认为制造外包和服务外包虽然本质上都是一种外包行为,但差别很大,由此不能将制造外包的研究结论简单地推演到服务外包研究中来。他们分别从外包期望、质量控制、联系点、主体企业和契约设施之间的物质分离性、需求预测、外包内容、信息安全性、争议解决、更换契约商九个方面进行了比较。

2. 国际服务外包研究的理论基础

最初对跨国公司外包行为进行解释的是经济学中的新古典理论和新贸易理论，侧重分析经济活动的空间区位分离及通过比较优势、规模经济、学习效应带来的效率水平提升，揭示外包可能带来的生产成本节约。此后，学者又陆续发展和借鉴了管理学以及其他学科的理论，并将其应用到外包研究中。大致来看，这些理论按照视角的不同可分为三种类型：①经济学视角的理论，主要包括交易成本／费用理论和代理理论。②战略视角的理论，主要包括资源基础理论、资源依赖理论以及博弈论与拍卖理论。③社会学视角理论，主要包括社会交换理论、制度主义理论和权力理论。

下面，我们主要从交易成本理论视角阐述服务外包的理论基础。

交易成本理论使用非常广泛，其对跨国公司经营过程中出现的联盟、外包以及各种中间组织形式具有很强的解释力和预见性，故而交易成本理论是目前最经常被使用的解释有关外包安排决策机制的理论，也是公认的从经济学角度评估外包的最主要理论。

（1）交易特性与服务外包的可行性分析

根据交易成本理论，资产专用性、交易频率及其不确定性是分析通过外部市场进行交易的可行性的关键因素，它们决定了与内部直接控制相较而言的外部市场购买的成本收益，决策者在有限理性和机会主义倾向的假设下根据对二者的比较选择适当的方式。

跨国公司在具体的经营过程中，考虑具体的经营环境和资源特征来选择不同的资源获取方式。当跨国公司通过内部化节约的交易成本不足以抵消组织成本的增加时，跨国公司则应采取市场或者其他中间组织形态方式获取资源，反之则采取内部化的手段获取资源。

1）资产专用性水平。如果一种资产对于某种产品的生产具有特定的价值，而用于其他用途其价值就会降低，这种资产就是一种专用资产（Klein et al.，1978）。资产专用性包括物质资产专用性、地点专用性、人力资产专用性和专用的资产（Williamson，1975）以及时间专用性（Masten et al.，1991）。在需要交易的某一方使用专用性资产的契约中，机会主义行为发生的潜在可能性增大。需要使用专用性资产的交易方很容易被套牢。例如，在汽车产业，由于物质资本和人力资本具有专用性，零部件企业很容易对整车企业的采购形成一种依赖，因为它已经为配套生产这家企业所需要的零部件进行了大量的专用投资，不可能轻易转产其他产品，实际上已被"套牢"在这家企业。一旦被"套牢"，企业就会陷于被动，很难再与对方平等地讨价还价，因为对方可以以终止合同相要挟。无论在签约阶段中所商定的价格如何，另一方总会机会主义地提出仅仅能够弥补增加成本的新价格。

支持一项活动所需的专用性资产越多，企业外包这项活动的可能性就越低（Dyer，1997；Masten et al.，1991；Klein et al.，1978；Willamson，1975，1981，1985）。处于中间水平专用性的资产，在不导致完全的内部化的情况下，会导致长期的排他性契约（Crocker and Masten，1988；De Canio and Frech，1993）。在高资产专用性情况下，企业会更多地选择"自制"，而在低资产专用性情况下，企业会更多地选择"市场购买"。

企业的服务职能或者服务环节相对制造环节而言更倾向于"自制"，原因是服务环节更为复杂且需要更多的专用性知识。随着企业所处环境的发展变化，服务的资产专用性水平不断下降，从而使服务更倾向于外包。

第一，地点特殊性下降。企业的服务环节或者服务职能是企业价值链的重要组成部分。一般服务提供方需要靠近所需服务的客户或企业。由于之前远距离通信和控制技术落后，如果服务提供方与服务接受方的空间距离太远，就会造成联系与交易成本过高。因此，一般来说，对服务地点特殊性要求比较高。但随着经济全球化的深入和远程通信与控制技术的提高，地点的特殊性下降，企业服务提供地的选择范围大幅扩大。

第二，有形资产专用性下降。具体来说就是服务执行的前提限制（例如满足服务提供所需的硬件和软件）稳步下降。例如，提供服务需要一定的硬件设施，随着贸易壁垒的减少以及发展中国家技术的进步，为提供服务所需的物资和有形商品易于买到。提供外包服务对所在地的通信、交通等基础设施也有一定的要求，一些离岸服务外包的基础设施日益完善，提供服务所需的硬件和软件设施的专用性水平不断下降。

第三，人力资本专用性日益降低。人力资本的专用性主要体现在两个方面：一方面是语言技能，另一方面是专业技能。在一些离岸国家中，雇员的语言技能日益提高，使语言不再成为障碍。例如，在印度和菲律宾有大量说英语的工人，在中国东部有很多熟练掌握日语的工人，几乎所有中国大学生都学习并懂得英语。提供服务所需的专业技能可以通过培训获得，也不存在大的障碍。以呼叫中心为例，以往的呼叫中心职能大多是由企业内部提供。原因在于各个企业需求不同，对服务人员的素质和服务技能有一定的要求。而且由于信息技术的限制，呼叫中心只能设置在紧邻需要服务的客户所在地区，否则就会造成通信成本过高。呼叫中心投资对企业来讲是一项资产专用性水平很高的企业投资，因此倾向于"自制"。随着远程通信技术的发展、印度等地劳动力素质的提高以及呼叫中心服务标准化程度的提高，呼叫中心的资产专用性程度不断下降。在印度等国家出现很多专业为英语国家跨国公司提供呼叫中心业务的专业外包企业。出于降低成本的考虑，越来越多的跨国公司将其呼叫中心职能转移给外部服务提供商。

总之，随着信息和通信技术的飞速发展，提供服务所需的地点专用性、有形资产专用性以及人力资本专用性的程度大大下降，推动服务职能由"自制"向"外包"变化。

2）交易频率。所谓交易频率是指双方交易的次数。交易频率高，则倾向于"自制"；交易频率低则倾向于"购买"。企业是采取"购买"还是"自制"取决于初始成本与每次交易费用的比较。当交易双方所从事的交易非常频繁时，交易双方通常会针对该交易设计一套特殊的交易形态，以便专门处理此项交易。即使由于交易本身需花费相当多的成本，但企业仍可以通过许多次交易的分摊，将该项投资成本予以回收。而当交易只是一次或少数交易时，应采用一般形式的交易形态（如市场普遍存在的交易形态），以免因投资成本太大而无法回收。

如今的信息技术和沟通系统改变了服务提供与交易的成本曲线。一旦用于监控和管理系统相关的固定初始成本投入以后，与每次交易相联系的变动成本非常少，以至于与固定成本相比可以忽略。每次交易的成本主要是固定成本的分摊部分。由于外部服务提供商具有规模优势，相对于企业内部提供，能以更低廉的成本提供相同的服务，因此越来越多的跨国公司选择将服务外包出去。

3）不确定性。不确定性有两种：一种是由于有限理性的限制，导致对未来无法预知的不确定性；另一种则是因为信息不对称，导致可能遭对方欺诈、隐瞒的不确定性。第一种不确定性，在合同内容较为简单时，并不会产生，但当交易形态越复杂、未来的不确定性增大时，合同内容将无法考虑到所有的情况，从而使交易成本提高；第二种不确定性的发生，将使得交易双方在合同的谈判与协调中，花费大量的成本去规范对方的行为，并在事后增加监督成本以保障自身的利益。不确定性越高，企业越倾向于"自制"；不确定性越低，企业越倾向于"购买"。

就服务而言，主要有两种类型的不确定性：外部环境的不确定性和内部需求的不确定性。外部环境的不确定性是指市场变化和不可预测的程度，包括技术、定价、关键合作伙伴以及市场中断的风险。内部需求的不确定性包括两种类型：不能明确知道所需以及不确定供应商是否按照承诺达到要求。

二战以后，全球大多数国家政治稳定，将发展的重点放在经济发展上来。特别是一些新兴市场国家，比如中国和印度等国家，在国际上的地位不断增强，基础设施和法制环境建设日渐完善，并且努力与西方标准接轨。这大大降低了服务国际外包的宏观环境的不确定性。由于信息技术的发展大大降低了外包过程中信息的不透明和非对称性，客观上降低了内部的不确定性。

服务外包作为一种降低成本获取全球竞争优势的有效手段，日益受到企业的关注，跨国公司纷纷采取这种模式。随着越来越多的企业采用服务外包以及许多咨询公司对外包服务的专业指导和咨询，使服务外包在决策和执行过程中都日渐成熟，风险控制环节不断加强，执行过程中的风险和不确定性也不断下降。

企业之间建立起长期外包关系，有助于降低费用和提高收益。基于长期的合作关系，双方往往信息传送比较流畅，因此收集接包对象资料的费用大为降低。而这种长期的稳定关系也有助于降低各种履约风险，即使在交易中出现了一些纠纷，外包伙伴往往为了长远的考虑选择双方更好地进行谈判，尽量避免再次进入市场寻找伙伴的交易成本。从交易主体来看，外包企业的双方合作使得双方企业通过这种沟通与协调方式增进了彼此的了解，在一定程度上提高了双方的"组织学习"能力，减少了"有限理性"可能带来的风险。同时，交易双方的长期合作关系极大程度地抑制了机会主义行为。因为这种合作关系可能不只是一对一的，目前联合外包非常普遍，机会主义作风往往带来的是整个行业的排斥。因此，这种合作关系会使因道德风险而产生的交易费用降到最低程度。从交易特性的三个特点来看，通过将非核心业务分包给外部企业，企业就可以使用伙伴企业的人力资源等专用性资产，此时只需支付较低的可变成本即可。交易的不确定性和市场的多变性以及交易主体的有限理性，很容易导致机会主义行为。通过建立长期的合作伙伴关系，显然可以减少信用危机的产生及相关费用。所以，从交易的过程、主体和特性各个因素来看，外包可以减少交易费用。总结起来如下：采用外包，能避免交易中的盲目性，减少收集信息的成本；能减少讨价还价的成本；能有效地节约交易中的监督执行成本，并减少机会主义行为发生的成本；有利于提高双方对不确定性环境的应变能力，降低由此带来的交易风险。

（2）国际服务外包增加的交易成本

日益降低的资产专用性以及交易费用使服务购买决策更可行。跨国公司最终决定是否采用外包决策还取决于外包带来的生产成本的节约与外包导致的交易费用以及其他成本的增加二者之间的比较。一般来说，国际服务外包增加的成本主要有以下几项。

1）移交成本。将原本由企业内部提供的服务职能或环节转而由外部供应商提供，所造成的隐蔽成本是非常高的，特别是涉及转移给国外的供应商时，这种隐蔽成本更为突出。移交不是简单的交接，而是接包方的熟练运用。根据调查，平均的移交时间是一年左右。内部员工花费时间帮助接包方的过程造成了移交成本。成本来自在行使合同的最初阶段，外包商无法快速掌握企业的业务。业务越复杂、越特殊的企业，其移交成本就越高。

2）特殊困难。尽管专用性和交易费用的降低促进了组织间交换，但就离岸外包来说，还是有一些特殊的困难。例如，离岸外包会产生一些交流障碍，这些障碍的产生源于文化差异、口音和语言技能、当地商业标准与规章制度等，增加了服务业务离岸的交易成本。

3）由于时区不同所导致的协调障碍（Cannel，1999）。时区是一柄"双刃剑"，既可以提供不间断服务，也可以增加与其他时区人员交流的困难。

4）更换外包商的成本。这种隐性成本是更换外包商或重新将业务职能收回到企业内部所带来的成本。企业决定将业务外包出去，一般都是长期行为，不会随便更换或自己进行整合。但如果企业必须要进行外包移交，就要负担寻找外包商、签订新合同以及转移资源的费用。如果企业必须将业务收回到内部，就需要负担从头建设的业务费用。

6.4.6 国际服务外包的测度

由于国际服务外包统计的难度大，导致对国际服务外包的直接测量难度极大。目前间接的国际服务外包的测度方法主要有以下两种。

1. 国际服务外包密度

Mary Amiti 和 Shang-Jin Wei（2006）[①]提出用国际服务外包密度来衡量国际服务外包。国际服务外包密度 OSS_i 为在时间 t 产业 i 进口服务投入所占的比例，计算方法与 Feestra Robert C. 和 Gordon H. Hanson（1996）提出的国际制造外包的测度方法相似，公式为：

$$OSS_i = \sum_j \left(\frac{s_{jt}}{s_t}\right) \times \left(\frac{m_{jt}}{p_{jt} + m_{jt} - x_{jt}}\right) \quad (6-1)$$

式中，s_{jt} 表示在时间 t 产业 i 购买的服务性投入 j；s_t 表示在时间 t 产业 i 使用的非能源性投入 j 的出口；p_{jt} 表示在时间 t 服务性投入 j 的生产；x_{jt} 表示在时间 t 服务性投入 j 的出口；m_{jt} 表示在时间 t 服务性投入 j 的进口。

第一个括号内的量可以使用投入-产出表计算，该分数的分母除了非能源物质性投入外，还包括以下类别的服务部门：电信、金融、机器租赁、计算机服务、研究与开发、法律、会计、市场调研和管理咨询、建筑与技术咨询、广告和其他商务服务；第二个括号内的量可以使用国际货币基金组织的国际收支平衡表获得。但每个产业服务投入的进口数据无法得到，因此只能使用全部服务的进口份额来代替。

2. 国际服务外包指数

借鉴 Freestra 和 Hanson（1999）对产业层面制造业外包的估测方法，构造国际服务外包的指数。服务离岸外包指数是指所有产业进口某种投入品的总和与所有产业使用的投入品总量的比率。

$$OI_C = \frac{\sum_i \sum_j (i \text{部门使用的投入品} j)}{\sum_i \sum_j (i \text{部门使用的国内投入品} + \text{进口投入品})} \quad (6-2)$$

[①] Mary Amiti & Shang-Jin Wei, 2006. "Service Offshoring and Productivity: Evidence from the United States," NBER Working Papers 11926, National Bureau of Economic Research, Inc.

也就是说，国际服务外包是通过 i 部门使用的外国服务投入品 j 在 i 部门使用的全部投入品的比重来度量的。因此，一个部门进口越多，该部门的离岸外包指数就越大。但是，使用这一指数来度量国际服务外包的问题在于，需要找到按照投入品种类和购买部门来归类的进口中间服务的信息，这些信息不是所有国家都能获得的。

在上述两种方法中，第一种方法大体上可以反映出国际服务外包的发展规模，具有很大的应用价值；第二种方法更多地局限于一种理论探讨，在现有的统计体系中很难获得各产业的服务要素的投入数据，因而很难被应用于实践。

6.5 全球服务业外商直接投资与国际服务外包的现状和特点

1. 全球外国直接投资的重点转向服务业

在跨国公司新一轮产业调整中，资本向服务业转移的趋势越来越明显。20世纪80年代初期，全球服务业外国直接投资存量仅占全世界外国直接投资存量的1/4，而90年代以来，FDI总额的一半以上流向了服务业。1990年，服务业外国直接投资流入存量占全世界外国直接投资流入存量的49.27%，到2014年，服务业FDI流入存量上升到64%，制造业则从41.47%下降到27%（见表6-4）。这种变化既是全球产业结构转换的反映，也是服务业自由化程度不断提高的结果。在发展中经济体中，亚太地区成为服务业外商直接投资增长的引擎，该地区的服务业外商直接投资存量从2001年的8亿美元增长到2012年的3.5万亿美元。2005年在中国外商直接投资额中，服务业仅占24.7%。自2011年后，中国服务业实际利用外商直接投资额所占比重开始超过第二产业并迅速上升。2018年服务业新设立外商投资企业53 696家，同比增长78.6%；实际使用外资金额918.5亿美元，服务业实际利用外商直接投资额占实际利用外商直接投资的比重增长到68.7%。

表6-4　1990年和2014年外国直接投资存量产业分布　（%）

部门/产业	1990年			2014年		
	发达国家	发展中国家	世界	发达国家	发展中国家	世界
初级部门	9.68	7.42	9.26	6	8	7
制造业	40.65	45.16	41.47	27	27	27
服务业	49.67	47.42	49.27	65	64	64

资料来源：UNCTAD. World Investment Report 2008，2016.

2. 服务外包发展迅速、前景广阔

近年来，随着跨国公司的战略调整以及系统、网络、存储等信息技术的迅猛发展，由业务流程外包（BPO）和信息技术外包（ITO）组成的服务外包异军突起，基于服务外包的国际产业转移已成为未来经济全球化中的一个基本趋势。

世界发达国家和地区是主要服务外包输出地，美国、日本、欧洲是主要的发包方，提供了全球服务外包业务的绝大多数份额。美国占了全球市场的64%，以离岸外包为主，涉及的行业较广，主要市场集中在印度；欧洲占了18%，主要以近岸外包为主，涉及的行业主要是金融银行业，主要市场集中在爱尔兰；日本占了10%，主要以近岸外包为主，涉及的行业主要是信息软件业，主要市场集中在中国。其他国家所占份额还不到10%。全球服务外包市场严重依赖于美日欧，呈现出一种"中心—外围"的发展格局。从承接

国来看，近年来服务外包承接国数量激增，但是发展的层次是不一样的。从发达国家来看，服务外包承接大国澳大利亚、新西兰、爱尔兰、加拿大等国国内服务外包行业成熟，已经形成了一定的产业规模和发展优势，但是和发展中国家相比，人力资源优势已经不复存在，因此其在最近几年的发展中明显落后。从发展中国家来看，最近几年承接服务外包的发展中国家数量激增，已经成为全球服务外包市场上的重要承接方。拉美、亚太地区的服务外包行业发展极为迅速，正在成为服务外包行业发展的重要引擎。亚太地区已经成为全球最具吸引力的服务外包投资地，中国、印度、菲律宾承接了全球服务外包60%以上的份额。印度被视为发展最为成熟的接包国家，是接包市场中的"领导者"，而菲律宾是中国发展服务外包业的最强有力的"竞争者"。拉美的巴西、墨西哥等国也是世界上重要的服务外包承接国，2010年拉美的服务外包IT市场规模达到了2 300多亿美元。另外，近几年来新兴国家俄罗斯、埃及、南非、肯尼亚、孟加拉国、柬埔寨、保加利亚、哥伦比亚、毛里求斯、秘鲁、巴拿马、斯里兰卡和土耳其等陆续加入全球服务外包市场中。目前，印度是亚洲的外包中心，墨西哥是北美的外包中心，东欧和爱尔兰是欧洲的外包中心。在服务外包企业国际竞争力排名上，位居前列的多为欧美和印度的领军企业。

从市场结构来看，全球服务外包业务正逐渐从"最基础的技术层面的外包业务"转向"高层次的服务流程外包业务"，BPO继续保持高于ITO的增速快速增长。全球服务外包市场多元化发展趋势十分明显。虽然传统的ITO外包在最近几年的发展依然良好，但是BPO和KPO外包正在成为发展的主流。伴随着服务外包总量扩大，服务外包领域也日益扩展，新的服务外包领域在逐渐形成。特别是近年来信息技术及网络技术的发展，使服务外包所需的技术水平逐渐提高，全球知识密集型服务外包兴起，许多公司不仅将数据输入文件管理等低端服务转移出去，而且还将风险管理、金融分析、研究开发等技术含量高、附加值大的业务外包出去，外包业务从成本驱动转向价值导向，从价值链的低端走向高端。总体上，目前全球服务外包涉及的范围已由传统的信息技术外包和业务流程外包拓展到金融、保险、会计、税务、人力资源管理、媒体公共管理、数据挖掘、设计研发、供应链管理、文化创意、健康护理、休闲娱乐等多个领域。在高端业务迅速细分扩容、价值链向上攀升的过程中，接包方的业务利润率也在逐步提高，竞争对手不断减少，市场的空间却在显著放大，服务附加值快速增长，服务外包的价值逐渐提升。此外，随着大数据、物联网、移动互联网、云计算等新兴技术的迅速发展和广泛应用，为服务外包产业带来了新的动力和发展机遇，形成了新的外包内容、业务流程和交付模式。越来越多的企业将内部应用和基础设施转移到云端，基于云计算的服务模式被广泛认可，传统服务外包也将会大量采用云端交付模式，大幅提升服务效率。

据麦肯锡预测，到2020年，服务外包的潜在市场需求将达到1.65万亿～1.8万亿美元。在未来的经济全球化和贸易自由化的进程中，外包服务将成为服务贸易的主流方式，业务领域将不断延伸，外包额和外包业务种类将迅速增加。

【案例6-2】 数字贸易激活新型服务外包模式

互联网日益成为驱动社会创新发展的力量，数字技术正广泛应用于整个经济系统，给整个经济环境和经济活动带来根本变化，数字经济已然成为农业经济、工业经济后的第三经济形态。

根据互联网世界统计，2000～2015

年全球互联网用户数量的增长率达到753%，2015年全球互联网用户数量达到30.8亿人，占全球总人口的42.4%。在互联网全球普及、经济全球化、全球贸易治理新规则、全球经济结构转型升级等诸多因素的推动下，数字贸易得到蓬勃发展。

美国商务部经济与统计局数据显示，美国数字贸易出口的比重在2011年就超过其国际贸易出口增加值的1/3。美国国际贸易委员会（USITC）在2013年发布的《美国和全球经济中的数字贸易调研报告》中，将数字贸易定义为通过互联网交付产品和服务的贸易。

美国签署的国际贸易协定并未将数字贸易归入货物贸易或服务贸易。数字贸易包括数字化交付内容，如音乐、游戏、影像、书籍；社交媒体，如社交网络网站、用户评价网站等；搜索引擎，如万能搜索引擎、专业搜索引擎等；数字化交付服务，如软件服务、在云端交付的数据服务、通过互联网实现的通信服务、在云端交付的计算平台服务。

数字贸易的特征主要体现在三个方面。第一，数字贸易以互联网为基础，以数字交换技术为手段，以互联网传输为媒介，显著提高贸易效率。第二，数字贸易为供求双方提供交互所需的数字化数据信息，实现以数字化数据信息为贸易标的，贸易对象多为知识产权密集型的产品和服务，具有高知识、高技术、高互动、高创新的特征。第三，云计算、工业互联网、社交网络等数字产品正改变着传统的服务业和制造业，成为数字密集型产业，数字贸易形式不断增加。

1. 数字贸易规则发展现状

数字贸易的迅猛发展使得对全球性贸易规则的呼声日高，全球数字生态系统需要全球性的数字贸易规则来维护。目前在多边贸易领域，WTO尚未达成数字贸易方面的规则，区域贸易协定中虽没有专门的数字贸易规则，但电子商务规则中有了体现，对数字产品的定义、贸易规则以及交易方式等进行了约束。

当前，减少数据本地化规则，对数据跨境流动合理限制是国际多边、双边贸易谈判的重要议题，也代表了数字贸易规则的走向。2013年"棱镜门"事件[一]以来，一些国家开始以保护国家安全为由，设立非传统贸易的壁垒来限制数据的跨境自由流动。

以TPP为代表的数字贸易规则针对服务本地化、数据本地化和设施本地化进行了规定。TPP第14章约定，不将设立数据中心作为允许TPP缔约方企业进入市场的前提条件，禁止对电子传输征收关税，不允许缔约方以歧视性措施或直接阻止的方式支持本国类似产品的生产商或供应商。TPP协定在一定程度上代表了国际数字贸易规则的发展方向。

2. 数字贸易激活新型服务外包模式

（1）服务外包合作模式和内容将更趋多样

数字经济社会中的企业顺互联网大势而为，用互联网思维来进行企业产品和服务的创新。企业的互联网转型将使得发包企业在能力和合作模式方面对接包商有不同以往的新要求。数字贸易的发展丰富了服务外包的合作模式和内容，使服务外包形式将更趋多样。

以驱动互联网和数字经济发展为目标的数字贸易规则，比如TPP协定第14章，对电子认证和电子签名、电子商务网络的接入和使用原则、通过电子方式跨境传输信息、互联网互通费用分摊、计算设施的

[一] 2013年6月，美国中央情报局职员向媒体披露美国国家安全局的一项代号为"棱镜"的秘密项目，这项高度机密项目此前从未对外公开，报道刊出后外界哗然，引发广泛影响。

位置、源代码等诸多方面都有详细约定。数字贸易的这些规则将有力激发新型服务外包业务内容和合作模式的产生，并为其发展壮大提供机制保障。

（2）数字贸易规则将成发包目的地选择的重要因素

根据科尔尼（A. T. Kearney）研究报告，全球服务外包发包目的地的选择主要依据三个要素，即财务吸引力、从业人员技能和数量、营商环境。当前一些国家对数据实施本地化政策，要求服务供应商的数据服务器必须在本国领土内，数据在本国数据中心存储，优先选择本国服务供应商。对于国际发包企业而言，数据能否跨境自由流动已经成为其发包考虑的重要因素。减少数据本地化、对数据跨境流动进行合理限制的数字贸易规则的落地实施，将对国际服务外包发包目的地选择产生深远影响。

当前虽然 TTP 和 TTIP 能否落地实施尚无定论，但以 TPP 为代表的，在保护个人信息等合法公共政策目标得到保障的前提下，确保全球信息和数据自由流动的贸易规则，代表了数字贸易规则的发展方向。一旦类似数字贸易规则在局部国家间达成，国际服务外包发包目的地的选择将增加第四个重大因素，即发包国家和接包国家是否受共同的数字贸易规则约束，发包企业将更愿意与本国签署贸易协定的接包国家的企业合作。

（3）数字贸易规则的落地将增强跨国企业全球发包意愿

国际领先的大型跨国互联网企业、数字经济企业有着不断在全球扩张其业务运营、产品和服务的需求。跨国数字经济企业在全球的扩张，给各国的法律和监管带来难题，各国政府考虑到国家安全问题，对数据的跨境流动也在进行程度不一的控制。一些国家采用数据本地化、设施本地化、服务本地化等政策，运用隐私保护、国家安全、税收征收等措施，以加强本国对跨国数字经济企业的限制。在确保个人信息保护等合法公共政策目标得到保障的前提下，确保全球信息和数据自由流动的数字贸易规则的落地实施，将极大地激发跨国企业在全球的发包积极性。

资料来源：朱华燕. 数字贸易激活新型服务外包模式 [J/OL]. 服务外包 http://www.comagazine.cn/article/?i=81257. ∎

【案例 6-3】 服务外包发展的国际比较：基于印度、爱尔兰和以色列三国的分析

扫码阅读
案例 6-3

【案例 6-4】 服务外包政策的国际比较及我国的对策

扫码阅读
案例 6-4

3. 服务业的对外直接投资主体和吸收主体仍由发达国家控制

自 20 世纪 90 年代以来，美国在全球服务业中的直接投资份额不断下降，欧盟、日本等发达国家在全球服务业直接投资中的重要性则不断提高，成为服务业对外直接投资的主要来源。同时，发展中国家也开始投资国外服务业。尽管发展中经济体在服务业直接投资总量上不占优势，但亚太地区服务业吸引外资的增速很快，潜力也较大。

4. 跨国并购业务向服务业集中的趋势不断增强

自20世纪80年代末以来，全球跨国并购业务由传统制造业向服务业集中的趋势不断增强。以全球服务业跨国并购出售额为例，1987年全球服务业并购出售额为213.21亿美元，占全球并购额的比重为28.6%，1990年为46.4%，1995年为50.2%。2000年服务业并购出售额达到8 423.42亿美元，占全球并购额的比重上升至73.6%。2001～2003年全球服务业并购出售额及占比下降，2004年并购金额有所回升，服务业并购出售额占全球并购额的比重为62.7%。2005年发生在初级部门的跨国并购显著增加，占比达16.8%，接近1987年的历史最高点，但服务业仍然是跨国并购最主要的领域，占全球并购额的比重为55.8%。2006年服务业跨国并购出售额占全球并购额的比重进一步上升，达63.7%。2007年这一比重虽有所回落，但仍达58.6%。2008～2011年初级部门跨国并购销售额增长迅速，服务业占比相应降低。自2012年以来制造业跨国并购占比显著提高，服务业占比降低到40%～50%。2018年服务业跨国并购出售额占全球并购额的比重回升，达57.5%，并购数量占比达70.6%（见表6-5）。

表6-5 跨国并购的部门分布

部门	金额（10亿美元）			数量		
	2017年	2018年	增长率（%）	2017年	2018年	增长率（%）
总体	694	815	17	6 967	6 821	-2
初级部门	24	39	63	550	406	-26
制造业	327	307	-6	1 690	1 600	-5
服务业	343	469	37	4 727	4 815	2

资料来源：UNCTAD. World Investment Report 2019.

5. 服务业跨国转移由制造业追随型逐步向服务业自主扩张型转变

服务业进行跨国经营最初多是为了向已经从事跨国生产经营的客户（多为制造业跨国公司）提供服务，留住原来的顾客，占住已有的市场份额。但是，随着世界服务业的迅速发展、信息技术的进步和产业分工的深化，服务业不断从传统制造业中独立出来，信息、咨询、设计、财务管理、售后服务、技术支持等专业服务公司日渐壮大，服务业态与经营模式不断创新，促使服务业国际竞争日益激烈。跨国公司必须建立全球范围内整合利用资源和市场的平台，通过服务业跨国转移实现生产要素的优化配置来降低成本，提高效率，改善服务质量，以占据国际分工和竞争的高端环节，增强影响力和控制力。在这样的背景下，服务业转移逐步向自主扩张型转变，不仅可以为原来的客户提供服务，还可以为东道国其他公司提供服务，甚至可以向第三国出口服务。例如，近年来跨国公司研发活动向海外大规模转移，并日益向更充分利用全球创新资源的自主扩张型转变，正是这一趋势的体现。

6. 服务业跨国公司主导全球性服务转移

服务业跨国公司成为服务全球化的重要主体。2005年《财富》全球500强共涉及51

个行业，其中有 28 个属于服务行业，从事服务业的跨国公司有 281 家；在相当一部分其他《财富》500 强制造业企业中，其服务业务的收入已经接近或超过了制造业务的收入。服务业跨国公司的跨国指数①明显上升，在世界前 100 家最大的非金融类跨国公司中，其海外业务的重要性已超过本土业务。根据 2001～2014 年《财富》500 强营业收入数据②，服务业跨国公司的营业收入这十几年来增长速度较快，从 2001 年的 71 258 亿美元增长到 2014 年的 141 470 亿美元，平均年增长率达到 7%。与制造业营业收入的差距也有所上升，14 年间由最低点 1.29 上升至最高点 2.15，这也说明世界 500 强公司不断地向服务业集聚，同时服务业跨国公司的经营规模也在不断扩大，整体收益也高于制造业跨国公司。

【案例 6-5】 IBM 的四次战略转型

IBM 被称为"蓝色巨人"，它之所以历经市场的风云变幻而屹立不倒，与它能够一次次顺利实现战略转型有很大关系。

1. 第一次转型：从穿孔卡片到大型计算机

20 世纪 40 年代末，电子计算机和磁带的出现，使 IBM 第一次面临战略转型的紧要关头，可是包括老托马斯·沃森在内的管理层对此有所顾虑。当时，一名资深员工对第一代磁带驱动器的开发者说："你们年轻人应当记住，IBM 是一家基于穿孔卡片的公司，公司发展的基础将永远是穿孔卡片。"

IBM 转型归功于小托马斯·沃森。他于 1956 年接替父亲出任掌门人之后，以大型计算机为目标，才使公司完全拥抱电子时代。

在小沃森的领导下，IBM 成为当时全球最大的计算机制造商，他将公司的研发力量全部集中在第一代大型机 System/360 的研发上。这项技术耗时数年，研发资金达 50 亿美元（按照 20 世纪 60 年代的美元价值计算），投入甚至超过了美国政府研发原子弹的"曼哈顿计划"。1964 年，System/360 推向市场，很快就成为领先的计算机平台。

1969 年，IBM 的计算机市场份额增至 70%，成为第一家被称作"邪恶帝国"的大型 IT 公司，并引起了美国反垄断部门的起诉。最终，起诉被里根政府否决。

2. 第二次转型：从大型计算机到分布式计算系统

第二次转型是从代价高昂的大型机转向包括个人电脑在内的分布式计算系统。IBM 在此次转型中遭遇了更大的惊险。当时，技术革新开始威胁 IBM 近乎垄断的地位。更严重的是，IBM 赖以为生的依靠出租大型机以获取高额租金的业务模式受到了严重冲击。

就像柯达固守胶卷相机的高额利润不愿进行转型一样，由于大型计算机业务利润很高，IBM 迟迟没有推出相对廉价的分布式计算系统。20 世纪 90 年代初，竞争对手的分布式计算系统投入市场并迅猛发展，IBM 因此彻底崩溃。1993 年，IBM 大型机业务收入从 1990 年的 130 亿美元减少至 70 亿美元，公司亏损额达 160 亿美元。当时，比尔·盖茨甚至放言："IBM 将在几年内倒闭。"

郭士纳却对转型充满信心。"谁说大象不会跳舞？"他彻底摧毁旧有生产模式，开始削减成本，调整结构，重振大型机业务，拓展服务业范围，并带领 IBM 重新向 PC 市场发动攻击。最终，IBM 从昂贵的

---

① 跨国指数是按以下三项比率的平均值算出的：国外资产占总资产的比率、国外销售额占总销售额的比率和国外雇员人数占总雇员人数的比率。
② 根据 http://fortune.com/fortune500/ 相关数据整理。

大型机转向包括个人电脑在内的分布式计算系统，ThinkPad 更成为优质笔记本的代名词。1995 年，"蓝色巨人"重新焕发昔日风采，营业额首次突破 700 亿美元，是微软公司的 7 倍。

3. 第三次转型：开创 IT 服务的新模式

在摆脱对大型计算机依赖的过程中，郭士纳发现 IBM 最大的优势是做服务与软件，而不是硬件。于是郭士纳实施了第三次转型——开创 IT 服务的新模式。

当时，各大企业都致力于信息化方案整合和信息安全问题，IBM 在这方面有强大的信誉与品牌支撑；正如"IBM 就是服务"的口号所言，IBM 的品牌服务一直做得比较好，这是它相比其他 IT 企业的最大优势。因此，IBM 果断把重心放在服务与软件上。

提出战略转型只是第一步，关键是如何落实。其实 IBM 成功转型前后，联想公司在 2000 年、诺基亚在 2006 年都曾提出向 IT 服务转型的思路，可是它们都失败了，究其原因就是没有做好转型的配套改革措施。与之相反，IBM 对于转型不仅事先进行了详细论证，转型之后也立刻采取了系统化的改造工程，在文化、组织、资金、客户、技术、管理等方面，为转型成功打下了坚实的基础。

郭士纳的战略转型从重申企业文化开始。IBM 重新确立了一切以顾客为导向、尊重员工、追求卓越的企业文化，并纳入每个员工的绩效考核中。IBM 还对臃肿的组织架构进行了调整，削减不必要的机构和人员，更换了 2/3 的高层经理人员。在裁汰冗员的同时，IBM 将最优秀的人才配置到软件服务业上，实现了最优化的人才配置。

4. 第四次转型：确立"随需应变"战略

2000 年，互联网泡沫破灭殃及计算机、通信等行业，到 2002 年第一季度，IBM 已经连续三季度出现利润及营收下滑，下滑幅度达到 10 年之最。

此时，彭明盛出任 CEO，提出了"随需应变"战略：退出 PC 硬件业，全面进入知识服务、软件和顾问等服务市场，向客户提供任何需求的任意解决方案。

战略有"取"，更要有"舍"。IBM 第二次转型的第一步就是全面退出 PC 业务（将其卖给联想集团）。同时，IBM 对"IBM 就是服务"的品牌理念进行了深化，不再只强调 IT 服务，而是涉及企业的各项业务，提出任何需求的任意解决方案。为了强化服务水平，IBM 收购普华永道以及多家软件公司，力求通过打包齐全的软件产品，向客户提供从战略咨询到解决方案的一体化服务。

IBM 的四次战略转型，并不是为适应市场的变化而采取的权宜之计，而是一种从经营理念到企业结构再到运营模式的根本性转变，这也正是它真正实现转型的关键所在。

资料来源：http://blog.vsharing.com/526991890/A1779163.html. ∎

课后思考题

1. 简述邓宁理论在服务业跨国公司中的适用性。
2. 服务型跨国公司的投资动因体现在哪些方面？
3. 服务业外商直接投资对东道国的溢出效应主要有哪些？
4. 当前全球服务业外商直接投资与国际服务外包呈现出什么特点？

CHAPTER 7
第 7 章
国际服务贸易发展的概况、特点与趋势

■ **教学目的**

- 了解国际服务贸易发展的概况、特点与趋势
- 熟悉服务贸易国际竞争力测度指标
- 了解中国服务贸易国际竞争力情况

■ **本章提要**

本章概括了国际服务贸易发展的概况、特点与趋势，梳理了服务贸易国际竞争力测度指标，分析了各指标的内在含义及其优劣，从国际市场占有率、服务出口贡献率、贸易竞争力指数、显示性比较优势指数、相对贸易优势指数和净出口显示性比较优势指数等对中国服务贸易总体及分部门竞争力进行了测算与国际比较。

7.1 国际服务贸易发展的概况与特点

7.1.1 国际服务贸易发展的概况

伴随着世界产业结构升级和国际产业转移，服务贸易作为服务经济发展的标志之一，已经成为国际贸易和投资中越来越重要的组成部分。近年来，随着新一轮科技革命推动数字信息新技术的快速发展和广泛应用，全球服务贸易发展的动力、模式、主体等多个方面发生了诸多变化，既拓展了新空间，又成为全球贸易和世界经济增长的新动力，在全球价值链中的地位不断提升，对促进经济增长和全球价值链深化日益重要。技术进步带来的服务可贸易化不断改变着贸易的深层结构，服务贸易活动愈加频繁，世界服务贸易额不断增长（见表 7-1）。2005～2017 年全球货物贸易每年的平均增长率为 4.6%，而服务贸易的增长率达 5.4%。2012～2016 年，受国际金融危机的后滞影响，全球货物贸易量增长放缓，连续 5 年低于世界经济增长。相比之下，全球服务贸易额同期增长好于货物贸易，特别是 2016 年，在资源和非资源性商品贸易额仍未摆脱负增长的背景下，服务贸易率先实现正增长，为 2016 年下半年以来全球经济回升发挥了引领作用。2017 年全球服务贸易出口额进一步扩大到 5.4 万亿美元，同比增长 8.0%。2018 年全球服务贸易实现连续第二年强劲增长，服务贸易出口总额达 5.77 万亿美元，同比增长 7.7%；服务贸易进口总额达 5.49 万亿美元，同比增长 7.4%。如果按增加值统计，服务贸易占全球

贸易的比重超过40%。1990～1999年、2000～2009年、2010～2018年，世界服务贸易出口总体增速快于货物出口，成为拉动贸易增长的引擎。从年度数据来看，世界服务出口和世界货物出口的增长率存在着一定差异，但总体走势基本一致。在经济危机期间，服务贸易出口跌幅小于货物贸易，表明其具有一定的抗危机能力。在经济复苏时期，服务出口较货物出口反弹更快。服务出口占总出口的比重维持在18%～22%（见表7-2、图7-1、图7-2）。由于数字化技术带来的远程交易量增加以及相关贸易成本降低，服务在全球贸易中所占份额在未来20年里还将继续快速增长。

服务贸易的迅速发展是新技术革命引起的国际分工深化和全球产业结构调整、升级的必然结果。科学技术的发展改变了服务贸易的方式、内容和构成，使远距离提供服务成为可能，有效降低了信息传递成本和服务的交易成本，提高了交易效率，拓展了服务贸易的领域和范围，扩大了服务贸易的服务种类。近二三十年来，随着科学技术的不断发展，尤其是信息通信技术（information and communication technology，ICT）的飞速发展，不仅加速了传统服务业的升级，还创造出大批新兴服务业，并大大加快服务业活动脱离原来的生产活动，成为独立的产业部门及环节，服务经济出现整体快速发展的态势。与科学技术紧密关联的服务业部门，如金融（含银行、证券、保险）服务业、信息服务业（含电信、计算机及其相关服务等）和专业服务等异军突起，新的服务业务不断衍生出来，与之相对应的服务贸易迅速扩大。另外，跨国公司通过将非核心的生产、营销、物流、测试甚至是非主要框架的研发设计活动等业务分包给成本更低的发展中国家企业或是拥有比较优势的专业化公司，而自身则专注于核心竞争力的培育，实行所谓的"经营业务归核化"，不仅有力地促进了国际服务贸易的发展，同时，还进一步加快了服务全球化的步伐。可以说，服务业全球化是经济全球化进入新阶段的主要标志，伴随着世界服务业加速信息化、现代化，国际分工协作从传统制造环节日益向生产性服务等高端环节延伸，世界经济全面向服务经济转型等重大进程而不断向前推进。

7.1.2 国际服务贸易发展的特点

1. 服务可贸易性提高，服务贸易加速发展

1980～2018年，全球服务贸易总额从7 674亿美元扩大到112 539亿美元，2018年全球服务贸易总额约为1980年的15倍。特别是2003～2008年，全球服务贸易加速增长，服务出口与进口均保持了两位数的年均增长率。受金融危机影响，2009年，服务贸易额大幅度缩减，2010年虽有恢复，但仍未达到危机前的水平。2011年，服务出口额为4.17万亿美元，服务进口额为3.95万亿美元，分别增长了11%和10%，超过了2008年的水平。2012年后，周期性和结构性因素共同导致了贸易增长减缓。2017年和2018年，全球服务贸易实现强劲增长。

2000年世界服务出口额为1.49万亿美元，2004年扩大至2.23万亿美元，2007年突破3万亿美元达到3.41万亿美元，2008年增至3.84万亿美元，2011年超过了4万亿美元。世界服务贸易年出口规模从1万亿美元增加到2万亿美元，历时约10年，而从2万亿美元扩大到3万亿美元，只用了3年，虽受金融危机影响，但从3万亿美元增长到4万亿美元，也仅用了4年时间。可见，服务贸易已成为当今国际经济中发展最为迅速的领域。

表 7-1 世界（商务）服务贸易发展情况

	金额（亿美元）					年增长率（%）									
	1980年	2000年	2010年	2015年	2016年	2017年	2018年	2000年	2005年	2010年	2011年	2012年	2013年	2014年	2015年	2016年	2017年	2018年
服务出口	3 650	14 928	36 925	48 906	49 615	53 577	57 687	6.2	15.6	9.0	12.6	3.0	6.8	7.5	-4.5	1.4	8.0	7.7
服务进口	4 024	14 766	35 112	47 627	48 059	51 083	54 852	6.5	18.0	9.7	12.2	4.2	6.2	8.4	-4.7	0.9	6.3	7.4

资料来源：WTO International Trade Statistics（2001-2018）；WTO International Trade Statistics Database, http://stat.wto.org/StatisticalProgram.

表 7-2 世界服务出口与货物出口对照表

	金额（万亿美元）	年增长率（%）												
	2018年	1990~1999年	2000~2009年	2010~2018年	2000年	2005年	2006年	2007年	2008年	2009年	2010年	2011年	2012年	2013年	2014年	2015年	2016年	2017年	2018年
货物出口	19.5	6.4	9.5	2.7	13	13.9	15.4	15.6	15.2	-22.3	21.8	19.8	0.9	2.4	0.2	-12.9	-3.0	10.6	9.8
服务出口	5.8	7.8	13.7	5.0	6	15.6	12.8	19.8	12.5	-10.7	9.0	12.6	3.0	6.8	7.5	-4.5	1.4	8.0	7.7

资料来源：WTO International Trade Statistics Database, http://stat.wto.org/StatisticalProgram；2018年数据来自 https://www.wto.org/english/news_e/pres15_e/pr739_e.htm。

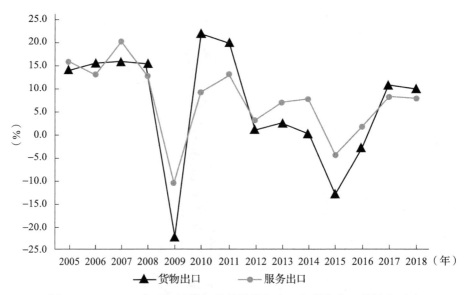

图 7-1 2000～2018 年部分年份世界服务出口与货物出口增长率对比

资料来源：WTO International Trade Statistics Database，http://stat.wto.org/StatisticalProgram；2018 年数据来自 https://www.wto.org/english/news_e/pres15_e/pr739_e.htm。

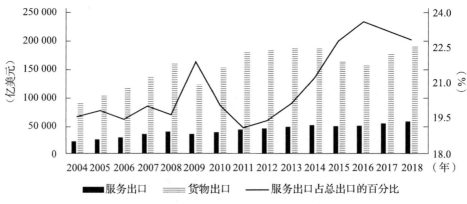

图 7-2 1990～2018 年部分年份世界货物与服务出口情况

资料来源：WTO International Trade Statistics Database，http://stat.wto.org/StatisticalProgram；2018 年数据来自 https://www.wto.org/english/news_e/pres15_e/pr739_e.htm，占比为作者自行计算的结果。

世界服务贸易之所以有这样的表现，原因主要包括以下几方面：近年来，各国尤其是发达国家实行向服务业倾斜的产业结构调整策略，目前发达国家服务业占 GDP 的比重接近 3/4，使服务业在本国经济中的地位不断上升；信息技术革命降低了信息传递、获取和处理的成本，也使一些原本不能转移或贸易的服务产品有了转移或贸易的条件。由于数字化，曾经需要面对面提供的服务，现在可以远程提供，密集和通畅的网络连接打破了贸易的空间限制，推动了远程办公、远程服务等。2005～2018 年，通过信息通信技术实现的服务贸易出口增长了 2 倍多；为了应对全球市场竞争，跨国公司不断调整资源配置和公司经营战略，按照成本和收益原则剥离非核心的后勤与生产服务业务，服务外包成为各个企业降低成本的有效途径；在 WTO 制度框架及多边贸易体制下，各国在服务领域的开放度不断提高，服务贸易壁垒逐步降低，使跨境经济活动的制度交易成本大大降低；物质性和数字基础设施投资以及促进竞争的政策，如扩大外资参与等，降低了运输成本，提高了连接度，降低了服务贸易的成本。

2. 其他商业服务规模最大、增速最快，服务贸易结构继续向知识、技术密集型方向发展

在过去 20 多年中，许多新兴服务行业从制造业中分离出来，形成独立的服务行业，其中技术、信息、知识密集型服务行业发展最快，其他如金融、运输、管理咨询等服务行业，借助先进的技术手段，日益突破时间与地域限制，很快在全世界范围内扩大。相应地，服务贸易在交易内容日趋扩大、服务品种不断增加的同时，其结构和竞争格局也发生了很大变化，世界服务贸易正逐渐由传统的以自然资源或劳动密集型为基础的服务贸易转向以知识、技术密集型或资金密集型为基础的现代服务贸易。在服务贸易三大类别中（即运输、旅游和其他商业服务㊀），其他商业服务是贸易额最大、增长最快的类别。1970 年，国际运输服务贸易占 38.5%，国际旅游占 28.2%，其他服务占 30.8%。1980 年，运输、旅游和其他商业服务三大类别占世界服务出口总额的比重分别为 36.49%、28.20% 和 35.31%，占世界服务进口总额的比重分别为 41.64%、26.81% 和 31.55%。2018 年，运输、旅游和其他商业服务三大类别占世界服务出口总额的比重分别为 17.62%、24.90% 和 53.83%，占世界服务进口总额的比重分别为 22.15%、25.60% 和 49.63%（见表 7-3）。目前分销服务、金融服务以及电信、视听和计算机服务等占世界服务贸易总额的一半以上。教育、卫生和环境服务等尽管贸易额相对较小，但其增长速度明显加快。可以预计，以电子信息技术为主和以高科技为先导的一系列新兴服务将成为未来各国国民经济发展的主要支柱和强大动力。

3. 发达国家在国际服务贸易中仍占有主导地位，发展中国家地位不断上升，新兴经济体表现突出

从服务贸易经济体来看，由于发展阶段和发展水平的不同，各国/地区在服务贸易规模和竞争力方面差异悬殊。目前，全球服务贸易的 85% 左右集中在发达国家和亚洲新兴工业体。发达国家仍占国际服务贸易的绝对主导地位，占全球服务进出口总额的 2/3 以上，相当于发展中国家的 2 倍。其中，美国、英国、德国三国就占了全球服务贸易总额的近 30%。欧洲是最大的服务贸易主体，占全球服务贸易总量的 40% 以上。发达国家服务业在全部经济中占比大多数超过 70% 以上，拥有较强的服务供给能力和国际竞争优势，长期以来主导了全球服务贸易发展的方向和规则制定，并从中获得了巨大的经济利益。以美国为例，2006～2016 年，美国的服务贸易顺差由 756 亿美元增加到 2 494 亿美元，整整扩大了 2.3 倍；顺差规模居全球首位；其中包含教育在内的旅游服务顺差扩大了 3.1 倍，金融服务顺差扩大了 1.2 倍，知识产权使用费顺差增加了近 1 倍。从市场需求来看，发达经济体仍然是引领全球服务贸易发展方向的主要力量。全球经理人采购指数显示，自 2016 年以来，发达国家的服务业经理人采购指数始终在 50% 以上的扩张区域内，明显高于发展中国家平均水平，最高时达到 54.5%；发展中国家则在 50% 上下波动，其中 3 个月低于荣枯线，最高时也仅达到 52.1%。

㊀ 其他商业服务（other commercial services）主要包括通信服务、建筑服务、保险、金融、计算机和信息服务、专利、版税和许可证费用、咨询、会计、法律、广告及文体娱乐服务等。

表 7-3 全球（商务）服务贸易部门构成

项目	服务出口部门构成								服务进口部门构成						
	1980年	2000年	2005年	2010年	2015年	2016年	2017年	2018年	1980年	2000年	2005年	2010年	2015年	2016年	2017年	2018年
货物相关服务	—	—	3.31	3.57	3.38	3.52	3.52	3.66	—	—	2.59	2.08	2.42	2.52	2.56	2.61
运输服务	36.49	23.23	22.37	21.48	18.46	17.45	17.69	17.62	41.64	28.64	27.12	26.40	22.33	21.27	21.85	22.15
旅游服务	28.20	31.97	26.48	24.93	24.82	24.97	25.00	24.90	26.81	30.14	26.02	23.38	25.24	25.60	25.62	25.60
其他商业服务	35.31	44.79	47.85	50.02	53.34	54.05	53.79	53.83	31.55	41.20	44.26	48.14	50.01	50.61	49.97	49.63

资料来源：WTO International Trade Statistics Database, http://stat.wto.org/StatisticalProgram，占比为作者计算结果。

目前，许多发展中国家主动进行贸易与产业结构调整，大力推进服务业和服务贸易的发展。2005～2017年，发展中国家在世界服务贸易中的份额增长超过10个百分点，分别占世界服务出口额和进口额的25%和34.4%。如果发展中国家普遍采用数字技术，预计到2040年，其在世界服务贸易中的份额还将增加约15%，但是，其分布高度集中，主要集中在5个国家和地区，中国内地、新加坡、韩国、中国香港和印度占发展中经济体服务贸易进出口的一半以上。⊖欠发达国家尽管增长迅速，但其份额依然很低，2017年仅占世界服务出口的0.3%和世界服务进口的0.9%。发展中国家最常用的服务提供方式是境外消费以及自然人移动。除劳务输出、建筑工程承包、旅游等传统服务贸易项目外，发展中国家在通信、计算机和信息服务方面也在加大投入，积极承接发达国家的外包业务，印度、巴西、中国内地、墨西哥、菲律宾等发展中国家的服务贸易额迅速提高。

近10年来，发达国家服务贸易顺差逐年扩大，而发展中国家服务贸易逆差日益增大，双方的比较优势差距有扩大趋势。目前美国是全球第一大服务贸易顺差国，中国内地是第一大服务贸易逆差国。但与此同时，发展中国家服务贸易出口增速明显加快，日益成为服务贸易出口的新生力量。中国内地和印度已经跻身于全球十大服务贸易出口国行列。2009～2018年，世界服务出口年均增长率为6.3%，而中国内地、印度分别为11.8%和12.1%，同期美国服务出口增长6.4%、德国增长5.0%、法国增长4.5%、英国增长3.9%、日本增长5.8%。2009～2018年，世界服务进口年均增长率为6.2%，中国内地、印度分别为25.9%和12.0%（见表7-4）。

表7-4　不同地区/经济体（商务）服务贸易增长率　　　　（%）

	出口				进口			
	2009～2018年	2016年	2017年	2018年	2009～2018年	2016年	2017年	2018年
世界	6.3	1.5	8.0	7.7	6.2	0.9	6.3	7.4
北美（包括墨西哥）	6.2	1.0	5.4	4.1	4.8	3.1	6.8	3.2
美国	6.4	0.7	5.2	3.8	5.1	3.8	6.6	3.0
中南美洲	5.2	0.8	5.5	1.0	5.4	-5.7	6.2	0.8
巴西	2.7	-1.4	3.4	-1.3	4.9	-10.8	7.9	-0.9
阿根廷	3.4	1.8	9.7	-4.2	9.4	15.6	14.0	-4.3
欧洲	4.9	1.7	8.4	8.1	4.7	2.5	5.0	8.4
欧盟28国	5.4	2.0	8.7	8.4	4.6	2.4	5.0	9.0
德国	5.0	3.4	8.0	7.3	4.1	4.3	7.4	6.2
英国	3.9	-2.1	2.4	5.6	3.0	-2.7	0.7	10.9
法国	4.5	1.7	5.7	6.2	4.7	3.0	2.1	4.7
荷兰	4.8	-3.6	14.3	11.4	6.5	-14.0	12.6	10.9
爱尔兰	14.2	12.1	20.5	14.3	10.3	25.5	-8.8	8.7
独联体	5.4	-1.1	13.5	12.1	5.2	-12.0	15.3	7.4
俄罗斯	4.1	-1.9	14.0	12.3	5.2	-16.2	19.6	6.8
乌克兰	0.7	-0.5	14.2	11.6	2.3	5.0	12.2	11.8
非洲	3.8	-6.3	14.6	9.9	3.4	-12.5	10.8	13.4
埃及	0.8	-26.4	39.9	23.1	4.0	-2.0	-1.9	10.9
南非	2.1	-4.7	10.0	1.4	0.8	-3.8	8.5	2.2
中东	12.7	5.9	8.0	5.4	7.1	-4.6	5.0	6.1

⊖　WTO把新加坡和韩国归为发展中经济体。

(续)

	出口				进口			
	2009~2018年	2016年	2017年	2018年	2009~2018年	2016年	2017年	2018年
阿联酋	64.6	8.0	7.6	1.9	9.3	-14.1	1.8	0.6
沙特阿拉伯	8.4	20.0	5.3	-0.3	1.8	-10.1	8.4	2.2
亚洲	9.7	1.4	8.3	9.9	10.3	2.4	7.0	8.2
中国内地	11.8	-4.3	8.7	17.1	25.9	3.8	3.3	12.2
日本	5.8	7.8	6.4	3.1	2.9	4.3	3.6	3.8
印度	12.1	3.5	14.5	10.7	12.0	8.3	15.9	14.0
新加坡	12.5	0.8	10.0	6.6	12.3	-2.0	13.5	3.0
韩国	3.3	-2.8	-8.0	10.4	5.0	0.0	8.1	2.1
中国香港	7.6	-5.6	5.9	9.3	3.3	0.5	4.3	4.9
澳大利亚	5.7	5.8	12.2	6.7	5.3	-2.3	9.0	6.0

资料来源：WTO International Trade Statistics 2014, https://www.wto.org/english/news_e/pres15_e/pr739_e.htm.

虽然近年来发展中国家和地区在国际服务贸易中的地位趋于上升，但与发达国家相比，它们在服务贸易整体规模、结构和竞争力方面还有相当大的差距，在世界服务贸易中所占的比重远低于在世界货物贸易中的份额。而且，由于发展中国家服务贸易的发展远远跟不上本国市场对服务贸易产品的需求，因而它们大多是服务贸易逆差国，特别是在资本、技术、知识密集型的服务贸易部门逆差尤其明显。由于现代服务贸易的竞争力主要体现在技术方面，发达国家凭借其技术优势，占据了全球产业链的高端。在这样的分工模式下，发达国家与发展中国家在服务贸易方面的差距短期内难以缩小。

4. 全球外国直接投资的重点转向服务业，通过商业存在实现的服务贸易规模不断扩大

服务的不可储存性和不可分割性决定了，服务贸易最好的方式就是商业存在（模式3）。当前，全球外国直接投资正加快向服务业聚集，服务业领域的外国直接投资已占全球对外直接投资总流量的2/3，而这一趋势又构成了世界服务贸易的重要推动力，通过商业存在实现的服务贸易规模不断扩大。2017年通过商业存在实现的服务贸易占58.9%，通过跨境提供（模式1）的服务贸易占27.7%。据WTO估计，2017年，通过商业存在实现的服务贸易大约是跨境提供的2倍多（见表7-5）。发达国家仍为服务业FDI的主体，但近些年来服务业向新兴市场国家转移的趋势也渐趋明显。可以预计，随着经济全球化和区域一体化的发展，双边和多边贸易谈判的进展，各国市场准入程度不断提高，通过商业存在实现的服务贸易规模将进一步扩大。

表7-5 2017年全球服务贸易供应方式构成

供应方式	构成
跨境提供（模式1）	27.7%
境外消费（模式2）	10.4%
商业存在（模式3）	58.9%
自然人移动（模式4）	2.9%

注：由于四舍五入原因，相加不一定等于100%。
资料来源：WTO, World Trade Report 2019, p.24.

5. 服务外包发展迅速，前景广阔

近年来，随着跨国公司的战略调整以及系统、网络、存储等信息技术的迅猛发展，由信息技术外包（ITO）、业务流程外包（BPO）和知识流程外包（KPO）组成的服务外包异军突起，基于服务外包的国际产业转移已成为未来经济全球化中的一个基本趋势。服务外包作为服务贸易的主要方式，规模将不断扩大，并不断推动全球价值链向高端攀升。

发达国家和地区是主要的服务外包输出地，美国、欧洲和日本占全球服务外包市场规模的90%左右。发展中国家是主要的服务外包业务承接地，近年来承接服务外包的发展中国家数量激增，其中亚太地区是全球最具吸引力的服务外包投资地，中国、印度、菲律宾承接了全球服务外包60%以上的份额。拉美的巴西、墨西哥等国也是世界上重要的服务外包承接国。另外，不少中小贫困、落后国家，如柬埔寨、肯尼亚、斯里兰卡等，近年来国内的服务外包行业得到了飞速的发展。

伴随着服务外包总量扩大，服务外包领域也日益扩展，新的服务外包领域在逐渐形成，服务外包市场多元化发展趋势明显。特别是近年来信息技术及网络技术的发展，使服务外包所需的技术水平逐渐提高，全球知识密集型服务外包兴起，许多公司不仅将数据输入、文件管理等低端服务转移出去，而且还将风险管理、金融分析、研究开发等技术含量高、附加值大的业务外包出去。总体上，目前全球服务外包涉及的范围已由传统的信息技术外包和业务流程外包拓展到金融、保险、会计、人力资源管理、媒体公共管理等多个领域。此外，随着IT业与金融业的交叉和融合，两者以相互结合的方式强化了服务外包的离岸趋势。从市场结构来看，全球服务外包业务正逐渐从"最基础的技术层面的外包业务"转向"高层次的服务流程外包业务"。虽然传统的ITO外包发展依然良好，但BPO和KPO外包增速迅猛，正在成为发展的主流。

6. 全球服务贸易向数字化、智能化、平台化方向发展

随着移动互联网、大数据、云计算、人工智能、区块链等网络技术的广泛应用，以及网络经济、数字经济、平台经济等新经济的快速崛起，不断催生新兴服务业态，推动全球服务贸易向数字化、智能化、平台化方向发展。数字技术正在通过多方面影响全球贸易构成，促进服务贸易便利化、催生新的服务业态，传统贸易体系正在向以数字贸易为代表的新型国际贸易体系转型升级。软件与信息技术的广泛应用，使得交通运输、金融保险、文化创意、医疗健康、旅游等传统服务贸易与"互联网+"的融合不断加速；移动支付等支付方式逐渐成为主流，基于云平台的服务降低了交易成本，减少了信息不对称风险，服务贸易模式向着数字化的方向不断发展，数字贸易将得到迅速发展，国际贸易交易主体将由以中间产品贸易为主转向以数字贸易为主。目前，全球服务贸易中有一半以上已经实现数字化，超过12%的跨境实物贸易通过数字化平台实现。根据《2018年世界贸易报告》，数字技术最重要的影响就是显著降低了贸易成本。同时，技术变革将促进全球贸易尤其是服务贸易的增长，发展中国家能获取更大的全球贸易份额。报告预计，全球服务贸易占比将由21%增至2030年的25%，发展中国家贸易占比将由2015年的46%增至2030年的57%。

7. 国际服务贸易全球化、自由化与贸易壁垒并存

由于跨境服务贸易的局限性以及许多服务行业的监管强度，服务贸易壁垒仍大大

高于货物贸易。各国产业结构的升级,必将不断推动服务贸易的发展,服务贸易的全球化、自由化是大势所趋。WTO将服务贸易纳入了全球贸易自由化体系内,将商业存在作为服务贸易的内容之一。发达成员承诺的覆盖率为81%,转型经济体承诺的覆盖率达到66%。由于服务贸易的发展空间和盈利空间都很大,因此在服务业具有较强垄断竞争力或相对竞争力的国家和地区,会通过世界贸易组织和区域性贸易组织,积极推动贸易的自由化和全球化,要求世界各国开放服务贸易市场。但是与此同时,由于服务贸易不存在关税壁垒,各国纷纷采用较为隐蔽的非关税壁垒来保护本国的服务业。而且,由于各国经济发展水平与阶段的不同,在国际分工中处于不同的地位,它们从服务贸易的自由化和全球化中获取的利益是不对等的。为保护国内某些弱势服务产业,国际竞争力较弱的国家往往对本国服务市场开放施加诸多限制。据GATS统计,目前国际服务贸易壁垒多达2 000多种,归纳起来有四大类,即产品移动壁垒、资本移动壁垒、人员移动壁垒和商业存在壁垒。从国际服务贸易限制的主要手段看,2016年OECD发布的服务贸易限制指数显示,在18个行业中,外资所有权和其他市场准入限制是各国实行服务贸易限制的主要手段,主要分布在电视广播、海运、公路运输、保险、分销、电影、快递、商业银行、会计、空运等行业;人员移动限制是法律、工程和设计三大行业服务贸易限制的主要手段;其他歧视性措施和国际标准是建筑服务贸易限制的主要手段;竞争和国有化要求是音像、电信、铁路运输三大行业服务贸易限制的主要手段;监管透明度和管理要求是计算机行业服务贸易限制的主要手段。

近年来,在多边贸易体制的推动下,国际服务贸易壁垒有所降低。发达国家在服务贸易许多项目中都具有绝对或相对优势,为了扫清存在于服务贸易的壁垒,便于其打开世界服务市场,它们率先削减了本国服务贸易壁垒,如在电信领域,美国已允许外国企业持有100%的股权,欧盟也开放了基本电话服务市场,并对雇用人员的本地化要求降低了标准。为消除壁垒,推动服务贸易自由化,发达国家已通过TISA谈判、TTIP谈判、CPTPP谈判,致力于监管改革与国际监管合作,如统一监管标准、互相承认、改善监管程序等。与此同时,发达国家对发展中国家也提出了更多的降低服务贸易壁垒的要求,如日美欧向巴西、印度、中国等新兴国家提出了要求进一步开放服务贸易市场的共同提案。要求开放的服务贸易是金融、通信、法律、设计、计算机、邮政、流通、建设、环境、能源十大领域,主要是要求取消对外资开放的限制,推进市场自由化。新兴国家则向发达国家提出了开放劳动市场的要求。预计今后发达国家和新兴国家之间在开放服务贸易领域中的对立将进一步加剧,服务贸易壁垒的隐蔽化趋势也会继续体现。

7.2 主要经济体服务贸易国际竞争力的测度与比较

7.2.1 服务贸易国际竞争力测度指标

综观国内外文献,对国际贸易竞争力(或比较优势)的测度,主要有以下指标。

1. 国际市场占有率

国际市场占有率等于一国某种产品或服务的出口额与该产品或服务世界出口总额之比。这一指标测度的是一国出口的绝对量,在一定程度上反映了一国在贸易出口方面的地位和竞争能力。

2. 出口贡献率

出口贡献率等于一国某种商品或服务的出口额占该国出口总额的比例,指标值越大表示该商品或服务贸易对总体贸易的贡献越大。

3. 贸易竞争力指数

贸易竞争力指数(trade competitive power index,TC 指数),又称比较优势指数(comparative advantage index,CAI)、可比净出口指数(normalized trade balance,NBT)或贸易专业化指数(specialization index),是对一国(地区)贸易国际竞争力分析时较常使用的测度指标之一。它表示一国进出口贸易的差额占其进出口贸易总额的比重,常用于测定一国某一产业的国际竞争力。

$$TC_{ij} = (X_{ij} - M_{ij}) / (X_{ij} + M_{ij}) \tag{7-1}$$

式中,X_{ij} 代表 i 国 j 类产业或产品出口额;M_{ij} 代表 i 国 j 类产业或产品进口额。该指标作为一个与贸易总额的相对值,剔除了经济膨胀、通货膨胀等宏观方面波动的影响,即无论进出口的绝对量是多少,它均在 $-1 \sim 1$。同时,该指数也排除了因国家大小不同而使得国际间数据的不可比较性,因此在不同时期、不同国家之间具有较高的可比性。指数值越接近 1 则竞争力越强,等于 1 时表示该产业只出口不进口;指数值越接近 -1 表示竞争力越弱,等于 -1 时表示该产业只进口不出口;指数值在 0 附近时,意义不明确。

4. 显示性比较优势指数

$$RCA_{ij} = \frac{X_{ij}}{X_i} \div \frac{X_{wj}}{X_w} \tag{7-2}$$

式中,X_{ij} 代表 i 国 j 类产业或产品出口额;X_i 代表 i 国所有商品和服务的出口额;X_{wj} 代表世界 j 类产业或产品出口额;X_w 代表世界所有货物和服务的出口总额。显示性比较优势指数(revealed comparative advantage index,RCA 指数)由美国经济学家巴拉萨(Balassa,1965,1989)创立,以"非中性程度"(degree of non-neutrality)表达一国的出口结构。当一国的 RCA 指数大于 1 时,则其在该商品或服务上就拥有"显性"比较优势;相反,当一国的 RCA 指数小于 1 时,则其处于比较劣势地位。如果 RCA 指数大于 2.5,则表明该国 j 类产业或产品具有极强的国际竞争力;RCA 指数介于 1.25 ~ 2.5,表明该国 j 类产业或产品具有很强的国际竞争力;RCA 指数介于 0.8 ~ 1.25,表明该国 j 类产业或产品具有较强的国际竞争力;RCA 指数 < 0.8,表明该国 j 类产业或产品的国际竞争力较弱。

显示性比较优势指数的特点是不直接分析比较优势或贸易结构形式的决定因素,而是从出口贸易的结果来间接地测定比较优势,反映了一个国家某一产业或产品的出口与世界平均水平比较来看的相对优势,剔除了国家总量波动和世界总量波动的影响,较好地反映了该产业或产品的相对优势。考虑到它在经验分析中可以摆脱各种苛刻的理论假设的制约,因而较适合于现实的国际贸易结构分析。然而显示性比较优势指数也有它的局限性:当一个产业的产业内贸易盛行时,以显示性比较优势指数所衡量的该经济体和产业的比较优势不具有客观性,更不能用来预测贸易发展的模式。另外,RCA 指数没有考虑进口的作用。若一国某产业或产品的进口远大于出口,单纯根据 RCA 指数可能会得出错误的结论。同时，一国实际的（或观测到的）贸易模式可能会因为政府干预而发生扭曲，如进口限制、出口补贴及其他贸易保护政策，这些干预手段在不同时期针对不同国家、不同产业或产品并不相同，这就有可能造成 RCA 指数得出并不准确的结论，在不同国家、不同时期、不同产业之间体现出一定的不可比性。

5. 相对贸易优势指数

$$RTA_{ij} = RCA_{ij} - \frac{M_{ij}}{M_i} \div \frac{M_{wj}}{M_w} \tag{7-3}$$

式中，M_{ij} 代表 i 国 j 类产业或产品进口额；M_i 代表 i 国所有商品和服务的进口额；M_{wj} 代表世界 j 类产业或产品进口额；M_w 代表世界所有货物和服务的进口总额。相对贸易优势指数（relative trade advantage index，RTA 指数）由沃尔拉斯（Vollrath，1991）、斯科特和沃尔拉斯（Scott and Vollrath，1992）提出，即从出口的比较优势中减去该产业进口的比较优势，从而得到该国该产业的真正竞争优势。因为，一个产业内可能既有出口又有进口，而 RCA 指数只考虑了一个产业出口所占的相对比例，并没有考虑该产业进口的影响。如果一国 RTA 指数大于 0，说明该国服务贸易具有比较优势；若 RTA 指数小于 0，则说明该国服务贸易不具有比较优势；该指数越高，该国服务贸易国际竞争力越强；反之，该指数越低，该国服务贸易国际竞争力越弱。同样需要说明的是，尽管该指数弥补了 RCA 指数仅考虑出口的局限，但它仍然是一种间接度量，也会因为产业和贸易政策的干扰而使比较优势发生不同程度的逆转。例如，当一国市场开放度较低，对进口、资本进入实施限制时，那些受到保护的比较劣势产业反而会有较高的指标值。所以，在用相对贸易优势指数判断一国产业的比较优势时，必须结合该国相关的产业和贸易政策。

6. 净出口显示性比较优势指数

为了反映进口对出口竞争力的影响，1989 年巴拉萨又提出了一个改进的显示性比较优势指数——净出口显示性比较优势指数（net export revealed comparative advantage index，NRCA 指数），用一国某一产业出口在总出口中的比例与该国该产业进口在总进口中的比例之差来表示该产业的贸易竞争优势。

$$NRCA_{ij} = \frac{X_{ij}}{X_i} - \frac{M_{ij}}{M_i} \tag{7-4}$$

指数值大于 0 表示存在竞争优势，指数值小于 0 表示存在竞争劣势，指数值等于 0 表示贸易自我平衡。净出口显示性比较优势指数剔除了产业内贸易或分工的影响，反映了进口和出口两个方面的影响，因此用该指数判断产业国际竞争力要比其他指数更能真实反映进出口情况。该指数值越高，国际竞争力越强；该指数值越低，国际竞争力越弱。值得注意的是，由于该指数反映的是贸易过程中显示的比较优势，是贸易的结果，受贸易障碍的影响，因此其所反映出的比较优势可能与真实的比较优势有一定的偏离。

由于各种指数各有优劣，所以在评判服务贸易国际竞争力时，应综合使用，并对各指数反映出来的差异进行具体分析。

7.2.2 主要经济体服务贸易国际竞争力的测度与比较

20 世纪 80 年代，我国服务贸易增长缓慢，每年服务进出口规模不足百亿美元。

20世纪90年代后，服务贸易增长加快，贸易规模每年约增加100亿美元。加入WTO后，服务业成为我国新一轮开放的重点，我国服务业对外开放的领域不断扩大，已涵盖了《服务贸易总协定》12个服务大类中的10个，总共涉及160个小类中的100个，银行、保险、证券、电信、分销等服务部门均已向外资开放。此外，我国还在其他部门和分部门中实行了自主开放。近年来，我国服务贸易规模迅速扩大，增速远高于世界平均水平，在国际服务贸易中的地位也不断提升，全面发展的格局已初步形成。受国际金融危机和世界经济衰退的影响，2009年，我国服务进出口额下降5.8%，这是2001年以来我国服务进出口规模的首次缩减。2010年，我国服务贸易实现恢复性增长，进出口总额创历史新高，达到3 624亿美元，比2009年增长26.4%，比世界服务贸易平均增幅高18个百分点。⊖"十三五"以来，中国服务贸易平均增速高于全球。2018年，我国服务进出口规模再创历史新高，结构持续优化，质量明显提升。服务贸易进出口额达到5.24万亿元，同比增长11.5%。服务出口增速创8年来新高，全年服务出口17 658亿元，同比增长14.6%，是2011年以来的出口最高增速；进口34 744亿元，增长10%。服务进出口增速高于世界主要经济体，规模连续5年保持世界第2位。⊖服务贸易占外贸的比重从2012年的11.1%，提高到2018年的14.7%。30多年来，中国服务贸易得到了长足发展，进出口总额从1982年的44亿美元增长到2018年的7 857亿美元，是1982年的179倍。1982年，中国服务贸易占世界服务贸易的比重不足0.6%，居世界第34位；2018年提高到7.0%，居世界第2位（见表7-6），图7-3、图7-4给出了1983～2017年中国和世界服务出口及进口增长率情况。

表7-6 1982～2018年中国服务进出口情况

年份	中国进出口额			中国出口额			中国进口额		
	金额（亿美元）	同比增长（%）	占世界比重（%）	金额（亿美元）	同比增长（%）	占世界比重（%）	金额（亿美元）	同比增长（%）	占世界比重（%）
1982	44	—	0.6	25	—	0.7	19	—	0.5
1983	43	-2.3	0.6	25	0.0	0.7	18	-5.3	0.5
1984	54	25.6	0.7	28	12.0	0.8	26	44.4	0.7
1985	52	-3.7	0.7	29	3.6	0.8	23	-11.5	0.6
1986	56	7.7	0.6	36	24.1	0.8	20	-13.0	0.4
1987	65	16.1	0.6	42	16.7	0.8	23	15.0	0.4
1988	80	23.1	0.7	47	11.9	0.8	33	43.5	0.5
1989	81	1.3	0.6	45	-4.3	0.7	36	9.1	0.5
1990	98	21.0	0.6	57	26.7	0.7	41	13.9	0.5
1991	108	10.2	0.6	69	21.1	0.8	39	-4.9	0.5
1992	183	69.4	1.0	91	31.9	1.0	92	135.9	1.0
1993	226	23.5	1.2	110	20.9	1.2	116	26.1	1.2
1994	322	42.5	1.6	164	49.1	1.6	158	36.2	1.5
1995	430	33.5	1.8	184	12.2	1.6	246	55.7	2.1
1996	430	0.0	1.7	206	12.0	1.6	224	-8.9	1.8

⊖ 根据WTO International Trade Statistics Database 统计数据计算。
⊖ 商务部，我国2018年服务贸易有关情况，http://www.mofcom.gov.cn/article/i/jyjl/m/201902/20190202834731.shtml，2019-02-15。

（续）

年份	中国进出口额			中国出口额			中国进口额		
	金额（亿美元）	同比增长（%）	占世界比重（%）	金额（亿美元）	同比增长（%）	占世界比重（%）	金额（亿美元）	同比增长（%）	占世界比重（%）
1997	522	21.4	2.0	245	18.9	1.9	277	23.7	2.2
1998	504	−3.4	1.9	239	−2.4	1.8	265	−4.3	2.0
1999	572	13.5	2.1	262	9.6	1.9	310	17.0	2.3
2000	660	15.4	2.2	301	14.9	2.0	359	15.8	2.5
2001	719	8.9	2.4	329	9.3	2.2	390	8.6	2.6
2002	855	18.9	2.7	394	19.8	2.5	461	18.2	3.0
2003	1 013	18.5	2.8	464	17.8	2.5	549	19.1	3.1
2004	1 337	32.0	3.1	621	33.8	2.8	716	30.4	3.4
2005	1 571	17.5	3.2	739	19.0	3.0	832	16.2	3.5
2006	1 917	22.0	3.5	914	23.7	3.2	1 003	20.6	3.8
2007	2 509	30.9	3.9	1 216	33.0	3.6	1 293	28.9	4.1
2008	3 045	21.4	4.1	1 465	20.5	3.9	1 580	22.2	4.5
2009	2 867	−5.8	4.5	1 286	−12.2	3.9	1 581	0.1	5.1
2010	3 624	26.4	5.0	1 702	32.4	4.6	1 922	21.5	5.5
2011	4 191	15.6	5.2	1 821	7.0	4.4	2 370	23.3	6.1
2012	4 706	12.3	5.6	1 904	4.6	4.4	2 801	18.2	6.8
2013	5 396	14.7	6.0	2 106	10.6	4.6	3 291	17.5	7.6
2014	6 043	12.6	6.3	2 222	7.6	4.6	3 821	15.8	8.1
2015	6 542	0.3	6.8	2 186	−0.2	4.5	4 355	0.6	9.1
2016	6 616	1.1	6.8	2 095	−4.2	4.2	4 521	3.8	9.4
2017	6 957	5.1	6.6	2 281	8.9	4.3	4 676	3.4	9.2
2018	7 857	12.9	7.0	2 651	16.2	4.6	5 206	11.3	9.5

注：遵循WTO有关服务贸易的定义，中国服务进出口数据不含政府服务。
资料来源：WTO International Trade Statistics Database，中国商务部，国家外汇管理局。

图 7-3　1983～2017年中国和世界服务出口增长率

资料来源：商务部，http://data.mofcom.gov.cn/fwmy/classificationannual.shtml。

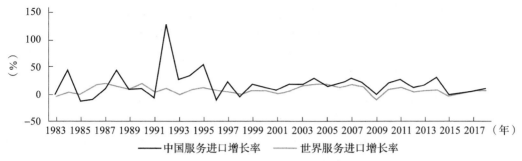

图 7-4　1983～2017 年中国和世界服务进口增长率

资料来源：商务部，http://data.mofcom.gov.cn/fwmy/classificationannual.shtml。

从国际比较来看，无论是出口还是进口，我国服务贸易都是增长迅速的国家之一。根据 WTO 统计，2009～2018 年，我国服务出口额年均增长 11.8%，服务进口额年均增长 25.9%，分别比同期世界服务出口、服务进口增长率高 5.5 个和 19.7 个百分点。同期，在世界主要国家和地区中，我国是服务出口增长最快的国家之一，服务进口增长率位列首位。

在贸易总额迅速增长的同时，我国在世界服务贸易中的排名持续上升。2001 年，我国服务出口和进口分别居世界第 12 位和第 10 位，2005 年升至世界第 9 位和第 7 位。自 2003 年以来，我国服务出口额居发展中国家首位。2010 年，我国服务出口取代法国，居世界第 4 位（前 3 位依次为美国、德国和英国）；进口取代英国，居世界第 3 位（前 2 位依次为美国和德国）。2018 年，我国服务出口居第 3 位，进口居第 2 位。

加入 WTO 以来，我国服务贸易在世界服务贸易中的比重不断提高。2000 年我国服务出口占世界服务出口总额的 2.1%，2001～2005 年提高到 3% 左右，2006～2009 年上升到 4% 左右。2010 年，我国服务进出口占世界服务进出口的比重分别提升至 5.5% 和 4.6%。2018 年，服务进口比重提高到 9.5%，服务出口比重为 4.6%。

从贸易结构来看，旅游、运输和建筑等传统服务虽然仍占较大比重，但占比呈现下降之势，一些现代服务业所占比重则快速上升。旅游、运输和其他商业服务①等劳动密集型的传统服务一直是我国服务出口的 3 个主要项目。2001 年，运输、旅游和其他商业服务合计占我国服务出口总额的 90.3%，其中旅游服务占 54.1%，其他商业服务占 22.1%，运输服务占 14.1%。2010 年，运输、旅游和其他商业服务合计占我国服务出口的 67.9%，比 2001 年下降 22.4 个百分点；其中旅游服务占 26.9%，其他商业服务占 20.9%，分别比 2001 年下降 27.3 个和 1.2 个百分点，运输服务占 20.1%，比 2001 年提高了 6 个百分点。2018 年，服务贸易结构持续优化，服务贸易高质量发展取得积极进展。知识密集型服务进出口额为 16 952.1 亿元，增长 20.7%，高于整体增速 9.2 个百分点，占进出口总额的比重达 32.4%，比 2017 年提升 2.5 个百分点；技术服务出口额为 1 153.5 亿元，增长 14.4%，进口额为 839.2 亿元，增长 7.9%；旅行、运输和建筑等三大传统服务进出口额为 33 224.6 亿元，增长 7.8%，占进出口总额的比重为 63.4%。②

从服务贸易市场结构来看，我国服务贸易主要伙伴国家和地区基本保持稳定，集中

---

① 包括转口贸易、经营租赁、佣金、回扣等。
② 商务部，我国 2018 年服务贸易有关情况，http://www.mofcom.gov.cn/article/i/jyjl/m/201902/20190202834731.shtml，2019-02-15。

度较高。服务贸易进出口集中于欧盟、美国、日本、东盟等国家和地区，约占服务贸易进出口总额的60%左右。目前，我国已经与全球200多个国家和地区建立了服务贸易往来，2018年我国与"一带一路"沿线国家和地区的服务进出口额达到了1 217亿美元，占中国服务贸易总额的15.4%。○

服务贸易区域发展相对集中，东部地区进出口规模持续扩大。东部沿海11个省市服务进出口额合计45 037.6亿元，占全国比重为86.6%。其中上海、北京和广东服务进出口额均过万亿元，居全国前3位。中西部地区服务进出口额合计6 952.4亿元，增长4.8%，占全国比重为13.4%。○

然而，我国外贸粗放型的增长方式没有得到根本转变，虽然服务出口国际市场占有率逐年提高，但总的说来，我国服务贸易国际竞争力低下，服务贸易持续逆差。而且近些年服务出口增速一直低于服务进口增速，导致逆差程度仍在进一步扩大，说明我国服务贸易的基础比较薄弱，国内服务产品的供给相对不足；一些高端服务产品以国外进口为主，进而导致服务进出口出现逆差现象。服务贸易逆差一方面说明国内居民收入水平提高，国民对服务产品的消费能力增强，而国内服务产品供给相对不足；另一方面说明我国服务产品对外出口能力不强，与货物贸易呈非均衡的发展态势，并且服务贸易在我国对外贸易中的比重依然较低，服务出口贡献率低。2018年，我国服务出口额仅占世界服务出口总额的4.6%，不及货物贸易的一半，这一比重与我国整体的贸易地位是不相称的。从全球范围来看，世界服务贸易出口额占总出口额的比重平均在20%左右，即货物出口额占比一般维持在80%以下，而我国的服务贸易出口比例尚未达到世界的平均标准。服务贸易出口结构低级化，主要以劳动密集型、资源密集型服务行业为主，而知识资本密集型现代服务行业的发展依然落后。虽然我国近些年一直致力于调整对外贸易结构，但我国服务贸易的出口结构依旧变动缓慢。自20世纪90年代以来，世界服务贸易整体呈现出运输和旅游服务百分比不断下降，而包括通信、金融、保险、计算机和信息服务、其他商务服务等在内的其他商业服务的百分比趋于增长的结构调整趋势。高收入国家的金融、保险、计算机、信息、通信、专有权利使用费和特许费、其他商务服务等知识、技术密集型服务的比重较高，达到服务贸易出口总额的50%以上，英国、美国更是达到60%以上。与此相比，我国服务贸易结构并不合理，计算机和信息服务、保险服务、金融服务、专有权利使用费和特许费、咨询服务等高附加值服务贸易在我国服务贸易总额中所占的比重仍然偏低。服务贸易区域发展不平衡，东部沿海发达地区在运输、保险、金融、计算机和信息服务、咨询服务和广告宣传等领域较内陆地区具有明显优势，是我国服务贸易的主要出口地区，超过8成以上的服务贸易集中在东部沿海11个省（直辖市），其中，北京、上海、广东、江苏、浙江约占70%，而中部和西部地区的合计占比不足15%；服务业总体引资水平仍然落后于世界平均水平，承接离岸服务外包不足。

与发达国家相比，我国服务贸易整体竞争力还非常薄弱，同时还面临着来自新兴经济体和发展中国家日趋激烈的竞争。根据商务部研究院《全球服务贸易发展指数报告（2019）》测算，我国服务贸易发展指数为36.93，仅为美国的1/2，全球排名第20位。各

○ 国新办，2018年服务贸易进出口额高达5.24万亿元，中国服务贸易延续稳中向好态势，2019-05-22。

○ 商务部，我国2018年服务贸易有关情况，http://www.mofcom.gov.cn/article/i/jyjl/m/201902/20190202834731.shtml，2019-02-15。

分项指数也均不及美国，其中结构指数为美国的 1/2，产业基础指数不及美国的 1/3。从表 7-7 可以看出，2018 年中国内地服务贸易竞争力指数（TC 指数）、显示性比较优势指数（RCA 指数）、相对贸易优势指数（RTA 指数）和净出口显示性比较优势指数（NRCA 指数）均很低。其中 TC 指数、RTA 指数和 NRCA 指数均为负数，排名分别为 26、22 和 22 位，低于多数 OECD 国家，且明显低于印度；RCA 指数排名居末位，远远小于 0.8，仅为 0.421，不仅大大低于 OECD 主要国家和印度，也不及南非、俄罗斯和巴西。这些数据充分反映出我国服务贸易在国际市场上高市场份额与低竞争力并存的局面。

表 7-7　服务贸易国际竞争力比较（2018 年）

国家/地区	TC 指数	RCA 指数	RTA 指数	NRCA 指数
奥地利	−0.023	1.247	0.131	0.043 522
比利时	0.018	0.901	−0.128	−0.016 626
巴西	0.119	0.533	−0.661	−0.136 570
加拿大	−0.021	0.741	−0.149	−0.023 276
中国内地	−0.325	0.421	−0.484	−0.099 641
芬兰	−0.016	1.312	−0.126	−0.011 258
法国	−0.072	1.459	0.182	0.057 115
德国	0.097	0.755	−0.233	−0.041 203
中国香港	−0.049	0.730	0.199	0.052 031
印度	−0.221	1.688	0.506	0.130 062
爱尔兰	0.218	2.428	−0.684	−0.118 365
意大利	0.044	0.792	−0.118	−0.015 984
日本	−0.007	0.885	−0.081	−0.006 834
韩国	0.061	0.596	−0.266	−0.050 324
荷兰	0.056	1.093	−0.115	−0.011 608
挪威	0.168	1.130	−0.585	−0.112 878
葡萄牙	−0.128	1.549	0.765	0.184 357
俄罗斯	0.281	0.550	−0.710	−0.146 913
新加坡	0.054	1.348	−0.200	−0.026 956
南非	−0.096	0.623	0.050	0.018 439
西班牙	−0.058	1.319	0.490	0.122 129
瑞典	−0.012	1.333	0.004	0.017 137
瑞士	0.053	1.238	−0.009	0.013 193
英国	−0.162	1.900	0.725	0.180 039
美国	−0.222	1.430	0.644	0.156 708
奥地利	−0.023	1.247	0.131	0.043 522
中国内地排名	26	26	22	22
中国内地在金砖国家中的排名	5	5	3	3

资料来源：根据 WTO International Trade Statistics Database 数据计算。

从动态来看，2000～2018 年，中国服务贸易比较优势指数也并未体现出一种改善的态势，近年来甚至还有所下降（见图 7-5）。

就服务贸易部门而言，旅游、运输和其他商业服务所占比重很大，2017 年出口占比分别为 16.97%、16.26% 和 26.96%，进口占比分别为 54.47%、19.86% 和 9.18%（见图 7-6 和图 7-7）。服务出口与服务进口发展不平衡，服务贸易逆差主要集中在旅游、运输和知识产权使用费上,而且逆差规模呈逐渐扩大之势。2017年,在12大类服务部门中,中国有6大部门为逆差。其中,旅游服务逆差超过2 000亿美元,运输服务逆差558亿美元,专有权利使用费和特许费逆差238亿美元,保险和养老金服务逆差64亿美元(见表7-8)。由于我国在国际上具有竞争力的服务行业和服务业企业仍偏少,再加上国内居民出境旅游、留学和就医等方面的支出持续快速增长,自2008年以来,我国服务贸易逆差的规模不断扩大。2010年,国际收支口径的服务贸易逆差额为219亿美元,2017年上升到了2 554亿美元,2018年达到2 913亿美元。从项目来源看,我国除了在广告、建筑服务、计算机和信息服务、咨询等部门处于顺差状态外,在其余部门都出现不同程度的贸易逆差。旅游、运输、知识产权使用费项下净支出增加是服务贸易逆差扩大的主因。

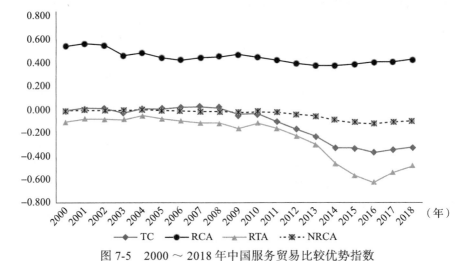

图 7-5　2000～2018年中国服务贸易比较优势指数

资料来源:根据 WTO International Trade Statistics Database 数据计算。

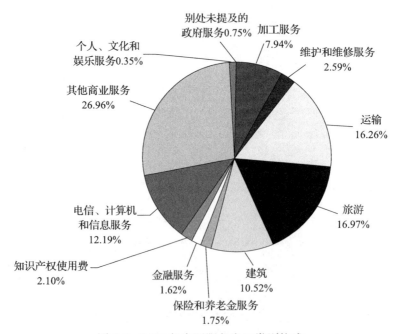

图 7-6　2017年中国服务出口类别构成

资料来源:商务部,http://data.mofcom.gov.cn/fwmy/classificationannual.shtml。

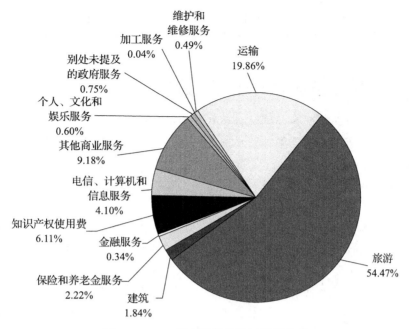

图 7-7 2017 年中国服务进口类别构成

资料来源：商务部，http://data.mofcom.gov.cn/fwmy/classificationannual.shtml。

表 7-8 2017 年中国服务贸易分部门进出口额和贸易竞争力指数

项目	出口（亿美元）	进口（亿美元）	差额（亿美元）	TC 指数
服务贸易总体	2 281	4 676	-2 395	-0.344
加工服务	181	2	179	0.978
维护和维修服务	59	23	36	0.439
运输	371	929	-558	-0.429
旅游	387	2 548	-2 161	-0.736
建筑	240	86	154	0.472
保险和养老金服务	40	104	-64	-0.444
金融服务	37	16	21	0.396
知识产权使用费	48	286	-238	-0.713
电信、计算机和信息服务	278	192	86	0.183
其他商业服务	615	429	186	0.178
个人、文化和娱乐服务	8	28	-20	-0.556
别处未提及的政府服务	17	35	-18	-0.346

资料来源：WTO International Trade Statistics Database，指数为作者计算。

从服务业各部门的国际竞争力指数来看，我国金融、专有权利使用费和特许费、通信、保险、交通运输业排名非常落后，不仅低于 OECD 主要国家，且均低于印度。印度除了建筑服务业的竞争力弱于我国之外，其计算机及信息服务、金融、保险、交通运输和其他商业服务与其他金砖国家相比，都表现出明显的竞争优势。由此可见，中国在新兴服务业方面与其他可比国家的差距比传统服务业方面的差距要大得多，尤其是专利权使用和特许处于明显竞争劣势。中国服务贸易的比较优势基本上还集中在劳动密集型与资源密集型行业，反映在出口收入上，其稳定性差，一旦外部环境发生变化，服务出口将受到很大打击。

综上，虽然中国服务贸易增速快、规模大，但国际竞争力依然低下，是经济发展中的"短板",亟待"质的提升"。如若以上状况得不到改变,那么中国贸易发展模式由"粗放型"向"集约型"的转变就无法实现,服务贸易自身也会陷入"比较优势陷阱"。

7.3 中国发展服务贸易的意义与趋势

服务贸易是在更高层次参与国际分工和竞争的一种方式,是国家综合竞争力及软实力的重要体现。近年来,中国服务贸易规模迅速扩大,增速远高于世界平均水平,在国际服务贸易中的地位也不断提升,全面发展的格局已初步形成。然而,与发达国家相比,中国服务贸易整体竞争力还非常薄弱,同时还面临着来自新兴经济体和发展中国家日趋激烈的竞争。

通过服务全球化,一国可以在世界范围内整合服务资源,使服务业资源的配置更为合理、有效,提高服务业整体的经济效益;同时,开放服务贸易市场,可以降低服务成本,进而降低商品生产和贸易或其他服务生产和贸易的成本,并且由于服务的难以分割性,要素流动中技术或技能更易"外溢",从而使自由化带来的收益延伸到其他部门或领域,形成服务贸易收益的"溢出"和"放大"。对于中国而言,服务贸易自由化的各种经济效应若能得到更好的发挥,将改变长期以来我国出口依赖货物贸易的单一结构倾向,有助于产业链的整合,推动中国企业向全球产业链的中高端环节演进,实现产品附加价值的增加和产业竞争力的提升,促进中国的经济增长和结构转型。加快发展服务贸易,是我国扩大开放、拓展发展空间的重要着力点,也是我国竞争力升级和高质量发展的重要内容。

具体而言,中国加大服务业开放,大力发展服务贸易,积极承接国际服务业转移,是基于以下原因。

一是落实科学发展观、实现我国经济跨越式发展的需要。在步入服务经济时代的今天,发展服务业和服务贸易已经成为重大战略任务。我国将大力发展现代服务业和服务贸易作为国家战略的一部分,推进贸易结构的调整与升级,努力提高软实力,迅速缩小与发达国家在高端产业上的差距,并以此带动整个经济实现跨越式发展。

二是提高国际竞争力、优化我国贸易结构的需要。将服务贸易作为贸易出口的战略重点,有利于优化贸易结构,提升出口层次和附加值,改善我国在国际分工中的地位,提高国际竞争力。

三是实现产业结构升级、保持我国经济可持续发展的需要。发展服务贸易有助于改善企业生产经营,带动服务业发展,促进产业结构升级。我国坚持创新服务技术,创新服务业态,创新贸易渠道,提高服务业发展水平,使经济增长方式由数量型向质量效益型转变,打造带动经济高速发展的新引擎,实现可持续发展。

四是构建和谐社会、提高人民生活质量的需要。发展服务贸易不仅能提供更好、更多的服务产品,而且还能创造大量高薪工作岗位,提高购买能力和消费水平。我国通过发展服务贸易还可大幅度缓解日益严重的能源、资源压力和环境污染问题,切实提高人民生活质量,为构建和谐社会的目标服务。

中国政府已将服务业作为下一轮对外开放的重点,以承接大规模的国际服务业转移。在WTO分类的160多个服务贸易门类中,我国还有近40%的门类没有开放,发展前景广阔。目前仍然保留着一些市场准入限制的领域,尤其是服务贸易领域的对外开放程度将不断提高，这将为跨国公司，特别是金融保险、商业和运输服务等领域的跨国公司提供更多的投资机会。中国陆续颁布了一系列开放服务贸易领域的法规条例，新修订的《外商投资产业指导目录》为跨国公司设立总部、承接服务外包业务创造了有利的软环境。2006年，商务部成立服务贸易司，推出发展服务贸易的系列政策措施。同时，为了大力承接国际（离岸）服务外包业务，转变对外贸易增长方式，扩大知识密集型服务产品出口，优化外商投资结构，提高利用外资质量和水平，扩大服务产品出口，商务部启动并实施了服务外包"千百十工程"。党的十八大报告指出，今后要大力发展服务贸易，进一步扩大服务业对外开放。十八届三中全会《中共中央关于全面深化改革若干重大问题的决定》将推进金融、教育、文化、医疗等服务业领域有序开放，放开育幼养老、建筑设计、会计审计、商贸物流、电子商务等服务业领域外资准入限制。自2012年以来，中国政府相继出台了《服务业发展规划（2011～2015）》《服务贸易"十二五"发展规划》和《中国国际服务外包产业发展规划纲要（2011～2015）》。2014年8月，国务院发布了《关于加快发展生产性服务业，促进产业结构调整升级的指导意见》，提出进一步放开生产性服务业领域市场准入，营造公平竞争环境，引导外资企业来华设立生产性服务业企业、各类功能性总部和分支机构、研发中心、营运基地等；推进生产性服务业领域有序开放，放开建筑设计、会计审计、商贸物流、电子商务等服务业领域外资准入限制。随着生产性服务业开放的扩大，中国服务业的国际竞争力有望大幅提升，将为服务贸易发展创造新的重大机遇。2015年1月28日，国务院印发了《国务院关于加快发展服务贸易的若干意见》，提出："推动扩大服务贸易规模，优化服务贸易结构，增强服务出口能力，培育'中国服务'的国际竞争力。"2016年2月，国务院原则同意商务部提出的《服务贸易创新发展试点方案》，同意在天津、上海、海南、深圳、杭州、武汉、广州、成都、苏州、威海、哈尔滨新区、江北新区、两江新区、贵安新区、西咸新区等省市（区域）开展服务贸易创新发展试点。2016年7月14日，商务部印发《商务发展第十三个五年规划纲要》，指出今后5年服务贸易额年均增速达10%左右，到2020年累计将超过1万亿美元。"扩规模、优结构、增动力、强基础、促平衡"将成为"十三五"期间我国服务贸易发展的主要思路，全面提升服务贸易发展的量和质，赢得"中国服务、全球共享"的美誉。2018年6月，国务院原则同意商务部提出的《深化服务贸易创新发展试点总体方案》，同意在北京、天津、上海、海南、深圳、哈尔滨、南京、杭州、武汉、广州、成都、苏州、威海、河北雄安新区、重庆两江新区、贵州贵安新区、陕西西咸新区等省市（区域）深化服务贸易创新发展试点。我国将深入探索适应服务贸易创新发展的体制机制、政策措施和开放路径，加快优化营商环境，最大限度激发市场活力，打造服务贸易制度创新高地。国务院总理李克强在2019年3月5日十三届全国人大二次会议上所做的《政府工作报告》要求，要推动全方位对外开放，培育国际经济合作和竞争新优势；更加注重规则等制度性开放，推动服务贸易创新发展。

可以预计，我国服务贸易将保持较快增长的态势。除转变对外贸易增长方式所产生的促进作用外，我国服务贸易保持较快增长态势的主要原因有：一是服务业的发展受到高度重视，将为服务贸易提供更好的国内产业基础；二是我国服务业整体开放水平将不断提高；三是服务业多数是劳动密集型产业，我国具有劳动力成本优势和一批优势产业，在工程承包、远洋运输、旅游、商业和餐饮业等服务贸易领域具有发展潜力；四是全球服务外包的趋势给我国服务业提供了良好的机遇。随着我国服务业对外开放程度的不断扩大，国内服务产品面临着来自国外的严峻挑战和残酷竞争，而短期内中国绝大部分服务行业的对外竞争力（如金融、保险、专有技术和技术咨询等高附加值服务产业）难以迅速提高，因而尽管随着我国科学技术的进一步发展，技术含量高的现代服务业将会迅速发展，出口增长空间巨大，但原有的主要逆差项目短期内仍将维持逆差状况。

从当下来看，国际金融危机的深层次影响不断蔓延，世界经济复苏曲折，货物贸易持续低速增长，航运业深陷低迷，发达国家经济复苏动力不足，新兴市场与发展中国家和地区面临经济不景气的冲击，对服务业的开放持审慎态度，跨国投资波动较大，投资流向发生改变。毫无疑问，这将对未来中国的外贸出口乃至宏观经济增速产生直接影响。由于不少服务贸易是与货物贸易相伴而生的，货物出口衰减必然会影响中国的服务贸易。同时，全球经济衰退也会在一定程度上遏制跨国投资动机，导致以商业存在形式实现的服务贸易量缩减。所以，在未来几年，外部环境不确定性因素增多，中国服务贸易将面临增速放缓、竞争加剧的不利情况。

另外，世界经济衰退、出口放缓、内需疲软以及行业的不景气等因素，已经严重影响了国内投资者的信心，企业家信心指数大幅度回落，企业投资增长明显乏力。同时，由于在过去一二十年中，劳动收入占GDP的份额持续下降，导致中国家庭的消费支出增长缓慢，服务性消费支出占比甚小。2015年下半年以来中国股市大幅度缩水，再加上社会保障体系不到位，导致消费者信心指数出现了下降的势头。消费需求不振的情况将在较长一段时间内持续存在。从经济增长的上述三个因素来综合判断，可以预计，中国宏观经济增速步入一个慢性下滑的通道，目前似乎已成定势。从目前国际大环境和国内宏观经济的基本面里的各种因素来综合判断，这一波中国宏观经济增速下滑将不是一个短期现象，而很可能是一个较为缓慢的长期过程，出口也会因为金融危机导致的外部需求减少和贸易信贷紧缩而受到打击，特别是旅游和建筑工程服务输出。另外，由于危机蔓延到新兴市场，特别是此前作为世界建筑市场热点的石油输出国因收入下降而显著缩减投资建设规模，我国在海外的工程承包业务也将遭受较大冲击。但从另外一个角度看，最近一段时间，发达国家由于成本提高将加速服务外移；我国加工工业包括制造业的出口受困，可能会迫使很多原来的制造业企业转型，从制造业外包变成服务业外包；金融危机会使众多金融机构遭到冲击，亟须形成新的核心竞争力，而外包非核心业务可以大幅度节约开支、降低成本，因此中国有机会获得更多的服务外包市场；此外，金融风暴可能使美国金融机构大量裁员，一些高端人才可能会寻求海外市场，而中国对他们具有很高的吸引力，如果抓住机遇引进高级管理人才，对中国服务业竞争力的提升将大有助益。从这个意义上来讲，这也可能会给中国的贸易与产业转型提供机会。而国际金融危机引发国际经济体系加速改革和全球治理结构深度调整，促使各国加快经济结构调整和发展方式转变，推进区域经济金融合作进程，以服务业跨国转移和要素重组为主的新一轮国际产业转移不断加速，国内深度的结构调整与转型逐步取得实质性进展，又为中国服务贸易发展提供了良好的机遇。

中国经济发展进入新常态，面对"三期"叠加、经济下行压力较大的复杂形势，推进服务业主导的经济转型与改革至关重要。我国应进一步深化服务业体制改革，扩大准入，有序开放市场，打破部门、地区和行业垄断，鼓励创新和平等竞争；深化政府管理体制，改革政府投资审批制度；扩展服务业中小企业投融资渠道；健全制度、标准，规范市场监管，完善法治化营商环境；减少、简化行政审批，为服务出口企业提供通关、外汇管理等便利；继续巩固传统服务出口领域的规模优势，鼓励运输、旅游、建筑等服务出口；重点培育通信、金融、会计、计算机和信息服务、传媒、咨询等新兴服务贸易发展，通过扩大进口满足国内需求，通过扩大出口培育产业竞争力和外贸竞争新优势；与国际贸易投资新规则接轨，利用各种形式的多边、双边服务贸易和投资谈判，主动参与国际经贸规则制定；积极发展双边、多边自由贸易区，加快扩大双边和区域服务贸易协定；进一步扩大服务业对外开放，探索建立自由贸易试验区先行先试；总结上海自贸区成功经验，推广实施负面清单管理制度和外商投资准入前国民待遇；大力承接服务外包，引进生产性服务业 FDI；加强海外投资的服务支持体系建设，推动企业"走出去"。唯有此，中国的贸易与经济增长方式才能转变，中国服务业的国际竞争力才能得到切实的提升。

未来中国将从五个方面继续推动服务贸易发展：

一是完善体制机制。在服务贸易管理体制、开放路径、促进机制、政策体系、监管制度、发展模式等方面加强探索，逐步建立新时代符合服务贸易高质量发展特点和需要的发展路径。

二是搭建发展平台。深化服务贸易创新发展试点，着力打造服务贸易创新高地，建设好服务外包示范城市，推动服务外包产业转型升级，推动13个国家文化出口基地，积极拓展文化贸易。在数字服务、中医药服务等领域研究建立一批新的特色服务贸易基地，推动形成"一试点、一示范、多基地"的开放发展新格局。

三是扩大对外开放。通过深化服务贸易创新发展试点等举措，促进服务贸易自由化和便利化，支持特定区域率先探索跨境服务贸易负面清单管理制度。

四是创新发展模式。加快服务贸易数字化进程，推动服务外包数字化、智能化、高端化转型，培育中国的综合服务提供商，拓展新兴服务贸易，不断地培育新业态、新模式。

五是拓展合作空间。积极拓展与服务贸易重点伙伴，特别是"一带一路"沿线国家和地区的服务贸易合作。

【案例7-1】 全球支付霸主 PayPal 进入中国

2019年9月30日，中国人民银行批准国付宝股权变更申请，PayPal通过旗下美银宝信息技术（上海）有限公司收购国付宝70%的股权，成为国付宝实际控制人并进入中国支付服务市场。

国付宝信息科技有限公司成立于2011年1月，是依托中国国际电子商务中心发起组建的，是针对政府及企业的需求和电子商务的发展而打造的独立科技金融综合服务平台。2011年12月，国付宝获中国人民银行颁发的互联网支付、移动电话支付业务许可，2015年获基金支付业务许可，2016年获跨境人民币支付业务许可，2016年获预付费卡发行与受理业务许可（海南省、陕西省、云南省、湖南省、北京市）。公司主要向电子商务、跨境商贸、航空旅游等行业企业提供支付产品及行业配套解决方案。

1998年12月，彼得·蒂尔（Peter Thiel）和马克斯·列夫琴（Max Levchin）建立了PayPal，这是一个总部在美国加利福尼亚州的在线支付服务商。PayPal是美股纳斯达克上市公司，是全球领先的第三方支付企业，覆盖全球200多个国家和地区，拥有超过2.86亿活跃支付账户，支持全球100多种货币交易。在跨国交易中，将近70%的在线跨境买家更喜欢用PayPal支付海外购物款项。

此次 PayPal 收购国付宝 70% 的股权进入中国必将加剧支付市场竞争。早在 2013 年，PayPal 就与中国银联、北京邮政达成合作，在 2017 年 7 月与百度宣布签署战略合作协议，同时还与阿里巴巴公司就跨境电商的支付开展合作。由此可见，PayPal 对中国支付市场的巨大红利有急切的渴求，为获得支付牌照而一直在努力。

有数据预测在 2023 年，中国移动支付市场规模将达到 96.7 万亿美元，月活用户量将达到 9.56 亿。截至 2018 年年底，微信支付通和支付宝的用户渗透率分别为 86.4% 和 70.9%，这两个巨头均拥有庞大的用户群体，共同渗透率已达到 93.3%，较 2017 年增加了 4.2 个百分点，且非常接近移动支付的整体用户渗透率。

显然支付宝与微信占据绝大部分用户，PayPal 此次入局有些晚了，支付宝与微信支付无论从黏性还是体验性上都与用户建立了非常高的熟悉度，而 PayPal 初入国门必将水土不服，在页面设置、操作方式等方面不符合中国用户的习惯。绝大部分用户在没有利益驱动下不会轻易更换新的支付产品。

但 2018 年中国跨境电商交易总额达到 7.6 万亿元人民币，较 2017 年增长 20.6%，远超传统国际贸易的增速。中国市场贡献了 PayPal 跨境支付业务的 1/5，而跨境支付占其业务总量的 21%，中国的跨境支付市场必将成为下一个蓝海，PayPal 或将集中资源大力发展跨境支付，避免与支付宝、微信正面交锋。支付格局也将发生变化。

资料来源：http://news.sina.com.cn/c/2019-09-30/doc-iicezzrq9436038.shtml；http://baijiahao.baidu.com/s?id=1646161493424163281&wfr=spider&for=pc. ∎

【案例 7-2】 上海自由贸易试验：提升服务外包产业水平的新平台

建立自由贸易试验区，是贯彻落实"四个全面"战略布局的重大举措。2013 年 9 月 18 日，国务院批准建立上海自由贸易试验区。2015 年 3 月 24 日，广东、天津、福建自由贸易试验区获批，意味着自由贸易试验区建设再上新台阶，新一轮高水平的对外开放和更大范围的改革试点稳步推进。试验区重在制度创新，着力探索服务业、金融等领域的开放创新发展，形成可复制、可推广的经验，打造中国经济升级版，推动我国进一步融入经济全球化。

服务外包是生产组织方式的深刻变革，已成为经济全球化的新特征，受到普遍重视。历经"十一五""十二五"时期的快速发展，提升质量和水平成为保持我国服务外包产业持续快速发展的内在要求。自由贸易试验区是新形势下推进改革和提高开放型经济水平的"试验田"，应着力发挥试验区在制度创新、重点业务发展、渠道开拓、市场布局、营商环境构建等方面的多重作用，有力推动我国服务外包产业发展水平的提升。

本质：制度创新提升服务外包产业水平

制度创新是自由贸易试验区发挥平台作用、提升服务外包产业水平的根本所在。试验区着重在政府职能转变、管理模式创新、贸易和投资便利化方面积极探索。

在投资便利化方面，试验区实施负面清单管理模式和外商投资备案管理制度，创新企业境外投资管理方式；在贸易便利化方面，探索建立具有国际先进水平的监管制度。

服务外包产业是依托于新兴科技革命成果迅速发展起来的新业态，国际化水平高，竞争比较充分，创新驱动发展特征明显，对管理体制机制创新提出了更高的要求。企业通过到试验区内设立分支机构或直接注册，有利于释放快速兴起的服务外包产业的发展活力。

一是服务外包企业到试验区设立分支机构，如"服务外包交易促进中心"，可以进一步提高项目承接和境外市场开拓能力。

二是在试验区内设立的境内外服务外包企业可以较好地开展竞争与合作，使引进来与走出去更好地结合，更充分地利用国际国内"两种资源、两个市场"。

三是贸易便利化等领域的创新将有助于推动文化创意、动漫设计、生物医药等领域服务外包业务的发展，提升我国服务外包产业在研发设计等高端环节中的竞争能力。

四是促进跨境电子商务等发展，将带动信息技术运营和维护、电子商务平台建设、数据处理、供应链管理、采购服务等服务外包业务发展。

五是金融领域的开放创新发展将为金融服务外包发展带来重要机遇。

核心：扩大服务外包产业重点领域

加强研究对接自由贸易试验区服务业扩大开放领域及政策举措，明确试验区内服务外包业务发展的重点领域，是发挥试验区平台作用的核心。

《国务院关于促进服务外包产业加快发展的意见》（国发〔2014〕67号）明确了未来几年的服务外包产业发展导向。自由贸易试验区要同步推进信息技术、业务流程和知识流程外包服务，着力发展高技术、高附加值服务外包业务，促进向产业价值链高端延伸。自由贸易试验区制定了服务业扩大开放的领域和措施，在金融服务、航运服务、商贸服务、专业服务、文化服务、社会服务六大领域暂停或取消投资者资质要求、股比限制、经营范围限制等。

重要契机：服务业领域的扩大开放

服务业领域的扩大开放直接为相关领域服务外包产业发展带来了重要契机，基于试验区开放发展的综合优势，将有力促进高技术、高附加值服务外包业务发展。

在信息技术领域，包括软件定制、互联网、信息系统运营与维护、在线视频服务等；在商业咨询领域，包括投资咨询、法律咨询、专业调查等；在金融领域，包括分析与预测、应用系统开发、资金结算等；在生物医药领域，在创新样品进口备案制度基础上，施行生物医药研发耗材免征关税制度等，将加快生物医药研发、化学合成药研发、新型疫苗研发、工程技术孵化等；在文化创意领域，将促进数字可视化研发、影视映像制作、动漫设计等；在人力资源领域，将推动人力资源规划与培训、绩效和福利管理等，密切国际国内人才交流与合作，尤其是探索产业发展的中高端人才供给机制；在业务流程领域，将促进业务流程设计、营销方案策划等综合解决方案开发；在电子商务领域，将促进流程设计、运营及维护，促进跨境支付、跨境物流、跨境信用、跨境信息安全等支撑系统开发；在医疗服务领域，将促进远程诊断、保健咨询等。

关键：提升服务外包产业渠道开拓能力

发挥自由贸易试验区的综合优势，加快建立自主可控的营销渠道，有助于提升我国服务外包产业的发展质量和水平。经过初期的高速发展，我国服务外包产业已经进入量质并举的新阶段。

当前，国内工资水平等要素成本上升、国际上行业竞争加剧，都要求我国服务外包产业提升发展质量和水平。从人均营业额来看，我国与印度仍有较大差距。究其原因，制约我国服务外包产业发展的重要因素之一就是营销渠道欠缺，营销能力不强。

建立自由贸易试验区，将鼓励跨国公司入区建立亚太地区总部或区域性总部，整合贸易、物流、结算等功能。这样有助于我国服务外包企业与跨国公司的交流与合作，提高跨国公司服务外包业务的市场开拓能力。

同时，我国服务外包企业入驻园区后，将能更便利地"走出去"，建立营销网络和研发中心，加强对海外市场特点的调查研究，提升市场细分和定位能力，逐步探索建立自主渠道，提高独立开拓国际市场能力。

支撑：扩展服务外包产业市场布局

随着自由贸易试验区扩区及扩围，发挥自由贸易试验区的平台作用，将推动我国服务外包国际市场多元化战略和国内市场布局优化，促进我国服务外包产业持续快速发展。

新设立的自由贸易试验区原则上以上海自由贸易试验区试点内容为主体，结合地方特点和国家战略需要，充实新内容。新近获批的广东、天津、福建自由贸易试验区，分别立足于面向港澳深度融合、京津冀协同发展、深化两岸经济合作，并对接国家"一带一路"倡议。

通过自由贸易试验区这一重要平台，在与跨国公司密切合作、巩固发达国家市场的同时，加强与台港澳等周边地区业务合作，夯实我国服务外包产业发展的已有市场，着力提高服务外包高端业务比重。

如香港的离岸服务外包就定位于高端服务（包括影视音像、软件信息、娱乐文化、动画制作、商业设计、法律服务、会计服务、金融服务等），加强与"一带一路"沿线国家和地区的联系，积极开拓新兴市场。

目前，上海、广东、天津自由贸易试验区与长三角、珠三角、环渤海及京津冀等产业集聚区契合，福建自由贸易试验区与海西经济区紧密衔接，可以更好地发挥自由贸易试验区的平台作用，辐射带动在岸服务外包业务发展，进而推动服务外包产业发展成为产业转型升级的有力支撑。

从近年来我国国际服务外包业务的发展状况来看，新兴市场业务发展迅速。据商务部统计，2014年我国承接"一带一路"沿线国家服务外包合同金额和执行金额分别为125亿美元和98.45亿美元，同比增长25.2%和36.3%。2015年1~2月，我国承接"一带一路"沿线国家的服务外包合同金额和执行金额增速均高于全国平均水平。

随着在岸潜力的逐步释放，近年来我国在岸服务外包业务发展速度明显加快，成为服务外包产业持续快速发展的新动力；服务外包在推动经济增长、支撑产业升级、促进外贸发展方式转变、加快现代服务业发展、扩大就业领域中的作用日益凸显。

保障：构建国际化营商环境

建立与国际接轨的营商环境是推动服务外包产业可持续发展的重要保障。

事实上，营商环境也是制约我国服务外包产业提升质量和水平的重要因素之一。国发〔2014〕67号文件也明确要求，建设法治化营商环境，研究完善服务外包产业的法律体系，促进产业发展和规范经营行为。

建立自由贸易试验区，就是要培育国际化和法治化营商环境，率先建立符合国际化和法治化要求的跨境投资与贸易规则体系，并更好地为全国服务。

自由贸易试验区将深化行政审批制度改革，创新政府监管体系，积极探索建立健全社会信用体系，实施企业年报公示和经营异常名录制度，建立健全信息共享和综合执法制度，建立社会力量参与市场监督制度，探索建立专业监管制度，建立健全安全审查和风险防控制度,等等。企业经营将获得更大的自由度和便利化,大大降低企业营运成本。我国将探索出台投资、知识产权保护、争端合理解决等方面更具可操作性的制度。国际化、法治化、规范化的营商环境既能有效推动试验区内服务外包企业的发展,也对构建服务外包产业法治化营商环境具有示范和借鉴意义。

总之,自由贸易试验区作为新形势下推进改革开放的重大举措,将为促进我国服务外包产业提升发展水平提供一个重要平台。各级服务外包业务主管部门、服务外包示范城市、服务外包企业及有志于发展服务外包产业的地区应该密切关注自由贸易试验区发展动向,加强研究,及时借鉴和推广有助于促进产业发展的新经验,尽快将服务外包产业提高到一个新水平。

资料来源:李西林.自贸试验区:提升服务外包产业水平的新平台[J].服务外包,2015(5),http://tradeinservices.mofcom.gov.cn/g/2016-05-16/280273.shtml. ■

【案例7-3】 数字经济赋能中国服务贸易

随着大数据、云计算、人工智能和物联网等新技术的发展和运用,数字经济成为未来经济发展的主要趋势,根据有关数据显示,过去15年,数字经济的增长是全球GDP增长的2.5倍。《2018年世界贸易报告》指出,数字技术最重要的影响就是显著降低了贸易成本。同时,技术变革将提升全球贸易尤其是服务贸易增长,发展中国家能获取更大的全球贸易份额。报告预计,全球服务贸易占比将由目前的21%增至2030年的25%,发展中国家贸易占比将由2015年的46%增至2030年的57%。随着信息技术的快速发展,全球产业结构、组织生产方式和产品内容等都发生了重大的变化,在这种趋势推动下,逐渐产生了一种新的贸易形式,即数字贸易。目前,全球服务贸易中有一半以上已经实现数字化,超过12%的跨境实物贸易通过数字化平台实现。从某种意义上说,传统贸易体系正在向以数字贸易为代表的新型国际贸易体系转型升级。

根据商务部的数据,2017年中国数字经济规模达到27.2万亿元,占GDP比重达32.9%,规模位居世界第二。其中,电信计算机和信息服务贸易快速发展,在线数字音乐等规模持续扩大,跨境电商方兴未艾。5年前依靠传统经验提供服务的企业占70%以上,目前利用数字化、智能化、网络化提供服务的企业占70%以上。习近平总书记指出:"新常态要有新动力,数字经济在这方面可以大有作为。"因此,数字经济也将成为推动中国服务贸易创新发展的新动能。

服务贸易和货物贸易深度融合

以大数据、云计算、物联网和人工智能等技术运用为代表的数字经济有效地提高了服务可贸易性,服务贸易企业形态、商业模式、交易方式发生了深刻变革。未来,以通信、计算机和信息服务为代表的新兴领域将成为服务贸易的新增长点。比如,近年来全球数字经济的市场范围扩大,服务类型增多,为客户提供了更为广阔的产品和服务选择空间;互联网和数据存储技术的发展推动了国际在线教育的发展,数字化已将以往无法离岸贸易的服务变得可贸易化,并带来了全新的服务模式。

数字经济的本质是通过信息化使数据成为推动经济发展的关键要素。随着大数据和云计算等技术的发展,服务和制造的融合也成为主要发展趋势,在此背景下,数据成为联动货物贸易和服务贸易的关键，服务贸易中的数据让制造者更好地去洞悉市场变化，真正了解消费者的需求，拉动供给侧改革，给制造业和货物贸易转型带来了新的发展机遇。

过去的服务贸易主要依靠从业者的经验，不过这很快将成为过去。根据商务部的数据，5年前依靠传统经验提供服务的企业占70%以上，目前利用数字化、智能化、网络化提供服务的企业占70%以上。当前，依靠大数据、云计算、区块链、移动互联网等信息技术对客户需求进行科学分析的新型服务贸易不断涌现。这种以技术密集型为主的新兴服务贸易的发展，将有效地提高中国服务贸易发展的质量。

数字经济时代下服务贸易发展新挑战

自2008年以来，中国服务贸易逆差的规模不断扩大。2010年，国际收支口径的服务贸易逆差额为219亿美元，2017年上升到了2 554亿美元，2018年达到2 913亿美元。从具体领域来看，中国除了在广告、建筑服务和咨询等传统服务贸易处于顺差状态外，在其余新兴服务贸易领域都出现了不同程度的贸易逆差。为此，中国应依托数字经济和新技术的发展与运用，不断发展新兴服务业和服务贸易，不断补齐短板，缩小中国服务贸易逆差。

截至2018年上半年，服务贸易占中国对外贸易总额的比重仅为15.5%，与全球平均水平还有很大的差距。据了解，全球服务贸易占全球贸易的比重从1980年的17%，增长到2016年的24%，服务贸易的增速高于货物贸易，服务贸易占全球贸易的比重已接近50%。可以看出，中国的服务贸易发展还远远落后于世界平均水平。在新常态下经济转型升级的过程中，服务贸易将成为推动中国经济发展的重要动力，也是中国走向贸易强国的关键。中国应牢牢把握数字经济时代的发展契机，依托新技术发展服务贸易，不断提高服务贸易在对外贸易中的比重。

1978～2018年，中国累计设立外商投资企业约96万家，累计实际使用外资超过2.1万亿美元，可以说中国是利用外商投资很成功的国家。然而，在外商相对占比较优势的金融、保险、研发、养老和知识产权等新兴服务贸易领域，中国还需不断学习和引进国外的先进经验与管理模式，需要不断营造良好的营商环境，继续鼓励和引导外资企业来华投资。通过同外商企业的合作提高中国服务出口附加值，依托数字经济时代的新技术推动软件与信息技术、数字创意、研发设计、供应链管理、知识产权、金融、教育、医疗健康、跨境电商、大数据、人工智能和网络安全等新兴服务领域的发展，以此来发展中国的新兴服务业，优化中国服务贸易的结构，提升中国服务贸易的水平。

如何推动中国服务贸易创新发展

在发展中国新兴服务业和服务贸易的过程中，中国仍需通过开放来学习国外的先进技术和经验，通过不断的进口服务来满足老百姓对幸福生活的向往。

在2018年召开的首届进口博览会上，习近平总书记宣布，未来15年，中国将进口超过10万亿美元的服务，未来的中国在服务贸易领域有巨大的市场潜力。在数字经济时代，数字化思维以互联共享为原则，而这种数字化思维所强调的仍然是开放，为此，应以进一步开放来推动中国服务贸易的发展。具体来说，可以继续将服务贸易管理事项纳入国际贸易单一窗口，提升服务贸易发展的速度和效率。

不断扩大服务贸易创新发展试点范围。目前，中国有17个服务贸易创新发展试点地区，服务进出口额合计达4 983.4亿美元，同比增长20.2%，高出全国增速5.2

个百分点，占全国比重达75.9%，比上年提升3.3个百分点。经过多年的实践证明，中国服务贸易创新发展试点地区的效果是显著的，在当前时机相对成熟的情况下，应不断地向全国扩大试点范围，以此带动中国新兴服务贸易和高端服务贸易的发展。

重点发展以科技创新为依托的新兴服务贸易。在第四次工业革命的推动下，新技术的不断应用，推动了数字经济的迅速发展，数据作为数字经济的核心生产要素，将在未来经济的发展中扮演越来越重要的角色，也必然将催生出一大批跟数据有关的科技创新型服务贸易企业，如以网络安全和电子商务为主的科技创新企业。

为此，应加大对网络安全为代表的新兴服务贸易企业的支持力度，从科技孵化、税收优惠和政策支持上多下功夫。特别是在中国目前已经占有相对优势的电子商务领域，更应该加大扶持和发展力度，从而为把握新的服务贸易国际规则话语权打好基础。通过打造和发展以科技创新为依托的新兴服务贸易，将为中国服务贸易的转型升级提供新动能，并有助于缩小服务贸易逆差，提升服务贸易的竞争力。

提升中国服务业的发展质量。服务贸易是以服务业为基础的。世界上服务贸易排名靠前的国家，其竞争力基本上都是建立在雄厚的服务业基础上，一般在教育业、金融业、旅游业、信息业、通信业等多个服务行业都处于全球领先水平。中国的服务贸易比重偏低也是中国服务业的发展质量还有待提高、国际竞争力不强造成的。

为此，应不断加强中国服务业的创新发展，具体来说，一是依据国民待遇原则，支持和引导外资与国内民间资本进入服务业领域，充分引入竞争机制，激发市场活力，从而促进服务业和服务贸易的发展；二是创新监管模式，服务业的监管重点在于一致性和可预期，并通过加大"放管服"的执行力度，不断创新和发展服务业的监管模式，推动服务业的高质量发展。皮之不存，毛将焉附。总之，服务贸易的创新发展离不开服务业良好发展的这一根本基础。

资料来源：浙江核新同花顺网络信息股份有限公司. 数字经济赋能中国服务贸易 缩小服务贸易逆差仍有挑战[EB/OL]. https://baijiahao.baidu.com/s?id=1631261474170073753&wfr=spider&for=pc；王轶辰. 传统贸易向数字贸易转型：全球服务贸易一半以上实现数字化[EB/OL]. http://finance.people.com.cn/n1/2018/1203/c1004-30437487.html. ∎

课后思考题

1. 简述当前国际服务贸易发展的概况与特点。
2. 服务贸易国际竞争力的测度指标主要有哪些？
3. 中国服务贸易的国际竞争力如何？应如何提高？

参考文献

[1] 蔡宏波. 国际服务贸易前沿问题研究[M]. 北京：经济科学出版社，2016.
[2] 陈宪. 国际服务贸易[M]. 北京：机械工业出版社，2013.
[3] 冯宗宪，郭根龙. 国际服务贸易[M]. 西安：西安交通大学出版社，2013.
[4] 栗丽. 国际服务贸易[M]. 北京：中国人民大学出版社，2016.
[5] 石良平，沈桂龙. 中国服务业扩大开放与服务贸易发展[M]. 上海：上海交通大学出版社，2016.
[6] 赵春明，蔡宏波. 新编国际服务贸易教程[M]. 北京：清华大学出版社，2019.
[7] 竺杏月，狄昌娅. 国际服务贸易与案例[M]. 南京：东南大学出版社，2018.
[8] 陈宪，程大中. 国际服务贸易：原理·政策·产业[M]. 上海：立信会计出版社，2003.
[9] 陈宪，程大中. 国际服务贸易[M]. 2版. 上海：立信会计出版社，2008.
[10] 陈宪，殷凤，韩太祥. 服务经济与贸易[M]. 北京：清华大学出版社，2011.
[11] 戴超平. 国际服务贸易概论[M]. 北京：中国金融出版社，1997.
[12] 戴建中. 国际服务贸易[M]. 北京：中国青年出版社，1996.
[13] 赫尔普曼，克鲁格曼. 市场结构与对外贸易[M]. 尹翔硕，等译. 上海：上海三联书店，1993.
[14] 饭盛信男. 经济改革与第三产业[M]. 王名，等译. 北京：经济管理出版社，1988.
[15] 公文俊平. 服务业经济化：日本服务业新时代[M]. 雨谷，译. 北京：新华出版社，1987.
[16] 格鲁伯加，沃克. 服务业的增长：原因与影响[M]. 陈彪如，译. 上海：上海三联书店，1993.
[17] 井原哲夫. 服务经济学[M]. 李桂山，等译. 北京：中国展望出版社，1986.
[18] 沙洛特科夫. 非生产领域经济学[M]. 蒋家俊，等译. 上海：上海译文出版社，1985.
[19] 朴圣相. 增长和发展[M]. 蔡坚，陈晓希，译. 上海：生活·读书·新知三联书店，1991.
[20] 库兹涅茨. 现代经济增长[M]. 戴睿，易诚，译. 北京：北京经济学院出版社，1989.
[21] 库兹涅茨. 各国的经济增长[M]. 常勋，等译. 上海：商务印书馆，1985.
[22] 汪尧田，李力. 国际服务贸易总论[M]. 上海：上海交通大学出版社，1997.
[23] 富克斯. 服务经济学[M]. 许微云，万慧芬，孙光德，译. 上海：商务印书馆，1987.
[24] 谢康. 国际服务贸易[M]. 广州：中山大学出版社，1998.
[25] 殷作恒. 国际贸易及技术贸易[M]. 北京：中国物价出版社，1996.
[26] 朱晓明. 国际服务贸易手册[M]. 上海：上海远东出版社，1997.
[27] 陈霜华. 国际服务贸易[M]. 上海：复旦大学出版社，2010.
[28] 赵亚平. 国际服务贸易：理论、政策与实践[M]. 北京：清华大学出版社，北京交通大学出

版社，2011.
- [29] 刘德标，祖月. 中国自由贸易协定概论［M］. 北京：中国商务出版社，2012.
- [30] 邹春萌. 东盟区域服务贸易自由化：特点与前景［J］. 东南亚研究，2008（1）：32-36.
- [31] 孙鹏，全毅. 两岸服务贸易协议对两岸服务贸易的发展和促进作用［J］. 亚太经济，2015（1）：133-139.
- [32] 王金柱.《海峡两岸服务贸易协议》意义何在？［J］. 红旗文稿，2014（8）：39.
- [33] 黄洁. 服务贸易协定（TISA）谈判背景下我国服务贸易发展的对策［D］. 上海：上海社会科学院，2015.
- [34] 张皞.《国际服务贸易协定》的自由化推进和多边化悬疑［J］. 亚太经济，2014（4）：46-51.
- [35] 李伍荣，周艳. 服务贸易协定（TISA）市场开放承诺的机制创新［J］. 国际贸易，2015（3）：55-59.
- [36] 李伍荣，冯源.《国际服务贸易协定》与《服务贸易总协定》的比较分析［J］. 财贸经济，2013（12）：86-93.
- [37] 刘旭. 国际服务贸易协定（TISA）对中国经济的影响及对策建议［J］. 全球化，2014（9）：39-47，102，130-131.
- [38] 屠新泉，莫慧萍. 服务贸易自由化的新选项：TISA 谈判的现状及其与中国的关系［J］. 国际贸易，2014（4）：41-47.
- [39] 彭德雷. 国际服务贸易协定（TISA）谈判与中国路径选择［J］. 亚太经济，2015（2）：39-44.
- [40] 翟立强. 服务贸易自由化的新动向 TISA 谈判发展及中国的战略选择［J］. 商业经济研究，2015（16）：27-29.
- [41] 杜琼，傅晓冬. 服务贸易协定（TISA）谈判的进展、趋势及我国的对策［J］. 中国经贸导刊，2014（31）：24-26.
- [42] 彭德雷. 多边服务贸易规则的重构及其应对［J］. 北京理工大学学报（社会科学版），2015（5）：133-140.
- [43] WIBULPOLPRASERT S, PACHANEE C, PITAYARANGSARIT S, HEMPISUT P. International Service Trade and its Implications for Human Resources for Health: a Case Study of Thailand ［J］. Human Resources for Health, 2004, 2（10）: 1C12.
- [44] WORLD BANK. Trade in Services: Using Openness to Grow ［J］. Global Economic Prospects, 2002.
- [45] WORLD BANK. A Handbook of International Trade in Services ［M］. Oxford: Oxford University Press, 2008.
- [46] WRIGHT J S F. Regulatory Capitalism and the UK Labour Government's Reregulation of Commissioning in the English National Health Service ［J］. Law & Policy, 2011.

扫码阅读更多
国外参考资料